아이유를
읽는 시간

일러두기

- 이 책에서 소개된 앨범과 곡명은 제작사의 공식적인 표기법을 따라 기재하였습니다.
- 이 책에 수록된 가사는 KOMCA(한국음악저작권협회)의 사용 승인을 받았습니다.

나와 너는 음악으로 하나가 된다

아이유를
읽는 시간

조성진 지음

IU

국내 최초
아이유 음악 평론

hansmedia

아이유,
비교하기 어려운 몰입의 미학

집중은 의식적으로 어느 한 곳에 신경 쓰는 것이고, 몰입은 자신도 모르게 무의식적으로 빠져드는 것이다. 집중(집중력)은 개인의 능력과 관계가 깊지만, 몰입은 본질적으로 한 가지에 완전히 흡수되는 것이므로 개인 능력치와 별개다.

비록 재미가 없더라도 이건 반드시 공부해야 한다고 다짐하며 모든 신경을 '집중'시킨다. 그러다가 어느 순간 자신도 모르게 거기에 빠져들어 시간 가는 줄 모르게 된다. '몰입'했기 때문이다. 집중하는 시간만큼 피로도 동반되지만, 몰입은 그 순간부터 몇 시간이 찰나처럼 짧게 느껴진다. 시간개념이 왜곡될 만큼. 하지만 몰입을 통해 더 긍정적인 에너지를 얻기도 한다.

예전부터 아이유가 부른 노래와 출연한 드라마를 접할 때마다 집중과 몰입이란 단어가 자연스럽게 오버랩됐다. 아이유는 '이번엔 이걸 해야지'라고 결정하는 순간 초인적인 집중력을 발휘한다. 이 과정에서 자신도 모르게 목적한 대상에 몰입해 무아의 경지로 치닫는다. 아이유가 목적한 대상이고 목적한 대상이 아이유가 되는 것이다.

예술가에겐 꼭 필요한, 그러나 아무나 가질 수 없는 이 놀라운 재능(?)—이라고 해두자—을 아이유는 마치 변신 로봇같이 그때그때 필요에 따라 꺼내 쓰는 것처럼 자유자재로 활용한다.

대단한, 너무도 대단한 이 아티스트에 관한 본격 음악 평론서를 쓰고 싶었다. 집필하게 된 직접적인 동기는 현장에서 활동 중인 음악 관계자들을 만나면서다. 이 책 본문에도 썼듯 뮤지션들과 자주 만나는 편이다. 필자가 한때 기타 연주를 했던 시절부터 이들과 두루두루 관계를 해왔고 또한 이들 뮤지션과 만날 때가 즐겁고 편하다. 이들과 대화할 때마다 어김없이 아이유가 언급됐고 그러던 와중에 이러한 책자의 필요성도 제기됐다.

모 실용음악 교수는 "아직도 대학의 실용음악과에선 찰리 파커(Charlie Parker)—대중음악사를 바꾼 역사상 가장 위대한 재즈 색소폰 연주가—로 시작해서 찰리 파커로 끝난다"며 "대중음악 제작 기법과 트렌드가 셀 수 없이 많이 바뀐 지금 이에 적합한 교재나 수업 방식에도 변화가 있어야 한다"고 말했다. 다른 모 교수는 "아이유가 좋은 교재"라고도 했다. 평소 생각했던 걸 더욱 강하게 확신시켜주는 것이었다.

인터뷰 취재 기사나 칼럼은 물론 소설, 시, 에세이 등 모든 글쓰기는 특정 주제를 어떤 식으로 어떻게 설계할 것인가가 관건이다. 이게 결정되면 작품 진행의 반 이상은 해결된 거나 다름없다.

고민 끝에 찾은 전개·구성 방식이 발성·가창과 음악 전반을 집중 분석한 '평론' + 데뷔 때부터 현재까지 아이유 관련 모든 사항을 A부터 Z까지 일목요연하게 정리한 '올어바웃 아이유'였다. 이러한 바람을 『아이유를 읽는 시간』이란 책으로 담았다.

아이유는 무려 5장의 정규앨범과 6장의 미니앨범을 보유한 음악가다. 나이는 31세지만 디스코그래피의 양과 질로 본다면 이미 '중견' 가수다. 여기에 싱글 및 각종 콜라보 음원, OST까지 합치면 200여 곡이나 된다. 이 또래 가수라면 정규앨범 1~2장 또는 미니앨범 몇 장 정도 발표한 게 대부분이다. 아이유가 음악적으로 얼마나 치열한 행보를 걸어왔나 알 수 있다. 이 책에선 5장의 정규앨범과 6장의 미니앨범 및 디지털 싱글과 듀엣/콜라보 음원들, 그리고 2장의 리메이크 앨범에 이르기까지 총 124곡을 리뷰했다. 양으로 보나 질로 보나 분석하는 데 시간이 오래 걸릴 수밖에 없었다.

음악은 언어(기호)란 논리적 체계가 아닌 매우 감성적인 영역이다. 언어는 말을 내뱉는 순간 그 단어가 뜻하는(또는 규정하는) 의미가 일반화돼 있어 공통적인 의사 전달을 한다. 그러나 음악은 언어처럼 '규정'되는 게 아니라 '어떻게' 느껴지느냐에 따라 다양하게 반응할 수 있다. 따라서 21세기 한국 대중음악사에서 손에 꼽을 아이유란 아티스트의 음악 분석(평론)을 좀 더 객관적이고도 깊이 있게, 그리고 설득력 있게 할 수 있는 접근 방법에 대해 여러 가지로 고민했다. 결국 평론도 당사자의 주관적인 면이 개입되는 건 어쩔 수 없기에.

한 사람의 울림도 중요하지만 좀 더 많은 사람의 울림은 그만큼 더 크게 울린다. 담론에서 여론으로 확대되듯…. 필자인 평론가 및 실용음악(보컬) 교수, 보컬트레이너, 작곡–편곡자 등을 통해 최대한 전문적 깊이와 다양한 시각을 반영코자 한 이유다.

곡마다 아이유가 사용한 발성 방식, 그리고 창법 스타일이 어떻게 변해가고 있고 그 곡에선 왜 그런 발성으로 노래했는지, 곡 가사와 딕션 연출의 특장점, 사용한 코드 보이싱의 의미 등등 다양한 각도에서 심도 높은 분석을 하려 했다. 관심도가 높은 몇몇 유명 곡은 전문가들의 평을 더 많이 담으려고 했다.

필자가 전문가들에게 곡 리스트를 선별해 보내거나, 전문가들이 리뷰하고 싶은 곡을 직접 고르는 방식으로 수록곡 분석을 진행했다. 직접 만나서 멘트(평)를 정리하거나 추가 내용은 유선상으로 다시 인터뷰를 했고, 일부는 직접 평을 작성해 보내주기도 했다. 각 전문가마다 특유의 어투가 있는데, 이러한 부분을 책의 흐름에 맞게 일관되게 정리 구성하려고 했다. 그러나 워낙 바쁜 전문가들이라 정해진 날짜(마감)에 맞춰 일사불란하게 진행하는 게 가장 힘들었다.

이 책을 위해 80여 명이 넘는 관계자들과 접촉하며 정보를 입수했고, 처음 공개되는 비하인드스토리도 적지 않다.

아이유 곡 작업에 관계한 모든 인물을 4부 'Category 1 작사·작곡·편곡·세션·음향·피처링' 파트에 담으려 했다. 그러나 결코 쉬운 일이 아니었다. 곡의 가사, 그리고 작사·작곡·편곡자 정보는 쉽게 얻을 수 있지만 해당 곡을 세션한 연주자 정보는 제한적이다. 많은 사람과 접촉하거나 웹 서핑 등 다양한 방식으로 관련 음악가들의 정보를 최대한 많이 꽉꽉 눌러 담았지만 그럼에도 빠진 사람이 있는 건 어쩔 수 없었다.

'작사·작곡·편곡·세션·음향·피처링' 파트에 빠진 음악가들은 지속적으로 인터뷰 취재를 하며 모 일간 매체에 그 음악 세계와 삶을 자세히 다루는 작업을 병행할 예정이다. 아이유 곡에 참여했다는 건 곧 대한민국 최고의 음악가 중 하나로 인정받기 시작했거나, 이미 최고 위치에 있다는 의미다. 따라서 이들을 조명한다는 건 단지 아이유 관계자란 것 외에도 한국 대중음악사의 역량 있는 연주자 및 작곡가를 알리는 데에도 기여할 수 있는 작업이기 때문이다.

그리고 검색을 통해 쉽게 얻을 수 있는 (이미 알려진) '인물 정보'는 줄이고, 웹상에 없는 내용을 취재해 추가하는 방식으로 차별화를 꾀했다. 아이유밴드 멤버를 자세히 다룬 것도 이 책이 처음이다.

모든 파트가 많은 시간이 걸리는 작업이었지만 특히 '올어바웃 아이유' 중 일부 항목들은 자료가 전혀 없어 정보 수집에 애를 먹었고 개중엔 단 몇 줄을 쓰기 위해 종일 여기저기 전화를 돌리거나 장시간 웹 검색을 해야 할 때도 있었다.

'작사·작곡·편곡·세션·음향·피처링' 파트에 나오는 음악 관계자들 항목마다 '아이유의 ~곡과 ~곡을 작곡 또는 세션한'이란 식의 언급을 줄이려 했다. 어차피 아이유 음악 작업에 관계한 음악가를 모은 항목이란 전제하에 각 인물 정보에 초점을 둬 제한된 지면을 좀 더 생산적으로 사용하려고 했다.

음악 세계 분석과 아이유 관련 모든 항목을 백과사전식으로 정리하는 것 외에 '아이유의 인기 비결은 어디에서 오는 걸까'란 파트도 넣으려 했지만, 집필 과정에서 이 내용은 각종 탁월한 음악 완성도와 부단한 노력, 기부 활동 등 많은 선행, 그 외 다양한 내용이 곳곳에서 언급되고 있기에 별도 파트로 다루지 않았다.

아이유 하면 마이크 활용도 빼놓을 수 없다. 한국 대중가요 사상 역대급이라 할 만큼 탁월하게 마이크를 사용하는 가수다. 따라서 아이유가 사용하는 여러 마이크 브랜드 관계자들을 인터뷰하려 했으나 이러면 자칫 마이크 기기 홍보로 비칠 수 있어 그중에서도 가장 상징적인 브랜드 하나만 선택해 인터뷰를 진행했다. 독자들의 오해가 없길 바란다.

책에 나오는 유명인들 인터뷰 및 그 외 다양한 내용 중 출처를 밝히지 않은 모든 멘트 평은 필자가 해당 인터뷰이와 직접 진행하며 정리한 것이다. 물론 다른 곳에서 입수한 정보는 반드시 출처를 밝혔다.

이 책은 음악적인 부분에 집중하다 보니 전문용어가 많이 등장한다. 최대한 용어마다 짧은 설명을 붙이려고 했다. 또한 전문 음악 평론이다 보니 자칫 지루할 수 있어, 전체적인 문장 표현은 실생활에서 많이 사용하는 축약형, 예를 들어 '되어'를 '돼' 하는 식으로 통일해 속도감을 주려 했다(e.g. 매진되었다=매진됐다).

이번에도 마니아가 아니라 '매니아', 애드리브가 아니라 '애들립' 등으로 표기했다. 그간 외래어 표기는 셀 수 없이 자주 바뀐 관계로, 예전부터 음악계 및 관계자들이 사용하는 통상적인 발음 방식을 지키기로 한 것이다. 1990년대엔 언론 매체들이 Bob Dylan을 '보브 딜런'으로 표기하다가 '봅 딜런', 그리고 현재 '밥 딜런'으로 표기하고 있다. 당시 Internet도 '인터네트'에서 '인터넷'으로 표기 방식이 몇 차례 바뀐 바 있다.

그리고 출판사 방침에 따라 앨범명은 홑화살괄호(《 》), 곡명은 홑낫표(「 」)로 표기했고, 곡명(노랫말 포함)은 앨범에 실린 표기에 준해 띄어쓰기 맞춤법 규정에서 벗어난 경우도 있다(e.g. 이별을 받아드리리, 손대지마, 잘가, 잘가라).

고유명사의 첫 스펠링을 대문자로 표기하는 게 국어의 로마자 표기법 규정에 맞는 편집 관행이지만, 공식 프로모션 및 국내외 음원 유통사에 나온 표기에 따라 'Lilac'은 'LILAC', 'Chat-Shire'는 'CHAT-SHIRE', 'Strawberry Moon'은 'strawberry moon', 'Real Fantasy'는 'REAL FANTASY'로 표기했다.

7월 초 아이유 공식 유튜브 채널 구독자 수가 971만 명을 넘어섰다. 2024년 6월 말 행정안전부 주민등록인구통계 기준 대한민국 총인구수 약 5128만 명으로 볼 때 놀라운 수치다. 아이유는 이미 '국민가수'란 용어로도 부족할 만큼 어마어마한 사랑을 받고 있는 것이다.

『아이유를 읽는 시간』은 특정 아티스트를 음악적으로 가장 정밀하게 들여다보는, 음악 출판 사상 최초의 시도이고 아티스트 당사자에겐 자신의 모든 걸 담은 기록이자 유산일 수 있다. 책을 쓰는 동안 너무 힘들었지만 아이유라서 즐겁고 뿌듯했다. 이 단행본이 조금이나마 아이유 음악의 진가를 이해하는 데 기여한다면 더 이상 바랄 게 없을 것이다.

이 책은 일일이 열거하기 힘들 만큼 많은 관계자의 도움으로 세상에 나올 수 있었다. 그 모든 분들에게 깊은 감사의 마음을 전한다.

아이유의 다음 행보, 또 다음 행보도 격하게 지지하며….

2024년 7월

조성진

목차

Part 1

아이유의 의미

Part 2 ✦

아이유의 시간
앨범을 통해 본 아이유의 발성·가창 변화와 특징

Part 3　✳

우리가 만난 아이유
전문가들이 생각하는 아이유　　　　

Part 4　✳

올어바웃 아이유
아이유의 모든 것

Part 1

아이유의 의미 ✳

깊이를 알 수 없는 몰입의 미학

＊

아이유를 읽는 시간

　한국 대중음악계에도 솔로 전성시대가 있었다. 김건모, 이승환, 신승훈 등등. 당시엔 그룹이 희귀할 만큼 솔로 가수가 많던 시절이었다. 그러나 지금은 180도 달라졌다. 비주얼을 앞세워 여기도 아이돌그룹, 저기도 아이돌그룹 온통 여러 명으로 구성된 팀의 전성시대다. 그렇게도 흔하던 솔로가 이젠 희귀하게 여겨질 만큼.

　여기엔 시대적 특성도 함께한다. 모든 게 빠르게 변하는 지금 '롱'보다 '숏'을 선호한다. '숏(Shorts)' 콘텐츠가 주목받듯 음악의 연주 시간도 이러한 트렌드를 따라가고 있다. 1970~1980년대만 해도 7~8분에서 10분 이상의 대곡 지향 작품을 만나는 게 어렵지 않았다. 그러나 트렌드가 변하며 곡 길이도 3~4분대로 짧아졌고, 이젠 2분 30초 전후가 대세일 만큼 대중음악도 '숏'의 시대를 따르고 있다.

　과거에 비해 길이는 비교할 수 없을 만큼 짧아졌지만 그 안에 강력한 임팩트를 주는 온갖 지뢰 장치를 매설하는 수법으로 충격을 주려 한다. '감동'의 시대에서 '충동'의 시대로 바뀐 것이다. 대중이 솔로보다 팀을 선호하는 이유도 이런 맥락이다.

　한 명을 보고 있을 때 지루함을 느낄 수 있어 다른 멤버를 보게 되고, 이어서 또 다른 멤버를 보게 되고. 각기 다른 비주얼+가창 방식이 팀이란 통일체에서 형형색색 빛을 발하며 변덕 심한 세태의 욕구에 부응하고 있는 것이다.

이전까진 그룹을 구성하는 포지션은 리드보컬, 기타, 베이스, 드럼, 건반 구성이었다. 그러나 이젠 보컬 파트를 메인, 리드, 서브, 그리고 랩 등 여러 파트로 세분화해 고음과 초고음을 노래하는 멤버를 따로 두고 있다. 악기 연주 파트는 실연이 아니라 디지털 기기로 대체했다. 더욱 뛰어난 가창력과 감성적 측면을 극대화시키기 위함이 아니라 대중적 니즈에 부응한 역할 분담이다.

팀 멤버가 많아지며 멤버별 특장점을 보여주기 위해 곡을 쓰는 방식도 변했다. 메인·리드·서브 파트에 맞게 멜로디를 만드는 걸 시작으로 한 곡 안에 단순히 '듣는' 것만이 아닌 '보는' 음악으로 콘셉트가 바뀌는 것이다. 마치 모자이크하듯 멜로디를 잘게 쪼개 많이 집어넣는 방식이 대표적이다.

멤버들이 한 곡에서 파트별로 세분화해서 곡을 소화하는 게 대세다 보니 언제부턴가 아이돌그룹 히트곡을 따라 부르기엔 너무 복잡하고 어려워졌다. 이러한 트렌드에서 솔로 가수로 살아남기가 너무 어렵다.

그러나 아이유는 처음부터 솔로였다. 수많은 쟁쟁한 팀들 사이에서 솔로로 등장해 홀로서기에 성공한, 정말 대단한 아티스트다.

PC를 사용해 '오려두기', '복사하기', '붙이기' 등 편리한 작업 방식을 뒤로하고 아이유는 원고지로 작업하는 빈티지한 방식과 닮아 있다. 원고지 감성을 근간으로 하지만 '옛것'의 고집이 아니라 '지금 가장' 트렌디한 걸 원고지에 담는 작업을 병행한다는 점에서 세대 불문 폭넓은 사랑을 받고 있기도 하다.

　이 모든 건 아이유만의 예술적 집중력, 몰입의 미학에서 나오는 것이라 말하고 싶다.

소리로 하는 '연기',

곡에 자신을 캐릭터화시키는
극한의 몰입력

몰입의 사전적 정의는 '깊이 파고들거나 빠짐'이다. 주위의 모든 잡념, 방해물들을 차단하고 원하는 어느 한 곳에 자신의 모든 정신을 집중하는 일을 말한다. 본질적으로 몰입은 한 가지에 완전히 흡수되는 걸 의미한다.

멋진 음악이나 좋은 문장을 만나면 체온이 변한다. 감동 때문이다. 이러한 몰입은 감동과 행복의 순간이기도 하다.

몰입은 (음악)작품을 접할 때 감상자에게 찾아오는 것이지만, 그 작품을 연주·노래하는 음악가 자신도 노래하는 순간 몰입의 영역으로 들어선다. 이걸 얼마만큼 잘하는 음악가이냐에 따라 작품의 품질 감동의 차원도 다르게 구현된다.

아이유는 음악 하는 순간, 자신을 그곳에 몰입시키는 집중력이 타의 추종을 불허한다. 음(音)을 노래한다기보다 연기하듯 모든 음 하나하나에 자신을 캐릭터화시켜 곡이 의도하는 바를 완벽하게 표현한다. 가사에서부터 이미 그 노랫말 안에 들어가 주인공이 된 듯 연출하고 있는 것이다.

만일 커피를 노래한다면 그 자신이 커피로 변해 모든 걸 바라보고 느끼려 한다. 개와 고양이 또는 자동차가 주인공이 돼 인간과 세상을 바라보는 시각의 영화도 있듯이 아이유는 특정 주제를 노래하는 순간만큼은 자신이 아이유가 아니라 특정 대상 그 자체로 화(化)한다. 모든 걸 버리고 하나에만 집중하는 몰입의 경지에서만 나올 수 있는 순백의 연기, 예술 행위다.

데뷔 당시 아이유는 '노래 잘 부르는' 신인 가수의 이미지가 강했다. 시간이 지나며 노래에서 '연기를 한다'라고 느낄 만큼 출중한 표현력을 보여주기 시작했다. 드라마에 출연하며 극중 캐릭터가 지닌 스타일을 표현하기 위한 제반 경험이 가창에도 영향을 준 것으로 보인다. 2013년 〈Modern Times〉를 기점으로 2015년 〈CHAT-SHIRE〉로 이어지는, 노래에서 보여주는 몰입, 그에 기반한 탁월한 연기력은 혀를 내두르게 한다.

「아이와 나의 바다」, 「시간의 바깥」, 「Last Fantasy」, 「잔혹동화」, 「Obliviate」, 「비밀」, 「자장가」, 「잠자는 숲속의 왕자」, 「별을 찾는 아이」 등등 2010년대를 기점으로 아이유는 노래 속에 직접 들어가 연기하는 듯한 합일의 순간을 보여주고 있다.

노래를 잘하는 사람들의 특징은 가사에 집중한다는 것이다. 마치 그 안에 들어가 그 느낌 분위기에 몰입돼 연기하듯. 온갖 테크닉이 난무하는 최근 보컬 트렌드와는 달리 아이유는 굳이 이런 걸 따르지 않고 자기만의 스타일로 노래한다. 그럼에도 거기엔 온갖 기교를 마스터하고 그걸 초월한 상태에서 나올 수 있는 최상급 가창이 연출되고 있다. 가사 중심으로 노래하고 어휘 하나하나를 리얼하게 연기하기 때문에 가능한 것이다.

연주자나 작곡·편곡자, 실용음악 교수나 보컬트레이너들과 자주 교류하는 편이다. 이들과 만나 이런저런 얘기를 하다 보면 공통적으로 나오는 주제가 있다. 아이유다. 워낙 대세 가수니만큼 오히려 나오지 않으면 이상할 수 있을 정도로.

그런데 이들이 마치 서로 입을 맞춘 듯 똑같이 표현하는 말이 있다. '음악으로 연기를 정말 잘하는 아티스트'란 게 그것이다.

얼마 전 몇몇 유명 가수의 신작이 며칠 사이 한꺼번에 쏟아진 적이 있었다. 가창 관련 전문적인 멘트를 따려고 보컬트레이너와 실용음악과 교수 및 작곡가 등과 통화하던 중 신연아 교수(호원대)는 모 유명 가수들의 신작을 언급하며 "첫 벌스(Verse)—노래의 1절, 2절에서 후렴이 나오기 전까지를 의미—의 이 부분에서 만일 아이유였다면 이렇게 연기했을 것"이라며 일침을 가했다. 다른 전문가와 대화가 오갈 때도 "이 가사에서 아이유였다면 다른 방식으로 연기했을 것"이라며 해당 유명 가수의 표현력에 아쉬움을 드러냈다.

이처럼 아이유는 언제부턴가 전문가들 사이에서 감정이입, 표현 등에서 텍스트 같은 존재가 된 것이다.

남다른

보컬디렉팅 역량

슬프거나, 또는 빠르고 경쾌하거나 등등 곡이 지닌 스타일마다 그에 따른 가창 방식도 다르다. 느린 템포의 애절한 발라드를 경쾌한 톤으로 부르진 않는다. 그래서 곡을 쓴 작곡가는 녹음에 앞서 감정 선을 어떻게 표현할지에 대해 가수와 많은 대화를 나눈다. 그러곤 스튜디오 레코딩에 임할 때 해당 트랙(곡) 녹음 작업을 맡은 보컬디렉터의 의견이 추가 반영되기노 한나.

예를 들어 보컬디렉터는 노래가 시작되는 벌스에서 특정 음절을 좀 더 강하게 또는 약하게 부르면 그 가수가 지닌 음색과 소리가 더욱 멋지게 나올 것 같다는 등의 조언을 할 수 있다. 또한 가사의 특정 부분에서 이런저런 음색 연출을 하면 더 좋을 것 같다, 1절 벌스보다 2절 벌스를 좀 더 힘 있게 부르면 좋을 것 같다 등등. 물론 가수가 먼저 자기 생각을 개진하며 녹음 작업 시 주문하기도 한다.

음악을 듣다 보면 가수가 1절과 2절 벌스를 다르게 부를 때가 있다. 이런 미묘한 변화는 녹음 작업 경험이 있는 사람 아니면 파악하기 힘든 부분이지만, 때에 따라 귀가 예민한 사람이라면 금세 알아차릴 수 있을 정도로 큰 편차로 부른 경우도 있다. 보컬디렉터와 가수가 사전 조율 후 이렇게 할 때도 있지만 가수의 입김(의도, 위상)이 막강해 보컬디렉터도 어쩔 수 없거나, 또는 보컬디렉팅 자체를 포기해서 그렇게 나오는 경우도 있다.

이러한 부분에서도 아이유는 발군이다.

특정 곡이 지닌 가사의 음절에서조차 표현의 남다름, 그리고 자신의 소리가 마이크를 타고 전기신호로 바뀌며 레코딩화되기까지의 모든 변수를 일목요연하게 간파해 대응하는 것이다. 한글의 음절 하나를 이렇게 아이유처럼 해부하듯 다채롭게 접근하며 듣는 이에게 온갖 상상력을 불러일으키게 하는 가수를 찾는다는 건 쉽지 않다. 어절을 이어가며 캐릭터를 연기하는 통상적인 대사 방식과는 달리 아이유는 입에서 음절이 나오는 순간이 곧 캐릭터를 연기하는 대사다. '적은 비용으로 많은 이익을 창출하라'는 경제원칙처럼 아이유는 '적게 움직이며 많은 걸 보여(들려)'준다. 오로지 거기에 모든 걸 올인한, 몰입의 경지여야 가능한 영역이기도 하다.

이 모든 건 다양한 발성 스킬을 마스터하고 그걸 체화시킨 데 이어 이제 이 모든 것에서 자유로워진 단계로 왔기에 더욱 빛날 수 있었다.

노래할 때 자신의 소리를 어떻게 써야 한다는 걸 아는 가수는 드물다. 하지만 이미 아이유는 이 노래에선 이런 소리를 내야 하고 또 이런 곡에선 저런 소리를 내야 한다는 걸 정확히 알고 있다. 아마도 이건 보컬 경력이 많아지면서 자신도 모르게 감각적으로 익힌 것으로 보인다. 아이유는 자신의 보컬디렉터 역할까지 하고 있는 셈이다.

곡 쓰기와 딕션,

대중음악사의 이정표

발음에 있어서도 '아이유식 딕션'이란 명칭이 나올 만큼 한국 대중음악사에서 중요한 이정표를 세우고 있다. 노래의 표현을 위해 한글표기법이나 띄어쓰기를 무시할 때도 있다. 아이유에겐 뉘앙스 표현이 우선이다.

「4AM」에선 R&B 팝의 느낌을 더욱 짙게 살리기 위해 한글의 영어식 발음을 시도하고 있으며 「이 지금」에선 명사를 부사 또는 형용사화시키며 곡의 어감을 부드럽게 연출한다. 「밤편지」처럼 양성모음들을 음성모음에 가깝게 발음하고 있는 것도 아이유 딕션의 특징이다. 「Modern Times」는 곡의 뉘앙스를 위해 딕션 처리에 얼마나 많은 신경을 쓰는지 알 수 있게 하는 곡이다.

아무리 멋진 문장이라도 발음이 까다로운 부분이 있으면 가창자(가수)가 노래할 때 흐름을 쉽게 이어가지 못하게 한다. 매우 높은 고음으로 불러야 함에도 받침이 있는 가사로 썼다면 가수를 힘들게 한다. 목을 열어 자연스럽게 성구 전환하는 걸 방해하기 때문이다. 가사를 쓸 땐 이처럼 멜로디에 맞는 음절을 찾기 위한 다양한 노력과 감성이 동반된다.

가사에서 받침도 없고 탁음까지 없으면 노래 부르기가 더 수월해진다. 가사를 쓸 땐 묵음과 탁음을 염두에 둬야 한다는 것이다.

글자로는 표기되지만 실제로 발음되지 않는 소리가 묵음이다. 영어의 'knife'에서 'k'를 빼고 '나이프'로 발음하거나 '젊다'를 '점따'로 발음할 때의 'ㄹ', '없다'를 '업따'로 발음할 때의 'ㅅ' 등이 묵음이다. 탁음은 발음할 때 목청이 떨려 울리는 소리, 다시 말해 국어의 모든 모음이 이에 속하며 자음 중엔 'ㄴ', 'ㄹ', 'ㅁ', 'ㅇ' 등이 있다.

예를 들어 'mad'를 발음할 때 '매드'가 아니라 '맫'에 가깝게 발음해야 한다. 'mad'엔 'ㅏ(a)'라는 모음이 하나뿐이라 '매드'로 발음하면 'ㅐ'와 'ㅡ'라는 두 개의 모음이 되기 때문이다. 한글 가사는 이처럼 묵음과 탁음이 많고 특히 영어와는 달리 받침이 많다. 이런 부분을 영어처럼 부드럽게 이어지는 발음으로 구사하기 위한 여러 노력이 계속되고 있다. 그 선봉에 아이유가 있다.

K팝 딕션에 대한 학문적 연구를 해오고 있는 서근영 경희대 포

스트모던음악학과 교수는 아이유가 댄스음악에서만 가능하던 걸 발라드에서도 잘 녹여내고 있다고 지적했다. 예를 들어 '틀어'라는 가사의 경우 예전엔 그대로 음가에다 가사를 줘 '틀어'라고 발음했지만 지금은 '트루'라는 식으로 발음한다. 즉 음가는 하나이고 멜로디도 하나지만 가사를 두 개 음절로 넣는 방식을 택하고 있는 것이다. 이게 바로 영어식 발음인데, 이런 걸 아이유가 너무 잘하고 있는 것이다. 그 곡에서 말하고자 하는 것을 완벽하게 연기하기 위해 소리를 낼 때 이러한 딕션 처리로 아이유만의 '맞춤형' 소리를 구사한다.

위와 같은 일련의 딕션 접근은 K팝이 세계 전역에서 폭발적인 인기를 얻으며 현지인들도 따라 부르기 쉽게 하기 위한 일환이다. 예전엔 '에-브-리-씽'이란 4음절을 그대로 발음했지만 지금은 '에브리씽' 하나로 음절을 넣어버리는 경향이다. "한글로 노래하면 딱딱하다"라고 말했던 부분들이 이렇게 발음하면서 부드러워지고, 외국인들이 발음하기 어려웠던 그간의 한글 가사 발음의 맹점을 해결하게 된 것이다.

아이유식 발음 중 일부는 가수로서 효율적인 '발성적 접근'을 응용한 것이기도 하다. 무려 5시간이 넘는 장시간의 콘서트에서 들을 수 있는 독특한 발음 구사가 대표적이다. 마치 재미교포를 연상케 할 만큼 발음을 날리듯 노래한다. 고음을 내면서도 목을 조이지 않게 하기 위한 발성 노하우다. 한 곡만 부르는 게 아니라 여러 곡을 계속 불러야 하는 가수의 입장에서 최대한 성대에 손상을 덜 주기 위한 비법인 셈이다.

발음과 벤딩의 차별화로 특징지을 수 있는 아이유식 발음에선 치찰음(sibilant) 활용도 자주 들을 수 있다. 치찰음은 닿소리를 발음할 때 공기가 좁은 틈을 치아 쪽으로 통과하며 발생하는 마찰을 이용해서 내는 소리다. 좀 더 개성 있고 허스키하게 소리를 구사하기 위해 치찰음을 사용한다. 녹음이 끝나고 믹싱 과정에서 치찰음을 없애는 게 일반적이다. 치찰음도 노이즈의 일환이라고 인식하기 때문이다. 아이유는 이런 치찰음을 트레이드마크처럼 중요한 표현 기제로 사용한다. 치찰음을 좋아하기 때문에 최대한 살려서 노래하는 편이라고 공개적으로 밝힐 정도로.

아이유는 이미 그 자신이 높은 수준의 문장가, 문인이다. 아이유의 탁월한 가사 쓰기는 이미 많은 히트곡이 증명한다. 특히 「밤편지」 가사는 고등학교 국어 교사들이 수업 중에 예제로 사용할 만큼 명문으로 알려져 있다. 「스물셋」 등 여러 곡에서 아이유는 당시 자신의 나이와 생각 감성에 잘 맞는 내용을 가사로 풀어내는 역량이 대단하다. 향후 「서른셋」 또는 「이제 마흔」 등등 30~40대 아이유의 가사는 또 어떻게 그려질지 기대하지 않을 수 없게 한다.

이미 중학교 때부터 곡 쓰기를 시작할 만큼 가사 쓰기에 남다른 역량을 보였다. 포크와 발라드에서 그 외 다양한 감성에 이르기까지 폭넓은 상상력과 표현력이 느껴지는 가사는 가히 노벨문학상을 받아도 될 만큼의 명문장이다.

아이유 가사에선 직유와 은유법, 의성·의태법, 열거법, 도치법 등이 즐겨 사용되는 걸 알 수 있다. 또한 벌스와 코러스에 은유법을 집중 사용해 곡이 말하고자 하는 메시지를 더욱 극적으로 표현하는 것도 아이유 가사 쓰기의 특징이다. 어느 곡 하나 빼놓을 수 없을 만큼 노랫말이 남다르지만 그중에서도 몇 곡을 꼽으면 아래와 같다.

"잊지마 넌 흐린 어둠 사이 / 왼손으로 그린 별 하나 / 보이니 그 유일함이 얼마나 / 아름다운지 말야"   (「Celebrity」)

"'뭐해?'라는 두 글자에 / '네가 보고 싶어' 나의 속마음을 담아 우 / 이모티콘 하나하나 속에 / 달라지는 내 미묘한 심리를 알까 우"   (「블루밍」)

"이 밤 그날의 반딧불을 / 당신의 창 가까이 보낼게요 / 음 사랑한다는 말이에요 / 난 파도가 머물던 / 모래 위에 적힌 글씨처럼 / 그대가 멀리 / 사라져 버릴 것 같아 / 늘 그리워 그리워 / 그대란 행운이 온 걸까"   (「밤편지」)

"한 떨기 스물셋 좀 / 아가씨 태가 나네 / 다 큰 척해도 적당히 믿어줘요 / 얄미운 스물셋 / 아직 한참 멀었다 애 / 덜 자란 척해도 / 대충 속아줘요 / 난, 그래 확실히 지금이 좋아요"   (「스물셋」)

"할 말을 잃어 고요한 마음에 / 기억처럼 들려오는 목소리 / 소리 내 우는 법을 잊은 널 위해 부를게 / (다시 걸어갈 수 있도록) / 부를게 / (다시 사랑할 수 있도록)"   (「Love poem」)

"내가 날 온전히 사랑하지 못해서 / 맘이 가난한 밤이야"   (「아이와 나의 바다」)

"툭 웃음이 터지면 그건 너 / 쿵 내려앉으면은 그건 너 / 축 머금고 있다면 그건 너 / 둥 울림이 생긴다면 그건 너"   (「마음」)

"머리 위로 연구름이 지나가네 / 그 사이로 선바람이 흐르네 … 나의 여름 가장 푸르던 / 빗소리가 삼킨 사랑스런 대화 / 조그맣게 움을 트는 마음 / 그림처럼 묽게 번진 여름 안에 / 오로지 또렷한 너"   (「푸르던」)

이 모든 건 노래이기 이전에 한 편의 시다.

귀신같은 성구 전환,

'소리 길' 잘 잡혀 있어

이미 아이유는 데뷔 때부터 발성이 잘 잡혀 있는 가수였다. 물론 자신만의 소리를 찾아가는 데 어느 정도의 시간은 걸렸지만 기술적인 부분 외에도 감정 주입, 해석력 등에서도 빠른 시간 안에 괄목할 진전을 보였다.

성대가 진동하기 위해선 공기가 들어와야 하는데, 이것을 호흡이라고 한다. 공기, 즉 산소를 들이마시는 허파 밑엔 횡격막이 있다. 횡격막은 폐를 둘러싼 흉강, 소화와 배설기관을 둘러싼 복강을 구분하는 경계일 뿐 아니라 숨을 쉴 때 팽창하는 등 호흡에 중요한 역할을 한다. 숨을 쉴 때 입안으로 들어온 공기는 발성 시 기관을 통해 성대에 부딪치며 소리가 나는 것이다.

양쪽 성대가 접촉하며 소리의 압력이 존재하는 걸 진성, 접촉하지 않아 압력이 없는 상태를 가성이라고 한다. 다시 말해 가성은 성대가 접촉하지 않고 성대 상연의 엣지만 파동하는 소리라 진성에 비해 소리보단 호흡의 비중이 커 선명도가 낮을 수 있다. 가성에도 여러 종류가 있다. 성대를 놔주는 가성이 있는가 하면 성대를 붙여주는 가성도 있고, 소리를 띄우는 가성이 있는가 하면 소리를 잡아주는 가성도 있다.

통상적으로 발라드에서 많이 사용하는 가성은 공기가 많은 타입의 발성 방식이다. 마치 소리가 날아가는 듯한 가벼움이라 혹자는 알맹이 없는 소리, 고음을 내지 못하니까 가성에 의존한다고들 말한다.

그러나 가성은 가창자의 톤을 다채롭게 연출하는 중요한 기제 중 하나다. R&B를 비롯한 세계의 대중음악계를 쥐락펴락하는 명 보컬의 특장점·매력이 가장 확실하게 발현되고 있는 부분도 가성이며, 우리가 듣는 명곡 중 일부 표현의 상당수도 가성을 통해 매력 포인트를 극대화하고 있는 것이다.

전 세계에서 실용음악 교육기관이 가장 많은 곳이 한국임에도 여전히 일반인은 물론 일부 전공생조차 가성을 '좋지 않은' 발성으로 인식하고 있다. 발성과 팝의 종주국인 영국과 미국에선 매우 중요한 영역으로 받아들인 지 오래임에도.

탁월한 보컬리스트들은 진성과 가성을 구분하지 않고 곡에 따라

적재적소에 혼용하며 톤에 디테일을 더한다. 특히 「Love wins all」에서 구사하는 아이유의 가성은 통상적 가성 수준을 넘어서는, 무척 난도 높은 발성이다. 성대 접촉을 많이 하고 있지만 매우 유연하게 함으로써 소리가 날아가는, 즉 가성 같지 않은 형태의 진성 같은, 일종의 '반가성'을 구사하고 있다.

여러 보컬트레이너들은 아이유의 이러한 방식의 발성 스킬에 대해 일반인이 흉내 내기엔 매우 어려운, 굉장한 내공이 필요한 것이라고 입을 모은다. 고음인데도 얇게, 그러면서도 매우 편하게 소리를 내는 것이다. '귀신같은 성구 전환'이라고 말하는 이유다. 가성 같은 진성, 진성 같은 가성, 이처럼 아이유는 성구 간의 벽이 느껴지지 않는 단계까지 오른 것이다.

체스트보이스(Chest voice), 헤드보이스(Head vioce), 미들보이스(Middle voice) 등은 아이유의 발성 변화를 말할 때 중요하게 언급되는 용어다. 체스트보이스(흉성)는 가슴 부위를 중심으로 나오는 굵고 낮은 소리다. 헤드보이스(두성)는 머리 부위를 중심으로 나오는 높고 가는 소리다. 아래를 지향하는 힘 있고 굵은 소리가 체스트보이스라면, 위로 띄우는(위를 지향하는) 소리가 헤드보이스다. 미들보이스는 반가성 또는 믹스보이스(Mixed voice)라고도 한다. 예전엔 흉성, 두성이란 용어로 자주 쓰였지만 근래 실용음악과 교수와 학생들, 보컬트레이너들 사이에선 체스트보이스, 헤드보이스, 미들보이스란 용어로 자주 사용되고 있다. 따라서 이 책에서도 '체스트'와 '헤드' 보이스란 용어로 통일했다.

미들보이스, 즉 '반가성'이란 용어에 대해선 여전히 논란이 많지만 보컬 발성 관계자들이 가장 많이 사용하는 것이라 이 책에서도 편의상 이 용어를 따르기로 한다. 음색에서 가성 느낌의 호흡이 들려 이런 용어가 붙었다. 이 책에서 필자가 말하는 반가성은 진성 접근과 가성 접근 모두를 말한다.

반가성은 성대가 가성보단 좀 가까이 접근해 있지만 미세하게 성문의 틈새가 벌어져 접촉은 하지 않은 채 성대 끝부분에 존재하는 점막의 엣지만 부딪쳐 진동하는 소리다. 좀 힘이 없는 듯한 소리라 진성인지 가성인지 경계가 모호하게 들린다고 해 반가성이란 명칭이 붙었다. 그러나 보컬 고수들은 진성적 접근 또는 가성적 접근을 병행하는 방식으로 예술적인 반가성을 연출한다. 아이유는 데뷔 때부터 가슴에서 시작되는 체스트보이스 진성을 기반으로 건강하고 힘찬 소리를 연출했다. 점차 시간이 지나며 소리를 위로 띄우는 헤드보이스를 이러한 체스트보이스와 접목하는 난도 높은 방식으로 노래하며 보컬 초고수로서의 존재감을 더해갔다.

보컬트레이너들은 "되도록이면 성대를 붙여 진성으로 소리를 내며 이걸 체스트에서부터 강하게 내는 습관을 들이라"고 말한다. 이를 토대로 헤드보이스로 이어지게 하라는 것인데, 이러한 방식은 오랜 연습이 요구되지만 소리의 길을 잡는 가장 확실한 방법이다. 그러나 소리를 위로 띄워 경쾌한 톤을 중시하는 현 단계 대중음악계는 체스트보다 헤드보이스 위주로 짧고 집중적으로 연습시켜 데뷔시키는 추세다. 자신만의 소리의 길이 잡히기도 전에 특별한 목적을 위해 사용되는 소모품처럼. 물론 회사(소속사)가 어떠한 마인드를 견지하느냐에 따라 결과는 각기 다르게 나타나는 것이지만.

아이유는 데뷔 때부터 한 번도 서두른 적이 없다. 이러한 FM 방식으로 묵묵히 느리게 연습에 또 연습을 하며 자신만의 소리로 정립시킨 것이다.

아이유는 안정적 발성의 전형이다. 초기엔 소리가 확실하게 정립되지 않은 점도 보였지만 이후 체스트보이스–미들보이스–헤드보이스–팔세토 네 가지 소리를 자유자재로 구사하며 음역대 제한 없는 차원까지 올랐다.

발라드와 댄스를 함께 부르는 건 매우 힘들다. 호흡의 길이도 다를 뿐 아니라 소리를 써야 하는 공간 등 기술적인 면에서 감성적인 면까지 모든 게 극과 극이기 때문이다. 그러나 아이유는 발라드와 댄스를 탁월하게 컨트롤할 수 있는 몇 안 되는 가수다.

듣는 이에겐 수많은 음악 중 '노래 한 곡'일 수 있지만 가창자는 한 곡을 부르기 위해 여러 개의 발성을 동원한다. 다양한 표현을 위해서다. 간혹 단 하나의 톤으로만 노래를 끌고 가는 경우도 있다. 그러나 이런 건 단조롭게 들릴 수 있어 높은 공력의 보컬리스트가 아니면 할 수 없는 영역이다. 아이유는 단 하나의 톤만으로도 노래 한 곡을 결코 지루함을 주지 않고 시종 다양한 느낌으로 끌고 가는 보컬리스트이기도 하다.

탁월한 리듬감

데뷔 때부터 아이유는 박자를 정확하게 찔러주며 리듬을 타는 역량이 돋보였다. 초기 곡 「Boo」만 들어봐도 알 수 있다. 시간이 지나며 발라드면 발라드, 빠른 템포면 빠른 템포 등 모든 장르마다 이러한 리듬감을 유감없이 잘 보여줬다.

'슬로우'와 '패스트' 스타일의 곡은 리듬을 다루는 방식이 180도 다름에도 이처럼 능란하게 컨트롤을 할 수 있었던 건 남다른 강약 조절, 그리고 어택과 그루브를 이미 몸에 갖고 있었기 때문인 것으로 보인다. 노력(연습량)을 아무리 많이 해도 한계가 있는 게 리듬의 영역이란 점에서 아이유의 남다른 리듬감은 선천적인 면이 작용하지 않았나 한다.

크레센도(crescendo)는 '소리를 점점 크게 하라', 데크레센도 (decrescendo)는 '소리를 점점 약하게 하라'는 음악 용어다. 성량이 풍부한, 노래 좀 한다는 국내 가수들에게서 자주 볼 수 있는 발성 스타일이 크레센도다. 처음엔 약하고 조용하게 시작했다가 중반으로 가며 고음을 터트려 절정으로 치닫는 대표적인 소리 연출 방식이다.

그러나 데크레센도는 강하게 시작해서 점점 힘을 빼며 페이드아 웃되는 소리 조절 방식이라 크레센도에 익숙한 가수들에겐 매우 낯 설 수 있다. 발성이 뛰어난 해외 유명 보컬리스트들에게선 이러한 데 크레센도를 탁월하게 처리하는 걸 자주 들을 수 있다.

크레센도보단 데크레센도로 노래하는 게 난도가 훨씬 높다. 아 이유의 노래에선 이러한 데크레센도 발성을 자주 접할 수 있다. 소리 컨트롤과 리듬에 대한 남다른 소양이 없다면 쉽게 체득할 수 없는 영역이다.

국내 음악계의 경우 리듬보다 발음에 좀 더 비중을 두는 편이다. 새로운 곡을 선보이기 위해선 짧은 시간 안에 (효과적인 가사 전달력 을 위해) 발음부터 시작하는 게 관행이기 때문이다. 이렇게 속성으로 진행하다 보니 정작 중요한 리듬(리듬감)을 익힐 기회가 적다. 그런데 아이유는 이미 데뷔 때부터 리듬과 발음을 동시에 익힌 것으로 보인 다. 데뷔 앨범에서부터 좋은 리듬감과 발음 처리가 신인답지 않을 만 큼 높은 수준으로 구현되고 있는 것이다.

목을 열어 소리를 풀며 유연하게 구사하는가 하면, 또 다른 여러 곡에선 쫄깃하게 모아서 소리를 구사하거나 빠른 비트를 타는 가운데 그루브의 향연이라 해도 좋을 리듬감의 탁월함도 엄지척이다. 관련 내용은 앨범 분석에서 구체적으로 기술했다.

이처럼 아이유는 어떠한 곡에서건 그 쓰임에 맞게 창법이 유연하게 매칭되며 듣는 이를 즐겁게 한다. 시간이 지날수록 음악인·아티스트로서 더욱 강력하게 업그레이드되고 있는 것이다.

개성과 깊이,

독창적인 '작가주의' 근성

　인기 가수이면서도 굳이 대중이 선호하는 트렌드(유행)만 고집하지도 않는다. 포크에서 팝 발라드, R&B, 랩, 각종 댄스 비트에서 재즈, 보사노바, 일렉트로닉-신스팝 등등 온갖 장르 스타일을 오가며 지루할 틈을 주지 않는 다양성의 음악 세계다. 제도권에 얽매이지 않는 인디음악 성향도 적극 받아들인다.

　세상에서 일어나는 온갖 주제에서 동화적 상상력에 이르기까지 결코 '뻔하지 않게' 설계하는 참신함, 들을수록 맛을 더하며 음미하게 되는 문학성 높은 가사와 멜로디, 진정한 언어의 조탁(彫琢)이다. 단지 '다듬는다'는 표현으론 부족할 것 같아 '한 땀 한 땀 공들여'라고 쓰고 싶을 만큼.

이 모든 건 개성(독창성)과 깊이가 남다른 작가주의에서 나오는 것이기도 하다.

그만큼 아이유는 데뷔 이래 정체되거나 똑같은 패턴을 보여준 적이 없다. 인기 최정상에 있음에도 온갖 유혹에 흔들리지 않고 자신의 신념대로 음악적 중심을 잘 잡는, 아이유라서 할 수 있는 시도들이다. 단지 '스타 연예인' 가수가 아닌 진짜 '아티스트'다운 아이유의 모습은 나열하기 힘들 정도다.

아이유는 자신이 쓴 곡을 기타 연주와 함께 노래하는 전형적인 싱어송라이터다. 음악계에 등장할 땐 다른 작곡가의 곡을 받아 노래했지만 이미 마음속으론 처음부터 싱어송라이터를 꿈꾼 걸로 보인다.

2009년 7월 29일 '포모스'와의 인터뷰에서 "노래를 잘하는 가수가 되고 싶고 더 나아가… 음악을 잘하고 싶어요. 방송보단 공연 위주로 활동하고 싶고요. … 어떤 음악을 해도 제 주관이 들어가게 만들고 싶어요"라고 말한 바 있다. 16세에 했던 이 인터뷰에서 이미 싱어송라이터의 포부를 드러내고 있는 것이다.

보컬을

악기화할 줄 아는
아티스트

싱어(보컬)와 악기 연주자는 서로 다른 영역이라고 생각하는 경향이 많았다. 노래를 좀 더 잘 부르기 위해 온갖 발성 호흡을 연구하고 노력하는 데에만 집중했던 것이다. 그러나 이렇게 되면 보컬은 단지 노래하는 파트로서만 생각하게 된다. 보컬도 기타-베이스-드럼-건반과 한 몸이 돼야 가장 바람직한 음악으로 구현되는 것임에도. 한국의 가수들에게 악기처럼 노래한다는 건 어려운 숙제 중 하나였다.

다양한 표현을 위해 악보에 기재된 음에만 치중하지 않고 노래해야 할 때도 있다. 악기에 대한 이해도가 높을수록 이러한 감성을 발휘하는 데 도움이 된다. 앙상블(합주)에선 보컬도 성대라는 악기의 한 영역이다. 악기를 연주해본 가수, 다시 말해 악기에 대한 이해가 있으면 앙상블에서도 그만큼 높은 효율을 발휘할 수 있는 것이다.

벤딩(Bending), 슬라이드(Slide) 등은 기타를 연주할 때 자주 사용되는 테크닉이다. 기타를 연주할 때 왼손으로 줄을 올리거나 내리며 음정에 변화를 주는 걸 벤딩이라고 한다. 벤딩은 힘껏 줄을 올리며 음정 격차를 크게 하는 것에서 반음 정도만 올리는 '하프벤딩', 4분의 1 정도만 올려 음정에 미묘한 변화를 주는 '쿼터벤딩' 등 몇 가지로 나눌 수 있다.

'쿼터벤딩'을 통해 피치가 살짝 바뀌며 나오는 특유의 블루지함이 바로 블루노트(Blue note)다. 재즈와 블루스가 현악기(기타)에서 시작된 것이고, 따라서 이러한 장르적 특성을 대표하는 블루노트 감성 또한 기타를 통해 익히는 게 정석이다. 블루스 연주자마다 각기 다른 감성 표현, 다시 말해 특유의 '손맛'도 여기에서 나오는 것이다.

슬라이드는 왼손으로 기타의 특정 줄을 누른 상태에서 다른 프렛(지판)으로 미끄러지듯 이동하는 기술로 좀 더 부드러운 음정 변화가 필요하거나, 또는 순식간에 음정을 바꿀 때 사용한다.

연주자에 따라 벤딩이나 슬라이드는 각기 다르게 구사되며 이러한 미묘한 차이는 결코 악보화할 수 없는 영영이다. 악기에 대한 이해가 깊을수록 노래할 때 이러한 방식을 감정에 잘 담아낼 수 있다.

아이유는 이러한 '보컬의 악기화', 다시 말해 보컬도 악기처럼 구사할 줄 아는 흔치 않은 가수다. 「금요일에 만나요」를 비롯해

「unlucky」 등 여러 곡에서 아이유는 보컬을 악기화시켜 다른 섹션과 조우하는 걸 알 수 있다.

악기를 다룰 줄 아는 만큼 곡을 조망하는 감각과 정확한 음정 구사 등 다양한 특장점을 지녔다. 특히 현악기(기타)적 발성 스타일에 토대를 두고 있어 벤딩 감각도 남다르다.

「길 잃은 강아지」를 비롯해 「그 사람」, 「라망(L'amant)」, 「을의 연애」, 「누구나 비밀은 있다」 등 일련의 곡에서 알 수 있듯이 블루지한 표현력과 재즈 감성 처리도 날이 갈수록 깊어졌음은 물론이다.

'빈티지'와 '트렌디'의

매력적 공존

　빈티지(vintage)는 세월이 흘러도 유행과는 무관하게 빛(가치)을 잃지 않는다는 의미를 담았다. 명품 시계를 비롯해 자동차, 와인, 패션 등 여러 곳에서 그 가치를 인정받으며 사랑받고 있다. 반면 트렌디(trendy)는 가장 핫한 최신의 기류를 말할 때 사용한다.

　캠브리지 영어사전에 의하면 빈티지는 '일정한 시간이 지나도 그 가치가 변치 않는 것을 말할 때 사용'하는 용어로 '빈티지라고 부르려면 그 시대와 관련된 스타일과 트렌드를 강력하게 반영해야' 한다. 브리태니커 백과사전은 '새롭진 않지만 좋은 상태, 매력적인 디자인 등으로 인해 가치가 있는 것을 설명하는 데 사용'한다고 정의하고 있다.

트렌디는 '최근 유행하는', '시류를 타는' 등의 의미를 내포한 형용사다. 세계의 유명 사전은 '현대적이고 최신 유행하는'(캠브리지), '유행의 첨단을 걷는'(옥스포드), '현재 인기가 있고 유행하는'(브리태니커) 등으로 '트렌디'를 정의하고 있다.

종종 빈티지는 '옛스럽다', '올드하다'로, 트렌디는 '시류만 따르는' 등의 부정적인 의미로 사용되기도 한다. 어쨌든 두 용어는 전혀 다른 스타일 성향을 뜻하는 것이라 이게 마치 동전의 양면처럼 하나로 합쳐지는 건 더욱 힘들다.

그런데 아이유에겐 '빈티지'와 '트렌디'함이라는, 양립하기 힘든 두 감성이 아름답게 공존하고 있다. 2013년 정규 3집 〈Modern Times〉는 20세기 스윙 빅밴드의 이디엄을 21세기의 트렌디한 감성으로 재치 있게 풀어낸 작품이다. 〈Modern Times〉를 기점으로 아이유의 빈티지+트렌디한 정서적이며 작법적 접근은 시간이 지나며 더욱 무르익어 갔다. 그리고 이러한 감성이 노골적으로 절묘하게 잘 드러난 것이 〈꽃갈피〉와 〈꽃갈피 둘〉이란 두 장의 리메이크 앨범이다.

또한 감성적으로 이전 세대의 포크 감성을 베이스로 하고 있으며 이러한 취향을 반영한 게 스페셜 미니앨범 〈조각집〉이다. 〈조각집〉은 마치 어른을 위한 동요 같은 포크 발라드 구성이다. 「정거장」 등 여러 곡에서 동요 같은 느낌의 발성도 자주 들을 수 있다. 동요와 포크 감성이 선한 얼굴로 유쾌하게 공존하는 「드라마」도 주목할 곡이다.

아이유의 이러한 기호 스타일은 팝 발라드를 노래할 때도 그대로 나타난다. 그래서 아이유표 발라드는 포크 감성의 발라드라 해도 과언이 아닐 만큼 자연미와 (감정)절제의 미학이 농염하다.

소리의

성형미인 전성시대에서
진정한 '자연미인'

현 단계 대중음악은 소리의 '성형미인' 시대다. 오차 없는 완벽을 위해 수정에 또 수정을 가하며 화려한 소리의 메이크업을 추구하고 있다. 보컬의 각종 기술적인 역량을 강화하기 위한 다양한 테크닉이 총동원된다.

대표적인 테크닉이 트웽(Twang)이다. 트웽은 물이 나오는 호스를 좁힐 때 물이 더 빨리 뿜어져 나오는 원리와 같다. 성대의 경우 이는 더 적은 입력으로 더 많은 출력을 낼 수 있다. 트웽을 통해 성대의 위쪽 공간이 좁아지며 좀 더 또렷한 소리가 만들어지는 것이다. 해외의 팝스타들은 물론 K팝의 거의 모든 아이돌 가수들이 애용하는 발성 방식이다.

그러나 아이유는 이러한 트왱을 사용하지 않는다. 조미료를 섞지 않은 솔직 담백한 사운드를 추구하려는 '소리의 자연미인', 기본적으로 어쿠스틱 마인드의 무공해에 발을 딛고 있는 것이다.

아이유가 영국의 싱어송라이터 코린 베일리 래(Corinne Bailey Rae)에 남다른 애정을 보이는 것도 비슷한 맥락이다. 어쿠스틱 사운드를 기반으로 꾸미지 않고 솔직하게 툭툭 던지듯 또는 흥얼대며 차분한 어조로 다가오는 코린 베일리 래의 음악은 아이유와 닮은 데가 있다.

비브라토(바이브레이션)는 노래를 좀 더 멋스럽게 연출하기 위한 기술이다. 또한 고음을 구사할 때 높은 음정을 오랫동안 유지하기 위해 사용하기도 한다. 가수마다 비브라토를 구사하는 방식도 각양각색이다. 비브라토를 전혀 사용하지 않는 가수도 있고 시종 비브라토를 많이 사용하는 가수도 있다. 아이유는 비브라토를 잘 사용하지 않는 가수에 속한다. R&B에서 흔히 들을 수 있는 현란한 '꺾기' 기술도 잘 사용하지 않는다.

이 모든 것들이 최대한 덜 꾸미고 솔직 담백한 어법을 선호하는 아이유에겐 어쩌면 조미료라고 여겨질 수도 있다. 물론 데뷔 후 몇 년까지 비브라토를 비롯한 멋스럽게 치장하는 기술을 종종 구사했지만 어디까지나 기획사의 의도에 맞춘 것으로 보인다.

최고 수준의

마이크 활용술

아이유만의 음악적 매력에서 빼놓을 수 없는 게 탁월한 마이크 활용이다.

마이크(mic, microphone)는 음파를 전기적인 에너지 변환기나 센서로 전달해 소리를 같은 파형의 전기신호로 변환해주는 장치다. 귀가 감지할 수 있는 음압·주파수의 범위는 넓은데, 마이크의 출력은 음성 톤과 범위뿐 아니라 귀의 감도와 일치하도록 필터링될 수 있다. 마이크의 특장점을 잘 활용할 줄 안다면 장르마다 그에 어울리는 감정선을 연출하는 데에도 많은 도움을 받을 수 있다.

노래하는 방식에 따라 소리도 다양하게 연출된다. 예를 들어 노래할 때 머리 또는 상반신(가슴·팔 등)을 많이 움직이는 가수가 있는

가 하면, 거의 미동이 없이 노래하는 가수도 있으며, 온몸을 떨어대며 열정적으로 노래하는 가수도 있다. 마이크를 입에서 멀리 떨어지게 해 사용하거나 입 바로 앞에 또는 아예 입에 대고 노래하는 가수도 있다.

이처럼 각기 다른 스타일의 보컬에 최적화된 소리와 톤 연출을 위해 보컬 마이크는 음향과학을 염두에 두며 꾸준히 발전해왔다.

소리를 좋은 퀄리티로 안정되게 보내려면 출력도 높아야 할 뿐 아니라 많은 주파수 범위를 사용해야 한다. 마이크 기술도 주파수 안정성을 최대치로 끌어올리는 노력을 했고 과거에 비해 소리 전송의 안정성도 획기적으로 높아졌다. 1950~1960년대의 스탠더드 재즈나 올드팝 보컬의 마이크 음향과 현재의 대중음악을 들어보면 소리 감도(해상도)가 얼마나 정교하게 기술적으로 발전해가고 있는지 알수 있다. 물론 첨단 메커니즘에 따른 음향의 정교함이 오히려 감상을 방해한다고 여겨 과거의 아날로그 사운드를 선호하는 사람들도 있지만.

마이크에서 가장 중요한 부위가 소리를 변환해주는 다이어프램(Diaphragm)이다. 마이크로 들어오는 음파의 에너지 양을 변환해 전기적으로 전달해주는 역할을 한다. 노이만(Neumann) 같은 대표적인 고성능 스튜디오용 마이크는 22mm가 넘는 라지 다이어프램을 탑재했다. 다이어프램 사이즈가 크면 소리에 대한 반응도 그만큼 섬세해진다. 방송에서 출연자들끼리 말할 때 사용하는 작은 '핀마이크'는 음압에 반응하기가 쉽지 않다. 음파에 반응하려면 어느 정도의 면적을 갖춰야 하기 때문이다. 면적이 작아지면 작아질수록 고음을 받아들이는 덴 별문제가 없지만 저음은 그렇지 않다. 면적이 크면 클수록 저음도 더욱 섬세하게 반응하는 것이다. 스튜디오용 노이만 마이크의 경우 거의 모두 라지 다이어프램으로 제작하는 것도 이런 이유다.

가수 입장에선 크게 두 가지 차원에서 마이크를 선택하는 경향이 많다. 스튜디오에선 자신의 소리가 정확하게 전달되는 마이크를 선호하고, 공연(무대)에선 장시간 노래해도 편할 뿐 아니라 노래하는 와중에도 자신의 소리를 정확하게 모니터링할 수 있는 마이크를 선호하는 것이다. 무대라는 곳은 온갖 변수가 많기 때문에 어떤 가수에겐 모니터링 잘되는 마이크가 1순위일 수도 있고 또 어떤 가수에겐 휴대하기 가볍고 그립감 좋고 편한 무선 마이크가 1순위일 수도 있다.

오늘날의 마이크 기술은 이 모든 걸 정교하게 업그레이드하며 가장 정확하고 안정된 최적의 소리를 전달하고 있는 것이다.

비욘세(Beyonce), 머라이어 캐리(Mariah Carey), 저스틴 비버(Justin Bieber), 아리아나 그란데(Ariana Grande), 아델(Adele), 테일러 스위프트(Taylor Swift) 등 세계적인 보컬리스트들이 노이만, 젠하이저(Sennheiser), AKG, 슈어(Shure), 오디오테크니카(Audio-Technica),

텔레풍켄(Telefunken) 등등 다양한 마이크(커스텀)를 사용하며 각종 공연과 녹음 스케줄을 소화하고 있다.

아이유 또한 수십 개가 넘는 마이크를 사용하며 자신이 원하는 색상으로 커스텀한 마이크도 애용한다. 젠하이저, 슈어 등등 여러 브랜드의 마이크를 사용했고, 데뷔 10주년 투어 콘서트 〈이 지금 dlwlrma〉에선 보라색부터 은빛, 파스텔 톤 등 다양한 커스텀 마이크로 노래한 바 있다. 데뷔 11주년을 맞아 마이크를 신상으로 바꿨다고 팬들에게 알리기도 했다. 2019년 11월 2일 광주 유니버시아드 체조경기장에서 열린 전국투어 콘서트 〈Love, poem〉에선 블랙 유광 마이크를 샀다고 밝혔다. 블랙 유광으로 색을 입힌 마이크의 머리 부분을 의식한 듯 "(마이크) 헤드에 신경을 많이 썼다"고 했다. 마이크 손잡이 부분엔 '이지금'이라고 새겨져 있다. "블랙 유광 마이크를 갖는 게 항상 꿈이었다"며 "제 소원이었지만 색깔이 있는 게 좋지 않을까 생각이 들었다"고 12년 만에 블랙 마이크로 바꾼 이유를 밝혔다. 또한 "10번째 마이크"라며 "마음의 여유가 생겼을 때, 가수로서 충분한 마이크를 보유했을 때 바꾸고 싶었다"고 덧붙였다.

아이유는 만 15세 때부터 많은 곡을 녹음하고 공연했다. 녹음 경험이 많은 가수는 그만큼 자신에게 가장 잘 어울리는 소리가 어떤 것인지 잘 안다. 어떤 곡에선 A 마이크가, 또 어떤 곡에선 B 마이크가 잘 어울린다고 인식하며 마이크의 장점을 최대한 살리는 가수다.

언제 어떠한 상황에서라도 마이크를 탁월하게 사용하며 자신의 소리와 톤을 다채롭게 연출하는 감각이 최고다. 마이크 사용에 있어 국내 가수 중 '베스트 오브 베스트'로 평가받는 이유다. 아이유의 노래 중에서도 「마침표」를 비롯해 「분홍신」, 「이런 엔딩」 등 몇몇 작품은 마이크 활용의 교과서라 할 수 있다.

독일의 세계적인 음향기업 젠하이저코리아의 김태한 이사는 이렇게 말했다.

"가수가 스튜디오에서 녹음할 때, 함께 작업하는 스태프가 지적해주지 않으면 자신도 모르는 쿠세—좋지 않은 버릇—가 있기 마련입니다. 예를 들어 멜로디를 따라가기 위해 마이크 손잡이로 리듬을 타는 가수가 있는가 하면, 오른손으로 마이크를 잡고 왼손으론 멜로디를 타며 노래하는 버릇이 있는 가수도 있죠. 그러나 아이유는 이런 쿠세가 전혀 없이 여유 그 자체로 노래합니다. 아이유는 노래 부르는 순간부터 모니터를 통해 나오는 자신의 소리를 즉각 이해하는 아티스트인 것 같아요.

커스텀 마이크도 애용하는 것으로 알려져 있는데, 마이크는 브랜드마다 지향점이, 모델마다 컬러가 다를 수 있기 때문에 이런 쪽에 커스텀을 하는 경우가 많아요. 마이크라는 건 무대에 맞게끔 제조사에서 설계한 대로 출시되기 때문에 여기에서 더 특별한 튜닝은 힘들다고 봅니다."

다양성과 깊이의 톤

'역대급'

가수에겐 호흡 기술 및 관리가 '매우' '절대적으로' 중요하다. 호흡이야말로 가수가 원하는 소리 상태, 그 품질에 가장 많은 영향을 주는 것이기 때문이다. 호흡은 목소리에 생기를 불어넣으며 갖가지 음색 창출에 기여한다.

소리를 크게 또는 작게 낼 때, 고음에서 특정 음을 길게 유지하며 절정으로 치닫게 할 때 각종 변칙적인 리듬을 타며 노래하는 행위에 이르기까지 보컬에게 있어 호흡은 곧 엔진과도 같다. 보컬 고수들은 노래를 부르기 전 이미 그 악절에 어울리는 호흡을 어떻게 써야 할지 동물적으로 반응한다. 심지어는 음역이 없는 상태에서 호흡만으로도 소리를 음악화시키기도 한다.

가수나 보컬트레이너들은 "아플 때 나오는" 또는 "아파야만 나오는 톤, 바이브가 있다"는 말을 종종 한다. 몸살감기에 걸리면 몸 상태가 안 좋아지며 목소리도 변하게 된다. 그런데 이런 컨디션에서 나오는 특유의 톤이 있는데 이런 음색이 가끔 놀라운 결과를 만들어낸다. 곡이 요구하는 특유의 정서 그 이상을 구현시키는 것이다. 이런 톤은 정상적인 컨디션에선 결코 나오기 힘들다고 해서 "아파야만 나오는" 것이라고 표현하는 것이다.

에일리가 부른 tvN 드라마 〈도깨비〉에 삽입된 OST 「첫눈처럼 너에게 가겠다」가 대표적이다. 이 곡은 아무런 정보 없이 초반까지만 듣는다면 에일리의 목소리라고 알기 어렵다. 고음에서 터지며 절정으로 치달을 때까진. 에일리는 평소와는 전혀 다른 탁하고 가라앉은 톤으로 노래하고 있기 때문이다. 녹음에 임하기 전까지 에일리는 목감기가 심하게 걸려 힘들어했다. 그 때문에 평소와 다른 톤이 나왔던 것. 그런데 감기로 아파하며 부른 이 노래는 곡이 지닌 특유의 쓸쓸함, 애잔한 정서가 감기에 걸린 톤과 절묘한 조화를 이루며 감동적인 발라드로 완성됐다.

「Love wins all」도 같은 사례다. 발매 직후 나는 모 일간 매체에 이 곡을 분석하는 칼럼을 썼다. 그간 아이유가 노래한 곡 중에서도 '역대급 톤'이라고 극찬을 아끼지 않았다. 처음 듣는 순간 음색의 절절함이 소름 끼치게 했기 때문이다. 가공할 감성의 표현력이었다.

몇몇 유명 보컬트레이너들 및 실용음악과 보컬 교수들과도 이런 저런 얘기를 나눴는데, 이들은 '최고'를 넘어 이젠 '극락급' 보컬 수준으로 왔다는 표현을 쓸 정도였다. 이후 아이유는 이 곡을 녹음할 때 몸살감기가 심하게 걸려 힘들었다는 내용을 유튜브 채널을 통해 밝혔다. 이거였다. 아파야만 나올 수 있는 톤이 바로 이 곡에서도 크게 한몫했던 것이다. 아이유의 탁월한 마이크 활용 또한 빼놓을 수 없다. 물론 음향 엔지니어의 역량도 중요한 것이지만 아이유라는 기본 소스가 높은 품질을 보여줬기에 가능했다. 살짝 숨을 들이마시거나 내뱉을 때 나오는 소리조차 마이크에 절묘하게 활용하며 이마저 프레이즈로 연출하고 있다.

　　두 음 이상 올리는 도약진행에서도 고유의 특장점이 나타난다. 고음에서 음정을 갑자기 떨어뜨릴 때 소리가 불안하게 나올 수 있다. 음을 올릴 때 근육이 뭉치다가 음이 아래로 낮아질 때 근육이 순간적으로 풀리는 것인데, 바로 이 부분에서 소리가 불안하게 연출될 수 있다. 그러나 아이유는 이러한 도약진행에서도 안정적이고 보기 힘든 뉘앙스의 톤을 구사한다.

콜라보의 의미를
가장 잘 아는 아티스트

협연을 통해 각 아티스트가 지닌 장점이 멋지게 구현되는 게 콜라보의 덕목이다. 이러기 위해선 상대 아티스트에 대한 존중, 배려가 우선이다. 각 분야 최고의 스타들이 대등하게 만난 협업의 장에서 A란 아티스트가 B보다 우위에 있게끔 연출된다면 이건 잘못된 콜라보에 다름 아니다.

아티스트들이 함께하다 보면 상대에 대한 배려에 앞서 자신의 견해(연주와 노래)를 강조하는 경우도 있다. 협업이라기보다 불꽃 튀는 경쟁적인 구도로 연출되기도 하는 것이다. 이러한 걸 균형 있게 잘 맞추는 것이야말로 콜라보에 임하는 가장 중요한 자세랄 수 있다.

아이유는 콜라보(콜라보레이션, 협업)의 진정한 의미와 매력을 아는 아티스트다. 자신을 내세우지도, 그렇다고 너무 숨지도 않으며 해당 곡이 요구하는 분위기를 최적의 상태로 연출한다. 상대 아티스트에 대한 존중과 배려가 없다면 구현되기 힘든 경지다.

BTS(방탄소년단) 슈가, 2AM 슬옹, 지드래곤, 김창완, 최백호, 양희은, 손성제, 오혁, 선우정아 등등 젊은 음악인에서 대선배에 이르기까지 세대와 온갖 장르를 아우르는 폭넓은 콜라보는 양과 질에서 가히 놀랄 만하다.

2023년 12월 26일 BTS 슈가가 진행하는 유튜브 채널 '슈취타' EP.24에 출연해 선배들과 콜라보를 특히 많이 하는 이유에 대해 이렇게 말했다. "선배님들한테 예쁨을 많이 받았다. 음악적으로 예쁨을 받으며 어떻게 보면 무명 시절도 있었지만 저는 안전하게 (여기까지) 온 걸 수도 있다. 선배님들이 좋은 말씀도 많이 해주시고 같이 협업도 해주시고 그래서 저도 그걸 갚으려고 후배들에게 노력을 많이 한다. 콜라보 할 때 상대에 적극적으로 맞춰드리려고 노력을 많이 하는 편이다. 그분의 작업물이기 때문에…"

학계에서도

비범한 관심

이와 같은 아이유의 다양한 음악 세계는 학계에서도 꾸준히 관심을 갖고 있다.

학술지는 물론 대학의 석·박사 학위 논문 등 다양한 분야에서 아이유에 대한 학술적 분석이 이어지고 있는데, '학술연구정보서비스(RISS)' 데이터 기준 최근 10여 년간 발표된 아이유 관련 주요 논문은 다음과 같다.

◆ 「싱어송라이터 아이유 곡의 가사에 나타나는 수사법 양상」(김정철·정재윤, 2023. 한국엔터테인먼트산업학회 논문지) — 아이유의 곡 중 곡 형식이 같은 22곡을 선정해 21가지의 수사법으로

가사 분석.

- 「가수 아이유 노래 가사에 나타난 비 감정 단어 및 합성어 활용 양상」(정윤찬·한경훈, 2023. 한국엔터테인먼트산업학회 논문지) — 심리학자 로버트 플루치크(Robert Plutchik)의 '감정의 바퀴(Wheel of Emotions)' 이론에 근거한 아이유의 「겨울잠」 가사의 학술적 접근.

- 「미학적 접근을 통한 대중문화의 프레임, 콘텐츠, 해석 및 담론 연구: 아이유 〈Zeze〉의 원작 변용을 중심으로」(우지혜 성균관대 일반대학원 석사학위논문) — 대중문화 생산에서의 원작 변용의 문제를 미학적으로 접근한 논문.

- 「한국 발라드의 발전과정과 K-Pop 관련 전망에 관한 연구: 유재하와 아이유를 중심으로」(최영훈, 2023. 상명대 일반대학원 석사학위논문)

- 「한국 싱어송라이터 작품에서 나타나는 자아정체성 형성에 관한 고찰: 2010년대 이후 작품을 중심으로」(송권욱, 2022. 경희대 대학원 석사학위논문) — 아이유의 4곡을 통해 20대 성인 초기,

중기, 후기의 모습을 학술적으로 접근.

◆ 「작사가 김이나의 주제와 소재에 대한 고찰: 2010년 이후 작품을 중심으로」(구동욱, 2022. 경희대 대학원 석사학위논문) — 김이나가 쓴 여러 가수의 가사를 분석하는 와중에 아이유 디지털 싱글 〈잔소리〉, 미니 3집 〈Real〉, 정규 2집 〈Last Fantasy〉과 3집 〈Modern Times〉도 비중 있게 분석.

◆ 「한국대중음악에서 여성 가수들의 역할과 여성성의 변화에 대한 연구」(소수린, 2019. 단국대 문화예술대학원 석사학위논문)

◆ 「한국 대중음악의 복고 현상 연구」(김민영, 2017. 단국대 문화예술대학원 석사학위논문) — 영화, 드라마, 음악에 이르는 복고 현상을 다루는 와중에 아이유 〈꽃갈피〉도 언급.

◆ 「대중예술의 복고적 경향과 가요 리메이크에 관한 고찰: 2010년 이후를 중심으로」(노수진, 2016. 경희대 아트·퓨전디자인대학원 석사학위논문) — 2010년 이후에 나타난 대중예술의 복고적 경향과 가요 리메이크를 다룬 논문으로 아이유 리메이크 앨범도 다룸.

남녀노소 불문

막강 팬덤

　남녀노소 가리지 않는 아이유의 거대한 인기는 이처럼 본인의 탁월한 역량이 근간이었지만 이외에도 데뷔부터 차별화된 적극적 홍보 활동, 볼거리 풍성한 공연, 끊임없는 '나눔'의 미덕 실천, 그리고 드라마 열연에 따른 친근한 이미지 강화 등도 팬덤 확장에 기여했다고 할 수 있다.

　아이유는 데뷔 때부터 최대한 다양하게 대중에게 가까이 갈 수 있는 노력을 멈추지 않았다. 공연뿐 아니라 각종 TV 예능 프로그램에서 라디오 방송에 이르기까지 팬들과 가까이할 수 있는 방식이라면 최선을 다해 뛰었다. 소속사가 그만큼 홍보에 적극적이었다는 걸 알 수 있게 한다. 4부 '올어바웃 아이유'를 읽다 보면 이러한 활약상을 알 수 있다.

「Boo」, 「마쉬멜로우」 등 몇몇 곡에서 알 수 있듯이 데뷔 초기엔 아이돌 이미지가 강했다. 그러나 단순한 아이돌이 아니라 '가창력 뛰어난' 신인이란 점을 강조하려 했다. 아이유를 발굴하고 음반 제작을 총괄한 최갑원 프로듀서(현 플렉스엠 대표)가 필자와의 인터뷰에서 밝힌 내용에서 이 점을 잘 알 수 있다.

"대중은 중학교 3학년 가수에게 바라는 노래가 있었을 겁니다. 하지만 저는 그렇게 하고 싶지 않았어요. 어린 친구가 부르기엔 난이도가 있는, 그 나이에 소화하기 결코 쉽지 않은 감성을 보여주고 싶었죠. 일단 신인은 눈에 보여야 합니다. 통상적으로 그 나이에 어울리는 발랄한 노래만 부르면 임팩트가 약하다고 생각했어요. 따라서 '대단한 애가 나왔구나'란 걸 알리고 싶은 '선전포고' 같은 곡을 넣고 싶었던 겁니다. 아이유라면 이 정도의 감성은 충분히 할 수 있었기에 「미아」를 타이틀로 하게 된 겁니다. 아이유는 그 나이에선 나오기 힘든 감성으로 이 곡을 정말 잘 불렀고 그 반향 또한 컸습니다."

최갑원 프로듀서의 이 플랜은 주효했다. 어둡고 무거운 분위기의 곡이라 대중적 지지를 받는 데엔 한계가 있었지만 음악 좀 듣는다는 애호가에서 음악 관계자들까지 사로잡기에 충분했다. "그래봐야 귀여운 학생 가수" 정도로 폄하하던 사람들조차 더 이상 음악 역량에 대해선 딴지를 걸지 않았다.

발랄하고 노래 잘하는 학생 가수 '국민 여동생' 이미지는 초기엔 삼촌 팬을 많이 양산해냈다. 그러다가 특유의 포크 감성이 실린 리메이크 앨범을 통해 중장년층에게까지 사랑받기에 이른다. 이때까지만 해도 남성 팬이 많았다. 이후 본격 싱어송라이터로서 다양한 장르를 거침없이 소화하며 스타일리시한 음악풍을 구현해갔다. 날이 갈수록 오히려 음악은 더 젊어졌고, 이전보다 나이 어린 팬덤 확장에 더욱 가속도가 붙었다.

　이러한 팬덤 변화는 당시 인터파크티켓 공연 예매 통계에서 잘 나타나 있다.

　인터파크티켓 데이터에 의하면 2012년 6월 16일 전북대 삼성문화회관에서 있은 아이유 단독 콘서트 〈REAL FANTASY – 전주〉의 경우 남 63.1%, 여 36.9%의 예매 통계를 보였다. 연령대도 20대가 33%로 가장 많고, 40대 27.9%, 30대 17.5%, 10대 16.8%, 50대 4.8% 순이었다. 2013년 11월 23~24일 경희대 평화의전당에서 열린 아이유 두 번째 단독 콘서트 〈Modern Times〉도 남 61.5%, 여 38.5%로 남자가 압도적으로 많다. 하지만 이즈음부터 음악 성향이 바뀌며 소비 연령대도 다르게 나타났다. 1위는 20대(38.7%)로 이전보다 팬층이 늘어났고, 30대 21.9%, 10대 21.6%, 40대 14.8%, 50대 2.7% 순으로 나타났다. 빅밴드 스윙재즈 시대의 음악이 주가 되는 것이지만 여기에 트렌디한 감성을 잘 녹여낸 아이유의 멋진 변화가 젊은 팬덤 확장에 기여하기 시작한 것이다.

2015년 9월 20일 이화여대 삼성홀에서 있은 '2015 IU 팬미팅 〈2015 IU Awards〉'에선 남 52.8% 여 47.2%로 성비 격차가 줄어들었다. 연령대 또한 20대(46.4%)와 10대(37.5%)가 큰 비중으로 팬덤을 형성하기에 이른다.

2015년 11월 21일부터 12월 31일까지 진행된 아이유 전국투어 콘서트 〈CHAT-SHIRE〉는 여성 팬이 많아지는 전환점이다. 〈CHAT-SHIRE - 대구〉 등 몇몇 콘서트에서 평균 52%가 넘는 여성 예매율을 기록했다. 연령대는 20대 39.2%, 10대 29.4%, 30대 14.1%, 40대 13.8%, 50대 2.6% 순으로 나타났다.

〈CHAT-SHIRE〉를 시발점으로 여성 팬이 꾸준히 늘어나기 시작해 2019년 9월 21일 경희대 평화의전당에서 열린 '2019 아이유 11주년 팬미팅 〈II & U〉'는 여 56.6%, 남 43.4%의 예매통계로 눈에 띄는 여성 팬덤 확장을 보였다. 연령대도 20대가 62.1%로 절대적 우위를 보였고, 이어 10대 20.4%, 30대 14.5%, 40대 2.5%, 50대 0.3% 순으로 나타났다.

쉼 없는 티켓 매진의 신화를 이어가고 있기도 하다. 티켓 판매 집계에서 가장 중요하게 평가되는 게 연간 랭킹이다. 주간·월간 랭킹은 해당 일에만 제한되는 것이지만 연간은 한 해 최고의 성적을 거둔 '왕중왕'이기 때문이다. 아이유는 멜론티켓 연간 콘서트 랭킹에서 2022년 1위(⟨The Golden Hour: 오렌지 태양 아래⟩, 올림픽주경기장), 2023년 2위(팬콘서트 ⟨I+UN1VER5E⟩, KSPO 돔), 2024년 1위(⟨2024 IU HEREH WORLD TOUR CONCERT IN SEOUL⟩, KSPO 돔)를 기록했다.

공연장에선 젊은 층뿐 아니라 가족과 함께 온 부모 세대까지 다양한 세대를 심심찮게 만날 수 있다.

아이유 공연은 각 분야 최고 실력을 자랑하는 멤버 구성의 밴드 편성은 물론 규모와 각종 이벤트 등 풍성한 볼거리가 많기로 유명하다. 따라서 한 번 본 사람은 또 보게 되고 양질의 공연 퀄리티로 입소문이 나며 매진 행렬을 이어오고 있다.

2023년 12월 26일 BTS 슈가의 유튜브 채널 '슈취타'에 게스트로 출연한 아이유는 "공연에는 돈을 아끼지 말자"는 주의라며 자신뿐만 아니라 "우리 스태프들도 예전부터 그랬다. 콘서트를 꾸준히 늘리면서 나도 같이 성장을 했다고 생각한다"고 말했다. 무려 5~6시간이나 될 만큼 공연 시간이 긴 이유에 대해서도 이렇게 말했다.

"처음엔 미안한 마음에서 시작했다. 맨 처음 스물한두 살 이럴 때 콘서트를 시작했던 건데, 비싼 티켓값을 내고 관객분들이 오시는데 모든 게 내 마음엔 안 들고 돌려보내기가 너무 죄송한 거 같아 시작하게 됐다"며 "그런데 지금은 (그렇게 길게 하는 게) 제 콘서트 문화가 됐고, 안 하면 서운한 시그니처가 됐다. … 워낙 공연 시간이 길어 중도 이탈하는 관객도 생긴다. 앙코르 무대 중 나가는 관객도 있을 정도로. 이럴 때 나가는 분들께 잘 가라고 인사도 해드린다. 제 콘서트 마지막 무대는 늘 화려한 드레스를 입고 한다. 이후 크레딧이 올라가고 마무리된다. 이때 가실 분들은 가시고 저는 편한 복장으로 갈아입고 다시 무대에 오른다. 뒤풀이 느낌이다."

아이유밴드 베이시스트 최인성은 필자에게 "장시간인 만큼 체력적으로 힘든 부분이 없는 건 아니지만 계속 해오던 것이고 또한 '일'이라기보다는 즐겁게 함께한다는 마인드가 강해서 그 긴 시간 동안만큼은 피로를 모르고 자연스럽게 함께할 수 있는 것 같다"고 말했다. 또한 "물론 즐겁게 공연하고 숙소(호텔)로 가면 바로 누워버린다. 나와 김승호—아이유밴드 드러머—는 룸메이트인데 공연을 마치고 호텔로 가면 대화를 별로 안 한다. 피곤해서 바로 잠들기 때문(웃음)"이라고 덧붙였다. 무대에선 함께 즐긴다는 마인드로 재미있게 공연을 펼치지만 혼신을 다해 장시간 동안 진행하는 만큼 피로도는 어쩔 수 없다는 걸 잘 보여주는 말이다.

아이유를 발굴한 프로듀서 겸 작사가 최갑원은 "몇 년 전 아이유 콘서트를 보러 간 적이 있다"며 "싸이가 게스트로 출연한 어느 겨울 공연이었는데 아이유가 그렇게 긴 공연 시간 동안 혼자서 다 부르는 걸 보곤 내공이 정말 대단하다는 걸 느꼈다. 깜짝 놀랄 정도로. 가수가 아닌 사람은 잘 모를 수 있는데, 공연에서 혼자 20~30곡 또는 그 이상을 다 부른다는 건 정말 대단한 일"이라고 극찬을 아끼지 않았다.

데뷔 이후 저소득층, 장애인, 미혼모, 희귀질환·암환자 등 다양한 영역에서 기부 활동을 해오며 '나눔'의 미덕을 실천해오고 있는 것으로도 유명하다. 이러한 온갖 선행은 '기부 천사'로서 대중에게 좋은 이미지를 더해주고 있다.

〈달의 연인 – 보보경심 려〉, 〈나의 아저씨〉, 〈호텔 델루나〉 등 여러 드라마 출연도 팬덤 확장에 영향을 줬다. 특히 〈호텔 델루나〉는 회를 거듭하며 장만월이라는 '특이한' 캐릭터에 몰입하며 아이유가 곧 장만월 같은 열연으로 음악에 이어 연기의 끝판왕 같은 존재감으로 부상했다. 어느 순간 아이유는 이미 '시청률 여신'으로 자리한 것이다. 음악에 관심이 없던 사람들도 이러한 드라마 인기로 아이유에게 친근함을 갖게 될 수 있었다.

2024년 3월 31일 현재 아이유 공식 유튜브 채널 구독자 수가 954만 명을 넘어섰다. 수천만 명이 넘는 구독자를 보유한 세계적인 K팝 아이돌에 비한다면 상대적으로 적을 수 있지만 솔로 가수로선 가히 독보적인 수치다.

유튜브 개설 초기엔 약 50만 명이었지만 반년 만에 100만을 돌파했고 2019년 12월 5일 200만, 5개월 후엔 300만, 그리고 3개월 후엔 400만 등 폭발적으로 구독자가 증가했다. 겨우 몇 개월마다 100만 명대 구독자로 늘어날 만큼 팬덤의 확장 속도가 놀랍다. SNS

를 통해 젊은 층 사이에서 급격하게 아이유에 대한 지지가 확산된 것도 이러한 절대적 팬덤 구축에 적지 않은 영향을 끼쳤다.

아이유는 그간 80편 넘는 광고 모델로 활동했고, '참이슬' 역대 최장수 모델이자 주류업계 역사상 최장수 모델이기도 하다. 2024년 초 기준 12개 브랜드의 광고 모델과 3개 브랜드의 글로벌 앰배서더로 활동하고 있다. 폭발적으로 대중의 사랑을 받고 있단 증거다.

광고 모델 선호도에서도 톱을 달린다. 한국방송광고진흥공사(코바코)의 설문조사에서 2022년과 2023년 '소비자가 사랑한 광고 모델'에 선정되기도 했다. 광고 모델 관련 자세한 내용은 4부 'Category 5 광고' 파트에서 다루었다.

Part 2

아이유의 시간 ✳

앨범을 통해 본 아이유의
발성·가창 변화와 특징

아이유를 읽는 시간

아이유는 '정규앨범'과 '미니앨범'의 특장점을 가장 잘 살릴 줄 아는 아티스트이기도 하다. 이런 역량은 한국 대중음악 사상 최고라 해도 과언이 아니다. 정규앨범과 미니앨범의 차이를 알면 이 말을 쉽게 이해할 수 있다.

아티스트가 추구하는 음악 세계를 작품마다 다양한 스타일로 담아 10~15곡 이상의 분량으로 발매하는 게 정규(Full-length)앨범이다. 당시 해당 아티스트의 음악적 지향성을 가장 깊이 있게 표현하는 만큼 제작 기간도 많이 걸린다. 따라서 정규앨범은 몇 년에 한 번꼴로 발매되는 게 통상적이다.

반면 미니앨범은 5~6곡 또는 8곡 정도의 분량으로 제작된다. 다음 정규앨범 발매에 앞서 곡수를 줄인 미니앨범 형태로 숨을 고르자는 차원, 또는 일관된 음악 세계와는 또 다른 스타일을 시도해보고 싶을 때 이러한 형식을 따르는 경우가 많다. 이전 정규작과 다음 정규앨범의 시간적 격차를 줄이기 위한 의미도 있다. 즉 신작을 '목 빠지게' 기다리는 팬 서비스 일환으로 미니앨범 또는 2~3곡을 수록한 싱글앨범을 발매하기도 한다.

그러나 음악가의 디스코그래피에선 정규앨범이 가장 중요하다. 자신의 음악적 지향성과 차별화된 스타일을 깊이 있게 꾹꾹 눌러 담은 작품 세계의 '준거'가 되는, 다시 말해 특정 아티스트의 색깔·지향성이기 때문이다.

아이유는 바로 이러한 '정규'와 '미니' 앨범의 일반적 개념뿐만 아니라 더욱 확대된 형태로 두 스타일을 가장 모험적이며 적극적으로 활용하고 있는 것이다. 아이유의 정규앨범과 미니앨범은 콘셉트나 동선 예측이 불가능할 만큼 작품마다 독자적인 작가주의가 빛을 발한다. 〈CHAT-SHIRE〉를 비롯한 일련의 미니앨범은 곡 수만 '미니'일 뿐 작품의 깊이와 다양성이란 점에선 정규앨범 못지않은 최상의 퀄리티다. 어느 것 하나 가볍게 접할 수 없는 작품 세계다.

정규앨범과 미니앨범을 발매하는 시점도 시간적 격차를 줄이는 팬서비스 + 또 다른 음악 스타일 지향 모두를 충족시킨다. 정규와 미니앨범 사이에 〈삐삐〉, 〈첫 겨울이니까〉, 〈에잇〉 등 디지털 싱글까지 여럿 발매하며 간극을 줄인 것도 주목된다.

미니 1집 〈Lost And Found〉 2008년 9월 발매를 시작으로

정규 1집 〈Growing Up〉 2009년 4월

미니 2집 〈IU...IM〉 2009년 11월

미니 3집 〈Real〉 2010년 12월

미니 3집 확장팩 〈Real+〉 2011년 2월

정규 2집 〈Last Fantasy〉 2011년 11월

싱글앨범 〈스무 살의 봄〉 2012년 5월 11일

정규 3집 〈Modern Times〉 2013년 10월

리메이크 앨범 〈꽃갈피〉 2014년 5월 16일

미니 4집 〈CHAT-SHIRE〉 2015년 10월

정규 4집 〈Palette〉 2017년 4월

리메이크 앨범 〈꽃갈피 둘〉 2017년 9월 22일

미니 5집 〈Love poem〉 2019년 11월

정규 5집 〈LILAC〉 2021년 3월

스페셜 미니앨범 〈조각집〉 2021년 12월 29일

2024년 2월 미니 6집 〈The Winning〉까지 꾸준히 시간적 격차를 줄이는 노력을 하고 있는 것이다.

그럼, 앨범을 발매한 순서에 맞춰 발성 및 가창 전반의 변화를 살펴보도록 하겠다. 가창 소리의 변화를 시간차로 접근하기 위해 발매일 기준으로 각 앨범을 분석했다.

LOST and FOUND 아이유 **IU**

미니 1집 | 2008년

⟨Lost And Found⟩

지금과 달리 가창력과 표현 기법에 중점

소리에 힘 많이 들어가 부자연스런 면도 있지만

전체적으로 발성 잘 잡혀 있어

기본기 확실한 실력파 신인 가수의 출현

정규 1집 | 2009년

⟨Growing Up⟩

소리 어택 많이 주는 발성 구사

비브라토 사용도 많아

리듬감 출중, 신인 답지 않아

수록곡 모두 짧은 시간에 써

첫 정규앨범 〈Growing Up〉과 미니앨범 〈Lost And Found〉는 10대 소녀의 눈으로 바라본 형형색색 사랑의 모습을 연출했다. 돋보이는 가창력을 지닌, 열여섯 살(만 15세)이란 나이가 믿기지 않는 신인 가수의 '놀라운' 출사표다.

앨범명 'Growing Up'은 최갑원 프로듀서가 지었다. 최갑원 프로듀서는 "수록곡 모두 짧은 시간 내에 썼다. 정규 1집 수록곡 중 일부 곡을 인스트루멘틀(연주곡) 버전으로 함께 수록한 건 일종의 서비스 개념이다. 그 노래를 다운받아서 바로 부를 수 있게 하기 위해서다. 인스트루멘틀만 들어도 좋은 노래라고 여긴 곡들을 선정해서 추가하게 된 것"이라고 필자와의 인터뷰에서 밝혔다.

전체적으로 가사 중심의 표현보다 가수로서의 가창력과 표현 기법에 중점을 두며 노래하고 있다. 아이유가 거의 사용하지 않는 비브라토도 자주 쓰고 있다는 것도 이 초기 앨범에서 접할 수 있는 특징 중 하나다. 물론 대가의 반열에 오른 현재와 비교한다면 이때의 앨범은 소리에 힘이 많이 들어가 있다거나 약간의 부자연스러움 등 소리 구사의 다양성은 부족했을 수도 있다. 그러나 이미 이때부터 신인 아이유는 발성 자체가 잘 잡혀 있는 수준이라고 할 수 있다. 자신의 뛰어난 역량도 있었겠지만 그에 못지않게 보컬트레이닝을 잘 받은 것으로 보인다.

첫 번째 미니앨범 〈Lost And Found〉 수록곡은 정규 1집

〈Growing Up〉과 겹치기 때문에 편의상 정규 1집 수록곡을 기준으로 분석했다.

「바라보기」만 들어도 지금과는 다른 분위기와 창법이란 걸 알 수 있다. 0:11 "몰라요 몰라요~"부터 "그대 맘을 잘 모르지만" 등 노래 초반부터 아이유의 가창과 남다른 표현이 눈에 띈다. 이미 이때부터 리듬을 잘 타는 역량이 엿보이며 소리도 정확하게 내고 있다. 기타를 예로 든다면 피킹의 기본기이자 가장 중요한 테크닉 중 하나인 얼터네이트 피킹(Alternate Picking)—오른손으로 피크를 쥐고 음을 연주할 때 다운·업·다운·업을 교대로 빠르게 반복하며 연주하는 기술—을 잘 연마해 속도감이 있는 연주에서도 한 음 한 음 정확하게 표현하는 수준에 이르고 있는 것이다.

이 곡에서 알 수 있듯이 데뷔 때의 아이유는 큰 소리로 노래하는 경향이 있다. 지금과는 전혀 다른 가창 방식이다. 이처럼 볼륨 큰 가창 구사는 해당 작곡가나 음악감독, 프로듀서가 원해서 그런 것일 수도 있다. 아니면 본인의 의지일 수도. 물론 이렇게 큰 소리로 노래하는 방식이 그 나이의 발랄함이나 풋풋함, 싱그러움을 더 잘 나타내고 있는 것 같긴 하다.

「Boo」는 상대방을 놀릴 때 쓰는 의성어지만 이 곡에선 '근사한 이성 친구'란 의미를 내포했다. 0:23 "내가 별로라는 외모를 갖고 있는 너라고"부터 0:39 "니가 여자친구 없는 이유를 알겠어 / 다른 애들보다 조금 수준 떨어져"에서 알 수 있듯이 칼 같은 박자감으로 어택 강한 소리를 구사하고 있다. 이렇게 소리의 어택을 강하게 주는 건 이후의 아이유와는 거의 180도 다른 발성법이다.

0:54 "You're my Boo / 내게 사랑을 줘 한 입만"으로 이어지는 가운데 소리의 볼륨도 크다. 「바라보기」에서 알 수 있는 큰 볼륨을 지향하는 발성 패턴이다. 혀에 힘이 많이 들어간 상태로 음절마다 악센트를 강하게 주는 이러한 발성은 지금의 아이유 스타일로 본다면 상상하기 힘들 만큼 낯설게 다가올 수 있다. 그럼에도 이 두 곡만으로도 열여섯 살 소녀가 당시 얼마나 혹독한 보컬트레이닝을 받았나 알 수 있게 한다. 지금의 아이유가 노래를 '연출'하고 있다면, 이때의 아이유는 노래를 '정확하게 부르는' 데 주안점을 두었던 것으로 보인다. '틀리지 않고 정확하게 부른다'는 관점에선 이미 흠잡을 데 없는 가창이다.

정규 1집과 미니 1집 기획 제작을 총괄한 최갑원 프로듀서는 "「Boo」라는 노래를 지금 하기엔 좀 그렇듯 그 당시 아이유만의 풋풋함을 담아내고 싶었다"고 말했다.

「가여워」는 「바라보기」, 「Boo」와는 전혀 다른 진행이다. 즉 노래가 시작됨과 동시에 "난 하루 종일 뭘 했는지 기억 안 나고 / 난 손에 쥐고 있는 물건 찾으려 하고 / 난 오늘이 또 며칠인지 알지 못하고 / 난 집에 가는 길도 낯설어"라는 가사엔 여백이 거의 없다. 템포만 다를 뿐 거의 느리게 진행되는 랩이라 해도 좋을 만큼 이 긴 가사를 무리 없이 잘 소화하고 있는 것이다. 음절마다 요구하는 분위기가 다른데도 말이다.

「바라보기」, 「Boo」, 「가여워」 세 곡만 보더라도 아이유라는 어린 학생 가수에게 얼마나 다양한 표현을 끌어내려 했나 알 수 있다. 곡마다 전혀 다른 스타일과 호흡임에도 이 모든 걸 흠잡을 데 없이 소화하고 있다는 게 놀랍다. 이런 노래는 열여섯 살 소녀가 부르기엔 「미아」만큼 어려운 곡이다.

「A Dreamer」는 랩에 이어 1:05부터 흐르는 "더 가까이 저 하늘 위로 밤새도록 바람 타고 날고 싶어"에서 아이유만의 예쁘고 매력적인 진성을 접할 수 있다.

「Every Sweet Day」는 0:25 "조심스레 만지고"와 0:28 "새하얀 이불에 살며시 숨어서"에서 알 수 있듯이 음절과 어절을 음악적 어법으로 표현하는 역량이 남다른 노래다. 가성과 진성을 교차해가며 톤에 다채로운 변화를 주는 기술도 좋다. 다시 한번 얼마나 기초가 튼튼한 발성 트레이닝을 받았나 알 수 있게 한다.

「있잖아(feat. 마리오)」는 데뷔 EP〈Lost And Found〉에서 처음 선보였고, 정규 1집에 다시 수록했다. 마리오의 랩 피처링으로 초반부터 속도감 있게 전개된다. 이 곡은 록 버전도 있지만 어느 게 더 좋다고 하기 힘들 만큼 즐겁게 다가온다. 그래서 필자는 「있잖아」를 들을 때마다 록 버전을 듣고 랩 버전을 듣거나, 또는 랩 버전 후 록 버전을 듣는 방식으로 항상 두 버전을 같이 듣는다.

「졸업하는 날」은 중학교 졸업 후 긍정적으로 생각하고 앞으로의 생활을 기대하는 내용을 노래했다. 실제로 해당 곡이 제작된 때는 아이유의 졸업 시기이기도 하다. 이 곡을 쓴 최갑원 작사가는 이렇게 말했다.

"「졸업하는 날」은 지은(아이유)이가 진짜 졸업할 때 이런 기분이지 않을까 생각하며 아이유 빙의를 해서 썼다. 곡 초반 '오늘은 학교 졸업식 / 중학생이었던 이지은이 벌써 고등학생'이란 가사가 등장한다. 노래하는 당사자의 실명이 가사로 등장하는 매우 드문 사례 중하나다. 이러한 이유로 수록곡 중 「미운 오리」와 함께 기억에 남는 노래로 꼽고 싶다."

「Feel So Good」은 옥타브 주법—한 옥타브 차이가 나는 두 개의 음을 동시에 연주하는 기법으로 풍요롭고 아름다운 사운드를 연출—의 멜로디컬한 기타 인트로와 아이유의 화사한 보컬 톤이 색채적으로 좋은 밸런스를 보인다. 또한 매우 작게 녹음된 기타의 오블리가토—노래 사이사이에 악기 반주를 하며 곡 진행에 활력을 불어넣는 것—가 들릴 듯 말 듯 나오고 있는데 이 또한 이 곡의 '화사하고' '기분 좋은' 분위기를 서포트하고 있다.

「마주보기(바라보기 그 후)」는 지금의 아이유와 전혀 다른 맑고 경쾌한 고음 보컬 톤으로 노래하고 있다.

「미운 오리」는 어쿠스틱기타가 중요한 기제, 쓸쓸한 느낌을 잘 연출한다. 사실 열여섯 살 어린 소녀의 이 데뷔작엔 쉽게 부를 수 있는 노래라곤 한 곡도 없다. 「미운 오리」 또한 그 처량하고 쓸쓸한 느낌을 표현하기엔 인생의 경험(무게)이 더 필요해야 함에도 너무 잘 소화하고 있다. 「미아」, 「가여워」 등 몇몇 곡과 함께 감정선 연출이란 관점에선 수록곡 중 가장 높은 난도의 노래 중 하나다.

「미아」는 정규 1집에서 가장 큰 화제를 불러일으킨 곡 중 하나다. 이 곡이 요구하는 감정선을 잘 살리기엔 어린 나이임에도 이미 그 이상의 차원을 넘어섰다. 20대 후반의 신인 여가수가 방금 발매한 데뷔곡이라 해도 믿을 만큼 잘 불렀다. 지금은 듣기 힘든 아이유만의 예쁘고 매력적인 진성을 접할 수 있다.

◆ 「가여워」

"이 곡의 벌스 부분에서 아이유 특유의 쓸쓸한 호흡 섞인 톤을 잘 느낄 수 있다. 후렴 직전에 '바라보다가' 부분에서 '다' 음절 중간에 호흡을 밀면서 '점점 세게', 즉 크레센도를 만드는 부분이 있는데 이는 매우 원숙하게 호흡을 잘 다루는 증거라고 볼 수 있다. 후렴의 뒷부분에도 고음을 진성으로 지르는 부분이 있는데('내게 왜 이러는데')이 부분도 아이유에 가장 잘 맞게 약간 절제된 듯한 아련한 슬픔이 표현된다. 이는 「미아」의 후렴부와 대비되는 창법이라 볼 수 있다." **오한승**

◆ 「A Dreamer」

"이 곡의 도입부 노래는 수묵화 물감에 물을 많이 섞듯이 호흡을 흘려 부르는 매우 아련한 표현이 들린다. 후렴에선 '더 가까이' '저 하늘 위로'의 구절 끝에 터트리는 날숨의 표현이 들리는데 이는 고음 표현에 매우 중요한 기술로서 강한 느낌이 이어지도록 하는 효과가 있다." **오한승**

◆ 「미아」

"'체스트보이스'를 올드스쿨, '헤드보이스'를 뉴스쿨이라고 한다면 올드스쿨을 잘 가미한 상태로 뉴스쿨을 잘 쓰고 있는 가수가 아이유다. 그래서 소리가 탄탄하게 들린다. 「미아」는 전형적인 '체스트보이스'를 구사하고 있는 곡으로, 사람들은 이때를 별로 거론하지 않는 경향이 있지만 개인적으론 아이유를 말할 때 매우 중요한 시기라고 본다." **장효진**

"처음 들었던 아이유의 곡이 「미아」다. 당시 나는 코러스보컬로 SG워너비 일본 공연을 함께하던 중이라 일본에서 우연히 이 곡을 듣게 됐다. 그 나이에 나올 수 있는 감성의 곡이 아님에도 이 소녀는 너무 잘 부르고 있었다. 표현력도 대단했고. 방송을 보면서 '우와, 쟤 뭐야'라고 감탄했던 기억이 지금도 선하다. 이를 계기로 아이유를 팔로우하며 지금까지 깊은 관심을 갖게 됐다." **김구현**

"음역대 제한 없이 저·중·고음역 모두 탄탄한 발성으로 소리 낸다. 이미 이때부터 발성법이 탄탄함을 알 수 있다. 가창력을 강조하는 방식으로 노래하다 보니 목소리의 강약 조절 없이 스트레이트하게 노래한다. 따라서 현재의 창법과 비교해볼 때 전반적으로 볼륨이 큰 편이다."

서근영

"이런 느낌 표현이 완성된 곡은 이후에 나온 「Love poem」이고 더 발전한 곡이 「아이와 나의 바다」다. 후렴부는 아이유 음원 전체를 통틀어 보컬적으로 가장 음압이 센 곡이다. 이후론 이렇게 노래한 적이 없기 때문에 이 곡의 작곡가 또는 프로듀서가 보컬디렉팅 측면에서 좀 과하게 밀어붙였던 것이 아닌가 하는 합리적 의심이 생긴다. 이렇게 강한 음압에선 레이디 가가와 같은 목청이나 음색이 아니면 파워풀하거나 드라마틱하기보다는 답답한 느낌이 들 수 있는 위험성이 있다. 아이유 특유의 강한 고음 표현력을 더 살렸다면 좋았을 것이라는 아쉬움이 남는다."

오한승

✦ 「있잖아(feat. 마리오)」

"이 곡은 보컬적으로 또 다른 「Boo」라고 볼 수 있다. 후렴부는 다비치의 곡과 느낌이 유사한데 아이유만의 가요 색깔이라고 볼 수 있다. 템포가 빠르기 때문에 이후 「좋은 날」 계열의 빠른 템포의 가요와 연결점이 있다고도 할 수 있다."

오한승

✦ 「미운 오리」

"앨범 수록곡 중 「졸업하는 날」과 함께 인상에 남는 몇 곡 중 하나다. 동화를 중심으로 했는데, 따라서 그간 내가 쓰던 노랫말과는 다른 작법의 가사이기 때문이다. 데모곡을 처음 접했을 때도 그런 느낌이 들어 가사도 그렇게 쓰려고 했다."

최갑원

"어쿠스틱한 곡임에도 불구하고, 벌스 부분(첫 소절)에서부터 저음역대의 소리를 크게 낸다. 가수 '별'과 같은 목소리로 당시 창법에 대한 고민이 있었을 것으로 보인다. 곡에서 사용하는 보컬 표현 기법으론 벤딩, 비브라토, 보컬프라이, 그리고 지금은 거의 사용하지 않는 이매징H어택(소몰이창법)이 사용된 게 흥미롭다."

서근영

"고작 만 15세의 소녀 때 부른 노래인데, 지금의 해석력과 그리 크게 다르지 않은 성숙한 감성이 느껴진다. 연습을 너무 많이 했는지 이미 다소 허스키한 목소리이고 숨을 쉴 때마다 마찰에 의해 약간 단단해진 성대에서 나는 '섹섹' 하는 소리가 들린다. 음을 시작하는 벤딩이나 비브라토, 끝음을 마칠 때 살짝 페이드아웃 되면서 약하게 비브라토가 걸리는 세련된 방식이 이미 정립돼 있다."

신연아

⟨IU...IM⟩

미니 2집 | 2009년

경쾌한 R&B 팝과 다양한 색감의 발성 시도

빠른 템포와 발라드 병행하며

'국민 여동생' 초석 확고히 다져

이때의 발성이 「좋은 날」의 기반 돼

미니 2집 〈IU...IM〉은 정규앨범 1집을 발표하던 아이유 초기의 특징, 사랑스런 '국민 여동생'의 면모가 잘 드러나 있다. 「아침 눈물」, 「기차를 타고」 등 열여섯 살 고교생이 소화하기에 벅찰 수 있는 감정 처리가 많은 앨범이다. 어린 신인 가수지만 이만큼 잘한다는 기획자 · 프로듀서의 자신감이 엿보이는 부분이기도 하다.

첫 곡 「Love Attack」은 상큼발랄함을 내세우던 데뷔 시절의 전형 적인 모습을 들을 수 있다. 거의 랩에 가까울 만큼 빠른 템포로 노래 하는 가사가 리드미컬하게 흐른다. 아이유 하면 리듬감 좋다는 말을 자주 하는데 이 곡에서 십분 느낄 수 있다. 이후 아이유가 밝고 명랑 한 곡을 좀 더 노련하게 소화할 수 있게 된 데엔 이러한 곡을 초기에 많이 불러봤기 때문이다.

「기차를 타고」는 이별 후 연인으로부터 달아나기 위해 행선지도 모르는 기차를 탄 내용을 노래했다. 이 곡 또한 여고생으로선 「미아」 만큼이나 감정선을 제대로 표현하기 쉽지 않음에도 이 정도면 선방 했다. 발라드를 부르는 방식도 지금과는 180도 다른 발성이다.

「마쉬멜로우」는 「미아」와는 전혀 다른 감성으로 경쾌하고 사랑스 럽게 노래하며 '국민 여동생'의 초석을 다지는 데 기여했다. 0:19 "넌 특별해 완벽해~"부터 들을 수 있듯이 G와 A 코드로 톡톡 튀는 발랄 한 표정을 연출하다가 0:34 "내가 왜 이럴까 너만 생각하다~"에서부 터 세븐(7) 코드 계열로 전조되며 분위기가 약간의 우울(?) 모드로 바뀌는 두 가지 패턴으로 구성됐다. 이 구성으로 곡이 끝날 때까지 계속된다. 이처럼 매우 단순한 구성으로 '국민 여동생'이란 발랄+사랑스러운 아이콘을 만들어내고 있다.

「아침 눈물」은 아이유가 JTBC 〈효리네 민박〉에 출연했을 당시 BGM으로 삽입되기도 했다. 0:18 "일어나 아침 내 눈물아"의 '일어나'부터 목이 매인 듯 노래하는 톤이 본격 러브 발라드 특유의 먹먹한 느낌을 잘 연출하고 있다. 이러한 감정 몰입엔 발라드에서 역량을 발휘하는 작사가 최갑원의 프로듀싱도 한몫했다고 본다. 아무런 정보 없이 이 곡을 듣는다면 과연 열여섯 살이 부른 발라드라고 맞힐 수 있는 사람이 얼마나 될까?

「두근두근 데이트」는 첫 데이트를 앞둔 소녀의 설렘을 노래했다. 시종 E, D, A의 세 코드만으로 분위기를 이끌어간다. 1:56 "어느새나 벌써 다 온 것 같아"에서 2:13 "한걸음에 달려갈 거야"까지만 세븐(7) 코드 계열 진행으로 분위기를 바꾸는 것 외엔 시종 E-D-A 코드 진행이다. 경쾌한 R&B 팝과 다양한 색감의 발성을 해보겠다는 의도가 깔려 있는 것 같다.

◆ 「마쉬멜로우」

"벌써 16년 전의 음악이지만 여전히 트렌디하다. 40초에 나오는 랩 멜로디는 랩이라기보단 뮤지컬 연기하듯 대화하는 듯한 멜로디를 부르다 후렴에선 아이유가 기본적으로 잘하는 가성과 진성을 섞는 멜로디가 나온다. 그 시절 신인 솔로 가수들은 한 곡 안에서 멜로디와 랩을 동시에 잘 넣지 않았는데 수십 곡의 히트곡을 쓴 김도훈 작곡가는 아이유의 다재다능한 능력을 알아봤기에 이런 맞춤형 곡을 쓰게 됐다."

미친감성

◆ 「두근두근 데이트」

"이 노래 때문에 「좋은 날」을 부를 수 있었지 않았을까. 「좋은 날」에서 쓰는 발성이 여기에서 나오고 있기 때문이다. 디렉팅을 하며 아이유의 장점을 끌어내 준 것 같다. 그래서 녹음을 하며 아이유를 성장시키게 하지 않았나 여겨진다."

장효진

미니 3집 | 2010년

⟨Real⟩

성숙과 풋풋함의 매력적 공존

이때부터 포크 감성 엿볼 수 있어

3단 고음이 등장하는 화제작

다이내믹 표현 처리와 리듬감 진일보

🔀 ⏪ ▶ ⏩ ⬜

미니 3집 〈Real〉은 2집 발매 후 1년 만에 공개한 신작임에도 아이유의 빠른 발전을 엿볼 수 있다. 전체적으로 아직은 소리가 확실하게 정립되지 않았지만. 감정을 표현하는 방식이나 리듬 컨트롤까지 가창 전반이 꾸준히 발전하고 있다는 걸 알 수 있다. 특이사항은 미니 1집 때부터 접할 수 있는 '풋풋함'이 3집의 성숙미에 살짝 묻어나고 있다는 것이다. 디렉팅 과정에서 이러한 걸 해결할(없앨) 수 있었음에도 그렇게 하지 않은 이유는 알 수 없지만 개인적으론 이러한 성숙과 풋풋함이 공존하는 게 더 매력적으로 다가온다.

첫 곡 「이게 아닌데」는 어린 신인 가수로선 매우 좋은 리듬감을 보여준다. 미니 2집에 이어 불과 1년이란 짧은 시간 동안 눈에 띄게 발전하는 아이유를 볼 수 있다. 아마도 작곡가 또는 디렉터(프로듀서)와 이 곡을 작업하며 자신을 더 깊이 있게 다듬는 노력을 하지 않았나 여겨진다.

「느리게 하는 일」은 사랑했던 사람과의 이별 후에 그 사람을 잊는 일을 느리게 하며 조금만 더 사랑하겠다는 내용이다. 최갑원 작사가 스타일의 감성 표현을 엿볼 수 있는 「아침 눈물」의 연장선에 있는 곡이다.

「좋은 날」은 아이유의 메가 히트곡 중 하나로 발매 직후 각종 음원차트 1위에 올랐다. 곡의 하이라이트인 후반 "I'm in my dream"의 3:27 'dream~'에서 3:38까지 길게 이어지는 저 유명한 3단 고음이 등장하는 화제의 곡이다. 3옥타브 파#이란 매우 높은 음역까지 진성으로 11초 이상 고음을 유지해간다. 음정이 세 차례 바뀌며 고음으로 올라가는 3단 고음을 시작하기에 앞서 3:25에서 '하나 둘'이란 음성으로 "자, 이제 보컬 아크로바틱을 보여드리겠습니다"라고 예고하고 3단 고음이 시작되는 것도 흥미롭다.

2021년 4월 9일 방송된 JTBC 〈유명가수전〉에서 아이유는 자신의 첫 번째 인생곡으로 「좋은 날」을 꼽았다. 이 곡으로 활동했을 당시 하루에 2시간 이상 잠을 잔 적이 없을 정도로 바빴다며 "어떻게 보면 내 이름을 가장 많이 알린 곡"으로 "아이유 대표곡으로 아직도 많은 분들이 생각하는 곡이라고 생각한다"고 했다. 또한 이 곡의 포인트로 3단 고음을 꼽은 아이유는 "원래는 3단 고음이 인트로에 시작하고 노래가 시작되는 거였는데 마지막으로 빠진 거"라며 "주로 엔딩곡으로 부르는데 온 힘을 다 끌어서 완곡한다는 느낌으로 고음 지르면서 고개 돌렸다가 관객석을 볼 때 '나 해냈어'란 표정 연기가 있으면 거기에 되게 열광하시더라"라고 말했다.

오늘날 아이유 음악의 근간 중 하나랄 수 있는 포크 감성을 접할 수 있는 게 「첫 이별 그날 밤」이다. 이후 리메이크 앨범 〈꽃갈피〉 등으로 이어지며 이러한 포크 결을 더욱 성숙하게 잘 다듬어갔다. 윤종신은 이 곡 작업 후 아이유를 "음악적 감성과 영민함을 다 가진 탐나는 가수"라고 극찬했다.

둘이 같이 있던 시간을 그리워하며 혼자 있는 걸 두려워하는 화자를 묘사한 「혼자 있는 방」은 앨범 수록곡 중 아쉬움을 주는 트랙 중 하나다. 0:33 "때 지난 이 빗소리만 … 따라서 스르륵 스르륵 흘러가"부터 R&B라고 하기엔 소리가 각이 져 있고 부자연스럽다. 곡이 끝날 때까지 이러한 어색함은 어찌할 수 없다. 보컬트레이너들 사이에서 "R&B를 모르던 시절의 아이유에게 R&B를 시킨 곡"이란 말이 나오는 이유다.

「미리 메리 크리스마스(feat. 천둥 Of MBLAQ)」는 크리스마스만 되면 왠지 설레고 들뜨게 되는 심정을 경쾌한 무드로 잘 표현했다. 최갑원 작사가는 "곧 크리스마스가 올 때라서 크리스마스에 어울리는 곡을 만들고 싶었다"며 "크리스마스 전에 제목이 먼저 떠올랐는데 이게 「미리 메리 크리스마스」였다"고 말했다. 또한 "제목이 '메리 크리스마스'면 좀 심심하고, 그래서 다소 특색 있는 부분을 불어넣고자 타이틀 앞에 '미리'를 넣은 것"으로 "아이유도 너무 잘 불러줬다"고 덧붙였다. 작곡가·프로듀서 미친감성은 "이 곡은 하우스 킥을 밟으면서도 드럼 악기를 일렉트로닉 스타일로 가져갔다. 이는 김치찌개를 끓일 때 물이 아닌 사이다로 끓였는데도 맛있는 김치찌개를 끓였을 만큼 캐럴을 만드는 기본 상식을 뛰어넘는 대단한 곡"이라고 말했다.

「미리 메리 크리스마스」는 대표적인 인기 캐럴로 변함없는 사랑을 받고 있기도 하다. 음악수익증권 플랫폼 '뮤직카우'는 2023년

12월 15일 '겨울 연금송'으로 불리는 음악들이 인기 차트를 역주행하면서 겨울 노래에 대한 투자자의 관심도도 높아지고 있다고 밝혔다. 뮤직카우에 따르면 거래량이 가장 많이 증가한 곡은 가인의 「Must Have Love(feat. 에릭남)」로 거래 규모가 직전 3개월 대비 1533.03% 증가했다. 아이유의 「미리 메리 크리스마스(feat. 천둥 Of MBLAQ)」도 거래 규모가 246.53%, 검색량이 111.5% 늘었다. 이외에 젝스키스의 「커플」(94.21%)과 애프터스쿨, 브라운아이드걸스, 케이윌 등이 함께 부른 「눈 내리는 마을」(52.67%)도 거래 규모가 증가했다.

◆ 「이게 아닌데」

"아직 자신이 작사·작곡에 참여하지 않던 시기의 곡으로, 2008년에 비해 좀 더 자신의 발성으로 다져진 목소리다. 1집에서는 성대의 피로도가 느껴졌다면, 이 곡에선 훈련으로 근력이 다져진 성대로 정립이 된 듯하다. 리듬감이 더 좋아졌고 싱코페이션—당김음—이 잘 표현됐다. 폭발하는 감정과 여리게 표현하는 감정 간의 강약 조절로 다이내믹이 더 살아났다."   신연아

◆ 「좋은 날」

"히트 공식을 벗어난 노래다. 한국 가요에선 댄스곡도 벌스에선 계속 노래를 하지만 이 곡에선 노래 이상으로 반주도 화려하게 나온다. 통상적으로 가요는 노래가 중심이라 반주는 심플하게 나오는 법이지만 이 곡은 그렇지 않다. 작곡가들은 곡을 쓸 때 멜로디와 가사에 중점을 두고 편곡은 이걸 살짝 거들어주는 느낌

을 지향하는 것이다. 하지만 「좋은 날」에선 아이유도 주인공일 뿐 아니라 편곡도 주인공, 반주도 주인공이다. 일반적인 히트곡들은 해당 사운드를 똑같이 카피해 보라고 하면 다 할 수 있게 돼 있다. 그러나 「좋은 날」은 못 한다. 이처럼 이 곡은 이러한 이유로 인해 작곡가들 사이에선 음악적 극찬이 끊이지 않은 노래였다."

미친감성

✦ 「느리게 하는 일」

"데뷔 시절 같은 풋풋한 감성으로 해석했다. 아마도 당시 17세인 아이유의 나이를 고려한 곡인 듯하다. 전체적으로 리듬을, 싱코페이션으로 당기지 않고 오히려 약간 레이백—정박보다 뒤로 밀어 노래하는 방식—으로 해석해 리듬이 있지만 여전히 발라드 감성을 더 살려냈다. 감정 표현 또한 소녀의 첫사랑을 떠올리게 할 정도로 어리게 불렀다. 같은 앨범에 수록된 「이게 아닌데」와는 아주 다른 방향성이다."

신연아

REAL⁺
IU

미니 3집 확장팩 | 2011년

⟨Real+⟩

확장팩이지만 멋진 변화, 남다른 의미
동화와 잔혹 무드의 색다른 오버랩

〈Real+〉는 단 3곡만 수록한 3집 확장팩이다. 3집 타이틀 〈Real〉에 '플러스(+)'만 추가했음에도 180도 다른 분위기의 음악으로 나왔다. 이 정도의 변화라면 2곡 정도 더 추가해 〈Real〉에 이은 또 다른 미니앨범으로 나왔어도 좋았을 것이다. 3집 '확장팩'이란 표현이 아까울 만큼의 전혀 다른 분위기의 완성도라서 문득 이런 생각이 들었다. 조영철 프로듀싱, 그리고 윤상, 김광민, 김이나, Saintbinary 등이 함께했다.

김이나 작사, 윤상 작곡, 황현 편곡의 「나만 몰랐던 이야기」는 배우 박보영이 뮤직비디오에 출연해 화제가 되기도 했다. 이 곡을 작곡한 윤상은 2011년 5월 27일 방송된 KBS Prime 〈이금희의 특별한 만남〉에 출연해 "TV로 처음 아이유를 봤을 때 눈빛이 너무 슬퍼 보였다. 그래서 아이유의 슬픈 이미지에 어울리는 발라드 곡을 작곡하게 됐다"고 곡을 준 사연을 밝혔다. 이어 "지금 생각해보면 고등학생인 아이유에게 너무 슬픈 곡을 준 것 같아 후회스럽다. 하지만 최근 다시 함께 작업한 여수 엑스포 로고송 「바다가 기억하는 얘기」에서 밝은 모습을 보여줄 수 있어 다행"이라고 덧붙였다.

0:26 "정말 넌 다 잊었더라"에서 '정말 넌 다 잊었'의 Dm, Dm7 코드 진행에서 아이유는 일반적인 음보다 약간 낮은 느낌으로 노래하고 있다. 곡의 어둡고 슬픈 특유의 분위기를 살리기 위해서다. 0:32 "반갑게 날 보는 너의 얼굴 보니"의 G/B, F, Bbm7 진행도 낮은 톤으

로 비슷한 느낌을 이어가고 있다. 1:14부터 1:28 "좋은 이별이란 거 … 차라리 다 울어둘 걸"은 사랑(실연) 경험이 많은 사람이라도 쉽게 표현하기 힘든 노랫말이다. 전체적으로 이 곡에서 아이유는 낮은음 에서 고음을 오가며 매우 어두운 분위기로 노래하고 있다. 여고생이 이 정도의 감성을 몰입시킬 줄 안다는 건 이미 데뷔 때부터 '감성 발라더'로서도 재능이 출중하다는 걸 보여주는 좋은 예다.

「잔혹동화」는 아이유가 처음 시도하는 왈츠풍의 곡으로, 시종 Bbm을 중심으로 마치 뮤지컬 또는 드라마나 영화 OST 같은 사운 드를 만들고 있다. 일견 디즈니 같은 동화적 무드가 있지만 '잔혹'이 란 단어가 붙어 있듯 그에 어울리는 스릴러 또는 엽기적인 느낌이 손 에 땀을 쥐듯 긴장감을 조성한다. '잔혹동화'란 제목에 너무 잘 어울 리는 사운드다. 그래서 더욱 작곡과 편곡을 맡은 Saintbinary(TEXU) 의 역량에 주목하게 된다.

「나만 몰랐던 이야기(with Pianist 김광민)」는 황현 편곡의 첫 곡을 피아노 버전으로 새롭게 바꾼 작품이다. 전체적으로 1~2초 빠른 진 행을 보이며 중반으로 가며 템포는 더 빨라진다. 후반의 "좋은 이별 이란 거~"는 이전보다 4초나 빠른 2:47부터 흐르고 있다. 스트링 사 운드가 함께하는 버전보다 이 피아노 버전이 전체적으로 4초가량 빠 르게 전개되고 있는 것이다. 그럼에도 오히려 피아노와 아이유 보컬 이 마치 한 몸처럼 달라붙은 듯 더욱 폐부에 와닿는다.

이 곡에 대해 김광민은 필자에게 이렇게 말했다.

"윤상으로부터 편곡과 피아노를 연주해달라는 요청을 받고 「나만 몰랐던 이야기」를 작업하게 됐어요. 너무 오래전 일이라 기억이 잘 나지 않지만 피아노 연주 녹음을 마친 후 음원을 보냈고 그 음원을 들으며 아이유가 보컬을 입히는 방식으로 진행했습니다. 이후 완성된 음원을 처음 듣고 '역시 아이유는 노래 잘 부르는구나'라고 느꼈죠. 2011년 중반 윤상과 이병우, 그리고 내가 〈플레이 위드 어스〉란 콘서트를 열 때 아이유가 게스트 공연을 해줬는데, 그때 아이유를 처음 만났어요. 리허설을 지켜보며 어린 친구가 노래 잘한다고 다시 한번 느꼈습니다."

정규 2집 | 2011년

〈Last Fantasy〉

데뷔 때와 달리 소리 띄우는 발성 많아져

연기하듯 노래하는 가창 나타나기 시작

블루노트 감성과 재즈 보컬까지 시도

「4AM」은 오늘날 아이유 소리의 시작

정규 2집 〈Last Fantasy〉는 10대의 마지막 순간에서 20대의 시작을 바라보고 있는 아이유가 품고 있는 생각, 상상, 환상 등을 앨범 속에 그려내고자 했다. 김광진, 윤상, 정재형, 이적, 김형석, 정석원, 김현철, 윤종신, 이민수, G.고릴라, Ra.D, 그리고 영국의 유명 싱어송라이터 코린 베일리 래까지 소위 '별들의 전쟁'으로 불릴 만큼 참여 라인업이 화려하다.

아이유만의 소리가 확실하게 잡혀 있다곤 할 수 없지만 전작에 이어 발성적으로 계속 발전하고 있는 아이유의 가창력을 접할 수 있다. 1집과 달리 소리를 위로 띄우며 경쾌하게 연출하는 헤드보이스(두성) 발성 방식을 통해 소리를 구사하는 비중이 많아졌다. 또한 연기하듯 노래하는 아이유 특유의 가창이 조금씩 나타나고 있기도 하다.

「비밀」은 오페라적인 요소를 결합해 1집과 확연한 차별성을 보이는 대표적인 곡이다. 노래하는 방식 또한 1집과 달리 아이유 특유의 '연기하듯' 하는 접근이 나타나고 있다. 노래가 시작될 때부터 뮤지컬적인 발성을 접할 수 있다. 초반엔 뮤지컬에서 사용하는 볼륨 큰 소리를 구사하지 않다가 중후반으로 가며 볼륨이 커진다. 음악과 연기가 결합된 뮤지컬 표현법을 곳곳에서 응용하고 있다는 점에서 「비밀」은 아이유에겐 또 다른 출발을 알리는 곡이다.

박창학 작사, 윤상 작곡, haihm 편곡의 「잠자는 숲속의 왕자(feat.

윤상)」는 0:19 "언제까지"부터 동화를 소재로 한 뮤지컬을 보는 듯한 아이유의 발성을 접할 수 있다. 0:38 "지겨워 지겨워", 0:47 "떠났을 지 몰라"와 같은 보컬 표현은 10대 아이유에게서 볼 수 있는 가장 사랑스럽고 티 없이 순수한 단면 중 하나다. 2:18 "이런 것이 끝은 아니었잖아 / 잊어버렸니 모두 그대로인걸"로 이어지며 전형적인 뮤지컬 방식을 구체화하고 있다. 곡이 말하고자 하는 걸 위해 자신을 캐릭터화시키는, 특유의 '아이유표 연기' 가창 스타일을 볼 수 있는 귀중한 초기 사례 중 하나다.

「잠자는 숲속의 왕자」에서 연기하듯 극 중 캐릭터에 몰입하는 가창 스타일을 보였다면, 「별을 찾는 아이(feat. 김광진)」에선 조곤조곤 말을 걸며 다가가는 오늘날의 아이유식 가창의 초기 사례를 접할 수 있다. 한참 성숙한 이후의 아이유 모습이 이미 이 곡에 투영돼 있다. 비주얼+댄스 퍼포먼스 등을 강조한 걸그룹 전성시대인 2011년 당시 가요계에서 이런 곡을 들을 수 있었다는 게 고마울 따름이다.

「너랑 나」는 「잔소리」와 「좋은 날」에 이은 소녀 시리즈의 파이널을 장식하는 작품이다. 소리를 위로 띄우며 경쾌한 톤 연출로 접근하고 있는데, 확실히 1집 때와는 또 다른 변화가 느껴진다. 위를 지향하는 소리 톤 비중이 많은 노래지만, 가슴 부위에서 나오는 굵고 힘있는 소리를 뽑는 체스트보이스(흉성) 발성을 베이스로 하고 있다. 고음을 지를 때도 체스트에서 출발해 헤드보이스로 이어지는 교과서적인 '소리 길'을 연출하고 있는 것이다. 이런 점에서도 기본기가 확실한 보컬리스트라는 걸 다시 한번 알 수 있게 한다.

「벽지무늬」는 이별의 슬픔을 일상에서 소재를 찾아 노랫말로 만든 것이다. 그래서 더욱 노래하기가 쉽지 않다. 단조롭게 반복되는 하루하루, 그럼에도 스멀스멀 찾아오는 이별 후의 감정을 표현해야 하기 때문이다. 어쩌면 「미아」만큼 감정선을 연출하기가 쉽지 않은. 그래서인지는 몰라도 절절한 호소력을 위해 흉성적 접근을 자주 보이고 있다. 특히 1:23 "아예 다 가져가 버리지 그랬어요 / 그 추억 돌아올지도 모를 그 희망까지도"가 대표적이다. 2집에선 위쪽 소리, 즉 헤드보이스에 비중을 두려는 게 역력하지만 그럼에도 「벽지무늬」에서처럼 흉성에 대한 의존으로부터 벗어나진 못하고 있는 걸 잘 보여주는 예다. 벌스에서 들리던 이쁜 헤드보이스가 사비 부분의 우는 듯한 비브라토로 이어지며 좀 어색한 진행을 보인다. 초반 전주도 그렇고 16초 정도 흐르는 중반부 바이올린 솔로는 촌스럽다. 이 두 부분만 다른 스타일로 변형을 줬어도 좀 더 생명력이 있는 곡으로 탄생하지 않았을까란 아쉬움이 들게 한다.

성대를 타고 소리가 나오지만 입술을 통해 가사가 전달되며 입술을 통해 곡이 말하고자 하는 온갖 표현이 완성된다. 그런데 「사랑니」에서 아이유의 입술은 잘 불러야겠다는 의식이 강하다. 한마디로 자연스럽지 못하다. 그러다 보니 노래할 때 가사 표현에서 소리가 갇혀 있는 듯 들리는 게 2% 아쉬움으로 다가온다.

「Last Fantasy」는 현실의 문을 열었을 때 꿈이 넘어지지 않게 손을 잡아달라는 내용으로 10대의 마지막에 서 있는 아이유의 현재를 표현했다. 발성적으론 두성, 즉 헤드보이스를 통한 난도 높은 가창을 구사하면서도 체스트보이스를 견지하며 파워와 소리의 동선, 입체감을 확실하게 구현하고 있다.

또한 「Last Fantasy」는 50인조 오케스트라가 함께하는 장대한 영화음악이자 한 편의 잘 만든 뮤지컬 영화를 보는 듯하다. 1:23 "하얀 하늘과 파란 구름조각들 / 내 맘대로 그려지던 곳"에서 노래에 몰입해 연기하는 아이유를 볼 수 있다. 1:54 "세상은 내게 뭘 보여줄까요 / 아직 겁이 많은 이런 나"에선 뮤지컬 발성마저 접할 수 있다. 탄탄한 서사, 극적인 구성의 '아이유표' 시네마틱 뮤직의 본격 출발을 알리는 작품이다.

「Teacher(feat. Ra.D)」는 미들보이스 발성으로 경쾌한 소리를 구사하고 있다는 점에서 이후 아이유에 가장 가까운 발성 방식이다. 따라서 정규 2집에선 가장 세련된 소리를 구사하고 있는 트랙 중 하나로 손색없다. 이 곡에 대해 보컬트레이너 장효진은 "벌스 부분의 소리가 요즘 가수들이 내는 소리"라며 "두성보다 반가성에 가까운. 가성이지만 공기가 많아 진성처럼 들리게 만드는 소리를 많이 구사하고 있다"고 평했다.

「길 잃은 강아지」는 아이유의 블루지한 감성을 보여주는 곡이다. 0:52 "우 우우 날 처다봐줘 안쓰러운 날 예뻐해줘 / 우 우우 나를 데려가줘"나 2:04 "우 우우 날 붙잡아줘 흐려지는 나를 찾아줘 / 우 우우 날 사랑해줘" 등에서 소녀적 감성에서 나오는 특유의 블루노트를 접할 수 있다. 블루노트는 재즈와 블루스에서 많이 사용되는 독특한 음으로, 기타와 같은 현악기에서 다양하게 표현될 수 있다. 「길 잃은 강아지」에서 들을 수 있는 아이유의 노래도 기타에서 출발한 발성 방식, 즉 '쿼터벤딩'에 기초한 감성이다. 이미 이때부터 블루스 감성을 갖기 시작한 것이다. 참 조숙한 아티스트랄 밖에.

코린 베일리 래가 작곡하고 아이유가 가사를 쓴 「4AM」은 R&B 팝의 느낌을 더욱 짙게 살리기 위해 한글의 영어식 발음을 시도하고 있다. 지금까지 아이유가 줄기차게 해오고 있는 '아이유표' 딕션 처리의 일환이다. 예를 들어 1:02 "해가 뜨면"의 '뜨면'을 '드'와 '뜨'의 중간으로 발음하고 있는데, 이것은 힘이 실릴 수밖에 없는 '뜨'란 발음을 여리게 표현해 가사를 부드럽게 이어가기 위함이다. 1:42 "연락할 누군가도 없이"에서 '누군가'도 '루군가'로 발음하고 있다. 저음에서 고음까지 음역대가 고르게 잘 발휘되고 있는 곡이기도 하다. A7, E7 등 소위 '세븐(7) 코드'만의 나른한 감성을 잘 살리고 있는 것도 눈에 띈다. 「너랑 나」, 「Everything's Alright(feat. 김현철)」, 「Teacher」 그리고 「4AM」에 이르기까지 어느 것 하나 비슷하지 않은 다채로운 스타일을 접할 수 있다는 점에서 이미 이때부터 아이유만의 다양성이 시작되고 있는 셈이다.

「라망(L'amant)」은 정규 2집에서 가장 돋보이는 수작 중 하나다. 정재형이 작사·작곡·편곡 및 피아노와 색소폰도 연주했다. 아이유에겐 음악가로서 또 다른 도약의 계기가 된 작품이다.

가요와 재즈는 표현 어법부터 많이 다르다. 일정 패턴을 미리 정해놓고 그에 따라 진행하는 팝(가요)과는 달리 재즈는 규칙을 미리 설정하지 않는 '즉흥 잼' 마인드를 견지한다. 소위 '록의 르네상스'라 일컫는 1960년대 후반에서 1970년대 초까지 유행한 록 뮤지션끼리의 화려한 잼(Jam) 세션도 이러한 재즈 어법에서 파생된 것이다. 3~5분이란 제한된 시간 동안 어떠한 변수 없이 잘 짜인 기승전결로 대중에게 쉽게 어필할 수 있게 하자는 팝·가요와 달리 재즈는 뮤지션끼리 즉석에서 만나 예측불허 자체를 즐기며 소통하는 가운데 파생되는 변수를 음악에 담는 셈이다. 따라서 가요를 노래하는 가수가 재즈 보컬에 적응하려면 많은 시간과 노력이 필요하다.

「라망(L'amant)」은 아이유가 이전까지 한 번도 해본 적 없는 재즈 보컬을 시도하고 있다. 소리 구사란 측면에서도 재즈 보컬 특유의 '자유로움', '임프로바이제이션' 같은 느낌을 살리기 위해 집중하는 아이유의 면모, 특히 뉘앙스의 색다름을 주목하고 싶다. 재즈 어법이 중심이지만 가요의 발라드 다입이 묘하게 공존하는 매우 특이한 매력의 작품이 탄생한 것이다. 마치 아방가르드 프리재즈를 듣는 듯한, 표정 없이 허공에 내뱉는 색소폰의 무심함은 '신의 한 수'다.

◆ 「비밀」
"지금의 창법과 비교해볼 때 소리를 크게 내는 편, 즉 성대 접촉을 많이 하고 있다. 1집보단 가사 뉘앙스에 따라 표정이 바뀌고, 이에 음색이 바뀌며 노래하려는 모습(목소리 연기)이 보인다. 아마도 이는 아이유의 연기 활동과 연관이 있지 않을까 싶다."

서근영

"아이유의 강점 중 하나는 가성과 진성 전환의 매끄러움, 다시 말해 반가성 또는 반진성 등 보컬의 경계 영역이 따로 없이 성구 전환이 자유롭다는 것이다. 이는 곡의 멜로디가 어떤 리듬, 어떤 음높이의 변화도 노래가 다 잘 연결시킬 수 있다는 의미다. 이 곡에선 유일하게 마지막 후렴부 클라이맥스 부분에 메인보컬 트랙을 더블링해서 힘을 보완했는데, 편곡의 다이내믹 변화가 많고 엔딩이 뮤지컬스러워서 불가피한 선택이었을 것이다. 하지만 부자연스러움 없이 더블링이 편곡과 잘 어울린다."

오한승

◆ 「별을 찾는 아이(feat. 김광진)」
"김광진의 곡으로서 「마법의 성」의 아이유 버전이라고 볼 수 있다. 서정적이며 천천히 빌드업되는 매우 소화해내기 어려운 발라드라고 볼 수 있는데 역시 아이유의 뛰어난 가창력을 볼 수 있다. 2분 30초에서의 빠른 비브라토가 들어간 고음 발성은 우리가 일반적으로 알고 있는 3단 고음처럼 비브라토가 없이 귀를 찌르는 고음(벨팅 테크닉)이 아니라 제대로 된 정석 고음 발성으로서 음반을 통틀어 가장 드라마틱한 고음이라고 할 수 있다."
오한승

"현재의 창법에서 자주 나타나는 읊조리며 담담하게 '말하듯 노래하기'가 나타나는 작품이다. 이는 이 곡의 작곡가 김광진이 보컬 녹음 시 자신의 곡을 보다 잘 표현할 수 있도록(아이유의 이전 발라드 창법에서 벗어나도록) '절제하며 말하듯 노래하기 방식'으로 보컬디렉팅을 하지 않았을까 한다. 곡의 클라이맥스를 표현하는 스트링 편곡 부분에서 아이유는 F5음(가온다를 C4로 볼 때)을 올바른 발성으로 또렷하게 소리 내 가창력을 발휘했는데, 이 부분이 더 돋보이는 이유는 벌스에서 말하듯 노래하는 방식을 택했기 때문이다. 음악과 어우러지는 가창의 다이내믹한 표현이 잘 나타난 사례다."
서근영

◆ 「삼촌(feat. 이적)」

"아이유가 밝은 느낌으로 노래할 때 쓰는 소리를 접할 수 있다. 즉 위로 띄우는 소리로 애니메이션 OST처럼 부르고 있다. 여기에서 말하는 위로 띄우는 소리는 '헤드보이스'에 가깝지만 '얇은 소리'라는 표현이 더 적절할 듯하다. 띄운 소리를 쓰면서 발음도 밝게 구사하며 이쁘게 부르고 있지만 이걸 헤드보이스라고 하기엔 발성적으로 좀 애매하기 때문이다. 이런 게 「좋은 날」에 와서 발성적으로 잡혔다고 할 수 있다."
장효진

◆ 「사랑니」

"이쁜 소리를 쓰려곤 하지만 전체적으로 소리가 아직 정돈되지 않았다. 아마 프로듀서·디렉터의 의도를 따르는 걸로 보인다. 본인의 의사가 아닌, 다시 말해 자기 소리가 아닌 걸로 노래했다고 할까?"
장효진

◆ 「Last Fantasy」

"헤드보이스로 노래하다가 자신의 체스트보이스, 즉 힘 있는 소리로 바꾸며 노래하는 구성을 보여준다. 이러한 발성 진행 스타일이 「아이와 나의 바다」에서 완숙하게 무르익고 있는 것이다."
장효진

"오페라 또는 뮤지컬 킬링넘버처럼 매우 드라마틱한 발라드이며 소화해내기 어려운 높은 난도의 곡이다. 멜로디의 음폭 변화가 많고 움직임이 많은 발라드이기 때문이다. 50인조 오케스트라에 6분의 길이로 보자면 아이유의 곡들 중 가장 보컬의 부담감이 클 수 있는 곡이나 이를 잘 표현했다. 관록 있는 가수들에게도 쉽지 않았을 곡이다. 김형석 작곡가의 발라드는 선율이 우아하고 아름다우나 보컬적으로 만만치 않다는 점을 고려하면 노래 참 잘했다."

오한승

✦ 「길 잃은 강아지」

"비교적 단순한 감정선과 단순한 멜로디로 구성된 곡으로 아직 청소년인 아이유의 감성이 느껴진다. 큰 의미를 담지 않고 습작처럼 써 내려간 곡이 아닐까? 하지만 대선처럼 넣은 애들립 라인이나 코러스보컬 편곡은 잘 짜여 있다. 주요 테마 '나나나나'와 주 가사 '버려졌어'를 중복 매칭하며 끝내는 것 또한 잘 맞은 엔딩이라 생각한다."

신연아

"이번 음반 유일하게 작사·작곡한 곡으로서 가장 어두운 톤으로 블루지한 표현이 두드러지며 발음도 살짝 풀어주는 방식을 처음 사용했다. 이런 느낌 표현은 나중에 4집 〈Palette〉 음반에서 전반적으로 사용하게 된다."

오한승

✦ 「4AM」

"발성적으로 볼 때 정규 2집 수록곡 중 제일 좋은 소리를 내고 있다. '로우'에서도 잘 정돈된 자신의 소리가 나오고 있다. 이 곡부터 아이유는 자신의 소리를 찾아냈으며, 이후 아이유의 거의 모든 앨범에서 들을 수 있는, '아이유 소리'의 기반이 된 것이다. 아이유를 깊이 있게 공부하려는 사람들이라면 「4AM」부터 시작하면 좋을 것 같다. 노래는 저음부터 공부하라는 말을 많이 한다. 지금의 아이유 노래가 워낙 하이피치다 보니 사람들이 그것만 따라 하려다 가끔씩 아이유가 로우를 노래할 때 그걸 놓치게 된다. 이러한 로우 피치부터 아이유 발성을 알고 싶다면 바로 이 곡부터 공부하면 좋을 것이기 때문이다."

장효진

◆ 「라망(L'amant)」

"인트로부터 일반 가요와는 남다르게 피아노의 루바토—일정한 리듬 없이 자유롭게 연주하는 기법— 연주와 드럼으로 시작된다. 벌스 멜로디 또한 일반 대중적인 히트곡들이 진행하는 흐름에서 벗어났고, 역시 루바토다. 루바토는 연주자와 보컬이 자유롭게 서로 들으며 흘러가기 때문에 동시 녹음하는 방법이 최선이다. 연주할 때마다 리듬이 바뀌기 때문에 추후 수정이 불가능하다. 추후 수정을 편하게 하려면 일정한 리듬을 미리 만들어놓고 노래 녹음을 해야 하는데 이는 일반적인 가요 녹음 방식이다. 하나하나 찍어서 수정 녹음을 할 수 있기 때문인데, 이 곡의 경우 가요 방식에서 벗어난 것이다.

프랑스 유학파 정재형답게 자유로운 리듬 속에서 클라리넷과 드럼과 피아노가 춤을 추듯 자연스레 섞이는 재즈적인 기법을 도입했다. 아이유에게도 새로운 도전이었을 것이라 생각된다. B파트에서부턴 인 템포—정해진 템포로 연주하라는 뜻—로 노래는 흘러가되, 그 어느 악기도 템포를 가르쳐주지 않고 오블리가토처럼 연주한다. 이런 곡을 선곡해서 앨범에 수록했다는 것만으로도 아이유가 얼마나 새로운 음악에 관심이 많고 열려 있는지 알 수 있다. 대체로 대중음악만 하던 가수들은 재즈의 방식을 불편해하거나 두려워하는 경우가 많은데, 이 어린 나이의 우리 대가수님은 주저 없이 정재형의 곡을 잘 불렀다." 신연아

"아이유 첫 재즈 발라드 곡이라고 할 수 있는데, 편곡의 고급스러움이나 음악성을 떠나 앞서 나온 대편성 오케스트레이션 발라드처럼 아이유의 가장 작은 볼륨에서부터 가장 강한 음압까지를 다 사용했다는 것이 고무적이다. 차이점은 앞의 대편성 곡들은 반주가 터지는 부분에서 고음을 질렀다면, 이 재즈 발라드는 반주가 잔잔한데 노래가 터지는 언밸런스의 미학을 가졌다는 것이다. 가요로 발표된 국내 창작 재즈 발라드 곡 중 최고라고 생각된다." 오한승

스무 살의 봄 **IU**

싱글앨범 | 2012년

〈스무 살의 봄〉

힘을 많이 주는 발음과 표현 방식

'노래'한다기보다 '그리는(표현하는)' 쪽에 무게중심

아이유가 스무 살이 된 후 발표하는 첫 싱글앨범으로 「복숭아」, 「하루 끝」, 「그 애 참 싫다」 세 곡을 수록했다. 박근태, 김도훈, 김이나, 심은지, 김은수, G.고릴라 등의 작곡·작사가들이 함께했다. 전체적으로 노래에서 약간의 부자연스러운 면이 읽힌다. 힘을 많이 주는 발성으로 부르고 있어 가사에서 다음 가사로 이어질 때 다소 딱딱한 진행을 보이고 있다.

첫 곡 「복숭아」부터 이런 면을 알 수 있다. "자꾸 눈이 가네"의 0:14 '가네'를 '갔네'로, "질리지도 않아"의 0:21 '않아'도 '안나'처럼 세게 발음하고 있다. 0:41 "널 보면 마음이 저려오네 뻐근하게~"도 비슷한 뉘앙스다. 전체적으로 음절에 힘을 많이 줘 발음하고 있다.

노랫말의 의미를 더욱 강조하기 위함인 걸로 보이지만 그 때문에 노래로선 자연스럽지 못한 흐름으로 다가올 수 있다. 아이유의 오랜 절친 설리를 모티브로 한 것으로, 설리를 바라보는 남자의 시점에서 가사를 썼다고 한다. 사랑이 시작될 때의 설렘과 풋풋한 소녀적 감성을 담기 위해 이런 식의 딕션 방식을 사용하지 않았나 한다. 음을 노래하는 것이라기보다 음을 그리는(표현하는) 쪽에 무게중심을 뒀다고 할까? 몇 차례 반복해서 곡을 들어봤지만, 그럼에도 부자연스럽고 딱딱한 느낌은 어쩔 수 없다.

이 곡에 대해 신연아 호원대 실용음악과 교수는 "좀 과한 발음 표현이 가사 전달을 방해한다"며 "감정을 다소 억지로 만들어내고 있고, 귀여운 척을 하는 것처럼 들린다. 이미 어른 세상에서 살고 있는 아이유의 동심을 찾고 싶었던 것 같다. 힘을 빼고 노래하는 방식이 아직은 익숙지 않은 과도기인 듯하다"고 평했다.

「하루 끝」은 아직 사귀진 않는 상대방을 생각하며 눈치 없는 상대방에게 자꾸 신경질만 내다가 결국 먼저 속마음을 드러내는 화자의 이야기다. 데뷔 시절 아이유의 발랄함이 디스코 스타일과 화려한 스트링이 합을 이루고 있다. 어디서 많이 들어본 듯 친숙한 진행이다.

R&B 스타일의 발라드 「그 애 참 싫다」는 제3자 주인공 시선으로 지나간 사랑을 놓지 못하고 자신을 바라봐주지 않는 남자를 원망하는 마음을 독백형으로 풀어냈다. 신연아 교수는 "문학적 감성이나 시적 은유는 찾아볼 수 없는 직설화법의 정수"라며 "아이유의 고유한 정서감이나 목소리가 아까울 지경이고 애들립 라인까지 촌스럽다. 이 앨범을 끝내고 아마도 아이유는 스스로 음악 작업을 해야겠다고 다짐하지 않았을까"란 생각이 들 정도라고 평했다.

정규 3집 | 2013년

〈Modern Times〉

본격 아티스트 선언 '야심작'
아이유 소리와 음악이 완성되는 단계
노래에 자신을 캐릭터화시키는 내공 발휘
곡 해석력의 무한 성장 보여준 명반

정규 3집 〈Modern Times〉는 KBS2 드라마 〈최고다 이순신〉 촬영으로 바쁜 와중에 2013년 1월부터 녹음에 돌입해 9개월간의 레코딩 작업이 걸려 10월 8일 발매됐다. 이전에 했던 장르와는 전혀 다른 집시재즈부터 보사노바, 라틴/살사(Salsa) 등 다양한 장르를 추구했다. 이 앨범은 인기 연예인 가수가 아닌 본격 아티스트를 선언한 야심작이자 아이유 소리와 음악이 완성되고 있는 단계다. '음악을 연기하는' 내공이 본격적으로 발휘되는 순간이기도 하다.

또한 정규 3집에서 아이유는 단지 노래만 잘하는 게 아니라 가사의 특정 부분에서 표현하고자 하는 것까지도 놓치지 않는 남다른 디테일을 보여준다. 이제 작품에 몰입하며 곡에서 말하고자 하는 캐릭터가 된 듯한 감성의 끝판왕으로 향하고 있는 것이다. 드라마를 하면서 쌓은 연기력을 매우 영민하게 음악 전반에 응용한 것으로 보인다.

〈Modern Times〉는 아이유라는 '몰입의 미학'이 완성돼 세상에 나오는 순간이기도 하다. 보컬뿐만 아니라 모든 섹션의 연주와 감성도 탁월하다.

첫 곡 「을의 연애(with 박주원)」는 집시재즈 스타일이다. 하정우·공효진 주연의 영화 〈러브픽션〉에서 잠깐씩 튀어나오던 우디 앨런식 코믹함을 연상케 하는 박주원의 기타 연주가 이 곡에서 더욱 날개를 달았다. 아이유가 집시재즈를 처음 시도하는 곡이지만 통상적인 집시재즈 타입의 보컬을 따르지 않고 팝 보컬 뉘앙스가 섞인 창법을 구사하며 고전과 현대적인 맛을 묘하게 섞고 있다. 여기에 장고 라인하트(Django Reinhardt)로 상징되는 집시 기타를 좀 더 강한 다운스트로크 커팅과 오블리가토로 강렬한 여운을 남기는 박주원의 기타가 곡의 생기를 더한다. 만일 박주원이 없었다면 이 곡도 없었을 것이다.

「누구나 비밀은 있다(feat. 가인 of 브라운아이드걸스)」는 라틴 재즈풍의 스윙 템포가 가미된 매력적인 트랙이다. 라틴 재즈의 매력은 리듬이다. 이 곡 또한 시작과 함께 이러한 리듬의 향연에 빠지게 된다. 1:07 "누구나 비밀은 있는 거야 / 아무에게도 말하지 마 / 우리 아무일도, 없던 걸로, 안 들은 걸로 해요"와 같이 리듬과 한 몸이 되며 리듬 서핑을 하는 듯한 퍼커시브한 창법을 접할 수 있다. 소리의 어택을 어느 지점에서 어떤 식으로 넣어야 할지가 매우 중요한 곡임에도 이처럼 멋진 표현력으로 그 맛을 잘 살리고 있다.

「누구나 비밀은 있다」에서 아이유의 노래를 들으면 칙 코리아(Chick Corea)가 피아노를 타악기적인 방식으로 퍼커시브하게 연주하던 장면이 떠오르기도 한다. 멜로디 악기(보컬)를 타악기 같은 느낌으로 접근한다는 차원에서. 물론 여기엔 멋진 세션 반주도 함께했기에 이러한 높은 품질의 결과물이 나올 수 있었지만.

「입술 사이(50cm)」는 아이유만의 딕션을 다채롭게 음미할 수 있는 곡으로 사랑에 눈을 뜬 여성의 마음을 노래했다. 수줍음과 야릇함이 함께하는 아이유의 보컬이 더해져 수록곡 중 가장 농염한 무드를 자아낸다. 0:00 "Oh darling 넘지 말아요"에서 'Oh darling'의 'Oh'부터 마치 유혹하듯 숨을 내뱉는 관능·퇴폐미가 느껴진다. 이 곡을 발표한 시점을 보니 아이유 나이 스무 살 때다. 확실히 10대 때 부른 노래들에선 볼 수 없는 요염함마저 묻어난다. 'Oh'는 노래한다기보다 연기라는 접근이 우선이란 점에서 일단 도입부로선 성공적이다. 0:08 "50cm"의 '5(오~)'나 0:18 "말아주세요"의 '주~세요' 등 곡이 끝날 때까지 농염 무드 연출이 이어지고 있다. 불과 몇 년 사이에 '소녀'에서 '여인'으로 성장한 발성 가창을 보인다는 게 신기할 따름이다.

1930년대 빅밴드 스윙 시대 사운드가 멋스럽게 흐르는 「분홍신」은 빨간 구두를 신으면 의지와 상관없이 계속 춤을 추게 된다는 내용의 안데르센 동화 『빨간 구두』에서 영감을 얻었다. 1930년대 고전 스윙의 느낌을 잘 살리기 위해 일본의 드라마·애니메이션·뮤지컬음악 작곡가 토야마 카주히코(Toyama Kazuhiko)의 지휘 아래 일본 현지에서 빅밴드 멤버들과 녹음했다. 뮤직비디오엔 유희열, 장기용, 휘황, 밴드 페퍼톤스 등이 출연했다.

1:21 "움파룸파둠 두비두바둠 슬프지 않아 춤을 춘다" 등 빠른 템포는 물론 급템포로 끝을 맺는 엔딩 파트까지 아이유의 탁월한 발음 구사와 리듬감을 접할 수 있다. 이런 걸 보면 아이유는 빠른 곡에

서도 발라드 이상의 역량을 지니고 있다는 걸 알 수 있다. 빠른 템포의 곡과 느린 발라드라는 전혀 다른 두 스타일을 이만큼 잘 소화할수 있는 가수를 찾는 건 결코 쉬운 일이 아니다. 그만큼 호흡 구사가 탁월한 가수다.

아이유는 2013년 10월 16일 방송된 MBC 라디오 FM4U 〈두시의 데이트 박경림입니다〉에서 "「분홍신」이 잘될 거라 생각하지 못했다. 스윙이라는 장르가 대중들에게 어려울 수 있고, 가을에 발라드가 강세인 가요계에서 힘들 것이라 예상했기 때문"이라고 소감을 전했다.

찰리 채플린 영화 〈모던 타임스〉에서 영감을 받은 「Modern Times」에서 아이유는 옛스러운 분위기를 연출하는 딕시랜드 재즈 사운드에 21세기의 현재에 발을 디딘 현대적 창법을 교묘히 섞고 있다. 아이유 특유의 고음역 밝은 톤이 이러한 재즈 리듬을 멋스럽게 타고 있는 것이다. 영화 OST 또는 뮤지컬을 접하는 느낌을 줄 만큼 남다른 감흥의 곡이기도 하다. 이 곡에서도 아이유식 딕션을 접할 수 있다. "시계토끼처럼 늘 급한 얼굴로 / 나를 지나쳐 가요"에서 0:20 '지나쳐'의 '지'를 '징~나쳐'라고 발음하며 채플린 특유의 장난스럽고 유쾌한 분위기를 연출한다. 또한 0:50 "나 그 목소리를 꼭 들을래요"에서 '들을래요'를 '들래요' 식으로 짧게 줄여 노래 진행을 더 경쾌하게 이끈다. 1:10 "달리기를 하나, 왜 서둘러"에서도 '하나'를 '한나' 식으로 발음하고 있다. 곡의 뉘앙스를 위해 딕션 처리에 얼마나 많은 신경을 쓰는지 알 수 있게 하는 작품이다.

「싫은 날」은 어쿠스틱기타 반주의 미니멀 구성으로 선보였던 곡을 건반과 스트링 중심의 서정적인 스타일로 새롭게 만들었다. 이 곡과 비슷한 분위기의 노래는 이전에도 있었지만 표현이란 점에서 확실한 차이를 보인다. 위에서 언급한 '연기력', 다시 말해 노래를 연기하듯 접근하는 경지로 가고 있는 것이다.

「Obliviate」에선 빠르게 진행되는 보사노바 리듬을 통해 다채로운 스타일을 선보인다. 전체적으로 한 편의 뮤지컬을 보는 듯한 방식으로 진행되고 있으며, 단지 노래만 하는 게 아니라 그 곡 속의 캐릭터를 연기하는 듯한 아이유만의 가창 스타일을 잘 보여주고 있다. 1:10 "머리야 Obliviate 마음아 Obliviate / 아파, 얼마나 내가 더 무너져야 해 / 이건 아니야 그럴 리 없단 말이야 / 더 선명해진 얼굴 그 목소리가 다시 귓가에~"에서 노래 표현력이 더욱 진일보한 걸 여실히 느낄 수 있다.

아버지의 애창곡이 「낭만에 대하여」라 어릴 때부터 최백호 노래를 들으며 자란 아이유와 최백호가 함께한 보사노바풍의 곡이 「아이야 나랑 걷자」다. 남 얘기도 잘 들어줄 줄 아는 인성의 소유자가 아니라면 이러한 콜라보를 하기 힘들다. 관조하는 듯한 최백호의 보컬과 아이유의 톤이 멋진 하모니를 이루고 있다. 함께하는 뮤지션에 대한 아이유의 철저한 '존중 마인드'는 여기에서도 가장 중요한 키포인트로 작용하고 있는 셈이다. 중반의 기타 솔로는 트로트 스타일의 '뻔한' 느낌의 프레이즈로 진행되다가 후반에서 특유의 집시 플라멩코 스타일로 반전된다. 이러한 변화가 없었다면 통속적이고 식상하게 흐를 수 있던 연주였다.

「Havana」는 라틴 재즈와 삼바 리듬 기반으로 아이유만의 상큼한 풍미를 만들어내는 곡이다. 선우정아가 포르투갈어 코러스에 참여해 이국적인 무드를 더하고 있다. 25초에 이르는 스트링 사운드가 한 편의 서정적인 OST를 연상케 하는 도입부로 시작되다가 0:25에서 전혀 다른 스타일의 기타 반주와 함께 아이유의 노래가 시작된다. OST에서 빠른 살사까지 예상치 못한 반전 구성이다. 아이유밴드 베이시스트 최인성은 필자와의 인터뷰에서 "퍼커션의 역할이 매우 큰 곡으로 재범이(조재범) 형이 이 곡의 거의 90% 이상 리듬을 다 만들어줬다고 해도 과언이 아니다. 그래서 라틴 스타일의 음악을 라이브 때 연주하면 더욱 신이 난다"고 말했다.

「우울시계(feat. 종현 of SHINee)」는 기타, 캐스터네츠, 실로폰에서 시계 소리와 하품, 휘파람 소리까지 일상에서 접할 수 있는 다양한 소리를 동원해 색다른 재미를 더한다. 비브라토를 잘 사용하지 않는 아이유가 이 곡에선 여러 차례 노골적으로 구사하는 것도 주목된다. 0:52와 1:00의 "시간이~ 흐르면~"과 같은 가창 방식이 그래서 낯설게 들릴 수도 있다. 아이유의 곡 중에선 비브라토를 아주 짧게 구사하는 예는 간혹 있었지만 이 곡에서처럼 길게 사용한 예는 찾기 쉽지 않다. 언뜻 별다른 특징이 없는 것 같은 노래를 요소요소마다 그에 어울리는 소리를 잘 활용해 어떠한 스타일의 리듬을 타며 연출해야 하는지도 잘 보여주는 작품이다. 아이유가 너무도 영민한 음악가란 걸 단적으로 보여주는 예이기도 하다.

양희은과 콜라보한 「한낮의 꿈」은 「아이야 나랑 걷자」와는 또 다른 결의 곡이다. 양희은의 보컬 음색은 언제 어디에서건 주변을 뚫고 나오는 명료한 에너지와 오리지널리티가 강하다. 이 곡도 예외는 아니다. 티끌 하나 없을 법한 올곧은, 그래서 사소한 실수도 용인되지 않을 듯한 이런 음색과의 콜라보는 잘해야 본전이다. 물론 아이유로선 선방했다. 이러한 스타일의 콜라보는 아이유에게 이전에 몰랐던 또 다른 음악적 경험이었을 것이다.

◆ 「을의 연애」

"스윙재즈임에도 아이유가 발라드를 부르던 때의 소리 느낌이 있다. 발음이나 노래의 끝음 처리 등 몇몇 표현에 있어선 좀 더 어른스러워졌다는 걸 알 수 있다. 통상적으로 발라드 등 여타 장르보다 재즈를 좀 더 어른의 음악—훨씬 발전된— 이라고들 말한다. 따라서 아이유의 입장에선 이런 식으로 소리를 표현한 게 아닌가 한다."

장효진

"보컬의 맛이나 느낌은 정서적으로 '언어'화할 수 없는 부분이 많다. 이를 '틈새 감정'이라고 표현하고 싶다. 아이유는 이런 틈새 감정을 너무나 잘 표현한다. 기쁨, 슬픔, 화, 쓸쓸함 등 전형적이지 않은 느낌들이 바로 그것이다. 이런 느낌 표현이 탁월하다는 점으로 인해 다양한 스타일의 곡들과 기존 곡들의 리메이크가 다채로울 수가 있는 것이다. 이 앨범은 집시풍, 재즈, 라틴 등 다양한 리듬 편곡이 많은데 이는 결국 아이유의 탁월한 표현 기법(다양성과 리듬 표현)을 기반으로 하기에 가능하다. 이이유만큼 섬세한 다이내믹 조절이 가능하기란 쉽지 않다."

오한승

"음악에선 사실 리듬이 제일 중요하다. 장르를 구분하는 것도 리듬이기 때문이다. 아이유는 이러한 리듬감이 너무 좋다. 모든 빠른 노래들, 특히 K팝은 리듬이 잘게 쪼개져 있는데 아이유는 특히 더하다. 그럼에도 귀신처럼 너무 잘 해내는 것이다. 이러한 리듬들을 뻣뻣하지 않게 유연하게 잘 처리한다. 「을의 연애」를 듣고 깜짝 놀랐다. 잘 사용하지 않는 집시재즈 스타일에 가사도 너무 잘 썼기 때문이다."

신연아

✦ 「누구나 비밀은 있다」
"어릴 때부터 악기(기타)를 다루며 익힌 감성이 발성에서 그대로 나타나고 있다. 발성이란 건 관악기를 따라갈 수밖에 없다. 공기를 어떻게 사용하는지가 발성이란 점에서. 그런데 성대를 현(스트링)적인 느낌으로 표현하면서 관악기보다 현악 연주 느낌의 발성을 많이 사용하고 있다. 노래를 보컬(Vocal)적이라기보다는 악기(Instruments) 느낌으로 해석하고 있다."

장효진

"가사의 발음을 다소 흐리면서 톤을 약간 어둡게 내는 방식으로 '농염'함을 표현하는 보컬 표현이 뛰어난 곡이다."

오한승

"스물한 살(만으로는 20세)이 된 아이유의 앨범 수록곡으로, 이제 성인이 되었다고 스스로 생각하는 것이 고스란히 드러났다. 섹시한 감성을 어색하지 않게 잘 표현했다. 고음으로 어필하던 시기가 지나고 감성과 섬세함으로 곡을 채우고 있다. 발성에만 집착한 것이 아니라 감정을 담아 고음을 끌어올리는 기법도 사용해 배우가 대사를 읊듯 노래했다. 역시 잘 짜인 코러스가 돋보인다. 곡 해석력이 엄청 성장했다는 게 느껴진다."

신연아

◆ 「분홍신」

"마이크를 잘 쓰는 발성을 보여주는 대표적인 곡이다. 마이크를 사용할 때 성량이 큰 소리를 쓰는 게 아니라 표현력이 좋은 작은 소리를 쓰는 게 중요하다는 말을 자주 한다. 표현력은 발음에서 오는 것이다. 소리는 공기로 거의 빼고 있지만 발음을 정확하게 딱딱 짚어주는 느낌을 주면서 노래하고 있다. 리듬에서 발음을 씹어주는 걸 확실히 알게 된 단계다. 이제 진짜 프로페셔널 가수란 느낌이 들게 하는 곡."

장효진

◆ 「싫은 날」

"곡의 제목에서도 알 수 있듯이 아이유의 음악적 감성과 센스가 엿보인다(히트곡 「좋은 날」을 뒤집어 제목을 정함). 2집부터 노랫말 속 단어가 가지고 있는 뉘앙스를 목소리로 표현하기 시작했는데 이 곡의 1절 부분에서 아이유의 노래 연기가 돋보인다. 아이유의 가창을 들어보면 아이유의 표정이 그려질 정도로. 이 곡의 2절 '텅 빈 놀이터~'에서부턴 1집 때 주로 사용한 창법(가창력 발휘에 중점을 둔 창법)이 나온다. 이는 현재의 창법으로 자리 잡기 전까지의 과도기적인 아이유 창법을 보여주는 것이기도 하다."

서근영

◆ 「Obliviate」

"라틴 차차 리듬 편곡을 보컬로 매우 잘 표현했으며 후렴 끝부분(1분 30초)의 상행 글리산도의 지르는 고음을 매우 잘 처리했다."

오한승

◆ 「Havana」

"이 곡에서 아이유는 발성이 대단하다기보다는 자신의 보컬도 악기의 한 형태로 노래하고 있는 걸 알 수 있다. 아이유 빼고 국내의 젊은 가수 중에선 이렇게 노래하는 사람을 거의 본 적이 없다."

장효진

"빠른 보사노바(삼바) 리듬의 곡으로서 '하늘거리는' 보컬 표현이 매우 맛깔스럽고 탁월하다. 역시 리듬 표현이 매우 좋아서 국내 가요 중에 매우 희소성 높은 작품이다."

오한승

◆ 「한낮의 꿈」

"음악의 앙상블을 위해 가창력보단 절제와 조화로움에 중점을 둬 노래하다 보니 이전의 아이유의 솔로곡에서 잘 보여지지 않은 음색이 나타난다. 후렴에서 양희은의 메인 선율에 맞춰 화음 선율을 노래할 때, 메인을 받쳐주며 절제된 목소리로 노래함으로써 스스로 자신의 목소리와 가창에 있어서 새로움을 발견했을 것으로 보이는 게 좋은 예다. 이러한 새로운 경험들은 아이유의 창법을 더욱 확장시키는 계기가 된 것으로 여긴다."

서근영

리메이크 앨범 | 2014년

〈꽃갈피〉

옛스러움과 현대적 감성의 공존
레트로한 감성적 접근은 물론
파격적으로 원곡 비틀기도
「너의 의미」 이상적 콜라보, 음악의 궁극

리메이크 앨범은 '빈티지'와 '트렌디'라는 양립하기 힘든, 전혀 이질적인 두 감성이 뻔하지 않은 작법으로 만나고 있다는 게 가장 큰 매력이다. 자신이 태어나기 한참 전 사랑받던 인기곡들을 마치 자기 이야기인 양 자연스럽게 전개하는 면모가 혀를 내두르게 한다.

리메이크 1집 〈꽃갈피〉는 고전과 현대가 공존하는 아이유의 감성을 여실히 접할 수 있다. 이전 세대의 음악 속에서 '꽃갈피'들을 발견해내고, 그것을 다시 자신만의 감성과 목소리로 되새겨 현세대에게 선물한다는 의미를 담고 있다. 수록곡 모두 아이유가 선곡했다.

1집 첫 곡 「나의 옛날이야기」는 조덕배가 1985년 3월 발매한 「사랑이 끝나면」의 타이틀곡을 리메이크했다. 조덕배의 원곡은 0:26 "쓸쓸하던 그 골목을 당신은 기억하십니까 / 지금도 난 기억합니다"에서 '기억카-십-니-까' '기억 캅 니 다' 등 마치 가사를 씹듯 강하게 발음하며 특유의 운치와 낭만적인 분위기를 이끌어간다. "무정한 사람아"의 '사람마' 등 곡이 끝날 때까지 이렇게 노래하고 있다. 반면 아이유는 하이피치로 소리를 띄우며 원곡보단 경쾌한 톤을 연출한다. 그래서 두 곡은 느낌이 전혀 다르다. 조덕배의 노래가 기차를 타고 풍경을 보는 듯한 동적인 느낌(여기엔 리드미컬한 기타 반주도 한몫했다)이라면, 아이유는 혼자 서서 노래하는 것 같은 정적인 구도로 다가온다. 원곡 후반의 흥얼거리듯 하는 스캣도 이 곡만의 매력 포인트로 거의 1분 넘게 계속된다. 그러나 아이유는 스캣 길이를 대폭 줄

였을 뿐 아니라 원곡과 다르게 담백한 느낌으로 처리했다. 1980년대와 2010년대 식의 어법을 교묘하게 차별화하고 있다. 원곡을 들어보지 못한 사람들이라면 아이유 버전은 아이유의 또 다른 신곡으로 알 만큼 리메이크지만 전혀 다른 접근이다. 역시 아이유다.

「꽃」은 김광석이 1991년 발매한 2집 수록곡이다. 아이유는 평소 김광석을 향한 존경의 마음을 여러 차례 표명한 김광석 열혈 팬이다. 이 곡은 쉽사리 리메이크 엄두가 나질 않는 매우 어려운 노래다. 쓸쓸한 분위기의 아이유 보컬은 노래라기보단 한 편의 시를 낭송하듯 또는 화폭에 그림을 그리듯 온갖 상상력을 자극하는 방식의 '연기'를 하고 있다. 그리고 아르페지오 주법을 빠르게 이어가며 스산함을 더해주는 황민웅의 클래식 기타 연주도 인상적이다.

김완선이 1990년 발표한 5집 타이틀곡 「삐에로는 우릴 보고 웃지」는 그간 아이유가 리메이크한 곡 중에서도 가장 의외의 방식으로 해석한 화제작이다. 이 곡을 작곡한 손무현 한양여대 실용음악과 교수 인터뷰를 통해 리메이크 비하인드스토리를 들어봤다.

손 교수는 김완선을 만나면서 미디(MIDI)를 다루기 시작했다. 미디를 하며 자신이 좋아하는 걸 다채롭게 만들 수 있다는 걸 알게 됐다. 당시 손무현은 마돈나, 신디 로퍼, 폴라 압둘 등 히트 차트를 휩쓸던 여러 팝가수들을 연구하며 보다 쉽고 친근하게 들을 수 있는 곡을 연구했는데, 바로 이때 쓴 곡이 「삐에로는 우릴 보고 웃지」다.

많은 사람에게 사랑받은 인기곡인 만큼 BMK, 스텔라장, 김수영, 박성연, 김재환&이무진, 소유, 김보형, 펜타곤, 김경호, 현진영 등등 그간 많은 음악인이 리메이크했다. 손무현 교수에 의하면 지금까지 사용 허가를 받고 커버곡으로 공개된 작품이 200여 곡에 이른다. 이 수치는 원작자인 손무현으로부터 사용 허락을 받고 발표된 곡 기준이며, 사용 허락을 받지 않고 비상업적인 용도로 리메이크한 것까지 합친다면 1000여 곡 이상은 될 거라고 했다.

「삐에로는 우릴 보고 웃지」의 곡 사용 허락을 받기 위해 이종훈 편곡자가 한양여대 실용음악과를 찾아 손무현 교수와 미팅을 가졌다. 손무현은 어떤 스타일의 곡으로 리메이크를 할 것인지 물어봤다. 그런데 이종훈 편곡자가 설명한 리메이크 방향이 자신이 생각하던 것과 너무 달랐다고 한다. 이후 아이유 버전이 발매됐고, 처음엔 낯설었지만 박수 치는 리듬으로 시작하며 이러한 모티브로 곡을 이끌어가는 아이디어가 돋보였다고 했다. 낯설음이 신선함으로 바뀌며 스며들었던 것. 손무현 교수는 "아이유가 자신의 곡을 불러준 것에 대해 감사할 따름"이란 말도 덧붙였다.

재즈 스캣과 임프로바이제이션이 함께하는 파워풀한 가창의 BMK 버전, 폴카 리듬 스타일로 재미있게 편곡한 스텔라장 버전, 베이스 기타를 연주하며 노래하는 또 다른 매력의 김수영 버전 등 여러 리메이크가 있지만 아이유는 손무현 교수의 지적처럼 전혀 다른 분위기로 재창조했다. 아방가르드적인 느낌마저 들 정도의 180도 다른 접근이라 처음 접했을 때의 신선함이 지금도 생생하다.

「사랑이 지나가면」은 이문세가 1987년 3월 10일 발매한 곡이다. 한국 대중음악사에 처음으로 200만 장 이상으로 공식 집계된 당대의 히트작 중 하나다. 소주 한잔이 생각나는 이문세 원곡의 애틋함과는 달리 아이유는 창법에서 비브라토 사용을 자주 하고 있지만 전체적으로 원곡보다 절제하며 팝스런 톤을 연출한다. 좀 더 아이유만의 새로움을 기대해서 그런 건지는 몰라도 이 곡은 원곡에 너무도 충실했다는 게 오히려 아쉬움으로 남는다. 물론 개인적 취향의 문제일 수 있다.

「너의 의미」는 1984년 발매한 산울림 10집 타이틀곡으로 김창환이 피처링했다. 「삐에로는 우릴 보고 웃지」를 아방가르드에 가까운 낯선 창조로 전례 없는 리메이크에 도전했다면, 「너의 의미」는 원곡을 따르는 가운데 톤과 분위기를 다르게 하며 진행한 또 다른 감성의 영민한 버전이다. 이 곡은 선후배 음악가의 존경과 사랑, 포용 등 여러 미덕이 리메이크의 공간에서 최상위로 빛을 발한다. 그럼에도 어떠한 허수 없이 물 흐르듯 자연스런 진행을 이어간다. 노래라기보다 대화하듯, 특정 주제가 있다기보다 일상을 말하듯, 구겨진(각진) 데라곤 전혀 없는 비단결 같은 부드러운, 어쩌면 바로 이런 게 음악의 궁극이다.

「여름밤의 꿈」은 1988년 발매한 김현식 4집 수록곡이다. 윤상이 고교 시절 작곡을 시작하면서 처음 완성한 곡이다. 1970~1980년대 포크 감성이 몸에 밴 아이유에게 잘 어울리는 작품이다. 곡이 끝난 후에도 느림과 여백의 여운이 식지 않는다. 윤종신은 2014년 모바일 뮤직 앱 카카오뮤직 '스타 뮤직룸'에서 〈꽃갈피〉 수록곡 중에서 「여름밤의 꿈」 노래를 제일 잘했다"며 "아이유의 이런 톤이 좋다"고 칭찬했다.

「꿍따리 샤바라(feat. 클론)」도 재미있다. 클론 원곡이 신나는 댄스곡인 반면, 아이유 리메이크 버전은 잔잔한 발라드 스타일로 진행된다. 클론의 멤버들이 직접 내레이션에 참여했다.

◈ 「너의 의미」

"오르간 소리가 들어가면 좋을 것 같다는 편곡자의 요청으로 하몬드 오르간 B3를 사용했다. 편곡자의 의도에 충실히 따르려고 했고, 특히 산울림의 오리지널 버전의 느낌을 많이 내는 데 주안점을 두며 연주했다. 음원이 완성돼 들어보니 (기대 이상) 잘 나온 것 같아 만족스러웠다." **송성경**

"특별한 클라이맥스가 있는 곡이 아님에도 아이유는 그걸 끌고 가는 힘이 대단하다. 노래라는 건 담담하고 잔잔하게 흐르는 곡을 별거 있게 부르는 게 가장 힘든 법이다. 처음부터 끝까지 힘을 뺀 듯 가볍게 미성으로 부르지만 발성적 중심이 너무 잘 잡혀서 지루한 느낌을 주지 않고 담담하게 이야기를 그려나가는 김창완의 목소리와도 완벽한 조화를 이룬다. 노래를 배우는 여자 보컬에겐 이 곡이 가진 담담함을 표현하는 능력이 꼭 필요하다."

장효진

"아이유 곡 중에서 〈나의 아저씨〉 OST와 함께 가장 좋아하는 노래다. 단지 노래를 한다는 게 아니라 서로 자연스럽고 담담하게 주고받는 얘기 같은 느낌으로 다가왔다. 그래서 더 큰 감동을 받았다. 노래를 부르는 게 아니라 서로 얘기하는 것에 멜로디가 붙어서 가는 것 같다고 할까. 노래가 가질 수 있는 힘을 잘 표현하고 있는 콜라보다. 이런 건 서로 진심을 갖고 있어야만 가능한 경지이기도 하다."

최성수

미니 4집 | 2015년

〈CHAT–SHIRE〉

미니앨범의 독자적 작가주의 선포

가장 아이유스런 걸작 중 하나

디스코 빈티지서 힙합까지 '올드앤뉴'의 진수성찬

'국힙원탑' 면모 이미 여기서부터

미니 4집 〈CHAT-SHIRE〉는 아이유가 프로듀싱을 맡은 최초의 앨범이다. 스물세 살의 아이유에게 일어나고 보이는 일들과 사람들에게서 느낀 생각을 아이유가 좋아하는 소설 속 캐릭터에 대입해 표현한 7곡을 수록했다. 『이상한 나라의 앨리스』의 체셔 고양이를 모티브로 한 만큼 앨범명 '챗셔'는 이 앨범에서 가장 중요한 키워드다. 여러 개의 보기가 있고 그중 오답은 없다. 무엇을 골라도 답이며 그저 당신이 뭘 믿고 싶은지에 달렸다.

정규앨범이 3집부터 명반의 대열 속으로 가는 높은 품질을 보이기 시작했듯 미니앨범도 4집부터 고퀄리티의 명반 출연을 알리는 시작이었다. 아이유만큼 미니앨범을 통해 남다른 작품 세계를 보이는 아티스트를 찾는 것도 쉽지 않다. 가창에서 작사와 작곡, 사운드까지 〈CHAT-SHIRE〉는 이러한 아이유만의 독자적인 미니앨범 작가주의의 진정한 시작이다. 그뿐만 아니라 가장 아이유스런 걸작 중 하나로 꼽고 싶다.

앨범명 'CHAT-SHIRE'는 각 곡의 캐릭터들이 살고 있는 주(州), 스물세 걸음이면 모두 돌아볼 수 있는 작은 사회를 의미하며, 우리 모두에게 일어날 수 있고 생각할 수 있는 일들 그 모습을 〈CHAT-SHIRE〉에서 이야기하고 소통하고자 했다.

아이유 작사, 이종훈 작곡·편곡의 첫 곡 「새 신발」은 『오즈의 마법사』에서 도로시가 신은 '마녀의 새 신발'을 소재로 했다. 새 신발을 신고 설레는 감정을 1970년대 모타운풍의 빈티지한 사운드로 표현했다. 1:09 "살랑 달큰한 바람은 나를 들뜨게"에서 알 수 있듯이 설레는 감정을 보다 직접적으로 표현하기 위해 잘 사용하지 않는 표현을 노랫말로 쓴 것도 주목된다. '달큰한'은 '닷맛이 있다', '달큼하다 (감칠맛이 있게 꽤 달다)'의 경상남도 방언이다.

또한 이 곡은 대중음악에서 즐겨 사용되는 코드 구성으로 친숙함을 더하게 한다. 0:22 "안녕 오래 기다렸니"부터 0:42 "나를 시무룩하게 만들 생각은 마" 등에서 들을 수 있는 Am7과 Dm7, G7 진행이 좋은 예다. 0:43부터 0:51 "에나멜 플랫 슈즈 위 따다닥 / 빨간 뾰족구두를 신고 또각 / 키가 큰 거울 앞에 다가가"까지 F#m7-B7-E7sus4와 같은 비교적 쉬운 재즈 보이싱이 양념 격으로 살짝 들어오며 곡에 활력을 불어넣고 있다. 1970~1980년대 모타운 블랙뮤직에서 자주 들을 수 있던 익숙한 패턴, 그래서 더 친근하게 다가온다.

「Zezé」는 사랑스러운 누군가를 기다리며 부르는 일종의 사랑 노래다. 자전적 소설 『나의 라임 오렌지 나무』의 등장인물 '제제'와 나무 '밍기뉴'를 모티브로 만들었다. 아이유의 천재적인 가사 쓰기가 곡 초반부터 인디음악의 로파이 비트 힙합 사운드와 탁월하게 만나고 있다. 여기에 흑인(모타운) 그루브까지 가세했으니 그야말로 「Zezé」는 아이유식 작가주의의 강렬하고 독자적인 선포나 다름없다. 호원대 실용음악과 신연아 교수는 「Zezé」를 다음과 같이 예리하게 분석하고 있다.

"개인적으로 감탄을 했던 가사였다. '제제'를 통해 어린 나이에 대중음악 시장에서 중심에 선 본인의 내면에 감춰진 많은 감정들을 은유적으로 풀어냈다고 느꼈다. '넌 아주 순진해 그러나 분명 교활하지 / 어린아이처럼 투명한 듯해도 어딘가는 더러워' 이 문장에선, 어린 나이에 데뷔해서 순진해 보이는 듯하지만 그 누구보다도 대중을 알고, 음악 시장의 흐름을 이해했으며, 그 중심에 서서 정확하게 계산해내는 자신을 그린 듯하다.

'당장에 머리 위엔 햇살을 띄우지만 / 어렴풋이 보이는 너의 속은 먹구름과 닿아 있네'에선, 사람들 앞에서 밝은 웃음을 짓지만 밤엔 잠을 못 이루고 여러 가지 생각에 마음이 무거워질 때가 많은 자신의 내면을 드러냈다고 본다. 가끔은 본인조차도 본인의 생각을 알 길이 없는 복잡한 캐릭터를 투사했다. 평상시 다독하는 아이유의 문학적 문장력과 표현력이 돋보이고, 노래 음절의 장단음에 아주 적절하면서도 독특하게 매치시킨 단어들의 조합으로 리듬감이 유난히 자연스럽다. 본인이 작사를 한 곡의 해석력은 기존의 곡들과는 큰 차이를 보일 만큼 한층 성숙되고 완성된 감정 표현과 리듬 표현이 느껴진다.

노래 도입부 '흥미로운 듯, 씩 올라가는 입꼬리 좀 봐 / 그 웃음만 봐도 알아 분명히 너는 짓궂어 / 아아, 이름이 아주 예쁘구나 계속 부르고 싶어 / 말하지 못하는 나쁜 상상이 사랑스러워' 부분은 유난히 레이백을 시켜 보다 더 여유 있는 캐릭터를 표현했고, B파트나 후렴구에선 아주 정확하게 리듬에 맞추고 짧은 음에 붙은 가사를 빠르고 약하게 불러서 리듬감을 더 살렸다. 만 22세라는, 어른이기도 하지만 아직 어린 마음이 남아있기도 한, 이중적인 시기를, 동화 캐릭터를 빌려 아주 훌륭하게 표현해냈다. 작사가로서, 음악가로서 빛을 발하기 시작한 앨범이라고 생각한다."

「스물셋」은 경쾌한 펑키 디스코 사운드로 딱 23세의 발랄 경쾌, 그 자체를 표현하고 있다. 이전 트랙 「Zezé」에서 모타운 블랙뮤직풍을 살짝 맛뵈기로 삽입했다면, 이 곡에선 처음부터 끝까지 블랙펑키 사운드로 달린다. 오래전 AFKN TV에서 방영하던 〈소울 트레인〉이 연상될 만큼.

「푸르던」은 황순원 단편소설 『소나기』의 한 장면을 소재로 만든 곡이다. 1:35 "너의 기억은 어떨까"를 '허떨까'로 발음하는 아이유 특유의 딕션 처리로 더욱 진한 감정 몰입을 보이고 있다. 발성 및 곡 진행 방식이 「밤편지」를 연상케 한다. 이러한 스타일의 곡에서 아이유&제휘는 역시 찰떡궁합이다.

「Red Queen(feat. Zion.T)」은 『거울 나라의 앨리스』에 등장하는 붉은 여왕을 소재로 만들었다. 1960년대 버블검팝 비트와 사운드, 곡 중간 보사노바의 코드 진행 등 완전히 다른 두 장르가 혼합된 레트로풍의 작품이다. 가사에서 모두가 미워하는, 주인공을 위협하고 방해하지만 사실 예쁘고 사랑스러웠던 '그 여자'가 많이 언급된다. 1:09 "지금 핏기 없이 메마른 뺨엔"의 '메마른'을 '멤마른'으로 강하게 발음하며 곡의 특정 부분에 몰입하고 집중하는 아이유식 딕션을 접할 수 있다. 이 곡은 0:11 "표정이 없는 그 여자 / 모두가 미워하는 그 여자"부터 0:52 "푸른 날 하늘처럼 새파랗게(웃던 때가 있었다네요)"까지 무려 40초 넘게 전형적인 '원 코드(One-Chore)' 패턴으로 노래가 진행된다. G7이라는 심플한 코드 하나에서 멋진 멜로디들을 뽑아내고 있는 것이다. 이런 패턴은 1:15 "웃음이 예쁜 그 여자 / 모두가 사랑하는 그 여자"부터 1:51 "서러운 등을 쓸어준 그 손이(믿을 수 없이 따뜻하더래요)" 등에서 반복되고 있다.

「무릎」에서도 1:14 "무릎을 베고 누우면"에선 '무르플'로, 1:37 "잠시만 그대로 두어요"에서 '그대로'를 '그태~로'로 발음하는 아이유식 딕션을 들을 수 있다. "까무룩 잠이 들어도"의 '까무룩'처럼 이 곡엔 순우리말도 자주 등장한다. '까무룩'은 '정신이 갑자기 흐려지는 모양'이란 뜻이다. 편안한 휴식이 연상되는 가사에서도 알 수 있듯이 이러한 정서를 위해 아이유는 마치 입술로 호호 불어주는 듯한 속삭이듯 편하고 나긋한 톤으로 '소리로 표현하는' 힐링을 연출하고 있다.

「무릎」은 2021년 4월 9일 방송된 JTBC 〈유명가수전〉에서 아이유가 세 번째로 꼽은 인생곡이기도 하다. 아이유는 "나의 자작곡이 자 나중에 내가 세상을 떠나게 됐을 때 대표곡으로 남았으면 하는 곡으로 (또한) 일기장 같은 곡이다. 어릴 때 할머니가 키워주셨는데 할머니 무릎에 누워서 잤을 때 가장 꿀잠을 잤다. 그때 그 무릎을 생각하면서 쓴 가사다. 엄청 많이 부른 노래인데도 공연 때 가장 울 컥하는 곡이고 몰입이 많이 된다"고 말했다.

「안경」은 톨스토이 소설 『바보 이반』을 소재로 쓴 곡이다. 콘서트 에서 아이유는 "시력이 좋지 않았던 아이유의 어머니가 라식 수술 을 하고 나면 세상이 잘 보여서 좋을 줄 알았는데, 막상 수술을 하고 나니 모든 게 선명히 보여서 오히려 좋지 않았다고 해 충격을 받았 다"며 "이에 영감을 받아 쓴 곡"이라고 밝혔다. 너무 모든 것을 다 알 려고 하고 누군가의 흠집을 찾으며 피곤하게 살지 않고, 제 갈 길을 가고 싶다는 바보 이반의 모습을 담은 듯하다.

이러한 뉘앙스를 표현하기 위해 아이유가 노래하는 방식도 흥미 롭다. 전면에 부각되는 메인·리드보컬이 아닌 코러스보컬 같은 느낌 으로 부르고 있는 것이다. 다시 말해 센터(중앙)가 아니라 살짝 사이 드(옆) 쪽에 비켜서서 나오는 듯한 소리 톤, 너무 명료하지도 않지만 그렇다고 너무 불명확하지도 않은, 마치 시종 코러스 보컬을 하는 듯 한 톤으로 노래하고 있다. 이 곡이 지닌 메시지에 너무 잘 어울리는 방식이다. 곡의 리듬을 이끌어가는 셔플 엇박도 위와 같은 곡의 취지에 걸맞은 좋은 아이디어다.

◆ 「Zezé」

"아이유 곡에서 처음으로 그루브를 느낄 수 있게 하는 노래다. '리듬을 탄다'에서 한 단계 진화한 흑인음악의 그루브가 확실하게 느껴지는. 음악 좀 듣는다는 친구들도 다시 이 곡을 듣는다면 '아이유가 이만큼의 흑인음악 그루브를 가지고 있구나'라고 놀랄 것 같다. 근래 아이유를 일컬어 유튜브상에서 '국힙원탑'—힙한 걸로 원탑이란 뜻의 신조어—이란 표현을 쓰는데 이미 여기에서 시작된 셈이다."

장효진

◆ 「스물셋」

"「스물셋」은 1990년대 후반과 2000년대 초반의 팝적인 장치들이 고루 들어가 있다. 사운드도 그렇고 콘셉트도 그렇고 전체적으로 너무 잘 잡았다." 강화성

"아티스트가 제대로 표현하기 힘든 영역 중 하나가 '그로테스크'다. 여러 가지가 맞물려 있어야만 이런 게 가능하기 때문이다. 그런데 아이유는 「스물셋」에서 가수가 보여주는 음악적 그로테스크를 제대로 보여주고 있다. 여러 가지 소리와 여러 가지 창법을 하나로 어우러지게 부를 수 있는 가수다." 장효진

"「좋은 날」, 「마쉬멜로우」 등 상큼함을 표현하는 노래 위주로 하던 아이유가 묘한 성숙미를 주는 곡을 노래한 첫 번째 작품이다. 또한 과거 어린 시절엔 작사·작곡을 그 시절 유명 뮤지션에게 맡겼다면 이 시절부터 작사·작곡에 직접 참여하면서 자신이 하고 싶은 내면의 이야기와 색깔을 담기 시작했다. 이때부터 대중에겐 '아이유는 싱어송라이터'란 인식이 생기게 됐다." 미친감성

◆ 「푸르던」

"이 곡을 듣고 있자니, 아이유가 데뷔 시절부터 꿈꿔왔던 것이 연예인이 아니라 '음악인'이라고 했던 말이 제대로 이해가 된다. 감성적인 멜로디에 유행과는 거리가 먼 음악적인 편곡(물방울이 떨어지는 듯한 사운드 적용), 전문가 솜씨 같은 코러스 편곡, 문학적인 가사에 탄복했다. 노래 또한 과한 고음이나 힘을 넣지 않고 물 흐르듯 그야말로 '자연'처럼, '동화'처럼 부르고 있다.

'너는 조용히 내려 나의 가물은 곳에 고이고 / 나는 한참을 서서 가만히 머금은 채로 그대로'는 문학적이면서 운율까지 맞춘 작사가의 면모가 돋보이는 문장이다. 지나친 고음 없이 잔잔하게 아름답게 만든 곡과 코러스 라인에서, 오래 들어도 질리지 않는 음악을 만들고 싶은 진정한 음악인이었다는 걸 느끼게 된다. 세속적인 노래들에 찌들지 않은 깨끗한 노래를 품고 있던 예쁜 마음이 고맙다. 아이유는 여전히 '푸르던' 시절을 잊지 않고 있었다."

신연아

◆ 「무릎」

"가사가 너무 좋다. 잔잔하게 나지막이 읊조리듯 부르고 있는데 마치 이야기를 듣는 듯하다. 이 노래를 듣고 있으면 내 귀에 아련한 추억이나 인생에 대해 속삭여주는 듯하다. 치유 힐링이 되는 곡이다. 지금도 개인적으론 아이유 하면 「무릎」이란 곡이 제일 먼저 생각난다."

최철호

"조용한 음악이라고 생각해 불러보면 큰코다치는 '매우 어려운' 곡이다. 보컬 스킬이 어려운 게 아니라 이미 기술적인 부분은 다듬어진 이후에 나와야 하는, 자연스러운 감정의 전달이 가장 중요하기 때문이다. 곡 분석을 제대로 하지 않으면 첫 시작 단추조차 끼우지 못할 정도로 어렵고 자기주장이 확실한 곡이다. 발성을 어느 정도 갖춘 사람들의 문제점 중 하나가 발성만 가지고 노래를 하려 한다는 것이다. 센 소리는 세게만 내고 약한 소리는 약하게만 내는 경향이 있다. 이러다 보니 녹음실에서 볼륨 조절이 쉽지 않은 상황이 발생하기도 한다. 「무릎」 같은 노래는 모든 소리가 밸런스를 맞추며 잘 이어지는 곡이다. 발성을 배운 기초단계 학생이 준프로급으로 넘어가는 수준에 왔을 때 레슨곡으로 많이 활용하는 곡이다. 다시 말해 노래를 단지 노래로서 부르는 게 아니라 감성적으로 부르는 단계로 도달했을 때 「무릎」은 그러한 중·고급 레벨의 교과서다."　　　**장효진**

정규 4집 | 2017년

〈Palette〉

귀신같은 성구 전환 '보컬 초고수'

다채롭고 탁월한 벤딩에서 음악사에 길이 남을 딕션까지

아이유만의 발성 핵무기 가장 많이 탑재

연기하듯 노래하는 몰입의 끝판왕 보여

정규 4집 〈Palette〉로 아이유는 음악적 깊이와 감성 표현, 그리고 이젠 발성 스킬을 초월했다고 할 만큼 노래를 '부르는' 데에서 그치지 않고 완벽하게 '연기'하는 '베스트 오브 베스트' 아티스트로 자리했다. 〈Palette〉는 20대 아이유의 예술적 감수성이 가장 높게 구현되고 있는, 한국 대중음악사에 빛나는 명반 중의 하나다. 「밤편지」, 「잼잼」, 「이 지금」, 「사랑이 잘」, 그리고 타이틀곡인 「팔레트」와 「이름에게」까지 어느 것 하나 가볍게 지나칠 수 없는 진정한 '웰메이드' 명품의 보고다. 2018년 《뉴욕타임스 매거진》은 이 앨범을 소개하며 아이유를 'K팝 장르의 진부함을 깨는 싱어송라이터'이자 '정서적 위안을 주는 아티스트'라고 극찬했다. 아이유가 직접 프로듀싱했고 선우정아, 손성제, 지드래곤, 오혁, 샘김, 제휘, 이병우 등 여러 음악인이 함께했다.

첫 곡 「이 지금」은 빛나고 아름다운 건 바로 지금, 여기, 우리라는 메시지를 담았다. 아이유의 재치+화사함이 잘 드러난 곡이다. 0:03 "아무에게도 고백하지 않았던 / 이야기를 들려주면"에서 '이야기를' 을 '이'와 '야기'로 마디를 나눠 노래한다. 0:35 "사실 바보들투성이야"에서도 '바보'라는 명사를 마디로 나눠 '사실바' '보들투성이야'로 부르고 있다. 이런 식으로 명사를 부사 또는 형용사화시키며 곡의 어감을 부드럽게 연출하고 있다. 곡 시작부터 끝까지 이런 방식을 들을 수 있다. 그래서 더욱 아이유만의 재치와 발랄함이 노래에 더 효과적으로 묻어나오고 있다. 세븐(7)에서 나인(9)에 이르는 텐션 코드 보이싱으로 이렇게 발랄함과 재치가 묻어나오게 할 수 있다는 데에서도 작곡과 편곡의 탁월함이 돋보인다.

「팔레트(feat. G-DRAGON)」란 곡이 나올 즈음 노래에 관심이 많은 팬은 물론 보컬 전공자들 사이에서도 "가성이다", "아니다, 진성이다" 등으로 갑론을박할 만큼 화제를 모았다. 시종 아이유 특유의 '가성 같은 진성', '진성 같은 가성'이 세련되게 흐르고 있기 때문이다. 0:29부터 나오는 "하긴 그래도 여전히 코린 음악은 좋더라"에서 0:33 '코린'은 아이유가 좋아하는 싱어송라이터 코린 베일리 래를 말한다. 가사에서까지 코린을 좋아한다고 노래하고 있는 게 흥미롭다.

2017년 4월 21일 서울 합정동 신한카드 판스퀘어홀에서 열린 4집 발표 음감회에서 아이유는 「팔레트」를 이렇게 소개했다.

"이 곡은 저에 관한 이야기로 이번 앨범에서 작사·작곡을 유일하게 혼자서 해낸 곡이다. 지난 앨범의 「스물셋」이란 곡과 맥을 같이하는 노래. 「스물셋」에서 2년이 지난 지금의 스물다섯 살엔 제가 좋아하는 것 정도는 더 정확하게 짚어낼 수 있는, 나를 더 잘 알게 된 것 같은 기분이다. 그런 이야기가 담긴 곡으로 전부 내 이야기이고, 내가 일기장에 쓰는 말을 그대로 옮겨서 가사를 만들었다. 피처링으로 빅뱅의 지드래곤 씨가 참여했는데 제가 원래부터 음악적으로 굉장한 팬이기도 했고, 「팔레트」란 곡을 만들 때 작사·작곡 과정에서 조언을 많이 구했다. 원래 피처링에 대한 생각이 없었는데 작업을 하며 랩이 나오는 게 좋겠다 싶어서 부탁드렸다."

「이런 엔딩」에서도 아이유는 가성을 진성같이, 진성을 가성같이 구사하며 양 경계를 귀신같이 오가는 보컬 초고수로서의 면모를 보이고 있다. 2017년 4월 21일 열린 4집 발표 음감회에서 아이유는 이 곡을 이렇게 소개했다.

"피아노와 스트링 편곡이 좋다. 남녀가 이별하는 상황에서 가장 전형적일 수 있는 클리셰가 되는 장면들을 녹여냈다. 뮤직비디오에 김수현 씨가 나오는데 드라마 〈드림하이〉와 〈프로듀사〉 등을 같이 하며 오랫동안 알고 지낸 사이기도 하고, '분량이 좀 많고 남자 배우가 중요한데 도와줄 수 있겠냐' 했는데 흔쾌히 도와주셔서 감사하다."

「사랑이 잘(with 오혁)」은 권태기 남녀의 갈등을 긴장감 있게 표현했다. 권태기의 나른하고 블루지한 감성을 위해 7-9-11-13 등 텐션 코드의 집약이라고 할 만큼 남다른 보이싱이 눈에 띈다. 재즈에서 자주 접할 수 있는 화성 방식을 R&B 발라드풍으로 표현하고 있는 것이다. 생기라곤 전혀 없는 권태기의 나른함, 맥 빠진 느낌을 연출하기 위해 이러한 화성으로 접근했다면 매우 좋은 선택이다.

4집 발표 음감회에서 아이유는 「사랑이 잘」을 이렇게 소개했다.

"남녀 간의 권태기를 다룬 이야기로, 오혁 씨와 제가 설정과 캐럭터를 정해놓고 대사를 주고받듯이, '이 상황에선 넌 뭐라고 할래?' 이렇게 물어가며 만든 곡이다. 오혁 씨의 와일드하면서도 따뜻한 음색이 들어가면 좋겠다고 해서 부탁했고, 동갑내기 친구라서 원래 잘 지냈다. 음악적으로 의견 마찰도 있긴 했지만, 결과적으론 잘 절충해서 서로 만족하는 결과가 나왔다."

선우정아에게 '천재적'이란 표현을 써도 아깝지 않을 만큼 기발함과 재치가 남다른 작품이 「잼잼」이다. 0:51부터 1:06까지 반복되는 "덮고 그 위에 다시 얹고 또다시"나 1:28 "설탕 탕 탕 사랑 랑 랑" 등은 대중가요사에 남을 가사 표현 중 하나다. Fm7, Dm7, Am7 중심으로 진행되는 가운데 어떠한 형태로 치고 들어와도 멋진 잼 세션으로 이어질 수 있는 음악적 유연성도 돋보인다. 「잼잼」 테마를 기초로 명기타리스트들의 잼 세션을 기획해도 기념비적인 명연이 나올 것 같다. 그만큼 이 곡은 마르지 않는 아이디어를 주는, 풍부한 상상력의 보고다.

4집 발표 음감회에서 아이유는 「잼잼」을 이렇게 설명했다.

"예전부터 풀어보고 싶은 가사였는데, 사랑을 시작하기 직전의 남녀가 테이블을 놓고 앉아서 '너도 연애해봤지? 나도 해봤고. 그럼 우리 모르고 시작하는 거 아니니까 처음에 서로 완벽하게 잼처럼 절여질 정도로 서로를 사랑해주자'라고 말하는 내용이다. 어차피 시간이 지나면 이 마음은 없어질 거고 헤어지겠지만 그런 걸 모르는 사람처럼 우리 사랑해보자, 그런 내용. 시니컬하지만 그런 말을 하게 되기까지의 경로를 생각해보면 애절하고 애잔하다. 제가 선우정아 씨게 이런 가사를 쓰고 싶다고 산문 형식으로 글을 써서 보냈고, 선우정아 씨가 '잼처럼 절여진다'는 표현을 보고 꽂히셔서 「잼잼」이라고 하게 됐다."

손성제 작곡의 「마침표」는 피아노, 스트링, 플루트, 클라리넷 구성의 발라드로 짝사랑 중에 차인 화자의 마음을 노래했다. 아이유의 소리 표현력이 이만큼 대단한 수준까지 왔다는 걸 알 수 있게 하는 가창이다. 특별한 소리의 강약이 있다거나 절정으로 확실하게 지른다 등 일반적인 작곡·노래 공식과 다른 진행이다. 그만큼 노래 부르기가 매우 힘든 곡이다. 다른 가수들도 이 곡을 부를 순 있겠지만 과연 아이유만큼 이 맛을 살릴 수 있을진 의문이다.

시계 구입 후 착용자의 손목에 맞게 줄(브레이슬릿)을 줄이려면 한 코나 두 코 또는 그 이상을 빼야 한다. 만일 한 코를 빼면 약간 헐렁하고 두 코를 빼면 꽉 죄는 느낌일 때가 있다. 이런 불편함을 해결하고자 몇몇 유명 브랜드 시계는 한 코 간격보다 훨씬 좁은, 다시 말해 0.1~0.2mm만 줄이거나 늘일 수 있는 '미세조정'이란 장치를 탑재시켜 착용자의 편의를 도모하고 있다. 「마침표」에서 아이유는 자신의 감정을 미세조정하며 디테일한 영역까지 다채롭게 감정선을 연출하고 있는 것이다.

4집 발표 음감회에서 아이유는 "이번 앨범을 작업할 때 제일 먼저 찾아뵌 분이 손성제 선배님이다. 발라드를 부탁드렸는데 내가 가장 원하는 톤의 발라드를 써주셨다. 절제된 사운드가 특징이다. 슬픈 가사지만 울부짖는다든지 그러지 않고 절제하면서 담담하게 '마침표'를 찍는다는 느낌으로 불렀다"고 밝혔다.

「밤편지」는 소리를 밀고 당기는 다채롭고 탁월한 벤딩과 딕션 처리를 기반으로 발라드적 표현과 R&B 표현을 능란하게 구사하고 있는 한국 대중음악사의 대표 명곡 중 하나다. 소위 '아이유식 발음'의 전형을 보이고 있는 곡 중 하나이기도 하다. 특히 아이유 보컬의 가장 큰 특징 중 하나인 치찰음을 잘 이용하고 있는 노래다.

주로 ㅊ, ㅋ, ㅍ, ㅌ 같은 강한 발음이나 F나 V 같은 영어 발음에서도 발생하는 것으로 노래 첫 소절 '이 밤'의 '밤' 발음이 V 혹은 F 같은 느낌의 치찰음이다. ㅂ와 ㄱ 발음을 '비읍', '기역'이란 일반적인 발음으로 하지 않고 노래의 뉘앙스를 위해 다르게 구사한다. 비읍(ㅂ)을 발음할 때 입술을 다 벌리지 않고 브~ 느낌으로 하는 것이다. 「밤편지」 노래가 시작되는 0:01 "이 밤 그날의 반딧불을"에서 '이 밤'의 '밤'을 '브으~암~' 하는 식으로 발음하는 게 대표적이다. '그날의'에서도 '그~'를 'ㅋ'과 'ㄱ'의 중간 발음으로 노래하며 0:57 "그럼 언제든 눈을 감고"에서 '감고'의 '감~'도 '캄~' 같은 느낌으로 발음하고 있다. 이 모두 전형적인 아이유식 딕션 처리다.

「밤편지」에서 아이유는 전체적으로 「밤편지」 특유의 애잔한 분위기 연출을 위해 양성 모음들을 음성 모음에 가깝게 발음하고 있다. 노련한 벤딩 구사를 통해 이런 딕션 방식이 듣는 이에게 더욱 큰 호소력으로 다가오는 것이다.

후렴구에선 벌스와는 달리 비음을 섞어 좀 더 강하게 노래하며 톤을 밝게 연출하고 있다. 소리의 강약 대비와 색감 연출, 모든 면에서 대중가요사에 남을 또 하나의 명 보컬을 들려주고 있는 것이다. 2:40 "난 파도가 머물던 / 모래 위에 적힌 글씨처럼"에서 '파도가머' '물던~'으로 노래 어감을 위해 띄어쓰기를 무시하는 진행도 전형적인 아이유식 창법이다.

"그럼 언제든 눈을 감고"의 1:03 '감고'부터 1:09 '음~~'으로 길게 이어지는 부분도 주목된다. 단 한 글자의 발음에 Bb7sus4, Bb7, C7sus4 등의 보이싱이 이어지는 R&B 스타일 보컬 벤딩의 절묘함이 놀랍다. 이처럼 Abm, Gm7, Cm7, Fm7, G7, Cm7 등의 통상적인 보이싱과 텐션 코드 보이싱이 매혹적으로 섞이며 특유의 「밤편지」 무드를 만들어가고 있는 것이다. 제휘라는 젊은 작곡가의 감성과 어레인지의 탁월함을 엿볼 수 있게 한다.

2018년 1월 17일 방송된 JTBC 〈뉴스룸〉에선 이 곡에 대해 "불면증을 심하게 앓고 있을 때 작사했다"며 "지금 내가 진짜 사랑하는 사람이 있다면 뭐라고 고백해야 마음이 전해질까 상상했다. 그 사람의 숙면을 빌어주는 게 가장 큰 고백이라고 생각하며 접근한 가사"라고 말했다. 2021년 4월 9일 방송된 JTBC 〈유명가수전〉에선 「밤편지」를 두 번째 인생곡으로 꼽았다. "이 곡은 기존에 내가 불렀던 다른 곡보다 화려한 스킬이 들어 있지는 않다. 잔잔하고 고음도 없고 담담한 곡이다. 「좋은 날」, 「너랑 나」, 「하루 끝」, 「잔소리」 같은 노래를 하던 밝고 명랑한 캐릭터를 이젠 다음 챕터로 넘어왔다는 설명을 드린 곡이라고 생각한다"고 설명했다.

「그렇게 사랑은」은 대중가요에선 자주 사용되지 않는 코드 구성이고 기타리스트이자 영화음악 감독 이병우가 참여한다는 소식에 발매 전부터 화제를 모았지만, 개인적으론 두 음악인의 시너지가 기대만큼 나오지 않아 아쉬웠다.

Bbm, Cm7-5, Gbm7, Eb7, A7-5의 코드 아르페지오로 이어지다가 하모닉스로 여운을 남기는 기타 인트로에 이어 0:23 "그렇게 사랑은 간절히 불러보지만"으로 노래가 시작된다.

노래가 전체적으로 평면적인 진행을 보이다가 2:06 "너를 사랑하는 혼자만의 사랑이라도"에서 완급이 생기는 정도인데, 그간 아이유의 곡 중에선 가장 성격이 약하고 밋밋하게 다가오는, 보컬로서 아이유의 장점·매력이 실종된 곡이다. 마치 클래식 기타리스트가 주도하는 연주에 보컬이 서포트하는 느낌이다. 이런 식으로 노래할 바에야 굳이 아이유가 아니었어도 됐다. 곡 작업에 앞서 둘이 좀 더 많은 이야기를 나누며 의견을 교환했다면 어땠을까란 아쉬움이 든다. 한 번 듣기에도 지루한데 이 곡을 반복해서 들으며 애청하는 사람이 과연 얼마나 될지 의문이다.

「이름에게」는 마치 남다른 메시지가 내포된 그 무엇을 설파하듯 D코드로 내리치는 표현을 비롯해 평이한 코드로 이렇게 멋진 멜로디를 뽑아내고 있다는 게 놀랍다. 한 치 흔들림 없이 고조되는 텐션 진행도 대단하다. 작곡가 이종훈의 작품 세계에 길이 남을 명작 중 하나로 손색이 없다. 아이유의 보컬은 이미 아무도 넘볼 수 없는 최고 수준에 올라 있는, 감성과 스킬의 합일 그 자체다. 웅장한 사운드의 팝 발라드. 유명 스트링 편곡자 박인영 지휘의 아름다운 스트링 선율과 아이유밴드 멤버들이 라이브로 공연하듯 합주했다. 아이유와 김이나가 처음으로 공동 작사 작업했다는 데에도 의미가 크다.

보컬트레이너 장효진은 「이름에게」 발성을 이렇게 분석하고 있다.

"가성과 진성의 매끄러운 이어짐으로 거의 5분 가까이 노래함에도 지루하지 않게 단순한 멜로디들을 단순하지 않게 표현하는 면이 대단한 아이유의 수작이다.

'한참을 외로이 기다린 그 말을'에선 가성 쪽에 가까운 믹스보이스를 쓰고 있다. 믹스보이스를 이어가는 게 일반적이지만 아이유는 드라마틱한 표현을 위해 '끝없이 길었던 짙고 어두운 밤 사이로'에선 더욱 강한 믹스보이스, 일반인이 듣기엔 진성 같은 느낌의 소리를 구사한다. 믹스보이스를 쓰다가 진성으로 넘어간다는 건 거의 불가능하다. 그동안 믹스보이스를 썼으면 계속 그걸 쓰는 데 익숙해져 있기 때문이다. 하지만 발성이 좋고 힘이 좋은 가수들은 좀 더 체스트 소리를 밀어주며 더욱 강한 믹스보이스를 쓸 수 있게 된다. 아이유는 바로 이걸 너무 잘한다. 이렇게 강하게 가다가도 '영원히 사라진 네 소원을 알아'에서 다시 가성으로 전환된다. 이렇게 넘어갈 수 있다는 건 그만큼 힘 조절, 소리 위치 조절을 완벽하게 할 수 있다는 것이기도 하다. 믹스보이스를 썼다가, 진성을 썼다가, 강한 소리를 썼다가, 가성을 썼다가 등 이 모든 걸 같은 위치에서 오갈 수 있는 경지에 있는 게 아이유다."

◆ 「이 지금」

"소리를 브릿지라고 표현할 때 1번 브릿지가 체스트(흉성)라면 2번 브릿지는 헤드보이스(두성)였다가 3번은 팔세토(가성). 그런데 아이유가 가장 이쁘게 소리를 뽑아내는 지점이 2번과 3번 브릿지 사이다. 헤드보이스에서 팔세토로 넘어가는 그 사이에 있는 중간 소리로, 이걸 아이유만의 '하이믹스보이스'라고 부르고 싶다. 탁월한 성악가들이 많이 사용하는 대단히 얇은 헤드보이스랄 수 있다. 이러한 하이믹스보이스로 노래를 전체적으로 끌고 가는 가수는 거의 없다. 또한 이러한 소리가 애니메이션처럼 이쁘게 나오는 가수도 없다. 바로 이런 게 자신의 최종 무기라는 걸 잘 보여주는 곡이 「이 지금」이다. 아이유 자신을 가장 잘 보여준 노래로, 이러한 소리는 아이유만의 핵무기이기도 하다."
장효진

✦ 「팔레트」

"그동안의 음악적 여정을 노래로 잘 표현하고 있는데, 전반적으로 발음을 약간 흐리고 톤은 좀 어둡게 하면서 성숙해진 자신을 표현하는 방식으로 보컬 프로듀싱을 한 것이 인상적이다."
오한승

"예전엔 가성으로 구사하던 소리인데, 헤드보이스와 가성을 많이 쓰다 보면 어느 순간 그러한 가성 소리가 성대에 붙게 된다. 가성으로 할 수 있는 높은 음인데도 소리가 성대에 붙게 되는, 그 소리가 아이유만의 무기가 된 것이다. 바로 이러한 무기를 정말 잘 사용한 노래가 「팔레트」다."
장효진

"K팝 작곡가들이 곡의 후렴을 만들 때 이렇게 만들면 히트곡이 되기 너무 어렵다는 말이 있는데 그것은 바로 '가성 멜로디'다. 한국은 기본적으로 노래방 문화가 강하고 노래방에선 힘 있게 외치는 멜로디를 부를 때 더 맛이 나기 때문에 가성을 선호하지 않는다. 그래서 히트곡 후렴을 들어보면 거의 다 진성으로 부르는 멜로디가 나오는데 「팔레트」는 후렴 멜로디가 가성으로 구성됐지만 많은 여성의 노래방 애창곡이 될 만큼 명곡이다. 이것이 의미하는 건 아이유의 가성 목소리가 타 가수들의 진성처럼 매력적으로 들린다는 것이다."
미친감성

✦ 「이런 엔딩」

"아이유의 지금까지의 모든 발라드 중에서 가장 슬프면서도 절제된 사랑 노래라고 단언하고 싶은 곡이다. 가사도 아련하지만 어떻게 이렇게 가슴 시리면서도 저미는 느낌을 잘 표현했을까 할 정도로 느낌 표현이 탁월하다. 처음 이 곡을 들었을 때 너무 슬프도록 좋아서 수십 번을 연속으로 반복해서 들었던 기억이 난다."
오한승

"에어링이 많음에도 불구하고 성대가 같이 작용해주고 있다. 에어링만 내줘도 성대가 같이 떨어주며 거의 헤드보이스에 가까운 소리가 나와주고 그 소리가 마이크를 탔을 때 이쁜 소리로 바뀌는. 이러한 경지에 들어선 게 바로 이 곡이다."

장효진

◆ 「사랑이 잘」

"에어링 보이스를 사용하게 되면 리듬을 타야 하는 노래에서 애를 먹게 된다. 힘이 있어야 음을 하나하나 찍어주며 리듬을 타야 하기 때문이다. 그런데 아이유가리듬을 타는 방식이 특이하다. 리듬을 찍는다기보다 리듬 위에서 흘러가듯이 부르는 방식을 선호하기 때문이다. 바로 이런 걸 제일 잘 보여주는 노래." 장효진

"이 곡도 마이너 R&B 발라드 중에서 가장 뛰어난 곡 중 하나라고 단언할 수 있다. 듀엣을 한 두 사람 다 이 장르에 특화된 가수들은 아니지만 두 사람이 콜라보를 하면서 각자의 블루지한 보컬 스타일이 융합돼 완전히 새로운 세상이 만들어졌다고 볼 수 있다. 약간 뒤로 누운 듯한 레이백 스타일로 그루브를 주면서 노래했다."

오한승

◆ 「잼잼」

"선우정아의 곡 특유의 '엉뚱함', '괴짜', 그리고 어눌한 느낌을 아이유에게 이식한 것과 같은 느낌의 곡이다. 그러면서도 글로벌한 팝적인 느낌도 있어서 매우신선한데, 노래로 이런 엉뚱함을 보컬적으로 맛을 낼 수 있는 것은 아이유가 최고일 것이다. 악동뮤지션, 이진아 등도 음악적으로 시도는 하고 있으나 기교적인완성도를 봤을 때 그렇다."

오한승

"에어링 보이스의 장점이자 단점은 발음에 있다. 에어링을 유지하려면 발음을 흘릴 수밖에 없기 때문이다. 이 곡에서 아이유는 '허슬'한 또는 '껄렁'한 느낌의 발음을 구사한다. 정확한 발음보다 곡의 표현을 위해 음악적으로 흘려주는 느낌의발음을 내고 있는 것이다. 이후 아이유의 노래에서 들을 수 있는 이러한 아이유식 딕션의 출발을 알리는 곡이다."

장효진

◆ 「마침표」

"내가 참여하지 않은 아이유의 곡 중에선 「마침표」를 가장 좋아한다. 아이유의 보이스가 너무 잘 녹아들었기 때문이다. 매우 슬픈 노래인데 아이유는 '많이 슬퍼'라는 통상적인 표현이 아니라 '담담하게 슬픈' 표정으로 노래해 더욱 가슴에 와닿게 한다. 가끔 콘서트에서 '앵앵콜'로 이 곡을 노래하기도 한다. 피아노 반주만으로 노래하는데 멤버들과 함께 이 곡을 듣고 있으면 듣는 내내 너무 좋아서 또 다르게 충전을 받기도 한다."

최인성

"마이크 활용과 이해도가 탁월한 곡이다. 마이크를 최대한 가까이 붙여서 내 숨소리 끝의 소리가 딱 붙는 타이밍이 오는데, 이렇게 불렀을 때 표현할 수 있는 미세한 감정선이 있다. 이러한 감정 표현을 이렇게 공기로만 불러도 충분히 느끼게 해줄 수 있다는 걸 보여주는 곡이다. 이런 점에서 아이유는 엄청난 마이크 테크니션이다."

장효진

◆ 「밤편지」

"근래 최고의 가사로 이선희 「그중에 그대를 만나」와 아이유 「밤편지」를 꼽고 싶다. 「밤편지」는 대단했다. 이 곡을 들으며 가사가 너무 좋아 (같은 작사가로서) '정말 얘한테 졌다'는 생각이 들었을 만큼. 「밤편지」는 여자 키(key)의 곡이고 부르기도 힘든 노래다. 노래방에서 직접 이 곡을 불러본 적이 있어서 잘 안다. 노래방에 가는 걸 좋아하지 않지만 이 노래를 불러보고 싶어서 일부러 갔을 정도로. 가사가 전체적으로 한 편의 동화 같았다. 잘 쓴 가사들은 문장 하나하나에서 (영화적) 장면을 떠오르게 하는데 이 곡도 그랬다."

최갑원

"아이유 곡 중에서 가장 좋아하는 곡이다. 처음 듣고 깜짝 놀랄 만큼 인상적이었다."

최백호

"「밤편지」는 아이유에겐 전환점이 되는 곡이다. '절제하는 데에서부터 시작되는 노래이기 때문이다. 절제는 가장 어려운 것이다. 가장 적은 편성으로도 자기를 던질 수 있는 영역으로 온 게 「밤편지」다. 아이유는 이 곡에서 가장 솔직하게 자신의 마음을 담았다. 이전의 아이유의 곡은 단지 아이유의 노래였다면, 「밤편지」에선 사랑이 담긴 성숙한 보이스가 나오기 시작했다. 즉 이전까진 누가 만들어준 아이유였다면, 「밤편지」에서부터 자신만의 진짜 아이유가 되기 시작한 것이다."

박선주

"어쿠스틱 사운드와 기타 연주에 맞춰 목소리 또한 그에 맞게 절제하며 노래하고 있다. 이는 1, 2집과 다르게 벌스에서 입을 크게 벌리지 않고, 가사에 집중하며 편하게 말하듯 노래하는 것에서 온 것으로 보인다. 가창력 위주보다 가사 중심으로 노래하다 보니 전반적으로 목소리는 얇아지고 톤은 높아졌다. 그러나 이 목소리가 아이유 스스로가 노래하기 편하고, 아이유만의 창법으로 자리 잡은 것으로 보인다. 가사와 음악적 편곡 사운드에 몰입해 자신의 감성을 표현하고, 성대 컨트롤을 잘하고 있다. 자신의 목소리를 아주 잘 알고 있으며, 어떻게 들려질지 알고 노래하고 있음이 느껴진다. 이는 3집 앨범에서 다양한 장르와 선배 음악인들과의 교류를 통해 음악에 대한 이해와 통찰력이 보다 향상돼 음악적으로 성숙해진 결과인 듯하다."

서근영

"「밤편지」 기타 반주 하나에 이렇게 노래를 잘할 수 있을까란 생각이 들 만큼 감동적으로 잘 부른다. 음향적으로 볼 때 일반적으로 발라드는 볼륨이 작다. 차분하게 진행해야 하고. 그런데 「밤편지」는 댄스곡만큼 볼륨이 크다. 이러면 귀가 아파서 오래 듣지 못한다. 그런데 이 곡은 너무 편하게 다가오며 감동을 주고 있다. 기본적으로 아이유가 자신의 목소리와 호흡을 잘 섞고 있다는 것이기도 하다. 만일 가창자의 원래 소스가 좋지 않다면 아무리 음향적 기술로 덧칠하고 또 덧칠해도 「밤편지」처럼 될 수는 없다."

미친감성

✦ 「이름에게」
"박효신의 「야생화」, 소향의 「바람의 노래」와 비견될 만한 발라드 곡이다. 보컬도 아련하며 가창력을 뽐내고 있고 사랑 노래가 아닌 '자아'와 '세계관'에 대한 주제를 보컬로 표현한다는 것은 쉽지 않은 일인데 아련함과 외유내강의 느낌을 잘 표현했다."

오한승

"아이유의 많은 좋은 곡 중에서도 진정한 명곡이다. 그러면서 (한편으론) 불쌍하단 생각이 든다. 자기 얘기를 하는 것 같았기 때문이다. 자기는 아이유로 살고 있다. 하지만 잊혀진 자기 본명을 찾고 싶은 마음도 있는 것 같다. 아이유로 살지만 숨겨진 개인적인 삶 그걸 얘기하면서, 그리고 이게 타인의 생각으로 바뀌며 자기 이름을 내지 못하고 숨어서 지내는 모든 평범한 사람들을 위로하는 노래다. 아이유의 사고력과 타인을 생각하는 넓이와 깊이(이타주의) 등이 감탄스러울 만큼 뛰어난 작품이다."

신연아

"벌스에서는 가사 표현 중심으로 자신의 감성을 표현했으며, 악기가 추가됨에 따라 음악적 표현을 목소리로 달리했다. 후반부 악기 편곡이 화려해지는 부분에선 자신의 가창력을 마음껏 발휘하고 있다. 감히 발성의 교과서라고 말하고 싶다. 악기 구성 및 편곡 등의 음악적 이해를 바탕으로 노래해 이전 1, 2, 3집의 발라드 곡에서 보여준 아이유의 가창력과는 비교가 안 될 정도로 음악적·보컬적 완벽함을 보여주고 있는 것이다. 1집 발라드의 경우, 발성과 가창력 발휘에 집중해서 노래해 가사와 음악적 변화에 따른 보컬 표현이 부족했다. 그러나 이 곡에선 가사 표현력과 성대 컨트롤 능력이 뛰어나다. 특별히 '끝없이 길었던 짙고 어두운 ~밤 사~이로'에서 너무 자연스럽게 성구 전환을 한다. 일반 사람은 알 수 없을 정도로 흉성에서 중성으로 잘 전환되고 있다. 일반적으로 보컬 전공생들도 '~밤 사~' 글자에서 목소리가 뒤집히는 경우가 많다. 또한 호흡과 성대 컨트롤 능력이 뛰어나다. 마지막 엔딩 부분 '끝나는 곳으로'에서 호흡을 너무 많이 뱉으면 바이브레이션이 빠르게 표현되거나 불안하게 일정하지 않게 표현되고, 호흡을 너무 적게 뱉으면 호흡이 부족해서 프레이즈 마무리가 빨리 될 텐데 아이유는 너무나 적당하게 호흡을 컨트롤해 엔딩을 마무리하고 있다."

서근영

꽃
—
갈
피
둘

아이
유
—
리메
이크

22 09 11

미시오
PUSH

리메이크 앨범 | 2017년

〈꽃갈피 둘〉

음색, 발성 등 여러 차원에서

트렌디한 감성으로 시간적 격차 줄여

정재일 편곡 가세도 돋보여

1집 〈꽃갈피〉 발매 후 3년 만에 공개된 리메이크 2탄이다. 〈꽃갈피 둘〉은 전작보다 1980~1990년대 곡에서 2000년대 곡까지 소화하며 리메이크의 폭을 넓혔다. 양희은의 「가을 아침」을 선공개하며 화제를 모았다.

「가을 아침」은 1절 전체를 보컬 목소리만 아카펠라로 하는 등 원곡과 크게 다르지 않은 편곡이지만 원곡보다 음정을 더 높여 불러 분위기를 다르게 했다. 양희은과도 작업한 바 있는 핑거스타일 기타리스트 정성하가 편곡에 참여했다.

「비밀의 화원」은 2003년 발매한 이상은 11집 〈신비체험〉 타이틀곡으로 베스킨라빈스 CF 배경음악으로도 사용됐다. 아이유가 〈꽃갈피 둘〉에서 가장 좋아하는 가사라고 밝히기도 했다. 전체적으로 원곡보다 부드럽고 편한 소리를 구사하고 있으며 간간 비브라토를 짧게 걸며 뉘앙스를 달리하고 있다. 이상은 원곡이 1990년대의 정서라면, 아이유는 2010년대의 트렌디한 음색(정서)을 반영했다. 4분 7초 분량의 원곡보다 아이유 버전은 3분 38초 러닝타임으로 30초나 줄여 리메이크했다.

「잠 못 드는 밤 비는 내리고」는 김건모가 1992년 10월 29일 발매한 곡이다. 경쾌하고 에너지 넘치는 힙합 댄스풍의 원곡과는 달리 차분하고 부드러운 R&B 팝 스타일로 리메이크해 전혀 다른 분위기를 만들어냈다.

「어젯밤 이야기」는 1987년 4월 20일 발매한 소방차 1집 수록곡이다. 원곡의 빠르고 경쾌한 진행을 그대로 따르고 있다. 이에 대해 아이유는 곡 소개 멘트에서 "너무나 유명하고 큰 사랑을 받았던 곡이라 리메이크하기에 부담이 있었지만, 또 그만큼 너무나 매력적인 곡이라 용기 내어 싣게 됐다"며 "코드 진행부터 가사의 스토리, 메인 리프까지. 어디 하나 치우치지 않고 정말 균형 있고 탄탄해서 들을 때마다 감탄하는 곡이고, 이번 앨범 중 가장 즐겁게 작업한 곡"이라고 밝혔다.

이 앨범에서 가장 큰 화제를 모은 곡은 「개여울」이다. 여러 버전이 있지만 아이유는 정미조가 2016년 발매한 앨범 〈37년〉에 수록된 곡을 리메이크했다.

일단 아이유의 보컬에 엄지척이다. 정미조의 2016년 버전은 베이스클라리넷이 신의 한 수였다면, 아이유 버전은 정재일의 클래시컬 접근방식(편곡)이 돋보인다. 정미조의 1972년 「개여울」과는 달리 2016년 버전은 가사와 호흡 하나하나까지 삶의 궤적이 묻어 있다. 마치 오랜 세월을 견디며 셀 수 없이 많은 나이테가 생긴 고목을 연상케 하는 노래다. 아이유 버전도 이러한 많은 세월의 나이테를 떠올리게 한다. 정미조 〈37년〉의 제작자 이주엽 JNH 대표는 필자에게 이렇게 말했다.

"정미조 37년 만의 복귀작인 만큼 어떻게 만들어야 할지 고민을 많이 했습니다. 그러던 어느 날 손성제 프로듀서에게 '모든 걸 비우고 미니멀한 방식으로 노래하시게 하면 어떻겠냐'고 제안했죠. 피아노와 목소리만으로 대화하듯 하는 방식을. 여기에 손성제 프로듀서가 베이스클라리넷이란 악기를 가세시켰어요. 자신의 분신과도 같은 곡인 만큼 정미조 선생은 노래를 너무 잘 부르셨죠. 그래서 원테이크(One Take)—2번, 3번 반복하지 않고 단 한 번의 녹음으로 레코딩을 마치는 것—로 녹음이 끝났습니다. 몇몇 하이파이 오디오 동호인들이 고가의 장비를 새로 구입할 때 〈37년〉 앨범에 수록된 「개여울」을 테스트 음원용으로 쓰고 있다는 말을 들을 만큼 음악 애호가들 사이에서 꾸준히 화제가 되고 있습니다."

정미조가 1972년에 발표한 「개여울」은 러닝타임이 2분 45초지만 앨범 〈37년〉에 수록된 「개여울」은 3분 55초로 길어졌다. 이에 대해 이주엽 대표는 "모든 걸 비우고 매우 편하고 자연스럽게 노래하다 보니 러닝타임도 길어지게 된 것 같다"고 말했다.

아이유 버전은 정미조의 이러한 접근방식을 근간으로 하고 있다. 관조적인 태도, 소리 동선에서 여백이 많이 느껴지는, 그래서 더 많은 걸 생각하고 음미하게 되는, 노래 좀 부른다는 사람들도 범접하기 힘든 그러한 차원의 감정선을 연출하고 있다.

아이유는 연습생 시절부터 들국화 노래를 좋아했는데, 2013년 12월 6일 들국화 공식 페이스북을 통해 공개된 '응답하라 들국화' 영상에도 참여해 응원 메시지를 전한 바 있다. 1985년 9월 발매한 들국화 1집 수록곡 「매일 그대와」는 들국화에 대한 존경과 사랑이 잘 나타나 있다. 들국화 멤버 최성원을 통해 이 곡을 사용하고 싶다고 연락했고 이렇게 해서 앨범 수록곡으로 제작됐다.

"원곡을 손상하지 않는 범위 내에서 리메이크하겠다"며 예의를 갖춰 조심스럽게 허락을 구하는 아이유에게 감동한 최성원은 "원곡을 손상해도 좋으니 마음껏 하라"고 격려한 일화는 유명하다. 아이유는 마치 겨울철 시린 손을 '호호' 불어주듯 공기가 많은 소리로 따뜻한 감성을 연출하고 있다.

1992년 3월 20일 발매된 김광석 3집 〈김광석 3번째 노래모음〉에 수록된 「잊어야 한다는 마음으로」도 〈꽃갈피 둘〉에 수록될 예정이었다. 그러나 당시 김광석 타살 의혹이 불거지며 수록곡에서 제외시켰다. 아이유는 "오랜 고민 끝에 내린 결정"이라며 "음악이 음악으로만 들려질 수 없을 것 같았고 음악 외적인 감정들로 듣는 이들의 마음이 편치 않을 것으로 생각돼 수록곡에서 제외했다"고 밝혔다. 이 곡은 「밤편지」의 연장선상이라 할 만큼 많은 팬들의 기대를 모은 것이라 안타까움은 더했다. 이후 2018년 1월 5일 김광석의 22주기를 맞아 아이유 공식 유튜브 채널 '이지금'에서 뮤직비디오를 공개했다.

지은이
아이유

Love poem
사랑
시

미니 5집 | 2019년

〈Love poem〉

소리를 넓게 쓰는 공력 대단

다채로운 표현력, 인상적인 호흡 처리

상대 따라 다르게 반응하는 '보컬의 악기화'도 최고

노래 속 주인공이 된 듯한 놀라운 몰입도

미니 5집 〈Love poem〉은 일반적인 앨범 형태가 아닌 하나의 책처럼 출시했다. 105쪽 분량의 가사집 겸 화보집, CD, 포토카드 2종 중 랜덤 1종, 책갈피 2종 중 랜덤 1종으로 구성됐다. 〈Love poem〉은 4집과 마찬가지로 흑인음악의 요소를 중요하게 받아들였다. 차이점이라면 전작 〈CHAT-SHIRE〉는 흥겨운 블랙펑키 그루브에, 〈Love poem〉은 슬픈 정서가 담긴 블루스에 비중을 두고 있다는 것이다. 스타일상의 차이가 있음에도 두 앨범 모두 아이유 미니앨범 사상 2대 명반으로 손색없다.

첫 곡 「unlucky」는 마치 피아노와 한 몸이 된 듯한 멋진 호흡이 인상적이다. 아이유는 건반보단 기타와 같은 현악기에 더 가까운 발성이지만 이 곡에선 철저하게 '건반 마인드'를 따르는 것 같다. 코러스에도 남다른 관심을 보이는 아이유만의 위트 있는 코러스도 다채롭게 등장하고 있다. 뮤지컬을 하듯 연기와 노래를 하는 아이유를 떠올리게 하는 곡이기도 하다. 이런 걸 보면 아이유는 항상 습관적으로 '노래'와 '연기' 둘을 동전의 양면처럼 견지하고 있는 듯하다. "노래에 집중하라"고 말하는 사람들도 있지만 아이유에겐 음악과 연기가 다르게 분류돼야 하는 영역이라기보단 양자를 오가며 더욱 시너지가 발현되는 상호보완적 관계라고 하는 게 더 적절하다.

「그 사람」은 3박자의 전형적인 블루스 트랙이다. 보컬과 기타라는 심플한 구성이지만 바로 그 때문에 지루함을 주지 않기 위해 일련의 장치들을 사이사이에 배치했다. 어쿠스틱기타는 통상적인 연주와는 달리 강한 스트로크로 리듬 커팅을 한다거나 간간 기타 몸통을 두드리며 시종 타악기적인 접근을 보이고 있는 게 대표적이다. 또한 0:14~15에서 들을 수 있듯이 살짝 하모닉스가 걸린 상태에서 네크를 약하게 뒤틀어 비브라토 효과를 주는 방식 또한 이러한 악센트의 일환이다. 이어서 적재가 직접 연주하는 베이스기타까지 가세하며 미니멀한 사운드에서 꽉 찬 느낌으로 연출한다. 기타를 잘 치는 연주자들은 베이스기타도 잘 다루며 베이스를 잘 치는 연주자들 또한 기타도 잘 다룬다. 적재도 예외는 아니다. 더욱이 자신이 편곡한 곡이니만큼 세션 베이스를 기용하는 것보다 오히려 자신이 소화하는 게 곡의 흐름을 더 잘 이끌 수 있을 거라 여겼을 것이다.

「Blueming」과 같은 곡은 가사 하나하나가 각기 독립적으로 움직이듯 해 박자를 맞추며 노래하기가 매우 힘들다. 아이유의 탁월한 리듬감을 알 수 있게 하는 곡이다. 그뿐만 아니라 대단히 깔끔하게 처리하는 창법과 다채로운 표현력도 높이 살 만하다. "역시 아이유!"라고 엄지척할 수 있는 대표곡 중 하나다.

일렉트릭 기타로 시작되는 인트로도 흥미롭다. add9 코드로 들리는 사운드가 색다른 매력을 더해주고 있기 때문이다. add9은 앤디 서머즈(Andy Summers), 로버트 프립(Robert Fripp), 조 새트리아니(Joe Satriani), 프랭크 갬바레(Frank Gambale) 등과 같은 유명 기타리스트들이 즐겨 사용하는 텐션 코드 중 하나다. 음을 폭넓게 사용하기 위해 왼손을 최대한 많이 벌리는 '와이드 스트레치'에 자신 있는 기타 플레이어들이 리프나 솔로 프레이즈에서 이 코드 방식을 즐겨 활용한다. 그만큼 왼손 스트레치 강화에도 도움을 준다는 것이다. 코드 특성상 이지적이고 세련된 무드를 연출하지만 이 곡에선 경쾌하고 가벼운 느낌으로 재치 있게 사용되고 있어 눈길을 끈다. 작곡가로서 이종훈의 다채로운 감각을 읽을 수 있는 부분이기도 하다.

이 책에서 '뮤지컬적인', '노래에 몰입해', '연기하듯' 등의 표현을 자주 썼는데, 「시간의 바깥」이야말로 이러한 표현을 상징하는 대표곡 중 하나다. 리듬과 소리가 한 몸이 되는 난도 높은 아이유만의 영역이다. 애절, 상큼, 경쾌와 묵직, 아름다운 톤에서 불굴의 강인함까지 온갖 감정 표현이 이 한 곡에서 극적으로 연출되고 있다. 아이유에게서만 들을 수 있는, 아이유니까 할 수 있는 곡이기도 하다.

이 곡에서도 아이유식 딕션을 들을 수 있다. 0:52 "기다려"는 '키다려~'로, 1:09 "과거를 밟지 않고 선다면"의 '밟지 않고'를 '밥지 않고'로, 1:29 "낮에도 밝지 않은~"에서도 '밝지 않은'을 '박지 않은'으로 발음하고 있다. 이외에도 3:33 "너의 이름을 불러 줄게"에서 '줄게'도 '주께'로, 4:38 "여전히 많아 하고 싶은 말"에서 '많아 하고~'도 '많아~고'로 멜로디 라인과 감정선 연출을 위해 '하'를 삼키듯 건너뛰고 '고'로 이어지게 발음하고 있다.

「자장가」는 아이유만의 뮤지컬식 발라드 가창을 접할 수 있는 곡이지만 「시간의 바깥」과는 또 다른 접근의 발성이다. 소리를 안으로 삭이는 데에서 출발했지만 간간 감정선을 터트리며 밖으로 나오는 시도도 하는. 그래서 더 내성적인 표현력이 요구되면서도 강한 외향적 '한 방'을 갖고 있어야 한다. 매우 어려운 노래다.

「Love poem」은 아이유밴드와 선배 가수 하동균의 목소리도 함께하는 아이유식 발라드다. 특별하게 강조하며 부르지 않고도 깊은 울림을 전해주는 아이유표 명곡 중 하나로 G#m, E, B 코드 중심의 진행에서 이러한 멋진 멜로디와 특유의 분위기를 만들어냈다는 건 첫째 아이유가 불렀고, 둘째 이종훈이 작곡했고, 셋째 편곡의 묘까지 잘 발휘됐기 때문이다. 다른 가수가 불렀다면 통속적으로 흐를 수도, 작곡과 편곡 또한 뻔하게 됐을 수도 있었을 것이다. 3자 간 합이 멋지게 구현된 작품으로 곡이 끝난 후에도 오랜 여운을 준다. 소리를 넓게 쓰는 아이유만의 소리 공력에 감탄하게 되는, 즉 그만큼 특정 가사에선 어떠한 공기를 어떤 식으로 호흡해 소리가 넓어진다는 걸 간파하고 있는 보컬 초고수로서의 존재감이 빛을 발한다.

2021년 4월 9일 방송된 JTBC 〈유명가수전〉에서 아이유는 자신의 5대 인생곡 중 「Love poem」을 5위로 꼽기도 했다. "내가 쓴 가사 중엔 응원가가 많은데 이 곡을 쓸 때는 '힘내', '잘될 거야'라는 말 자체가 듣는 사람한테 부담이라는 걸 느낄 때였다. 그래서 내가 너의 뒤에서 너한테 안 보이게 기도할 거고, 네가 고개 드는 날 앞에 있을 거니깐 나 신경 쓰지 말고 너의 시간을 가지라는 마음으로 쓴 곡"이라고 말했다.

◆ 「Blueming」
"아이유표 밝은 노래의 정점 중 하나다. 아이유만의 하이믹스보이스 매력이 잘 살아나고 있는 곡."

장효진

◆ 「시간의 바깥」
"「시간의 바깥」은 보컬 레슨에선 가장 높은 수준, '고급 과정'의 어려운 노래다. 후반부에 아이리시 음악도 나올 만큼 음악적 변조가 많다. 변조가 많으면 사람들은 거기에 따라갈 수밖에 없다. 소리를 쓰는 것부터 전체적으로 자기중심을 잃게 된다. 반면 아이유는 자신이 노래하고자 하는 소리, 감성 등이 한 번 잡히면 뒤의 어떠한 반주가 어떤 식으로 바뀌든 간에 자신의 감성을 이어간다.

보컬트레이닝할 때 스위치를 껐다가 켜는 걸 잘해야 한다는 말을 강조한다. 노래로 들어가는 스위치 온, 끝나고 다시 나로 돌아오는 스위치 오프가 있어야 하는데 아이유는 바로 이런 걸 너무 잘한다. 마치 무대에서 노래하기 전에 떠들고 수다를 떨다가 '노래 시작합니다'라고 하는 순간 벌써 눈이 변하는 그러한, 그 세계로 가는 몰입도와 다시 돌아오는 이러한 '스위치 온오프'가 탁월한 것이다.

이 곡은 우리말로 이루어진 음율과 언어적 유희로 듣는 재미도 느낄 수 있다. '서로를 닮아 기울어진 삶 / 소원을 담아 차오르는 달 / 하려다 만 괄호 속의 말' 등 '삶', '달', '말' 한 글자에 포인트를 주며 그러한 감성을 연출하고 있는 것이다. 마치 랩의 라임처럼.

우리가 알고 있는 발성적 기술들을 마치 하나의 소리인 것처럼 이어나가는 걸 보면 보컬로서의 능력도 엄청난 수준에 와 있다. 무조건적인 파워보컬이 아닌 유려하게 구사하는 보컬의 능력과 곡들이 가진 느낌을 듣다 보면 한국형 셀린 디옹 같은 느낌마저 들 정도다."

장효진

정규 5집 | 2021년

〈LILAC〉

소리 완성도로 왈가왈부할 수 없는 '끝판왕' 경지

'헤드보이스' 발성의 완성형

보는 음악 + 가사 쓰기 상상력의 보고

모든 아이유식 노래의 '디럭스' 종합판

정규 5집 〈LILAC〉은 〈Modern Times〉, 〈Palette〉와 함께 세 번째로 이어지는 아이유의 3부작 명반 시리즈라고 할 수 있다. 그만큼 높은 완성도를 보여주는 명반이다. 이제 더 이상 소리의 완성도로 왈가왈부할 수 없는 '노래의 끝판왕' 경지로 들어섰다. 과연 〈Palette〉와 〈LILAC〉을 능가하는 새 정규앨범이 나올 수 있을까란 생각이 들 만큼. 그래서 아이유에겐 차기 정규앨범이 더욱 묵직한(많은 고민이 함께하는) 과제로 다가올 수도 있다.

타이틀곡 「라일락」은 시작부터 베이스 연주가 인상적이다. 마이너 세븐 코드를 어찌 이처럼 화사하고 상큼하게 부를 수 있을까. 마치 '첫사랑', '젊은 날의 추억'이란 라일락의 꽃말이 연상될 만큼. 리듬은 쫄깃하다고 할 만큼 소리에 착착 잘 달라붙는다. 소리의 완성도 표현 발음 등등 더 이상 할 말이 필요 없는, 모든 것이 하나로 일치된 명 보컬의 영역이다. 이 곡은 발매 2일 3시간 후인 2021년 3월 27일 21시 유튜브 1000만 뷰를 돌파했다. 또한 美 빌보드 선정 '2021년 최고의 K팝 노래' 3위. 英 NME 선정 '올해 최고의 K팝 노래' 1위, 2022년 서울가요대상 최고음원상 수상 등 많은 화제를 낳기도 했다.

「Flu」는 사랑이란 세균에 맞서 사력을 다해 마지막 반항을 하는 이야기를 노래했다. 단순한 코드 구성에서 이렇게 다양한 색채의 노래로 나올 수 있다는 게 대단하다. 여러 작곡가의 협업 결과물이지만 과연 이런 스타일을 처음 제안한 사람이 누구인지 궁금하게 만든다. 아이유는 적시적소에서 강약 조절을 잘하며 다양한 느낌을 연출하고 있다. MBC FM 〈김이나의 별이 빛나는 밤에〉서 김이나는 이 곡을 "맵기 짝이 없는 사랑 노래"라며 "최근 아이유의 노래가 감정을 세련되게 희석시키는 방향이 많았는데, 이 곡은 그와 다르게 감정의 고조를 희석 없이 있는 그대로 표현한 노래라서 너무 신선했다"고 평했다.

「Coin」은 1980년대의 시크(Chic), 쿨앤더갱(Kool & the Gang), KC&더선샤인밴드(KC & the Sunshine Band) 등 블랙펑키 그루브 사운드를 연상케 하는 일렉기타의 리듬 커팅과 멋진 베이스, 거기에 랩까지 섞인 아이유의 접근방식이 듣는 재미를 더해준다.

노래가 시작되는 0:09 "강자에게 더 세게 I love gamble"부터 최대한 힘을 뺀 소리를 구사하고 있다. 그리고 1:30 "Go vamos vamos vamos vamos vamos / Go ahead"의 'Go head', 1:38 "It's new rule new rule new rule new rule new rule / Watch your back"의 'Watch your back' 등도 유연한 흑인 소울 창법에 기반한 방식이다. 1:14부터 나오는 "Born to be gambler / 배운 적 없지 even no tutor / 최악의 패를 가지고 싹 쓸어 … 난 목숨을 걸어 like a bullfight"는 아이유가 본격적으로 처음 시도하는 랩이다. 이처럼 「Coin」은 노래 시작부터 끝까지 이전에 볼 수 없던 또 다른 아이유

의 가창을 접할 수 있다.

이 곡에 대해 아이유밴드 멤버 최인성은 "앨범 수록곡 중 녹음 작업이 가장 길었던 곡"이라며 "작업 과정에서 수정에 수정 또 수정을 거쳤기 때문이다. 베이스 연주는 많이 바뀐 건 아니지만 중간중간 라인에 이렇게 저렇게 변화를 주며 여러 차례 녹음에 임했다. 좀 더 기타와 같이 가는 라인, 또는 음악에 좀 더 잘 맞는 라인, 즉 화려했다면 조금 더 줄여서 심플하게 한다거나 등등. 디렉터 요청으로 이렇게 여러 번 수정 작업이 이뤄지게 된 것"이라고 말했다.

「봄 안녕 봄」은 나얼이 아이유에게 선물한 곡이다. 수정 작업 없이 작사를 진행했고, 나얼 본인도 결과물을 좋아했다고 한다. 아이유는 나얼의 곡을 받기 위해 직접 나얼을 찾아가 새 앨범 콘셉트를 설명하며 작업을 의뢰했다. 매니저를 통해 의뢰하는 게 스타 가수들의 일반적인 관행인데 아이유는 이렇게 하지 않고 본인이 직접 나얼을 찾아가 부탁했던 것이다. 아티스트에 대한 아이유의 존중·예우의 마인드가 얼마나 대단한지 알 수 있게 하는 예다. 편안하게 호흡을 구사하며 노래하는 아이유를 접할 수 있다.

나얼은 발라드 편곡의 경우 강화성 편곡자에게만 작업을 의뢰할 때가 많다. 「봄 안녕 봄」도 나얼이 작곡해서 강화성에게 편곡을 의뢰했다. 강화성 편곡자와의 인터뷰를 통해 취재한 이 곡의 제작 과정 비하인드스토리는 다음과 같다.

나얼이 직접 MIDI 작업까지 끝낸 가이드 형태의 데모를 강화성 편곡자에게 보냈다. 이 음원을 받고 강화성은 여기에 살을 붙여가는 형태로 곡 작업을 했다. 기타(홍준호)와 스트링(박인영 편곡) 외에 베이스와 드럼 등 모든 파트는 강화성이 직접 소화했다.

"데모를 처음 들었을 때 특유의 레트로 분위기라서 1980년대 느낌을 지닌 목소리 예쁜 여가수가 부르면 잘할 것 같단 생각이 들었습니다. 나얼이 직접 일렉트릭 피아노로 연주한 데모에선 1980년대 향수가 물씬 났어요. 기본적인 코드웍과 하모니를 잡고 드럼과 베이스는 어떤 식으로 가고 기타는 또 어떻게 갈 건지 등등 전반적인 사운드 구성을 디자인해야 했죠. 저는 패턴에 신경을 많이 쓰는 타입입니다. 드럼이 들어가면 '(리듬을) 땡기는' 패턴이었으면 좋겠다고 생각했지만 그렇게 하기엔 곡 템포가 느렸어요. 그래서 나얼에게 템포를 살짝 올리자고 제안했죠."

이 곡의 편곡 작업은 더스틴 호프만 주연의 1982년 영화 〈투시(To see)〉 주제가로 유명한 스티븐 비숍(Stephen Bishop)의 히트곡 「It Might Be You」의 드럼 패턴을 참고했다. 곡을 완성해 나얼에게 보냈더니 '너무 좋다'는 답이 왔다. 이런 식으로 작업 음원이 2~3번 정도 오가며 완성됐다. 기존의 곡 작업 방식보다 빠르게 곡이 만들어진 것이다.

보컬트레이너들은 "목을 열고 노래해야 한다"는 말을 즐겨 사용한다. 목을 열어 소리를 풀고 유연하게 노래하라는 뜻으로, 「Celebrity」에서 이러한 표현의 정석을 들을 수 있다. 잘 부르려고 신경을 많이 쓰는 듯한 면은 조금도 보이지 않는다. 오히려 무심하게 던지듯 하는 소리 표현이지만 약간의 부자연스러움이나 억지라곤 전혀 없이 유연하게 다가온다. 소리의 고수들에게서만 접할 수 있는 바로 그 단계다.

「돌림노래(feat. DEAN)」는 교착 상태에 빠진 연인 관계를 '돌림노래'에 비유했다. 레게와 보사노바에 기반해 아이유와 딘이 마치 돌림노래 같은 연인 사이의 관계에 대해 솔직한 이야기를 주고받는 형식을 취한다. 이전보다 더 무르익은 아이유식 R&B 가창을 접할 수 있다.

「빈 컵(Empty Cup)」은 프로듀서 우기, 힙합 뮤지션 페노메코와 아이유라는 콜라보 소식에 공개부터 화제를 모았다. 오른손으로 현을 잡아채듯 연주하는 기타가 처음부터 끝까지 Am7, Em7, Fm7 세 코드만 반복하며 쓸쓸하고 담담한 분위기로 곡을 이끌어간다. 일종의 미니멀리즘 같은 비움의 미학을 떠올리게 한다.

「아이와 나의 바다」는 발성적으로 소리의 이동을 유려하게 구사할 줄 아는 고수에게서 볼 수 있는 탁월함의 전형이다. 뮤지컬 또는 시네마틱이라고도 표현할 수 있는 아이유만의 전형적인 '보는 음악' 형식을 접할 수 있기도 하다. 0:22 "맘이 가난한 밤이야"에서 '밤~이야~~', 0:39 "눈을~ 감아~~", 그리고 0:57 "아이는 그렇게 오랜 시간 / 겨우 내가 되려고 아팠던 걸까" 등으로 이어지며 이러한 스타일을 자연스럽게 연출하고 있다. 1:47 "이제는 흔적만이 남아 희미한 그곳 엔"에서 '희미한 그곳엔~'으로 소리를 매우 예쁘고 순수한 느낌으로 연출하려고 한다. 동요 부를 때를 응용한 이쁜 소리, 하지만 뮤지컬처럼 소리를 멀리 퍼지게 하는 것이다. 그간 아이유가 정규앨범에서 보여준 이러한 가창의 종합판인 셈이다.

또한 「아이와 나의 바다」는 아이유식 발음도 자주 접할 수 있는 곡이다. 노래가 시작되는 0:01 "그러나"에서 '그'를 '크'와 '그'의 중간 정도 발음으로 감정을 잡아가는 게 대표적이다. 보컬트레이너들은 이런 식의 발음을 하면 원래의 '그'보다 더 예쁘고 트인 소리의 발음 구사가 가능하다고 입을 모은다. 노래 곳곳에서 벤딩 처리의 탁월함도 돋보인다.

「어푸(Ah puh)」는 노랫말 쓰기 상상력이 빛을 발하는 작품이다. '울렁거리다가'를 '울렁 우 울렁 거리다가'(0:23)로, '올라타'를 '올라타 타 라차차우아'(0:37)로, '어푸 또 허우적거리던 시절 나라면 원 이 사람아'를 '어어어 푸푸푸 또 / 허허허 우우우적 / 거거거 리더던 시 / 저저절 나라면 / 워어언 이 사람아'(0:51) 등으로 표현하고 있다. 이찬혁의 장난기와 톡톡 튀는 재치, 의표를 찌르는 뒤집기 등이 돋보인다. 이런 만큼 커버하기도 매우 어려운 곡이다.

✦ 「라일락」

"아이유 보컬의 장점은 가성과 진성을 잘 넘나든다는 것이라고 사람들은 말하지만, 이를 보컬 전문가 입장에서 분석하자면 가성과 진성이 모든 음역에서 다 '연결'돼 있다는 말이다. 그렇기 때문에 노래가 틈새 감정을 다 표현할 수 있고 모든 음역을 쉽고 유연하게 부를 수 있는 것이다. 이 부분은 거의 모든 곡에서 다 드러나지만 이 곡에서 다시 언급하고 싶은 이유는, 정말로 라일락 꽃잎이 휘날리듯 '하늘거리는' 느낌을 선사한다는 점 때문이다. 빌드업과 후렴에서 이렇게 편하고 부드럽게 가성인지 진성인지 구분이 안 가는 느낌으로 부를 수 있다는 것이 대단하다."

오한승

"아이유의 모든 소리가 하나가 되는 느낌이다. '어느 작별이 이보다 완벽할까'에서 '이'를 주목하자. 발성적 틀이 잘 잡힌 사람은 '이', '으', '오', '우'를 잘 표현한다. 이 발음들은 목을 막는 발음들이다. 이 곡에서 아이유는 '이~'를 발음할 때 그 위치가 위쪽으로 매우 잘 붙어 있다. 더 이상 목을 건드리지 않는 소리가 뭔지 잘 알고 있는 것이다. 저 소리야말로 우리가 추구해야 할 헤드보이스의 완성형 소리다. 가장 완벽하게 팔세토에서 헤드보이스를 만들면 어떤 소리가 나오는가를 보여주는 곡."

장효진

✦ 「Coin」

"아이유가 진짜 R&B 같은 창법을 처음으로 쓴 노래다. 발성적으로 볼 때 톤을 잡는 데 어려웠을 걸로 보인다. 벌스를 들어보면 아이유가 연기할 때의 톤으로 노래하고 있다. 가장 내추럴 톤에서 시작한 소리를 갖고 이 곡을 만들지 않았나 한다. 그러다 보니 노래할 때 이런 톤을 쓸 거라고 아이유가 만들어놓은 톤이 아니라 다시 내추럴 톤으로 회귀해서 이 곡을 부르려고 해 고생 좀 하지 않았나 하고 추측해본다."

장효진

"아이유 노래 중 가장 펑키한 밴드 사운드와 남자 아이돌이 불러도 좋을 것 같은 멋진 노래다. 이 곡은 지코와 함께 블락비의 타이틀곡을 작업한 작곡가 팝타임의 곡이라서 더욱 그렇다."

미친감성

✦ 「봄 안녕 봄」

"갑자기 20년 전으로 돌아간 듯한 느낌인데, 개인적으로는 이 곡은 정규음반보다는 멜로 드라마나 영화의 OST에 수록되는 것이 더 좋았을 것이라고 생각한다. 아이유 보컬의 쓸쓸한 맛이 잘 어울리는 곡이지만 다른 보컬적인 무기들은 쓸 수 있는 여지가 많지 않았다고 본다. 제목과 가사가 봄이기 때문에 봄의 느낌을 잘 표현한 것은 좋다. 나얼이 자음 딕션을 다소 많이 풀어서 부르기 때문에 아이유의 좋은 자음 딕션이 부각되지 못한 게 아쉬움이다."

오한승

"아이유의 가창법, 노래하는 방법이 자리 잡았다. 1, 2, 3집에 비해 보컬 음색이 높아지고, 얇아졌다. 성대 접촉을 많이 하지 않고, 편하게 노래하기 때문이다. 따라서 가성으로 소리 전환이 잘되고, 고음역에서 미들보이스로 전환되기 쉽다. 전반적으로 호흡이 편하게 나와서 듣기에 대화하듯 편하게 들린다."

서근영

✦ 「Celebrity」

"음악적으로도 감성적으로도 굉장히 영리한 노래다. 귀찮은 듯 툭툭 던지며 노래하는 벌스, 사비로 넘어갈 때부터 발성을 바꾸며 분위기를 끌어올린다. 이런 건 가수가 어떤 상황에서 어떤 소리를 썼을 때 어떤 느낌이 나오는지 정확하게 이해하고 있다는 걸 말해주는 것이기도 하다. 내가 이런 소리를 쓰면 사람들이 약간 '러프한데' 하며 별 기대를 하지 않게 하다가 아이유만의 무기가 나오는 순간 사람들이 '와~'라며 기대하게 만들고 하이라이트부에서 이러한 기대를 터트리는 완급 조절을 소리로 잘 보여주고 있다."

장효진

"후렴엔 아이유가 노래하지 않고 제니의 솔로처럼 아이돌 음악에서 굉장히 많이 사용하는 보컬찹 사운드가 나오는데 이 사운드가 K팝에서 첫 유행을 했던 건 서태지와 아이들 「난 알아요」 때부터다. 보통 이 보컬찹 사운드를 사용하는 이유는 세련된 느낌을 주기 위함도 있지만 랩이나 저음 위주로 부르는 보컬들이 완곡을 끌고 가기엔 심심함이 있을 수도 있기 때문이다. 아이유는 고음이 되는 보컬이라서 굳이 쓰지 않아도 되는데 이 사운드를 사용해서 처음엔 작곡가들의 관점에선 의아해했는데 결국 아이유는 이 느낌마저 자신의 히트곡으로 만들었다. 이런 면에서 아이유는 모든 음악을 '아이유화'시킨다는 굉장한 장점을 가졌다." **미친감성**

"사람들이 이 곡을 좋아하는 이유는 멜로디가 너무도 대중적이고 팝적으로 세련됐기 때문이다. 이 곡을 글로벌 감성으로 잘 표현했다. 예쁜 감성으로는 「좋은 날」 때로 돌아간 것 같은 느낌이다." **오한승**

◆ 「아이와 나의 바다」
"아이유의 많은 작품 중에서 한 곡만 선택한다면 「아이와 나의 바다」란 곡을 추천하고 싶다. 보여줄 수 있는 건 다 보여주고 있는, 아이유의 모든 것이 다 들어있는 곡이다." **김구현**

"첫 벌스 '아물지 않는 일들이 있지 / 내가 날 온전히 사랑하지 못해서'나 두 번째 벌스 '습관처럼 조용히 눈을 감아' 등 저음에서 고음 발성으로 넘어가는 발성이 많은데 이 모든 걸 무리 없이 너무 잘 소화하고 있다. 그러다 보니 감정적인 부분들과 강하게 터져줘야 하는 클라이맥스, 그리고 롱 프레이즈를 연결하는 부분까지도 하나의 음악이 완벽하게 영화처럼 이어져가는 걸 느낄 수 있다." **장효진**

"「이름에게」, 「Love poem」에서 이 곡으로 연결되는 에픽 서사적인 노래로서 아이유만의 드라마틱함을 보컬로 표현했다. 「좋은 날」에서의 3단 고음의 찌르는 듯한 최고음 벨팅 테크닉을 여기서 효과적으로 사용했다. 아이유의 가장 저음과 작은 소리, 가장 고음과 큰 소리를 다 들을 수 있는, 보컬의 모든 것을 다 쏟아낸 곡이라고 할 수 있겠다." **오한승**

"4집의 「이름에게」만큼이나 노래를 잘했다. 음악 편곡 변화에 따라 공명과 성대 접촉을 달리해 목소리가 다양하게 표현되고 있다. 이는 성대 컨트롤 능력이 뛰어난 사람만 할 수 있는 것이다. 쥐도 새도 모르게 흉성, 중성, 두성, 가성으로 전환되고 있다."

서근영

아이유 조각집

스페셜 미니앨범 | 2021년

〈조각집〉

공기가 많은 소리를 따뜻하게 연출
아이유만의 톤과 발성으로 접근

장르를 가리지 않는 폭넓은 음악 세계를 보여주는 아이유라지만 그럼에도 그러한 다양성의 근간엔 '포크 음악'이란 어쿠스틱 감성이 큰 비중을 차지하고 있다. 이것은 앞서 언급한, 양념을 치지 않는 '소리의 자연미인'과도 결을 같이하는 것이다.

스페셜 미니앨범 〈조각집〉은 이전 세대의 포크 감성을 아이유스럽게 녹여냈다. 들려준 적은 있지만 세상에 내놓지 않은 자작곡을 모은 앨범으로, 아이유가 전곡 작사와 작곡을 했다. 공기가 많은 소리를 따뜻하게 연출하는 아이유만의 톤과 발성이 매력적으로 다가온다.

팬들을 위한 특별 선물이라는 데 의미를 둬 별다른 홍보나 활동을 하지 않았고 뮤직비디오도 제작하지 않았다. 피지컬 음반은 다큐멘터리 〈조각집: 스물아홉 살의 겨울〉의 구성품으로 발매됐다. 전체적으로 마치 어른을 위한 동요 같은 포크 발라드 구성이다. 동요 같은 느낌의 발성도 자주 들을 수 있다.

첫 곡 「드라마」는 동요와 포크 감성이 선한 얼굴로 유쾌하게 공존하고 있는 작품이다. 아이유가 스무 살 때 쓴 곡으로, 실연을 하고 며칠 동안 사랑에 대해 몹시 비관하던 친구를 잠시나마 웃게 해주고 싶어서 만들었다고 한다. 선한 영향력의 멜로디와 따뜻한 감성을 지닌 '이쁘고 착한' 곡으로 손색없다.

「정거장」은 드라마 〈나의 아저씨〉 촬영 당시 극 중 자신의 배역인

'이지안'의 감정을 담아 만들었다. 간주에 나오는 휘파람은 아이유가 직접 불었다. 동요적인 느낌의 발성이 자주 나오는 것도 흥미롭다.

사랑하는 가족, 친구 혹은 반려동물을 먼저 떠나보내고 혼자서 맞이하는 첫 1년의 이야기를 담은 「겨울잠」에서도 동요적 발성이 포크의 감성에 실려 〈조각집〉이 의도하는 소리를 잘 구현하고 있다. 가사가 너무 아름답고 감성적이다 보니 멜로디보다 가사 하나하나에 더 귀가 솔깃해진다. 마치 한 편의 시를 접하는 듯한 아름답고 감성적인 노랫말이다.

"별 띄운 여름 한 컵 따라다 / 너의 머리맡에 두었어 / 금세 다 녹아버릴 텐데 / 너는 아직 혼자 쉬고 싶은가 봐 / 너 없이 보는 첫 봄이 여름이 / 괜히 왜 이렇게 예쁘니 / 다 가기 전에 널 보여줘야 하는데 … 빼곡한 가을 한 장 접어다 / 너의 우체통에 넣었어 … 새하얀 겨울 한 숨 속에다 / 나의 혼잣말을 담았어"

역시 아이유는 시인이다.

「겨울잠」은 〈조각집〉 앨범 수록곡 중 녹음 시간이 가장 오래 걸린 트랙이다. 어쿠스틱 사운드 특유의 자연미를 추구하는 것이지만 단단한 느낌으로 리듬을 서포트하기 위해 최인성은 윈(Wyn) 베이스 5현 기타로 연주했다.

「너」는 당시 소속사 로엔트리 계정의 사운드클라우드를 통해 처음 공개했다. 아이유 주연 드라마 〈달의 연인 – 보보경심 려〉의 지방 촬영으로 절친 유인나와 떨어져 있을 때 그녀를 생각하면서 썼다고 한다. 제목을 정하지 않고 있다가 2016년 9월 18일에 열린 8주년 팬미팅 〈유·애나 입학식 – 애나야! 학교 가자〉에서 팬들과 함께 제목을 '너'로 정했다. 이 곡 또한 동요와 포크 감성을 적절히 활용한 발성으로 특유의 잔잔함을 잘 이끌어가고 있다.

「러브레터」는 데뷔 12주년인 2020년 9월 18일 방송된 KBS2 〈유희열의 스케치북〉 100분 단독 편성 특집에서 처음 공개했다. 2021년 5월 26일, 정승환의 미니앨범 〈다섯 마디〉에 수록됐으며, 제목은 '러브레터'로 확정됐다. 다른 가수에게 선물했던 곡이라 〈조각집〉 발매 소식이 전해진 후에도 이 곡이 실릴 거라곤 많은 사람이 예상하지 않았다.

「러브레터」는 0:14 "골목길 머뭇하던 첫 안녕을 기억하오 / 그날의 끄덕임을 난 잊을 수 없다오~"에서 곡이 끝나는 "그대 울지 마시오"까지 2000년대 이후의 대중가요에선 보기 힘든 '~하오' 식의 경어체 문장을 구사하고 있는 게 주목된다. 수록곡 중에선 가장 성숙한 톤과 노련미를 접할 수 있다.

미니 6집 | 2024년

〈The Winning〉

또 다른 아이유 선언

자전적 이야기 탈피

「Love wins all」은 역대급 명곡

피처링 중 조원선 존재감 돋보여

미니 6집 〈The Winning〉은 또 다른 아이유를 선언하는 작품이다. 아이유는 2023년 12월 26일 BTS 슈가가 진행하는 '슈취타' EP.24에 출연해 미니 6집에 관해 처음으로 언급했다. 아이유는 "이번엔 자전적인 이야기를 하지 않으려고 한다. 내가 하고 싶은 시리즈가 있기 때문에 나이를 녹이는 건 유지하면서도 너무 개인적인 메시지에 얽매이지 말자. 그래서 요즘엔 가사를 쓸 때에도 엄청 직관적인 가사를 쓰려고 한다"고 말했다.

선공개 곡 「Love wins all」은 미니 6집 수록곡 중 가창이나 작품성에서 가장 인상적인 작품이다. 이 곡은 8분의 6박 구성의 리듬이 근간이지만 일반적인 R&B 음악인들에게서 들을 수 있는 엇박 구성이 아니라 시종 정박 패턴으로 진행된다. 이 곡만이 가진 특유의 분위기를 위해 그런 것이다. 더욱 중요한 건 노련함에서 나오는 여유다. 「Love wins all」의 감동은, 들어도 들어도 다시 한번 더 듣게 만드는 그 매력은 결국 노련함, 스스로에게 편해진(편해지려고 한), 그래서 가능한 원숙미에 기인한다.

「Love wins all」에서 가장 먼저 눈에 띄는 건 톤이다. 애잔하고 우아하며 서정적인, 그러면서도 아름답고 단호하게 다가오는 다양한 색감의 톤은 그간 아이유가 노래한 곡 중 역대급으로 손색없다. 그래서 어느 때보다도 더욱 짙은 호소력으로 가슴을 적신다. 탁월한 보컬리스트들은 진성과 가성을 구분하지 않고 곡에 따라 적재적소에

혼용하며 톤에 디테일을 더한다. 이 곡에서 구사하는 아이유의 진
성-가성-반가성은 통상적 수준을 넘어서는, 무척 난이도 높은 발
성이다. '다양한 색감의 톤은 역대급'이라고 언급한 것도 가성과 진성
을 오가는 각종 성구 전환의 절묘함이 너무 원숙하고 편하게 표현되
고 있기 때문이다. 성대 접촉을 많이 하는 가성, 다시 말해 진성 같
은 가성 또는 반가성을 매력적으로 연출하고 있다. 앞서 언급했듯이
굉장한 내공이 필요한, 즉 고음인데도 얇게, 그러면서도 매우 편하게
소리를 내는 것이다. '귀신같은 성구 전환'의 끝판왕다운 가창이다.

노래가 시작되는 0:23 "Dearest, Darling, My universe / 날 데
려가 줄래?"부터 1:23 "나쁜 결말일까 길 잃은 우리 둘 um / 부서지
도록 나를 꼭 안아" 등 여러 곳에서 기가 막힌 표현의 가창을 접할
수 있다. 또한 1:42~1:53 "Love is all Love is all / Love Love Love
Love"의 톤의 절묘함이란. 이러한 무한 매력의 톤이 가능했던 이유
가 몸살감기에 따른 컨디션에서 나온 것이란 걸 서두에서 언급한 바
있다.

3:59~4:13 "Our Love wins all Love wins all / Love Love Love
Love"도 말문이 막힌다. 숨을 헐떡이듯 가파르게 호흡을 연출하며
'Love'를 연속 외치는 부분은 무아지경 그 자체다. 호흡과 톤으로
'절실함'과 '강한 의지'를 연기하고 있는 것이다. 이런 건 아이유로서
도 아마 다시 나오기 힘든 명연이다.

이 곡 제목에 얽힌 사연도 남다르다. 2024년 1월 19일 소속사 이담(EDAM)엔터테인먼트는 "금일 자로 24일 오후 6시 발매 예정인 아이유의 선공개 곡 'Love wins' 제목을 'Love wins all'로 변경한다"고 밝혔다. 앞서 16일 EDAM엔터테인먼트가 방탄소년단 뷔와 아이유가 마주 앉은 모습이 담겨 있는 〈Love wins〉 메인 포스터를 공개한 가운데, 일부 성소수자들이 문제를 제기했다. 'Love wins'는 2015년 6월 26일 미국 연방대법원이 동성 결혼 합헌 결정을 내렸을 당시 성소수자들이 슬로건으로 사용했던 문구다. 2016년 미국 플로리다주 올랜도에서 동성애자 나이트클럽에 총기난사 사건 때도 성소수자를 지지하는 의미로 사용됐다. 이에 일부 성소수자들은 이성애를 그린 사랑에 해당 문구를 사용하는 것에 불만을 드러낸 바 있다.

　EDAM엔터테인먼트는 "이 곡의 제목으로 인해 중요한 메시지가 흐려질 것을 우려하는 의견을 수용하고, 다양한 모습으로 사랑하며 살아가는 모두를 더욱 존중하고 응원하고자 한다"며 "발매될 곡에 담은 메시지와 가장 반대되는 지점의 말이 있다면 그건 '혐오'일 것이다. 이는 18일 공개된 트랙 인트로에서도 상세히 언급됐다. 혐오 없는 세상에서 모든 사랑이 이기기를, 누구에게도 상처 되지 않고 이 곡의 의미가 전달되길 진심으로 바란다"라고 전했다.

　「Love wins all」은 24일 오후 6시 선공개와 함께 멜론 톱100과

핫100 1위에 올랐다. 발매 1시간 만의 멜론 톱100 1위는 2021년 8월 차트 개편 후, 여자 가수 중 가장 빠른 속도의 1위 기록이다. 또한 25일 오전 8시 기준 지니, 벅스 등 온라인 실시간 음원차트에서도 1위를 차지했다. 이외에 아이튠즈 톱 송 차트에서 캄보디아, 체코, 핀란드, 홍콩, 인도네시아, 말레이시아, 필리핀, 사우디아라비아, 싱가포르, 대만, 태국 등 전 세계 23개 지역 1위에 올랐다.

「Shopper」는 영원히 문 닫지 않는 가게에서 자신만의 취향과 기준으로 원하는 것을 쓸어 담는 쇼퍼들의 이야기다. 이 가게에선 본인 욕망의 가치에 대한 가격표를 쇼퍼 자신이 단다는 설정이 색다르다. 전체적으로 변칙적인 박자 진행을 많이 배치했고 여기에 일렉트로닉 스타일을 적극 받아들여 트렌디한 팝 감성으로 풀어내고 있다.

작곡가 겸 프로듀서 미친감성은 "「Shopper」는 전반적인 사운드 색채가 위켄드(The Weekend)의 「Blinding lights」 느낌이 있다. 그러나 위켄드는 마이너(Fm) 코드로 출발하는 반면, 아이유는 메이저 (Fmaj) 코드로 출발한다는 게 다르다. 같은 노래를 듣더라도 YG는 마이너로 가고 SM은 메이저 코드로 풀어버리는 차이점과 같은 것이랄까"라고 평했다. 또한 "「홀씨」는 비트가 등장하자마자 노래가 대충 어떤 식으로 끝나겠다고 예상되지만 「Shopper」는 그렇지 않다. 초반 벌스 부분이 강력한 반면 후렴은 오히려 약하게 흘러가는 것도 색다르다. 대중음악은 후렴에서 터지는 게 일반적인 공식인데, 「Shopper」

는 이러한 공식을 초월했다. 이처럼 후렴에서 터지는 구조가 아닌데도 (듣는 이에게) 터지게 했다는 게 주목된다. 베테랑 작곡가나 돼야 할 수 있는 흔치 않은 방식"이라고 덧붙였다.

「홀씨」는 원래 잔잔한 분위기의 포크송 형태였지만 전혀 다른 R&B 힙합 스타일로 바꾼 것이다. 힙합 스타일을 염두에 두다 보니 「Love wins all」과는 또 다르게 소리를 더 가볍고 경쾌하게 구사하려고 한다. 일부 팬들은 「홀씨」를 듣고 4집 앨범 〈Palette〉에 수록된 「Black Out」이 떠올라 다시 듣게 됐다는 댓글을 올리기도 했다. 신연아 교수는 "「홀씨」는 티저가 나왔을 때 '와~' 뭔가가 나올 것 같은 기대감이 들었다"며 "그러나 막상 곡이 나온 후 들어보니 별다른 게 없었다. 물론 이번 앨범은 수록곡 모두 가창력은 너무 훌륭하다. 보컬로서 아이유는 결코 실망을 준 적이 없다"고 말했다.

「Shh..」는 뉴진스 혜인, 가수 조원선, 패티김 내레이션 등에서도 알 수 있듯이 '각 세대를 대표하는' 여성 가수 목소리를 담았다. 아이유가 패티김에게 직접 손편지를 써서 협업을 요청했고 패티김이 이를 흔쾌히 수락해 내레이션 작업에 참여하게 됐다. 탕웨이의 뮤직비디오 출연도 화제를 모았다. 이전까지 아이유가 해왔던 콜라보 방식과는 그 결이 사뭇 다르다. 이번 피처링 라인업에서 가장 눈에 띄는 아티스트는 조원선이다. 애시드재즈 스타일을 잘할 수 있는 리듬감의 소유자인 조원선이 K팝을 자기 스타일로 부르고 있어 굉장히

멋있게 다가왔다. 귀가 아주 시원할 만큼. 남다른 존재감, 역시 롤러
코스터의 음악적 위치는 여전하다는 걸 다시 한번 느꼈다."(신연아)

「관객이 될게(I stan U)」도 지극히 평이한 곡이다. 이 곡에 대해 아
이유는 공식 유튜브 채널을 통해 이렇게 소개했다.

"'당신의 열렬한 관객이 되겠다'는 말은 아마 지금의 내가 타인에
게 할 수 있는 가장 로맨틱한 표현일 것이다. 내게 있어 관객의 의미
가 그렇다. 긴 공연이 끝날 때까지 지친 기색 없이 눈을 반짝이며 나
의 음악과 말들에 동의해준 그들에게 꼭 그만큼의 사랑을 성실히 갚
고 싶다. 당신들의 인생에도 꼭 그만큼의 응원이 되어주고 싶다. 우리
가 나눈 것들의 의미를 지키기 위해 또박또박 더 열심히 살고 싶다.
고맙다는 말은 너무나 모자라다. 사랑한다는 말도 충분치 않다. 마
주 선 채 눈으로, 목소리로 애정을 보내는 당신의 관객이 되겠다."

"도입부에 연속적으로 두 번 나오는 글리산도가 너무 매혹적이면서 고급스럽다.
이 곡을 평범하지 않도록 해주면서도 3박 계열의 곡이라는 리듬적 암시까지 노
래로 표현하는 매우 영리한 보컬 편곡이다. 4분의 4박 리듬의 곡이 95% 이상이
라고 할 수 있는 대중음악 곡 중 4분의 3, 8분의 6, 8분의 12박 곡들은 한 호흡
으로 더 긴 프레이즈를 노래해야 한다. 또한 다음 들숨을 마실 때까지의 쉼 타
이밍이 짧아 노래하기에 부담이 되는 경우가 많다(곡의 후반부로 갈수록 더 힘듦).

따라서 3박 계열의 곡들은 가창력과 호흡 운용이 뛰어난 일부 가수들만이 제대로 소화할 수 있다. 편곡적으로도 기승전결이 4분의 4박보다 더 완만히 올라가고 더 오래 지속되는 느낌이 있다. 이 곡 또한 곡 길이가 4분 30초로 최근 발라드의 추세보다는 길다. 원래 이런 선이 굵은 '대작' 곡은 싱글로 발표되기보다는 정규음반 수록곡인 경우가 많다. 아이유의 경우 「이름에게」(이 곡도 3박 계열의 곡)가 좋은 예다.

이 곡은 가사가 매우 추상적이면서도 개인적이다. 보편적이면서도 냉정하고 균형감 있는 사랑에 대한 아이유의 시각을 나타낸다. 어느 시점부터 아이유는 너무도 자연스럽게 가사의 단어들로 사람들을 설득하고, 지성적인 노래와 절제된 창법으로 자신의 음악을 '입증'한다. 이번엔 그것이 더 진일보했는데 노래는 가볍게 찌르기만(punchy) 하고 가성과 진성을 연결시키며, 이전 「아이와 나의 바다」에서처럼 두터운 코러스의 합창으로 클라이맥스를 주지도 않는다. 그냥 멜로디 선율과 보컬의 흐름을 따라가기만 하는 방식으로 기승전결을 다 만든다. 유일한 사치 포인트는 앞서 언급한 도입부의 글리산도 하나뿐이다. 또한 후렴부의 최고음('나쁜 결말~일까 / 길 잃은~')을 반가성 팔세토로 처리하는 방식에 있어서 가수들이 낼 수 있는 가장 앞쪽 위치에서 발성하는데 이것이 너무나도 아찔하게 좋다. 이는 매우 어려운데 대부분 목이 눌리거나 조여지기 쉬운 위치이기 때문이다. 이런 기교와 방식으로 노래하는데 디즈니의 사운드트랙 느낌이 나지 않고 자신의 세계관이 느껴지도록 노래할 수 있다는 것이 대단할 뿐이다." **오한승**

"발성·가창 측면에서 아이유에겐 브릿지가 되는 작품이다. 이전까지 아이유는 발성적으로 안에서 소리를 굴리고 있었다고 할 수 있다. '들려줄게'라는 느낌보단 '소리를 지금 이렇게 하고 있으니까 어떤지 생각해봐'란 느낌이 강했다는 것이다. 대화체보다는 혼잣말 같은. 그러나 「Love wins all」에서 이제 좀 더 소리를 밖으로 빼주려고 한다. 연기를 예로 든다면 모노드라마를 하던 사람이 활극을 하기 시작한 것이다. 그래서 이 곡은 새로운 아이유를 보여주기 위한 첫 시도다.

가수들은 앨범을 많이 발매하다 보면 소리를 무조건 진성으로만 낼 필요가 없다는 걸 알게 된다. 어떤 표현을 할 땐 진성보다 가성으로 할 때 노래가 더 이쁠

수 있다는 걸 깨닫게 되기 때문이다. 「Love wins all」에선 진성과 가성의 격차를 줄이기 위해 소리를 잡아주는 가성, 다시 말해 소리가 날아가 버리는 가성이 아니라 쫙 달라붙는 '끈적한' 가성을 많이 사용했다. 이러한 가성을 사용한다는 건 현재 아이유의 성대 상태가 텐션감을 잘 갖고 갈 만큼 좋은 컨디션을 보여주고 있다는 것이기도 하다. 이전까지 아이유가 구사하던 방식의 가성은 발라드에서 많이 사용하는, 즉 공기가 많은 가성이었다.

그러나 「Love wins all」에서의 가성은 조금만 더 힘이 들어가면 헤드보이스로 갈 듯한 차원이다. 더욱 힘 있는 소리로 내 이야기를 밖으로 빼주어야겠다는 단호한 의지가 보인다. 이런 형태는 발성적으로도 어려운 가성이다. 아이유가 이러한 가성을 어디까지 쓸지는 아직 모르겠지만 보컬트레이너로서 볼 때 이 가성을 얼마든지 붙여서 고음으로도 사용할 수 있을 정도로 컨디션이 좋은 상태. 최고 음역에서 굳이 가성을 사용하지 않고도 충분히 소화할 수 있었음에도 곡의 분위기를 위해 더욱 진일보한 가성 처리가 돋보여 꼭 언급하고 싶었다. 소리의 건강성이란 차원으로 볼 때 아이유는 지금까지 한 번도 나빴던 적이 없었다. 이 곡 또한 마찬가지다."

장효진

"일반적인 8분의 6박자 곡은 첫 벌스 멜로디가 엇박으로 시작해 정박으로 이어지게 한다. 노래에서 가장 중요한 건 후렴에서 터지게 하며 감동을 연출해야 하는 것. 그러기 위해선 벌스와 후렴 구성방식이 달라야 한다. 벌스에서 엇박으로 부르다가 후렴에서 정박을 들으면 사람들은 '터진다'고 말하는 것이다. 최악은 벌스도 정박 후렴도 정박인 것. 진행이 밋밋하기 때문이다. 아이유는 이 곡에서 벌스부를 정박으로 들어간다. 그리고 벌스는 낮은음으로 써야 한다. 그래야 후렴에서 고음으로 터지며 감동으로 이어지는 것이다. 그러나 아이유는 첫 음부터 엄청 높게 노래 부르고 있다. 그럼에도 후렴에선 터지고 있는 것이다. 만일 이러한 스타일을 다른 가수가 불렀다면 이런 맛을 결코 낼 수 없었을 것이다. 아이유니까 가능한 것이다. 「야생화」도 박효신이 불렀으니 그 맛이 가능했던 것처럼. 기본적으로 8분의 6박자 곡은 성량이 우렁차야 소화하기가 수월하다. 그런데 아이유는 성량이 큰 가수가 아님에도 이렇게 멋진 결과물을 뽑아낸 것이다.

작곡가는 신곡을 듣는 순간 '이거 되겠다' 또는 '실패다'라고 예측하곤 한다. 나는 「Love wins all」을 처음 접할 때 벌스만 듣는 순간 '이거 망했다'고 생각했다. 이건 선공개 곡이니만큼 '난 이런 것도 할 줄 알아' 정도만으로 받아들여졌다. 그런데 노래가 이어지며 '우와 무조건 된다'라고 금세 예측이 바뀌게 됐다. 신곡을 처음 들으며 감동해서 울어본 적도 너무 오랜만일 정도로. 이 곡을 처음 들었을 때가 새벽이었다. 너무 감동을 크게 받아 직원들을 회사로 긴급 소환했다. 신곡 리뷰를 촬영하기 위해서다. 직원들 반응도 감동과 놀라움 일색이라 새벽에 일한다는 것에 대해 즐겁게 반응했을 정도였다. 아마 앞으로 그 누가 커버하더라도 이 곡은 결코 아이유의 이 오리지널 느낌을 살릴 수 없을 것이다. 개인적으로 아이유 곡 중 「Love wins all」을 「좋은 날」, 「밤편지」와 함께 3대 명곡으로 꼽고 싶다. 이 중에서도 단연 「Love wins all」이 베스트다."

미친감성

"톤(음색)과 노련함이 빛나는 곡이다. 「아이와 나의 바다」가 '노래 진짜 잘한다'에 포커스를 뒀다면, 「Love wins all」은 여유와 노련함이 남다른, 이제 모든 기술에서 자유로워진 아이유의 천의무봉 단계를 접할 수 있다. 사실 이렇게 노래하는 게 제일 어려운 것이다.

이 곡은 톤이 전반적으로 높다. 이것은 4집 이후부터 아이유 발성이 자리 잡아 나타나는 현상이기도 하다. 성구 전환, 특히 후렴에서 미들보이스와 가성·흉성의 전환이 자유롭다. 후렴에서 갑상피열근과 윤상갑상근, 피열근 세 근육의 조절 능력이 뛰어나 고음에서 볼륨 조절이 자유롭다. 이는 폭발적인 가창력을 발휘하기 위해 성대 접촉을 극대화시키는 것보다 더 어려운 것이다. 이젠 성대 조절 능력의 경지에 이르렀다고 볼 수 있다. 가사 표현력의 뛰어남은 동일하나 특이점은 노랫말 언어 선택에서 엿볼 수 있다. 일반적으로 노랫말의 영어 사용은 K팝 아이돌 댄스곡에서 많이 나타나는데, 이는 댄스곡이 리듬 중심의 곡이고 소비자가 전 세계인이기 때문에 영어를 많이 사용하는 데에 있다. 미디엄 템포의 발라드에서의 이러한 시도는 아이유가 대중음악의 또 다른 트렌드를 만드는 것이라 평가할 수 있다."

서근영

"언뜻 이 곡은 가사가 잘 들리지 않는다. 그래서 개인적으로 더 좋았다. 가사보다 음악과 사운드로 대중에게 어필하려고 한 점은 대단히 스마트한 선택이라고 생각한다. 지금까지 아이유의 노래는 노랫말이 먼저 돋보일 만큼 가사 위주였다. 따라서 아이유는 이번에 작사가로서도 인정받았으니 다른 걸 해보자라는 '넥스트 스텝'의 의미를 보여주고 있다.

이 곡에서 '아이유를 빼고' 우리가 요즘 흔히 말하는 새로운 사운드의 화두를 던졌다. 음악적으로 정말 많은 걸 생각하게 하는 작품이다. 뷔라는 어마어마한 아티스트를 설득시켜 콜라보했다는 점도 주목된다. 이런 점에서 아이유는 훌륭한 설계자이자 프로듀서다."

박선주

그외

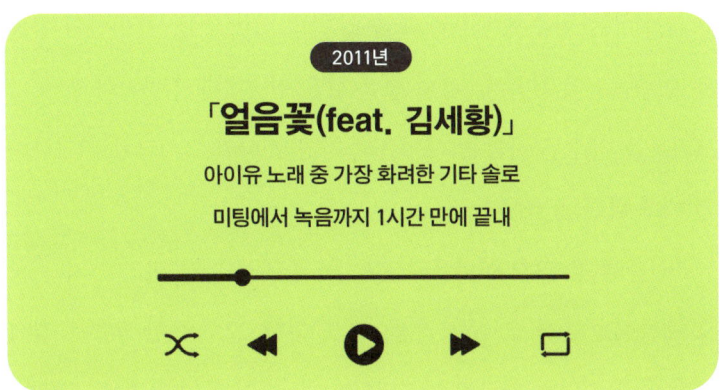

2011년

「얼음꽃(feat. 김세황)」

아이유 노래 중 가장 화려한 기타 솔로

미팅에서 녹음까지 1시간 만에 끝내

SBS가 2011년 5월 22일부터 8월 21일까지 방송한 〈김연아의 키스 앤 크라이〉는 10인의 스타가 피겨스케이팅에 도전하는 내용을 다룬 리얼리티 예능 프로그램으로 피겨여왕 김연아가 진행한다고 해 방송 전부터 화제를 모았다. 제목은 피겨스케이팅 경기가 끝난 후 점수가 발표되는 '키스 앤 크라이 존(Kiss & Cry zone)'에서 따온 것이다.

2011년 6월 21일에 발매된 아이유와 김연아의 듀엣곡이자 SBS 〈김연아의 키스 앤 크라이〉 주제가 「얼음꽃」은 N.E.X.T의 기타리스트 김세황과 부활의 베이시스트 서재혁이 세션에 참여했다. 곡 도입부는 미국 동요 「Grandfather's Clock」을 모티브로 했다. 김연아와 함께 아이유 녹음실에서 작업했는데, 김연아가 노래를 너무 잘 불러 1시간 만에 녹음이 끝났다.

김연아는 가수로 데뷔해도 좋을 만큼 아마추어 그 이상의 가창을 보여주고 있으며 아이유와 좋은 합을 연출한다. 김연아와 함께 비브라토를 자주 구사하는 아이유의 가창 스타일도 지금과 비교한다면 매우 다른 창법이다.

「얼음꽃」은 그간 아이유의 모든 곡 중에서 가장 화려한 기타 솔로 애드립을 들을 수 있는 작품이기도 하다. 22초 동안 흐르는 김세황의 속주 기타는 빠르고 멜로딕하다. 곡 타이틀 옆에 'feat. 김세황'이라고 표기할 만큼 기타리스트 김세황에 대한 존경과 고마움을 나타내고 있다. 김세황과의 인터뷰를 통해 이 곡이 만들어지기까지의 비하인드스토리를 들어봤다.

김세황은 2011년 로엔 제작사업부 김진명 PD로부터 「얼음꽃」 기타 세션을 의뢰하는 이메일을 받았다. 당시 삼성은 '최고하고만 일한다'를 모토로 각 분야 베스트들과 파트너십을 맺고 있었고 김세황은 삼성전자 초청 공연을 몇 차례 하고 있던 중이었다. 음악계 베스트인 아이유와 피겨여왕인 스포츠계 베스트 김연아의 만남인 만큼 피처링 기타도 이에 걸맞은 베스트 뮤지션, 그리고 경험 많은 기타리스트를 물색하던 중 김세황에게 연락을 한 것이다.

김세황이 작업실로 사용 중이던 홍대의 스튜디오에서 로엔 김진명 PD와 미팅을 가졌다. 이 스튜디오는 주택을 스튜디오 형태로 개조한 색다른 공간이었다. 김세황은 이곳에서 저 유명한 비발디 「사계」를 녹음 중이었다. 이날 「얼음꽃」 작곡가 이민수도 함께 왔다. 첫 미팅이었지만 이곳에서 기타 세션까지 마치고 음원을 전달했다. 1시간 동안 미팅과 레코딩 작업을 진행한 것이다.

「얼음꽃」 가사는 2010 벤쿠버 올림픽에서 최고의 연기를 선보인 김연아의 뜨거운 눈물을 모티브로 했다. 화려하고 아름다운 모습을 보여주었다가 물로 녹아버리는 얼음꽃처럼 꿈을 위해 나아가는 과정 속에서 흘리는 눈물이 단순한 슬픈 눈물이 아닌 다시 피어나기 위한 눈물만 흘리며 성장해주길 바라는 마음(염원)을 담았다. 이민수 작곡가는 김세황에게 이런 내용을 간략히 설명하며 (이러한 염원을 담아) 연주해달라고 요청했다.

음원을 들으며 김세황은 이렇게도 연주해보고 저렇게도 연주해보며 이민수 작곡가와 김진명 PD에게 "어떠냐"고 의견을 물었다. 김세황이 처음 연주한 솔로 버전을 듣고 둘은 "모두 너무 좋다"고 했다. 김세황은 이어 두 번째 테이크, 세 번째 테이크로 이어가며 다른 스타일로 기타 솔로를 녹음했다. 그때마다 둘은 "모두 좋다"는 말을 계속했다고 한다.

처음엔 반 헤일런(Van Halen) 타입으로도 쳤고 이어 스티브 바이(Steve Vai), 조 새트리아니, 프린스(Prince), 지미 페이지(Jimmy Page),

심지어 제프 벡(Jeff Beck) 같은 느낌으로도 접근했다. 이렇게 계속 바뀌가며 연주하다가 마지막 여덟 번째 기타 솔로에서 김세황은 다양한 속주 피킹과 아밍 등 그간 자신이 잘하는 모든 기교를 화려하게 녹이며 특유의 멜로디컬 프레이즈를 쏟아냈다. 결국 세 명 모두 공통된 의견으로 마지막 8번째 버전이 최종본으로 확정됐다. 아이유와 김연아도 김세황의 기타 솔로를 듣고 "너무 좋아요"라고 말했다고 한다.

"「얼음꽃」을 녹음하던 때엔 김연아 다큐 영상이 자주 나왔습니다. 김연아가 엉덩방아를 찧고 넘어지는 장면, 그리고 다시 일어서는 모습은 당시의 사회적 분위기와도 잘 맞아떨어졌습니다. 그래서 감동도 컸던 것 같아요."

김세황은 얼마 전 이 곡을 다시 듣게 됐는데, "언제 들어도 유행을 따르지 않는 곡이자 (좋은) 연주라서 좋다"고 소감을 전했다.

김세황은 이 곡을 녹음할 때 스타인버거 GM-7TA 기타와 콘포드 앰프. 이펙트는 보스 OD-1과 TC일렉트로닉 TC2290을 사용했다. TC2290은 딜레이 이펙터지만 코러스 설정이 가능해 당시 김세황이 이걸 선택한 것이다. 명 기타리스트 스티브 루카서(Steve Lukathur)가 즐겨 사용하던 세팅 방식을 참고했다. 줄은 어니볼 0946, 피크는 다다리오 1mm를 사용했다.

2014년

「소격동」

서태지밴드 스튜디오서 아이유와 첫 연습하며
마치 CD서 나오는 소리 같은 완벽 가창력에 탄복

✕ ◀◀ ▶ ▶▶ ▢

「소격동」은 서태지가 2014년 발매한 정규 9집 〈Quiet Night〉 수록곡으로 아이유 버전은 10월 2일 0시, 서태지 버전은 10월 10일 12시에 각각 공개했다. 서태지가 다른 가수에게 자신의 신곡을 부르게 하고 자신보다 먼저 발매하게 한 건 처음이다.

'TOP', '답십리안'이란 예명으로도 잘 알려진 당시 서태지밴드의 기타리스트 안성훈과의 인터뷰를 토대로 「소격동」 아이유 버전이 나오기까지의 스토리를 들어봤다.

아이유 버전 녹음은 당시 평창동의 서태지 집에서 아이유와 함께 작업했다.

서태지는 「소격동」을 만들 때 여성 버전도 함께 염두에 뒀다. 제일 먼저 떠오른 가수가 아이유였다고 한다. '이 곡은 역시 아이유'라고 생각한 서태지는 매니저를 통해 아이유 측에 연락을 취해 콜라보가 진행된 것이다.

당시 서태지밴드는 아이유 버전이 있다고 해 연습실에 모였다. 기존 「소격동」과 달리 아이유 버전은 아이유의 키(key)에 맞춘 것이라 기타와 베이스 등 다른 악기도 그에 맞춰 세팅을 다르게 해야 했다. 따라서 아이유와 함께 연습을 하게 된 것.

이 곡을 연습하기 위해 아이유는 2014년 서울 강남 논현동에 있던 서태지밴드의 연습실을 찾았다. 안성훈은 "아이유가 온다고 해 다들 난리가 났지만 겉으로 표현하지 않으려고 애를 썼다"고 말했다. 스타가 평온한 분위기에서 작업할 수 있도록 하기 위함이다.

모니터 이어폰을 끼고 아이유와 처음 합주를 하는 순간 안성훈을 비롯해 서태지밴드 멤버들, 그리고 연습실에 있던 음악 테크니션들까지 너무 놀랐다. 이어폰에서 들리는 아이유의 노래가 마치 CD에서 나오는 음악처럼 완벽한 소리였기 때문이다.

"아이유가 노래를 시작하는 순간 전율이 일었습니다. 예술일 만큼 너무 잘 불렀기 때문이죠. 그래서 연습도 금세 끝나고 말았어요. 마치 한순간에 다 지나간 것처럼. 그래서 아이유는 연습실에 온 지 한 시간도 채 안 돼 가버렸습니다. 개인적으로 너무 아쉬웠어요. 다른 멤버들도 좀 더 오랫동안 함께하지 못해 아쉬워하긴 마찬가지였습니다. 이후 공연이 끝나고 뒤풀이(회식)에서 많은 얘기를 나눌 수 있을 거라 기대했는데 아이유는 공연을 마친 후 바로 가버리고 말아서 또다시 너무 아쉬웠습니다."

2014년 10월 20일 JTBC 〈뉴스룸〉에 출연한 서태지는 「소격동」의 인기에 대해 "아이유 덕분인 것 같다"고 말했다. 서태지는 "아이유가 10대 팬에게 어필을 많이 해줘서 젊은 팬들도 (콘서트에) 많이 오신 것 같다. 남자 팬들도 많이 오셨다고 했다. 여자 팬들은 내가 결혼했는데 의리를 지켜줬다는 게 가슴이 벅차다"고 했다. 진행자 손석희는 "일각에선 아이유에 얹혀 갔다는 표현도 하더라"고 말했고, 서태지는 "업혀 갔다는 게 맞는 표현인 것 같다. 큰 도움을 받았다"고 답했다. 손석희가 "「소격동」 1위가 아이유 버전인데 서운한 측면은 없었냐"고 묻자 "서운할 리가 없다. 내가 만든 노래이고 아이유의 목소리가 너무 좋아 사실 아이유랑 콜라보를 한 건 되게 오랫동안 기획했다"고 대답했다.

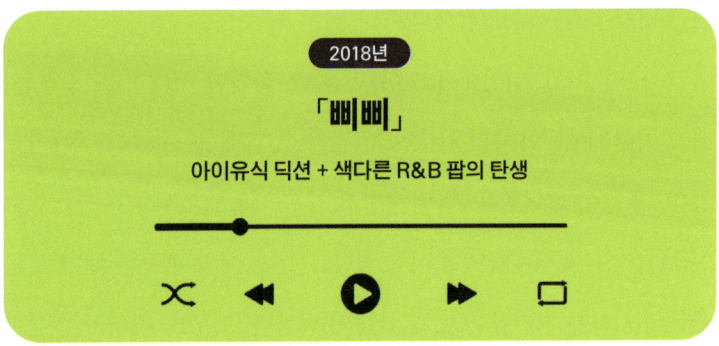

2018년

「삐삐」

아이유식 딕션 + 색다른 R&B 팝의 탄생

2018년 10월 10일 발매된 아이유 데뷔 10주년 기념 디지털 싱글. 관계에 있어 무례하게 선을 넘는 사람들에게 던지는 경고의 메시지를 담았다.

0:02~0:11 "Hi there 인사해 호들갑 없이 / 시작해요 서론 없이 / 스킨십은 사양할게요 back off back off"부터 '시작'은 '시즉', '서론'은 '스른' 등으로 발음하는 아이유 특유의 딕션 스타일을 접할 수 있다.

힘을 최대한 빼고 리듬을 부드럽게 타려 하듯 조금이라도 센 느낌이나 각진 발음일 경우 이처럼 영어 발음 스타일로 틀면서 구사하고 있다. 각종 무례한 사람들에게 일침을 가하는 주제임에도 크고 파워풀한 소리가 아닌, 귀에 대고 소근거리는 듯한 나긋나긋 간지러운 소리 구사를 통해 전혀 다른 방식으로 노래하는 점이 역시 아이유다운 발상이다. 특이한, 색다른 R&B 팝의 탄생이다.

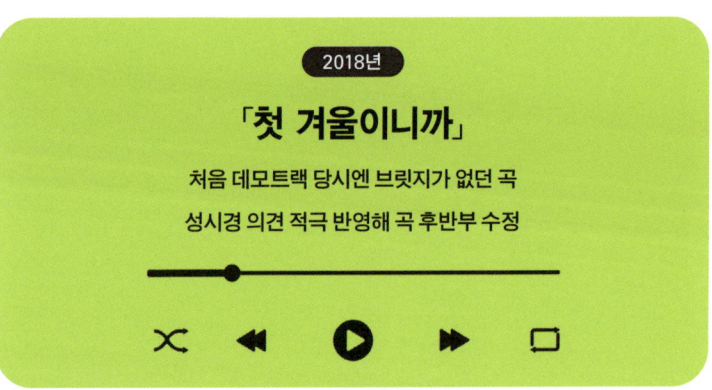

2018년

「첫 겨울이니까」

처음 데모트랙 당시엔 브릿지가 없던 곡
성시경 의견 적극 반영해 곡 후반부 수정

성시경과의 디지털 싱글로 2019년 12월 9일 발매됐다. 작사·작곡 이규호. 성시경은 음원 공개를 앞두고 인스타그램에 "잘되면 아이유 덕, 안되면 내 탓"이라고 했다. 아이유는 "어릴 때부터 팬이었던 이규호 선배님 곡이라 더더욱 고민 없이 참여했어요. 제가 두 분께 다른 건 다 묻어 갔고 딱 하나, 크리스마스 곡 하는 거 어떠냐고 의견 냈어요. 참 잘했죠~ 우리 목 관리 잘해서 10년 후에 또 만나요"라고 소감을 전했다.

이 곡을 작업한 강화성 편곡자와의 인터뷰를 통해 제작 과정을 들어봤다.

「첫 겨울이니까」는 강화성 편곡자가 성시경 8집을 프로듀싱할 때 이규호에게 곡 의뢰를 했던 트랙 중 하나로, 원래 윤종신이 하겠다고 '찜'했던 노래다. 그 와중에 성시경이 이 곡을 듣게 됐는데 너무 좋다며 듀엣을 하면 좋을 것 같다고 강화성에게 의견을 구했던 것.

이에 강화성은 상대 듀엣 가수로 태연을 추천했고 성시경은 알았다며 태연에게 물어보겠다고 답했다. 하지만 얼마 후 성시경은 "아이유는 어떠냐"고 했고 강화성 또한 너무 좋다고 답했다. 이후 성시경은 아이유에게 카톡으로 연락해 아이유로부터 하겠다는 답을 받았다.

윤종신이 '찜'한 것에 대해선 이규호가 윤종신과 연락해 오해 없도록 잘 매듭지었다고 한다.

"원래 윤종신 선배는 많은 곡을 찜해놓는 스타일입니다. '월간 윤종신'을 매달 내야 하므로 그만큼 필요한 곡이 많은 것이죠. 그래서 좋은 곡이 있으면 찜부터 해놓는 스타일입니다."

강화성에게 가끔 10년 전에 작업한 곡을 보내며 편곡 의뢰를 할 정도로 찜해놓고 아직 사용하지 않은 곡이 많이 있을 정도다. 윤종신은 특히 이규호의 곡을 좋아한다. 그래서 이규호가 쓴 곡은 무조건 '찜'부터 하고 보는 스타일이라고.

곡을 처음 받았을 땐 이미 이규호가 작업 대부분을 해놓은 상태였다. 따라서 강화성은 편곡자로서 거기에 약간의 살을 붙이고 악센트를 주는 정도만 하려 했다. 이규호가 생각하고 MIDI로 찍어놓은 것들이 있었는데, 편곡자로선 이런 것까지 건드리면 안 되겠다고 생각했기에. 그럼에도 작업 시간은 오래 걸렸다. 처음엔 데모를 조금 바꿔 편곡을 해봤다. 하지만 성시경도 첫 번째 데모를 들었을 때의 분위기를 살리는 게 좋다는 의견을 냈다. 이 곡은 가수와도 소통해야 하고 곡을 쓴 이규호와도 소통해야 하므로 그만큼 많이 왔다 갔다 할 수밖에 없던 것.

이 노래는 브릿지가 없었다. 곡 형태가 그만큼 심플했다. 그래서 좀 더 대중적으로 풀어보기 위해 기존에 없었던 구성을 추가했다. "멜로디가 다소 심심하므로 후반부에서 상승하는 부분이 있으면 좋겠다"고 성시경이 의견을 냈고 이규호가 거기에 맞춰 뒷부분을 수정해 완성했다.

옛날 느낌(레트로)으로 갈 것이냐, 아니면 최근의 느낌으로 갈 것이냐로 고민했던 게 이 곡을 작업하며 가장 힘들었던 부분이다. 성시경과 아이유 모두 감성 표현과 가창 면에선 탁월한 가수들이다 보니 시너지도 좋게 나왔다. 둘은 10년 만에 다시 하는 듀엣이라 그 의미도 남다르다.

「첫 겨울이니까」로 음원차트 1위에 오른 성시경은 2019년 12월 9일 자신의 인스타그램에 "쑥스럽지만 이런 거도 한번 올려보고 싶었나 봐요. 여러분들이 들어줘서 되는 거니까 자기 자랑만은 아닌 듯 같이 즐거워해요 허허. #감사합니다 #아이유덕 #로즈골드빛 목걸

이 #사줘야겠다"라고 썼다. 아이유는 "저는 캐시미어 스웨터 사드릴

게요"라는 댓글을 달았다.

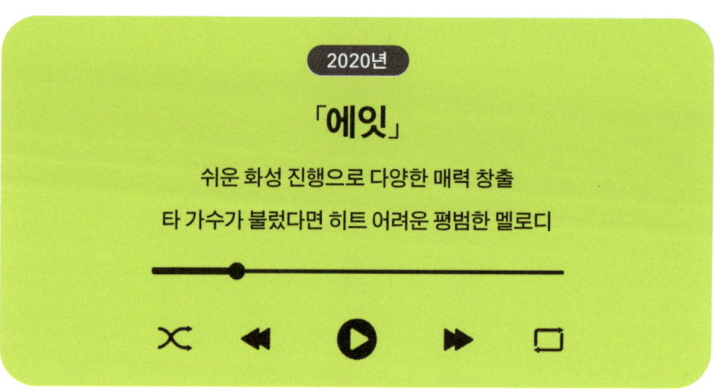

2020년

「에잇」

쉬운 화성 진행으로 다양한 매력 창출
타 가수가 불렀다면 히트 어려운 평범한 멜로디

아이유의 제안으로 방탄소년단의 슈가(SUGA)가 프로듀싱 협업과 곡 피처링에 참여해 2020년 5월 6일 발매됐다. 어려운 화성을 사용해 만든 곡이 오히려 친숙하게 다가오거나, 또는 쉬운 화성을 사용했음에도 익숙지 않은 '어려운' 음악으로 다가올 때도 많다. 「에잇」은 비교적 쉬운 화성 구조의 평이한 멜로디 진행이지만 아이유와 슈가의 조합으로 수많은 매력을 창출하고 있다.

적재와 Zenur(벤더스)가 기타, 슈가와 엘캐피탄이 피아노와 신시사이저, 그리고 최인성이 베이스를 연주했다.

2023년 12월 26일 BTS 슈가의 유튜브 채널 '슈취타' EP.24에서 슈가는 "처음엔 (아이유에게) 두 개를 줬다"며 "하나는 밝은 거였고,

그 후 또 하나를 줬는데 그게 「에잇」이라고 말했다. 슈가는 「에잇」의 앞부분 테마 라인을 만들 때 좀 무서웠다고 했다. "3초면 사람들이 (음악을) 들을지 말지를 결정한다고 생각하는데, 처음엔 그 테마가 없이 갔다. 하지만 아이유가 '있어야 되지 않겠어?'라고 하길래 오케이 하고 작업실에 앉아서 테마를 추가했다. 다행히도 (아이유가) 마음에 들어해줬다"고 말했다.

「에잇」에서 최인성은 62년 펜더 프레시전 베이스로 연주했다. "내가 원하는 톤, 아래에서 잘 받쳐주는 그러한 단단한 소리를 잘 낸 것 같다"고 말했다. 미친감성은 "박효신의 「야생화」가 히트할 수 있었던 이유엔, 멜로디는 평범했지만 평범한 축구공이라도 메시가 차면 월드컵 우승을 했듯 박효신의 가창력이 '미쳤'기에 가능한 것이었다. 「에잇」이란 노래는 작곡가의 관점에서 그동안 아이유 노래 중 가장 무난한(평이한) 멜로디, 즉 다른 가수가 불렀다면 히트되기 너무 어려운 평범한 멜로디다. 물론 곡을 대충 썼다는 의미가 아니다. 일반적으로 신인 작곡가들은 (잘되고 싶은 욕심에) 멜로디를 굉장히 다이내믹하게 쓰려고 한다. 물론 그런 느낌이 히트곡으로 이어지는 경우도 있지만 그런 히트곡은 가수의 가창력보단 멜로디가 더 좋아서 뜨는 경우가 많다. 평이한 멜로디임에도 「에잇」이 인기를 얻을 수 있었던 이유는 이미 히트라는 주제를 수십 번 경험한 아이유와 BTS 슈가가 만났기 때문"이라고 평했다.

2021년

「strawberry moon」

고음과 저음 격차 큰 진행
호흡 조절의 남다른 순발력 필요

2021년 10월 19일 발매한 디지털 싱글. 처음엔 어쿠스틱기타 기반의 이지리스닝 트랙이었는데 이종훈 작곡가의 피아노 테마와 D 브릿지가 더해지며 피아노 선율 중심의 팝록이 됐다. 이종훈·이채규의 편곡으로 가사에서 강조한 '무중력'을 보다 효과적으로 표현하기 위해 우주를 연상케 하는 일렉트로닉 요소를 배치했다.

점차 음이 올라가며 감정을 표출해가는 일반적인 노래 방식과는 달리 이 곡은 고음에서 갑자기 저음으로 갔다가 다시 고음으로 갔다가 하며 수시로 음정 격차가 큰 진행을 보이는 이례적인 구성이 주목된다. 한 번도 정상적인 진행으로 흐르지 않기 때문에 호흡 조절의 남다른 순발력이 필요하다. 그만큼 노래를 따라 부르기가 매우 어렵다. Gb, Bb, Cb, Db, Ebm7, Gb/Bb, Cb, Db7sus4 등이 몇몇 형태로 변화하는 가운데 이러한 멜로디를 뽑아내고 있다는 것도 칭찬할 만 하다. 아이유와 이종훈 공동 작곡인데, 그 어느 때보다도 둘의 시너 지가 멋지게 구현된 작품이다. 윈(Wyn) 5현 베이스로 연주한 최인성 의 사운드도 멋지다.

Part 3

우리가 만난 아이유 ✳

전문가들이 생각하는 아이유

✳
아이유를 읽는 시간

"젊은 아티스트 중 아이유가 TOP, 따뜻한 레트로 감성까지"

강화성(편곡자·음악감독·서경대 실용음악과 교수)
나얼, 성시경, 김범수, 박정현, 브라운아이드소울, 플라이투더스카이, 윤종신 등 많은 가수와 작업한 유명 편곡자·음악감독·세션 연주자(건반).

"젊은 아티스트 중에선 아이유가 '톱'이다. 패티김, 인순이, 신효범, 박미경 등등 한국 대중음악사에서 여가수의 계보가 있는데 아이유는 이러한 계보를 잇는 마지막 세대라고 본다. 본인이 부르고 싶은 곡을 고르는 안목도 대단하다. 이런 부분은 회사의 A&R이나 프로듀서가 해주는 게 많은데 아이유는 직접 하고 있는 것이다. 트렌디하고 세련되지만 그 안에 따뜻한 레트로 감성이 있어 더 오랜 시간 동안 많은 대중들한테 사랑받을 것 같다."

"이제 한국 최고의 가수, 세계 음악계에도 기여해주길"

김광민(피아니스트·동덕여대 실용음악과 교수)
재즈 피아니스트 겸 교육자. 아이유 「나만 몰랐던 이야기」 피아노 피처링 및 여러 장의 솔로 앨범을 발매했고, 가수 이현우와 MBC〈수요예술무대〉를 진행하기도 함.

"오래전 공연 리허설을 지켜보며 어린 친구가 노래 잘한다고 느꼈다. 이제 아이유는 한국 최고의 가수가 됐다. 향후 세계 음악계에서도 큰 기여를 해주길 바란다."

"음악 역사책에 반드시 들어가야 할 인물"

김구현(보컬트레이너)
B1A4, 온앤오프, 김채현(케플러), 제로베이스원, 하현상, 업텐션, 위아이, 이븐, 송지은(시크릿) 등
많은 아이돌 트레이닝.

"트렌디함을 잃지 않고 자신의 스토리들을 어떨 땐 어쿠스틱
하고 '인디'스럽게 냈다가, 또 어떨 땐 돈이 정말 많이 들어가
는 음악을 했다가 등등 모든 영역을 다 아우르고 있다. 음악
역사책이 있다면 해당 시대를 논할 때 반드시 들어가야 하는
인물이 아이유다."

"경쟁자 없는 원톱, 한국 여가수 금메달리스트"

김세황(기타리스트·기획자)
아이돌 「얼음꽃」 기타 피처링, '다운타운', 신해철 '넥스트' 활동을 거쳐 미국 현지에서 기획자로
다양한 활동을 하고 있는 한편 피프티피프티(Fifty Fifty) 소속사 '어트랙트'
미국 지사장으로 재직 중.

"솔로가 아닌 그룹 천국이던 2000년대 대중음악계에 용감하
게 솔로로 나와 성공한, 매우 드물고 독보적인 사례다. 그래서
집중도가 높았고 한국의 모든 여성 솔로 가수를 합친 것보다
매력적으로 다가온다. 「좋은 날」 3단 고음 때부터 이미 대단한
가창력이었다. 이제 아이유는 경쟁자 없는 '원탑', '한국 여가
수 금메달리스트'라고 정의하고 싶다. 국내에만 안착하지 말고
본격적으로 세계 시장에 나와 더욱 막강한 글로벌 인기의 정
점에 서길 기원해본다."

"코러스 역량도 매우 높아, 칼같이 정확한 음정"

김현아(세션 코러스 · 홍익대 실용음악과 교수)

그룹 '여행스케치'로 데뷔했고, 공일오비(015B)를 시작으로 나훈아, 조용필, 이승철, 신승훈, 보아, 백지영, 동방신기, 소녀시대, 원더걸스, 이찬원, 영탁 등 35년간 3만 5000여 곡 코러스 세션.

"아이유는 세기에 하나 나올까 말까 한 이 시대 최고의 음악 요정이다. 잘해도 너무 잘한다. 아이유가 데뷔할 때 코러스 세션으로 레코딩을 함께한 적이 있다. 당시 아이유는 중학생이었는데, 노래도 잘했지만 기타 연주도 수준급이었다. 귀여운 여중생이 녹음실에서 기타까지 잘 치며 거침없이 노래하는 걸 보고 '저 애는 정말 잘되겠다'라는 확신이 들었다.

코러스 보컬이란 관점에서 아이유의 코러스 실력은 퀄리티가 매우 높다. 직접 곡을 쓰는 싱어송라이터라서 그런지 화성에 대한 지식도 대단하고 그만큼 해석력도 남다르다. 코러스를 하려면 일단 음정이 정확해야 하는데 이 점에서도 아이유의 음정은 칼 같다."

"'여자 조용필', 연기까지 잘하는 '사기 캐릭터'"

미친감성(작곡가 · 프로듀서)

플라이투더스카이, 엠씨더맥스, 휘성, 알리, 브라운아이드걸스, 버즈, 인피니트 등 여러 가수와 작업한 작곡가 · 프로듀서.

"최상의 퀄리티로 계속 다른 장르를 바꿔가며 히트한 가수는 한국 대중음악사에선 아이유가 유일하다. 젊은 여자 솔로 가수 중에선 '여자 조용필'로 그 가능성을 더욱 확실하게 보여주고 있다. 그러고 보니 연기까지 잘한다. 이건 정말 말이 안 되는 사기 캐릭터다."

"보컬리스트로선 '최고'를 넘어 '극락급'"

박선주(가수·보컬트레이너)

김범수, 규현, 시아준수, SG워너비 등등 당대의 많은 스타를 지도한 1세대 보컬트레이너이자 바비킴, DJ DOC, 김종국, 변진섭, NRG 등의 많은 히트곡을 쓴 작곡가·프로듀서.

"「Love wins all」을 들으며 이제 명실공히 탁월한 제작자·프로듀서로서 본격적인 길로 가고 있단 생각이 들었다. 아이유는 보컬리스트로선 '최고'를 넘어 '극락급'이다. 이제 훌륭한 가수로서 다 완성된 것 같다."

"더 바랄 게 없다. 지금처럼만 잘해주면 될 듯"

박용준(피아니스트·작곡가·음악감독)

김광진과의 듀오 '더 클래식'으로 잘 알려진 건반 연주자 겸 싱어송라이터. 조동익, 장필순, 이승환 등 당대의 여러 여러 가수와도 활동.

"아이유가 걸그룹 전성시대에 솔로 가수로 나와 자기의 음악을 하면서 오랫동안 높은 완성도의 다양한 스타일을 보여주고 있다는 건 정말 대단하다. 아이유에겐 (음악적으로) 이제 더 바랄 게 없다. 지금처럼만 잘해주면 될 것 같다."

"세스 릭스가 강조하던 발성이 바로 아이유 같은 소리"

서근영(경희대 포스트모던음악학과 K팝 보컬 교수)
'젤리피쉬'와 '미스틱' 등의 보컬트레이너로 활동했고, 선율과 언어적 접근 병행한 K팝의
표현 기법 연구에 집중하고 있는 학자 겸 가수.

"예전엔 파워풀하고 고음 잘하는 보컬이 주목받았다. 그러던 중 세스 릭스(Seth Riggs) 내한 세미나에 가게 됐고 그가 제시한 대로 해봤더니 결국 아이유처럼 노래하란 의미였다. 당시 나는 미들보이스(반가성)란 소리를 내지 못했다. 한데 세스 릭스가 제안한 스케일 연습을 통해 이전에 나오지 않던 소리가 나오게 됐는데, 이게 마치 아이유 같은 소리였던 것이다."

"아이유 역량으로 볼 때 아직 정점 찍지 않아"

손무현(작곡가·음악감독·한양여대 실용음악과 교수)
1980년대 후반 헤비메틀 기타리스트로 음악계 데뷔 이래 많은 영화와 드라마 OST를 제작.
한양여대 실용음악과가 개설된 2004년부터 전임교수로 재직 중이며 '팀손' 프로젝트를
병행하고 있다.

"아이유의 가장 큰 장점은 음악을 대하거나 표현하는 자세가 담백하고 진지하며 장르를 따지지 않는 열린 마인드라는 것이다. 대중가수라는 건 정점에만 머물지 않고 내려올 때도 있기 마련이다. 음악적 역량에 비춰볼 때 아직도 아이유는 정점을 찍지 않았다고 생각한다. 해외로 진출해 더 큰 성공을 거둘 수 있는 가능성이 많은 것이다. 따라서 현재에 안주하지 말고 글로벌 팝 시장에서도 인정받을 수 있는 내용물을 많이 만들었으면 좋겠다."

"세기에 하나 나올까 말까 한 아티스트"

신연아(그룹 '빅마마'·호원대 실용음악과 교수)
코러스 세션팀 '빈칸채우기'를 거쳐 그룹 '빅마마' 리더 및 재즈 보컬리스트로 활동. 현 호원대 교수 및 문화예술대학장.

"아이유는 세기에 하나 나올까 말까 한 아티스트다. 현 단계 여가수 중에선 아이유가 원탑이라 해도 과언이 아니다. 국내외를 통틀어 아이유처럼 작사·작곡·노래와 춤, 연기까지 하는 등 모든 분야에서 고른 밸런스를 유지하며 꾸준히 높은 퀄리티를 보인 예는 없다. 그런 점에서 아이유는 한국 가요 사상 유례가 없는 아티스트다. 그 때문에 개인적으로 '아이유'라는 호칭보다 '아이유 씨'라고 존칭을 붙여야 할 만큼 마음속에서 우러나오는 그 무엇이 있을 정도다. 그 나이에 그 몸으로 다 해낸다는 건… 정말 존경할 수밖에.

데뷔 때와 비교할 때 현재의 아이유는 노래할 때 힘을 많이 빼는 것 같고 기술(테크닉)이 점점 줄어드는 것 같다. 진성을 세게 내는 것보다 부드럽게 내는 쪽으로 가고 있다. 예전엔 맑고 청아하고 좀 더 텐션감 있는 탱탱한 소리라면, 지금은 막이 껴 있는 듯한 '에어'가 더 들어가 있는 듯한 톤이 나오고 있는 것이다. 개인적으론 어릴 때의 아이유보다 지금의 아이유를 더 좋아한다. 귀엽고 맑고 투명한 느낌보다 지금의 아이유는 익을 대로 익었기 때문이다.

예전엔 몸의 압력을 많이 써 소리를 세게 구사했다면, 지금은 몸의 압력을 줄이고 소리를 구사하는 식으로 바뀌어가고 있다. 다시 말해 어릴 땐 무조건 힘을 줄 수 있지만 원숙해지면

군이 그렇게 표현할 필요 없잖아라고 여기며 슬픔도 '아 너무 슬퍼' 식으로 불렀다면, 지금은 그냥 눈물 하나 뚝 떨어뜨리는 느낌으로 부른다고 할까? 바로 이러한 원숙미를 말한다."

"연구개 잘 활용해 노래하는 모범 케이스"

오한승(동아방송예술대 실용음악과 보컬 주임교수)
전 SM엔터 보컬트레이너. 동아방송예술대에 '보컬디렉팅'과 '보컬스타일링' 과목을
개설한 장본인이자 『실용보컬 가이드북』 저자.

"'보컬스타일링과 이지싱잉'에서 '이지싱잉'이란 건 노래가 쉽게 되는 포인트를 일컫는 말로 연구개가 있는 위치를 말한다. 연구개를 열고, 연구개를 웃는 입 모양처럼 자세를 잡는 게 있는데, 가수 중엔 이걸 중요하게 생각하는 사람도 있고 아닌 사람도 있다. 그 위치에서 빠른 움직임이 가능하고 음정을 정확하게 내기가 용이해지는 것이다. 아이유는 이 연구개를 잘 활용해서 노래하는 가장 모범 케이스다. 아이유의 노래는 자음이 선명하게 들리면서 곡의 편곡과 멜로디의 흐름에 맞게 자음의 강도가 경쾌하게 또는 부드럽게 잘 조절되는 특징이 있다. 탁월한 호흡, 그리고 자음 발음을 잘 다루는 건 노래의 선명성과 함께 진정성의 핵심인 감정과 가사 전달력으로 수렴되고 이는 대중이 아이유의 노래를 계속 듣고 싶게 만드는 중요한 요인으로 작용하는 것이다."

"100년에 한 번 나올까 말까 한 아티스트"

윤일상(작곡가·음악감독)

이승철, 김건모, 김범수, 터보, 젝스키스, 김연자 등등 숱한 히트곡을 쓴 당대의 명 작곡가이자 영화 〈안시성〉, 〈뜨거운 피〉, 〈범죄도시4〉, 〈평양랭면〉 및
디즈니플러스 〈카지노〉 음악감독.

"유일무이한 아티스트형 가수이자 폭발적인 대중성을 가진 100년에 한 번 나올까 말까 하는 예술가. 신이 준 아름다운 목소리 톤에서 작곡·작사 능력, 연기력, 외모, 거기다 기부 선행까지 뭐 하나 빠지는 것 없는 엔터테이너이면서 겸손의 미덕까지 갖춘 우리 시대의 천재!"

"젊은 가수 통틀어 아이유가 TOP"

장효진(보컬트레이너)

많은 스타 가수·배우 지도 및 현재 32만 구독자를 자랑하는 보컬트레이닝 유튜브 채널과 오프라인 학원을 운영 중인 보컬 일타 강사.

"아이돌 및 아이돌이 아닌 20~30대 모든 가수를 종합해볼 때 아이유가 TOP이다. 아이유는 이전에 하지 않던 장르라도 일단 그걸 갖고 올 때 완벽하게 자기 것으로 만들고 온다는 점에서 대단하다. 얼마만큼 독한지를 보여주는 예이기도 하다.
아이유는 이쁘고 좋은 진성의 소유자다. 하지만 윗소리(헤드보이스)를 자주 쓰면서 이젠 원래의 진성을 좀처럼 듣기 힘들게 됐다. 데뷔 땐 나이도 어렸고 또한 자신의 스타일대로 소신껏 쓰지 못했을 수도 있겠지만 이젠 자신이 원하는 대로 할 수 있는 위치이므로 아이유만의 매력적인 진성 중심으로 노래 부른 곡을 듣고 싶다."

최갑원(작사가·프로듀서·'플렉스엠' 대표)

아이유를 발굴, 데뷔시킨 국내 대표 명 작사가로 백지영, 박효신, 거미, 이효리, 이승기 등의 많은 히트곡을 썼다.

"아이유에게 곡을 주면 곡을 쓴 사람이 의도하는 감성 수준에 금세 도달한다. 처음부터 노래로 실망을 준 적은 단 한 번도 없는 것 같다."

"기획력 좋고 자기관리 잘해…
음악계에서 특별하게 남을 존재"

최백호(가수·방송인)

「영일만 친구」, 「낭만에 대하여」 등 여러 히트곡으로 유명한 가수이자 6차례 개인전을 연 화가. 2008년부터 SBS FM 〈최백호의 낭만시대〉 진행 중.

"아이유는 여러 면에서 뛰어난 뮤지션이다. 기획력도 남다르고 자기관리도 참 잘한다고 생각한다. 리메이크하는 걸 보면 자기에게 잘 맞는 곡을 정말 잘 고른다. 나는 항상 젊은 가수들에게 쉬운 노래를 부르라고 말한다. 대중에게 가장 가까이 갈 수 있는 방법이 쉬운 노래를 부르는 것이기 때문이다. 그걸 아이유가 정말 잘한다. 앞으로도 아이유는 남과 다른 독특한 존재감만큼 음악계에서 특별하게 남을 것 같다."

"음악에 진심인 걸 보여주고 있어 더 좋아"

최성수(가수·건국대 문화콘텐츠학과 교수)

「동행」, 「풀잎사랑」, 「해후」, 「남남」, 「Whisky On The Roc」 등 숱한 히트곡으로 유명한 가수 겸 교육자.

"아이유는 노래면 노래, 연기면 연기 모두 다재다능한 아티스트다. 웬만한 연기자보다 훨씬 더 연기력이 출중하다. 노래 표현력도 너무 좋다. 셀럽처럼 음악 이외에서 돋보이는 활약을 보여주는 가수들이 많은데 아이유만큼은 오로지 음악에 진심인 걸 보여준다. 그래서 더 좋다."

"신작 나오면 설레… 음악적으로 진행형 아티스트"

최철호(드라마 음악감독)

〈추노〉에서 〈미녀와 순정남〉까지 1000여 작품이 넘는 OST를 제작한 국내 대표 드라마 음악감독. 장근석 '치미로' 밴드 기타리스트로도 활동 중.

"아이유의 음악을 듣다 보면 한 사람의 인생을 계속 보고 있단 느낌이 든다. '오늘은 이런 이야기를 하고 있구나'라고 생각될 만큼 아이유의 신작이 나오면 나도 모르게 설레게 된다. 마치 딸아이를 만나 그 애 이야기를 듣는 느낌이라고 할까? 드라마 안에서도 아이유의 역할은 음악을 하듯 자기 색깔을 작품 속에 잘 투영한다. 음악을 오디오적인 면에서만 들려주는 게 아니라 비디오(TV)에서도 자기 모습을 똑같이 보여주고 있는 것이다. 아이유는 (음악적으로) 늘 진행형인 아티스트다."

Part 4

올어바웃 아이유 ✳

아이유의 모든 것

✳

아이유를 읽는 시간

Category 1

작사·작곡·편곡·세션·음향·피처링

강수호

세션 드러머. 1962년 부산생.

그룹 '평균율'로 데뷔했고 쿠바, 유영선과 커넥션 등에서도 활동. MBC 〈나는 가수다〉와 JTBC 〈팬텀싱어〉 하우스밴드에서도 연주.

아이유 「A Dreamer」를 비롯해 이승철, 이승환, 심수봉, 김건모, 임재범, 이선희, 인순이, 임창정, SG워너비, 장윤정, 김호중, 적우, 나윤권, 민해경, 박혜경 등 수많은 가수를 세션했다. 한양대, 서경대, 배제대 등 여러 대학 실용음악과에서 후학 양성에도 힘썼다.

강승원

1960년생. 서강대(물리학) 학사.

〈노영심의 작은 음악회〉, 〈이문세쇼〉, 〈이소라의 프로포즈〉, 〈윤도현의 러브레터〉, 〈이하나의 페퍼민트〉, 〈유희열의 스케치북〉 등 음악감독으로 활동했다.

「말하지 않아도 알아요(情)」로 유명한 초코파이 광고 삽입곡을 쓴 장본인이며 그 외에 김광석 「서른 즈음에」와 성시경 「태양계」를 비롯해 인순이 「사랑가」, 권진원 「아직도 내 가슴은 두근거리고 있어」, JK김동욱 「나를

떠날 당신에게」 등을 썼다.

강화성

작곡·편곡자, 음악감독, 세션 연주자(건반). 1977년 서울생. 서울예대 실용음악과 졸업.

나얼, 아이유, 김범수, 박정현, 빅마마, 거미, 성시경, 임재범, 브라운아이드소울, 플라이투더스카이 등 많은 가수와 작업. 그중에서도 나얼 「기억의 빈자리」는 강화성의 스타일이 잘 반영된 작품이다. 그룹 시카고(Chicago) 사운드 기법을 응용한 이 곡에서 강화성은 당시 흔치 않은 4마디 신스 브라스 솔로를 시도했다. 나얼은 이걸 처음 듣고 너무 좋아했다는 일화가 있다.

2011년부터 현재까지 서경대 실용음악과 교수로 재직 중이기도 하다.

'히트메이커' 작곡·편곡자, 음악감독인 만큼 작업량이 너무 많아 일에 치여 살다 보니 병원에 실려 간 적도 있다. 지난 2012년 tvN 〈슈퍼디바〉 음악감독으로 일하며 3일만에 30곡 편곡 작업(밴드 편곡)을 해야 했는데 이때 무리를 해 응급실로 실려 갔다. 186cm의 신장이지만 130kg가 넘는 헤비급과 맞물려 실제론 190cm에 가깝게 보

일 만큼 외모만으로도 주위를 압도한다.

서울예대 시절부터 강화성은 팝의 감성이 돋보여 주변에서 그를 강화성 대신 '팝화성'으로 불렀다. "강화성이 (작업)하면 곡 사운드가 우아해진다"는 윤종신의 지적은 매우 설득력이 있다.

부친 고 강석희는 한국 현대 음악계의 거목이다. 윤이상 제자였던 강석희는 한국 최초로 본격 전자음악을 선보였고 독일 및 유럽 등지에서 주목할 만한 작품·연주 활동을 했다. 아버지를 따라 세 살 때부터 8년간 독일에서 살았다. 열한 살 무렵 한국에 들어올 당시엔 거의 독일인이라 해도 좋을 만큼 '네이티브' 독일어를 구사했고 한국말을 전혀 못 할 정도였다. 이화여대 국문과 출신의 어머니 한옥희 또한 1970년대 당시 행위 예술에 기반을 둔 실험 영화감독으로 유명했다. 한옥희는 미모와 지성까지 겸비한, 당시 수많은 남성의 뮤즈로 통할 정도였다. 강화성의 큰형 강호정도 윤도현밴드(YB)에서 활동한 음악인으로 서경대 교수로 재직 중이다.

서울예대 2학년 재학 중에 작곡한 「낯선 시간 속의 너」는 이병헌, 송승헌, 전지현, 김하늘 주연의 SBS 드라마 〈해피 투게더〉 OST에 삽입됐다. 김현철밴드 멤버(건반)로도 활동했고, 졸업 후인 2001년 아이돌 걸그룹 밀크 「Come to Me」를 작곡했고 이후 플라이투더스카이 「마이 엔젤(My Angel)」, 2009년 임재범 「통증」도 작곡했다. 2007년 브라운아이드소울(브아솔) 프로듀서 겸 편곡자로도 활동했다.

고태영

기타리스트·편곡자·음악감독. 아이유 「너의 의미」, 「매일 그대와」 편곡. 「매듭」, 「틈」, 「지금 그리고 우린」, 「Blooms」, 「나는 너에게」, 「그때 우린」, 「From Mark」 등등 하동균의 곡을 많이 편곡했다. 이외에 길구봉구·하동균 「그래 사랑이었다」, 이효이 「I pray」, 린 「취한 밤」, 헤이즈, UV 「조개구이」 「정민이형」, 노라조 「멍멍이」 「Gaia」, 김바다 「푸르게 떠나」 「N. Surf」 「Cain」 「Moonage Dream 2」, 수호 「장난 아니야(Acoustic ver.)」, 헤이즈 「헤픈 우연」 「어쩌면 해피엔딩」, 안신애 「Respect」 「Soul」, 마크툽 「너로 자유롭다」, 김윤아 「붉은 꽃그늘 아래서」, 요조 「아침 먹고 땡」 및 고현욱, 유성은, 뮤지, 한소아, KCM 등 많은 가수와 작업했다.

영화 〈플랜맨〉, 〈열정 같은 소리 하고 있네〉에서 SBS 〈원티드〉, KBS2 〈굿닥터〉 등 여러 OST에도 참여했다. 브라운아이드걸스 나르샤의 첫 연출작 〈Wild Wild〉 시즌1 음악감독으로도 활약했다.

고현정

'코코사운드' 대표. 서울스튜디오에서 일하며 엔지니어 데뷔. 드림팩토리에서도 일함. 이승환, 윤종신, 성시경, 자이언티, 토이, 다이나믹 듀오에서 어반자카파 「널 사랑하지 않아」, 빈지노 첫 정규앨범 〈12〉, 그리고 청하까지 많은 아티스트와 작업한 명 믹싱엔지니어. K팝과 발라드, R&B, 힙합, 록까지 다양한 장르에 걸쳐 역량을 발휘하고 있다.

2015년 12월 2일 홍콩 아시아월드엑스포 아레나에서 열린 '2015 MAMA(엠넷아시안뮤직어워즈)'에서 일본의 요시노리 나카야마, 홍콩의 루포 그로닝 등과 함께 '베스트 엔지니어상'을 받았다. 또한 이승환의 2015년 공연 〈빠데이-26년〉에 참여해 6시간 21분의 공연을 포털에서 생중계하는 데 큰 공을 세우기도 했다. 2022년 박재정 「B에게 쓰는 편지」, 2023년엔 제33회 유재하 음악경연대회 장려상을 받은 싱어송라이터 연정(YEONJEONG)의 첫 미니앨범(EP) 〈사랑을 사람으로 그린다면〉 믹싱을 총괄한 바 있다.

2021년 2월 23일 '기어라운지'와의 인터뷰에서 좋은 믹스를 이렇게 정의했다.

"각 트랙이 서로 조화를 이루고 각자의 위치에서 자기 몫의 역할을 할 수 있게 해주는 것이라고 생각합니다. 저는 작업 마지막에 소형 스피커나 이어폰, 헤드폰 등에서도 모니터해봅니다. 여러 모니터 환경에서도 제가 표현하고자 하는 게 잘 들리는지 느낌이 잘 전달되는지 확인합니다."

구종필

아이유 「Blueming」, 「Celebrity」, 「Coin」, 「라일락」 등을 믹싱 작업한 베테랑 음향 엔지니어. 현 클랑(KLANG) 스튜디오 운영.

2009년부터 10년간 SM엔터테인먼트 레코딩·믹싱 엔지니어로 활동. 태연, NCT127, 싸이, 제시, 보아, 동방신기, 엑소(EXO) 등 많은 아티스트와 작업했다. 2014년 데뷔한 일렉트로닉록 그룹 '비트버거' 프로듀서

멤버로도 활동. 2020년 지코 「아무노래」로 MAMA '올해의 엔지니어상'을 받았다. 엔믹스 새 싱글 〈Soñar(Breaker)〉도 믹싱 작업했다.

권병호

세션 연주자. 1979년 서울생. 동아방송예술대 졸업.

MBC 〈복면가왕〉과 〈나는 트로트 가수다〉 등을 비롯해 조용필, 윤종신, BTS, 나훈아, 김건모, 윤상, 이문세, 나얼, 바비킴, 하현우, 이은미, 박완규, 거미 등등 많은 레코딩·공연 세션을 했다. 지금까지 1000여 곡이 넘게 세션했고 여러 장의 솔로 앨범도 발매했다.

〈너의 결혼식〉, 〈조작된 도시〉, 〈파바로티〉, 〈보안관〉 등 많은 영화 OST, 그리고 〈태양은 가득히〉, 〈솔약국집 아들들〉, 〈불어라 미풍아〉, 〈군주〉, 〈도둑놈 도둑님〉, 〈별에서 온 그대〉, 〈시크릿 가든〉 등 많은 드라마 OST에도 참여했다.

일곱 살 때부터 피아노를 배웠고, 중1 때 교회에 있던 음악 스튜디오에서 음악 장비와 녹음 작업에 관심을 갖게 됐다. 케니 지(Kenny G) 영향으로 색소폰과 클라리넷을 배우기 시작했고 고교 1학년 무렵 서울시향 수석 오보이스트 성필관에게 오보에를 배웠다. 동아방송예술대 실용음악과에서 피아노를 전공하다가 관악기로 전향했다.

전 세계의 다양한 민속악기들까지 섭렵했으며, '멀티 악기 연주자'라는 닉네임만큼 500여 개가 넘는 악기를 소장하고 있다.

하모니카는 1999년 교회 선교단에서 반주 활동을 하며 인연을 맺었다. 2012년 성우로 활동 중인 동갑 여성을 만나 6개월 만에 결혼했다.

2021년 장이머우 감독의 첫 스파이물 〈공작조: 현애지상〉 테마곡, 최민식 주연 2022년 디즈니플러스 오리지널 시리즈 〈카지노〉 주제곡 등에서 하모니카를 연주했다.

권태은

음악감독, 작곡·편곡자.

MBC 〈복명가왕〉, tvN 〈슈퍼스타K〉, 엠넷 〈보이스 코리아〉, SBS 〈판타스틱 듀오〉, JTBC 〈팬텀 싱어〉 〈풍류대장〉, TV조선 〈쇼 퀸〉 등 많은 오디션 프로그램에 관여한 한국 대표 음악감독.

JYP엔터테인먼트 수석 프로듀서로 노을 「청혼」을 비롯해 비, 2PM, 2AM, 원더걸스, god 등 많은 스타의 인기곡을 작업했다. 비 「태양을 피하는 방법」은 방시혁, 「태양이 떠도」는 박진영과 공동 편곡 작업했다. '런치송 프로젝트'란 이름으로 싱어송라이터 활동도 병행. 포르테 디 콰트로의 셀프 타이틀 정규 데뷔 앨범 프로듀싱도 했다.

김광민

피아니스트. 1960년 서울생. 버클리 음대 학사 및 뉴잉글랜드 음악원 석사(작·편곡 및 연주).

네 살 때부터 피아노를 시작했고 중학 시절부터 밴드 활동. 1981년 동서남북 1집 〈N.E.W.S.〉로 데뷔한 이래 여러 장의 정규 앨범 및 다른 음악가들과 활동했다. '조용필과 위대한 탄생'에서 건반 멤버로도 활동한 바 있다. 1993년부터 2005년까지 이현우와 함께 MBC TV 〈수요예술무대〉를 진행하며 대중적 인기를 쌓기도 했다.

2011년 8월 5~6일 세종문화회관 대극장에서 윤상, 이병우와 〈플레이 위드 어스〉 콘서트를 개최했다. 필자와의 인터뷰에서 김광민은 흥미로운 이야기를 처음 밝혔다. "「나만 몰랐던 이야기」 편곡 및 피아노 연주를 한 이후 아이유 소속사로부터 내게 곡을 받고 싶다고 연락이 왔어요. 그래서 발라드 등 몇 곡을 써서 보냈죠. 그런데 소속사에서 이 부분은 이렇게 바꿔주고 저 부분은 또 저렇게 바꿔달라며 수정 요구를 계속 해왔어요. 결국 내가 쓴 곡은 아이유의 노래로 채택되지 않았습니다. 아마도 마음에 들지 않았나 봐요."

2014년 그랜드민트페스티벌(GMF) 무대에도 섰다. 2014년 2월 24일과 3월 1일엔 서울 역삼동 LG아트센터에서 〈월간 윤종신 콘서트 – 저스트 피아노 위드 김광민, 조윤성〉 무대를 선보였으며 이후에도 자라섬재즈페스티벌 등 여러 무대에서 멋진 연주를 들려줬다. 2015년 12월 15일엔 이문세·로이킴과 크리스마스 캐롤 콜라보 싱글앨범 〈NEW DIRECTION 'Winter Special'〉을 발매했다. 2018년엔 남측 공연단 멤버로 평양을 방문하기도 했다.

동덕여대에 실용음악과가 개설되는 데 크게 기여한 장본인으로 현재까지 교수로 재직하며 동덕여대 실용음악과의 초석을 다졌다. 학교에선 고급청음, 전공실기, 음악감상론, 퍼포먼스워크숍 분야를 중점적으로 강의한다.

2014년 10월 29일 〈라디오스타〉의 고 유재하 27주기 특집 때 김광민은 장기호, 조규찬, 박원과 함께 출연했다. 이 자리에서 장기호는 "유재하가 제일 존경했던 사람이 김광민"이라며 "재하가 천재면 광민이 형은 만재"라고 말했다. 또한 "제가 김광민 씨하고 같은 버클리 후배다. 김광민을 가르쳤던 피아노 선생님이 '자기가 태어나서 이렇게 귀 좋은 친구 처음 봤다'며 화성의 배열을 다 안다"고 극찬했던 과거 일화를 밝히기도 했다.

김광진

싱어송라이터·작곡가. 1964년 인천생. 연세대 경영학 학사 및 미시건대 대학원 경영학 석사.

「마법의 성」으로 유명한 듀오 '더 클래식'으로 많은 인기를 얻었고 음악계를 떠나 펀드매니저로도 활동했다.

더 클래식과 자신의 솔로곡 이외에 이승환 「덩크슛」 「라디오 헤븐(Radio Heaven)」 「내게」 「흑백영화처럼」 「그가 그녈 만났을 때」, 한동준 「그대가 이 세상에 있는 것만으로」 「우리 사랑 솔잎처럼」 「꼬마 인형」 「파블로」, 이소라 「처음느낌 그대로」 「기억해 줘」, 조장혁 「뭐가 보이니」 「떠날 수밖에」, 양진석 「설레이는 오후」 「유채꽃 핀 들판에」, 박정운 「사랑한다면」, 김장훈 「사랑했던 이유

로」, 성시경 「여우야」, 박효신 「몰랐죠」, 이은미 「Hank You」, 권진원 「진심」 등 많은 곡을 썼다.

더 클래식에서 함께 활동하고 있는 박용준은 김광진에 대해 "정해진 장르가 없이 이것저것 다양하게 시도하는 탁월한 음악성을 지녔고, (꾸밈없는) 날것 그대로의 느낌을 보여주는 아티스트"라고 필자에게 말했다. 2023년 3월 24~25일 더굿씨어터에서 있는 더 클래식 콘서트에 앞서 김광진은 "관객과 함께 만드는 무대에 대한 그리움이 간절했는데, 이런 설렘을 전달하고 싶었다. 그동안 음악계도 많은 변화가 있었고 사람들의 취향도 변했지만 내가 들려줄 수 있는 소리가 있단 생각이 들었다. 더 아름다운 소리를 만들기 위해 꾸준히 노력하고 있다"고 말했다. 더 클래식은 1년 후인 2024년 3월 30~31일 이화여대 삼성홀에서 콘서트를 열기도 했다.

김도훈

작곡가·프로듀서. 1973년생. 홍익대 토목공학 학사. 뮤직큐브 제작이사, 레인보우브릿지에이전시 이사 및 WA엔터테인먼트 설립 이어 현 RBW 공동대표.

중·고교 때 스쿨밴드를 하며 음악의 꿈을 키웠고, 특히 일렉기타를 연주하며 헤비메틀에 심취하기도 했다. 2014년 제6회 멜론뮤직어워드 '송라이터', 2015년 제4회 가온차트 K팝 어워드 '올해의 작곡가', 2015년 한국음악저작권협회 작곡가 부문 대상, 2017년 저작권 대상 대중음악 작곡 부문

1위, 2020년 제4회 소리바다 베스트 K뮤직 어워즈 '신한류 프로듀서' 수상.

백지영 「잊지 말아요」 「사랑 하나면 돼」, S.E.S 「Just A Feeling」, 소유·정기고 「썸」, 거미 「기억상실」 「죽어도 사랑해」, 휘성 「불치병」 「결혼까지 생각했어」, SG워너비 「죄와 벌」, 이승기 「결혼해줄래」 「하기 힘든 말」 「아직 못다한 이야기」 「우리 헤어지자」, 플라이투더스카이 「남자답게」, 이효리 「톡톡톡」 「잔소리」, 씨야 「사랑의 인사」, 다비치 「8282」, 박효신 「사랑한 후에」 「It's You」, 씨엔블루 「외톨이야」 「직감」, 케이윌 「선물」 「가슴이 뛴다」 「니가 필요해(I Need You)」, 티아라 「왜 이러니」, 에일리 「보여줄게」 「손대지마」, 달샤벳 「있기 없기」, 2AM 「어느 봄날」, AOA 「MOYA(모야)」 「흔들려」, 효린 「Lonely」, 마마무·케이윌 「썸남썸녀(feat. 휘성)」, 마마무 「Mr. 애매모호」 「Piano Man」 「음오아예(Um Oh Ah Yeh)」, 「I Miss You」 「Decalcomanie(데칼코마니)」 「너나 해」, 우주소녀 「MoMoMo(모모모)」, BTS 「피 땀 눈물」, MSG워너비 「바라만 본다」 등 많은 곡을 썼다. 2018년 단행본 『김도훈 작곡법: 프로가 알려주는 대중음악 작곡법』 출간. 작곡가 윤일상은 2015년 4월 14일 방송된 MBC FM4U 〈김신영의 정오의 희망곡〉에서 "최근에 돋보이는 작곡가는 김도훈 작곡가다. 스펙트럼도 넓고 좋은 곡도 많다"고 칭찬했다.

김도훈과 작업을 많이 한 유명 작사가 최갑원은 "김도훈 작곡가는 한번 들으면 쓱 외워질 정도로 군더더기 없는 발라드 작품을 쓴다"며 "술도 거의 안 하고 노는 것도 좋아하지 않는다. 거의 작업실 아니면 집에 있을 때가 많은 만큼 지금도 곡 쓰는 일이 가장 재미있다고 말할 정도로 일하는 게 전부인 사람"이라고 말했다.

김세진

작곡가·프로듀서. 1974년 서울생. 1996년 벤 1집 앨범 〈Ven〉으로 데뷔.

음악 애호가인 아버지의 영향으로 어릴 때부터 많은 팝 음악을 들으며 성장. 초교 4학년 때 아버지가 기타를 선물로 사줘 기타를 익히기 시작했고 중학교에 들어가 밴드 활동. 고교 때엔 헤비메탈과 게리 무어(Gary Moore), 반 헤일런(Van Halen), 잉베이 맘스틴(Yngwie Malmsteen) 등의 기타리스트에 심취했다. 스무 살 때부터 작곡가로 활동했고 2009년 네버랜드 엔터테인먼트를 설립했다. 최갑원과 '플렉스엠' 엔터테인먼트 공동대표를 역임하기도 했다.

박효신 「사랑이 고프다」, 서영은·정엽 「이거지 같은 말」, 나윤권·백지영 「겁이 나서」, 휘성 「일년이면」, 지아 「가지 말아요」 「내가 나를 잘 아니까」, 브라운아이드걸스 「너에게 속았다」, 임정희 「미안해」, 코요테 「사랑공식」 등 많은 곡을 썼다. KBS2 드라마 〈태양의 후예〉 OST로 많은 사랑을 받은 SG워너비의 「사랑하자」 작사·작곡 외에 「별에서 온 그대」, 「군주」, 「천년지애」, 「커튼콜」, 「김비서가 왜 그럴까」 등등 많은 OST 명곡을 남긴 바 있다. 한국음악저작권협회에 504곡이 등록돼 있다.

2019년 11월 6일 《스타뉴스》와의 인터뷰에서 "제 작곡 성향상 유행을 따라가는 음악적 표현을 많이 갖고 있진 않은 것 같아요. 트렌드에 맞추기보다 제가 갖고 있는 감성을 맞추다 보니 발라드 곡이 많이 나온 것 같다"고 말했다.

김세황

기타리스트 겸 기획자. 1971년생.
1993년 그룹 다운타운 1집으로 데뷔. '신해철과 넥스트', '노바소닉' 기타리스트로 활동했다.
외교관 아버지와 음악 애호가인 어머니의 영향으로 어릴 때부터 국제적 감각과 음악적 소양을 길렀다.
미국에 거주하고 있는 김세황은 다양한 공연 및 기획자로 활동 중이며 글로벌 IT업계 28개 연합사 'AFA' 부사장이기도 하다. 2018년 8월 백악관 초청 연주. 2018년 9월 4일 LA 다저스 스타디움서 열린 LA 다저스 : 뉴욕 메츠 축하공연. 2020년 5월 22일 칙 코리아·비니 콜라이유타와 비대면 공연 〈스테이 웰(Stay Well)〉 콘서트. 2023년 5월 17일 미항공우주국(NASA)-JPL(나사 제트 추진 연구소) 강연 등 한국 기타리스트 최초 기록을 다수 보유하고 있다.
2016년 깁슨 기타, 그리고 롤랜드/보스 아티스트 및 다다리오, AKG 와이어리스, 오렌지 앰프, 헤라클레스 스탠드 등등 28개가 넘는 세계적인 악기·기기 브랜드 아티스트 활동. 이렇게 많은 글로벌 브랜드 아티스트는 국내 최고 기록이자 세계적으로도 흔치 않은 사례로 꼽힌다.

김세황은 2024년 1월 9일 세계 최대의 IT·가전 전시회 'CES 2024'에 참여해 삼성전자 초청으로 세계적인 음향 전문가인 삼성리서치아메리카(SRA) 오디오랩 총책임자 겸 하만그룹 부회장 앨런 드벤티어(Allan Devantier)와 미팅 및 마이크로소프트, 구글 등 여러 관계자와 만나 세계 IT업계에 대한 영향력을 보여주었다. 'CES 2024'를 찾은 류승완 감독과 강혜정 '외유내강' 대표에게 현장 안내를 해주기도 했다. 이 행사에 이어 1월 25~28일까지 열린 캘리포니아주 애너하임 컨벤션센터에서 열린 '남쇼 2024(NAMM Show 2024)'에 맥기(Mackie) 글로벌 아티스트 자격으로 무대에 서기도 했다.
2023년 4월부터 피프티피프티 소속사 '어트랙트' 미국 지사장으로 재직 중이다.

김수영

싱어송라이터. 1996년 부산생. 서울예대 실용음악과 졸업. 매직스트로베리사운드 소속.
2017년 EP 〈Behind〉로 데뷔, 2020년 두 번째 EP 〈Don't Know〉를 발매했다. 2023년에 첫 정규앨범 〈Round and Round〉를 발매했으며 티빙(TVING) 오리지널 웹드라마 〈괴이〉 OST에도 참여한 바 있다. 음악저작권협회에 33곡이 등록돼 있다.

김영환

작곡가, 프로듀서.

아이유 외에 JK김동욱 「Tattoo」, 윤하 「Hero」, 단디 「예뻐보여」 「Oh Shy」 「철수와 영희」 「이딴거 안할래」, 최나영 「헤어질 뻔 했어」 「니가 좋아」, 하리 「응답하라 내사랑」 「월화수목금토토토」 「조으다 완전 조으다」 등 여러 곡을 썼다.

김은수

JYP엔터테인먼트 소속 작사가. 영문명은 Jennifer Eunsoo Kim.
아이유 「그 애 참 싫다」를 작사한 김은수 는 JYP 가수 외에도 타 소속 가수들과도 작업했다. 2PM 「너에게 미쳤었다」 「Red」 「Tik Tok」, 원더걸스 「Sorry」, 트와이스 「캔 디 보이」 「Headphone 써」 「Strawberry」, 엔믹스 「Love Me Like This」, 2AM 「내 생 각」, 선미 「내가 누구」, 미쓰에이 「If I Were A Boy」 「Over U」 「Mr Johnny」, 베스티 「두 근두근」, 써니힐 「Anything You Want」, 백 아연 「맘에 들어」 「쏘쏘」, 조권 「고백하던 날」 등을 비롯해 우아 「Joyride」 「Switch Up」, 박봄 「넌 나의 거울」, 박재정 「매일 이 감사해」 「하늘 사랑」, 에이프릴 「Love Clock」, 제시카 「Big Mini World」, 러블리 즈 「미묘미묘해」, 제시카 「Beautiful」, 뉴이 스트 「여왕의 기사」 등 많은 유명 곡의 노랫 말을 썼다.

김이나

작사가. 1979년 서울생.
음악과 관계없는 곳에 종사하다가 작곡가 김형석의 권유로 작사가로 데뷔했다.

김이나는 발라드에서 트로트, K팝 아이돌 에 이르기까지 다양한 장르의 가사 쓰기로 정평 높다. 이선희 「그중에 그대를 만나」, 알리 「나 때문에」, 아이브 「I am」, 정승환 「믿어」 「디데이」, 김호중·송가인 「그대를 만 나」, 스탠딩에그 「이별의 모든 것」, 조용필 「찰나」 「세렝게티처럼」, 성시경 「어디선가 언젠가」 「이음새」, 보아 「천국과 지옥 사이」 「Adrenaline」, 박효신 「The Dreamer」 「숨」 「그날」 「앨리스」 「연인」, 마마무 「Diamond」, 프로미스나인 「달빛바다」, 효린 「아하」, 김 종국 「걷고 싶다」, HYNN(박혜원) 「한번 만 나 내 마음대로 하자」, 에일리 「낡은 그리 움」 「다시 쓰고 싶어」, 임재범 「어떤 날 너 에게」 「행복을 찾아서」 「길」 「이름」, 박정 현 「서두르지 마요」 「다시 사랑해」, 이효리 「Mute」, 브라운아이드걸스 「신세계」 「웜 홀」, 오마이걸 「Cupid」, 홍진영 「잘가라」 「서울사람」, 이은미 「우리 두 사람」, 빅스 (VIXX) 「저주인형」 「기적」, 케이윌 「말실수」, 동방신기 「Destiny」, 김건모 「울어버려」, 이 정현 「왜 이래」, 아이비 「센세이션」 등등 음 악저작권협회에 561곡이 등록돼 있다.
2019년 4월 1일부터 2020년 5월 10일까 지 MBC FM 〈김이나의 밤편지〉를 진행했 고, 『보통의 언어들』, 『김이나의 작사법』 등 의 단행본을 출간했다.

김종현(1990~2017)

2005년 청소년 가요제를 통해 SM엔터테 인먼트에 캐스팅됐고 2008년 보이그룹 샤 이니로 데뷔했다. 팀 내 포지션은 메인보컬.

2015년 11월 첫 솔로 앨범 〈BASE〉를 발매하기도 했다.

음악 외에 2014년 2월 3일부터 2017년 4월 2일까지 MBC FM4U 〈푸른밤 종현입니다〉 프로그램을 진행하기도 했다. 그러나 수년간 지속된 우울증으로 2017년 12월 18일 향년 27세의 나이로 세상을 떠나 주변을 안타깝게 했다.

샤이니의 곡을 많이 썼고 이외에 아이유 「우울시계」, 손담비 「Red Candle」, 엑소 「Play Boy」, 이하이 「한숨」, 태민 「벌써」 「Pretty Boy」 등 다른 가수의 곡 작업도 활발하게 했다.

2018년 12월 16일 코엑스 아티움 SM타운 씨어터에서 제1회 빛이나 예술제 '네가 남겨준 이야기, 우리가 채워갈 이야기'가 개최되며 종현을 추모하는 시간을 가졌다. 이날 행사엔 복무 중인 온유를 제외한 샤이니 멤버 민호·태민·키, 소녀시대 태연·윤아, 엑소 수호, 레드벨벳 예리 등이 참석해 종현을 추모했다. 전날인 15일 아이유는 싱가포르 더스타씨어터에서 열린 데뷔 10주년 콘서트 〈이 지금〉에서 "원래 리스트엔 없는 노래지만 정말 그리운 사람을 위해 부르겠다"고 하며 종현이 작사·작곡한 「우울시계」를 부르며 종현을 추모했다.

김진훈

작곡가 및 편곡자.

백지영 「운명」, 보아 「말린 장미」, 화요비 「서른셋 일기」 「그사람」 「만 19세」 「Missing You」 「열 번에 한번」, KCM 「5일」, 지아 「속상해서(술 한잔 해요 Part.2)」 「친구라 해도 괜찮아」, 백현 「두근거려」, 김조한 「운명이라면」 「니가 좋아」, 적우 「나에게」, 박완규 「하루」 「바람결」, 소찬휘 「마스터」 「Tatoo」, 왁스 「떨어진다 눈물이」, 쿨 「너에게 가는 여행」 「겨울잠」 「여우비」 「도시 바캉스」, 린 「Party Gir」, 신화 「엔드리스 러브」, 캔 「꺼져」, 현빈 「Dream In My Heart」 등등 많은 곡을 썼다. 음악저작권협회에 379곡이 등록돼 있다.

김창환

1990년대의 많은 히트곡을 쓴 작곡가·프로듀서.

김건모 「잘못된 만남」 「핑계」 「잠못 드는 밤 비는 내리고」 「슬픈 추억」, 홍경민 「흔들린 우정」, 신승훈 「날 울리지마」, 노이즈 「변명」 「성형미인」, 현진영 「떠나가지마」, 베이비복스 「나 어떡해」 「우연(우울한 인연)」, 채연 「사랑느낌」 「둘이서」 「소문」 「오래된 연인」, 윤하 「날 울리지마」 등 많은 곡을 작곡했고 박미경 「이유같지 않은 이유」와 「이브의 경고」 등 여러 곡에서 작사가로서 역량도 발휘했다.

김태영

작곡가.

비스트 「Crazy」, 빌리 「Flowerld」, 하이라이트 「All My Life」 「Daydream」 「Wave」 「Paper Cut」 「Body」 「Feel Your Love(48.6Hertz)」, 위아이 「Bad Night」, 지아 「웃게 해줄게」, 히스토리 「Okorunayo」

「그럴 때면」, 써니힐 「두 갈래 길」, 벤 「Memory」, 민경훈 「Love You」, 가인 「비밀」, 남우현 「Everyday」「Gravity」「사랑해」, 박재정 「Not Gonna Wait」, 로이킴 「Starlight」, 신혜성 「손을 잡아줘」, 스트레이 키즈 「바보라도 알아」, 씨클레프 「괜찮아 좋은 날이 많을 거야」「전부 너란 걸」「이런 게 사랑일까」, 김재중 「Secret」, 황치열 「모두 잠든 밤」, 크래비티 「호흡」, MCND 「Galaxy」「아직 끝난 거 아니다」「풍악을 울려」, 골든차일드 「창밖으로 우리가 흘러」「Blind Love」, 에이핑크 「Me Myself And I」「그날의 봄(Just Like This)」「나만 알면 돼」, 프로미스나인 「달빛바다」 등 많은 곡을 작곡했다. 저작권협회엔 김태영이란 이름 외에 태봉이, 이어달리기1, 손오공콧털 등의 이름으로도 등록돼 있다.

티빙 〈술꾼 도시여자들〉, tvN 〈마인〉 드라마 OST도 작업했고, 2015년 직장인밴드 콘테스트 〈주경야락〉 심사위원도 맡은 바 있다.

김한영

산울림 「너의 의미」 외에 패티김 「행복한 여자」, 장사익 「강물처럼 흘러서」「티끌 같은 세상 이슬 같은 인생」, 권은아 「고독한 여자」「그 누가 아나요」, 김영임 「가야지」 등의 작사에도 그의 이름이 등록돼 있다.

김현아

코러스 보컬 세션. 1969년 서울생. 인터넷상에선 1970년생으로 나와 있지만 당사자에게 확인 결과 1969년이 맞다고 함.

대학에서 불어불문학 전공(87학번) 및 단국대 대중문화예술대학원 석사.

현재까지 3만 5000여 곡 넘게 세션.

서종예(서울종합예술실용학교), 호원대, 서경대에 이어 현 홍익대 실용음악과 교수.

어릴 때부터 노래하는 걸 좋아했으며, 1989년 여행스케치 1기 멤버로 음악계 데뷔. 아이유의 「비밀」「벽지무늬」 외에 조용필, 이승철, 신승훈, 보아, 동방신기, 원더걸스, 김호중, 장민호, 이찬원 등등 현재까지 모든 장르에서 가장 왕성하게 코러스 세션 활동.

2011년 작곡가 주영훈이 진행하던 MBC FM 라디오 〈2시의 데이트〉에 출연할 때 주영훈이 '국민 코러스'란 닉네임을 붙여줌.

세일러문 「달빛의 전설」을 비롯해 많은 만화영화 주제곡도 가창.

2020년 제12회 멜론뮤직어워드 세션(코러스) 부문 수상.

2021년에 20년 만의 신곡 「피카소의 꿈」을 발매했다.

필자와의 인터뷰에서 "오래전부터 솔로 앨범을 구상했지만 아직 실행하지 못했다"며 "발매하게 된다면 노라 존스처럼 무공해 느낌의 차분하고 힐링이 되는 곡을 선보이고 싶다"고 했다.

김현철

싱어송라이터 · 작곡가 · 프로듀서. 1969년 서울생. 홍익대 전기제어공학 학사.

「춘천 가는 기차」를 비롯해 이소라와의 듀

엣 「그대 안의 블루」 등 자신이 부른 곡들 외에도 장필순 「어느새」 「잊지 말기로 해」, 이소라 「청혼」 「고백」 「난 행복해」 「잊지 말기로 해」, 박학기 「북강변」 「계절은 이렇게 내리네」 「이미 그댄」 「여름을 지나는 바람」 「미지에게」, 이은미 「이제야 돌아온 그대」, 박효신 「그 흔한 남자여서」, 적우 「사랑해 줘」, 박완규 「정리」, 김범수 「제발」, 거미 「난 행복해」, 핑클 「남아있는 노래처럼」, 임재범 「너란 사람」 등 많은 가수의 곡을 썼다.

MBC FM4U 〈오후의 발견〉, 〈FM 골든디스크〉, 〈원더풀 라디오〉 등 라디오 DJ로서도 두각을 나타냈으며 2023년 11월 20일부터 현재까지 MBC 표준FM 〈김현철의 디스크쇼〉를 진행하고 있다. 이 프로그램은 2023년 12월 29일 상암동 MBC 신사옥에서 열린 'MBC 방송연예대상'에서 라디오 부문 최우수상을 받았다.

경희대 포스트모던음악학과, 홍익대 실용음악과 교수로도 활동했다.

김형석

작곡가. 한양대 음대(작곡) 학사.

건반 세션으로 출발한 이래 본격 작곡가의 길로 들어섰으며 양과 질에 있어서 한국에서 가장 많은 곡을 작업한 작곡가 중 하나다.

김광석 「너에게」 「너 하나뿐임을」 「사랑이라는 이유로」, 변진섭 「그대 내게 다시」 「구름 닮은 친구」 「천상유애」 「The End」, 김건모 「첫인상」 「너와 이어진 슬픔」, 원미연 「이별이란 건」 「이만큼의 사랑」, 박미경 「이별 연습」 「사랑 만들기」 「슬픈 노래」, 박진영 「마이 걸」 「너의 뒤에서」 「Ready」, 신승훈 「나만의 이별」 「슬픈 사랑」, 임창정 「결혼해줘」 「늑대와 함께 춤을」 「너와 함께」 「Love Affair」 「기다리는 이유」 「슬픈 혼잣말」, 박지윤 「내 눈에 슬픈 비」 「너도 나처럼」, 이선희 「내가 바라는 건」, 베이비복스 「Get Up」 「Missing You」 「Killer」 「배신」 「회상」, 보아 「Come To Me」 「이별 준비」 「I'm Your Lady Tonight」 「천국과 지옥 사이」, 성시경 「처음처럼」 「내게 오는 길」 「동화」 「사랑해서 슬픈 날」 「10월에 눈이 내리면」 「팝콘」, 조규찬 「사랑 느낌」, 조성모 「네 멋대로 해라」 「사랑은 항상 다시 오죠」, 조관우 「Sad Song」, JK김동욱 「이별은 거꾸로 흐른다」, 존박 「Good Day」, 임재범 「길」 「어떤 날 너에게」 「행복을 찾아서」 「지금 여기」 등등 무려 1500여 곡 가까이 된다.

김형준

작곡가.

아이유가 부른 〈선덕여왕〉 OST 「바람꽃」 외에 이정란 「우리 헤어지지 말아요」 「사랑인가 봐요」 「혼자 있는 시간에」를 비롯해 신혜성, 최재훈, 임강구, 권인하, 신효범, 최민수, 서문탁, 박강성, 바비킴, 정훈희, 조항조, 송소희 등 많은 가수의 노래를 작곡했다.

MBC 〈하얀거탑〉, 〈선덕여왕〉, 〈해를 품은 달〉 드라마 OST에도 참여했고, 2012년 박강성의 가수 데뷔 30주년 기념 투어 콘서트 음악감독으로도 일했다.

김희원

작곡가.

아이유 「밤편지」「아이와 나의 바다」「자장가」외에 박정현 「Constellations」「이름을 잃은 별을 이어서」, 김나영 「그렇게」, 라포엠 「Sunrise」, 임슬옹 「너의 바다」, 백아연 「짝사랑 얘기」, 제시카 「투나잇」등 여러 곡을 썼다. 2021년 4월 25일에 발매된 장필순과 백지영 듀엣 「그 다음날」을 작곡했다.

길은경

세션 피아니스트. 동덕여대 공연예술대학원 졸업.

제6회 유재하 음악경연대회에서 「비오는 날」로 은상, 제3회 가온차트 K팝 어워드 '올해의 실연자' 부문 수상. 현 서경대 실용음악과 교수.

아이유의 「비밀」「Everything's Alright」외에 한영애, 김건모, 신승훈, 박효신, 휘성, 빅마마, 거미, 이승기, 이선희, 김범수, 임정희, god, 박정현, 성시경, 소녀시대, 슈퍼주니어, 원더걸스, 비, SG워너비, 박상민 등 다수 세션.

MBC 〈나는 가수다〉와 엠넷 〈보이스 코리아〉 하우스밴드에서도 활동했다.

나원주

가수·작곡가·음악감독. 서울예대 실용음악과 전공.

1995년 「나의 고백」으로 유재하 음악경연대회 대상을 받으며 가요계 데뷔. 정지찬과 남성 듀오 '자화상'으로 활동. 2003년 솔로

1집을 발매했다. 자화상 및 자신의 솔로곡 외에도 박효신 「행복한가요」, 이문세 「이 와중에」「비가 오면 더 좋겠네」「내 마음속의 너를」, 이소라 「믿음」「우리 다시」, 유열 「나를 사랑하지 않는 그대」, 박정현 「까만 일기장」, 성시경 「바램」「널 잊는 기적은 없었다」, 양파 「불언」등 여러 곡을 썼다. 지아, 박재정, 김연우, 어번자카파, 양희은, 윤종신, 왁스, 이수, 먼데이키즈, 임정희, 간미연, 하동균, 김범수, 김건모, 장나라, 신승훈 등 많은 가수의 곡을 편곡했다.

남혜승

아이유가 부른 tvN 〈사랑의 불시착〉 OST 「마음을 드려요」 작사·작곡·편곡.

SBS 〈기름진 멜로〉〈수상한 파트너〉, tvN 〈그해 우리는〉〈도깨비〉〈미스터 션샤인〉〈사랑의 불시착〉〈청춘기록〉〈사이코지만 괜찮아〉〈환혼〉〈눈물의 여왕〉, JTBC 〈너를 닮은 사람〉, 카카오TV 〈도시남녀의 사랑법〉, 지니TV 〈사랑한다고 말해줘〉 등등 많은 OST를 작업한 유명 음악감독.

딘(DEAN)

싱어송라이터·작곡가·프로듀서. 본명 권혁. 1992년 서울생.

2015년 7월 30일 싱글 〈I'm Not Sorry〉로 데뷔. 〈쇼미더머니 시즌6〉 프로듀서로도 활동.

자신이 노래한 작품 외에 엑소 「Black Pearl」, 존박 「U」「Understand」, 로꼬 「지나쳐」, 빅스 「기적」「저주인형」, 헤이즈

「Shut Up And Groove」, 이하이 「안봐도 비디오」, 블락비 「빙글빙글」, 크러쉬 「Wake Up」, 수란 「1+1=0」, 아이유 「돌림노래」 등 여러 곡을 작곡했다.

라이언 전(Ryan S. Jhun)

작곡·작사가·프로듀서. 본명 전세원. 경남 진주에서 태어나 10대 때 미국으로 이민. 이효리 「Chitty Chitty Bang Bang」 「Want Me Back」 「100 Percent」, 슈퍼주니어 「너 같은 사람 또 없어」 「Shake It Up」 등을 비롯해 동방신기, 샤이니, 소녀시대, 레드벨벳, 오마이걸, 트와이스, 엔믹스, 에스파, 에일리, 하성운, 아이브, 몬스타엑스, 걸스데이, 유키스, F(X), 백지영, B1A4, 초신성, 스피카, 엑소, 태연, NCT DREAM, NCT U, NCT 127, 이달의 소녀, 청하, 아스트로, 아이유 등등 솔로 가수에서 K팝 아이돌에 이르기까지 많은 가수의 곡을 썼다. 2024년 3월 현재 음악저작권협회에 413곡이 등록돼 있다.

류영민

작곡가·음악감독.
가비앤제이, 매드소울차일드, 조성모, 제이(J), 에픽하이, 하동균, 브라이언, 정승환 등 여러 가수와 작업. 2022년 임재범 정규 7집 〈세븐 콤마(SEVEN,)〉 및 2023년 BMK 데뷔 20주년 정규 4집 〈33.3〉에도 참여. KAC 한국예술원 실용음악계열 전임교수로도 활동했다.
영화 〈블러디 쉐이크〉, 〈수상한 고객들〉, 〈파파〉, 〈극비수사〉, 〈엽기적인 그녀 2〉, 〈대장 김창수〉 및 SBS 〈쩐의 전쟁〉 〈바람의 화원〉 〈사임당, 빛의 일기〉, KBS2 〈그들이 사는 세상〉, JTBC 〈내 아이디는 강남미인〉, 티빙 〈당신의 운명을 쓰고 있습니다〉 등 여러 드라마 OST를 작업했다. 김상중·서지석 주연의 연극 〈미저리〉에 사용된 곡 전체를 쓰고 음악감독으로도 활약했다.

르세라핌

김채원·사쿠라·허윤진·카즈하·홍윤채 라인업의 하이브(HYBE) 소속 다국적 걸그룹. 2024년 3월 9일 서울 KSPO 돔(전 올림픽체조경기장)에서 열린 아이유의 월드투어 콘서트 〈2024 IU HEREH WORLD TOUR CONCERT IN SEOUL〉에 게스트로 출연했다.
공연 다음 날인 10일 김채원은 팬 커뮤니티 위버스에 "아이유 선배님 콘서트 게스트로 초대되어 다녀왔어요! 어릴 때부터 아이유 선배님을 보면서 힘을 얻고 많은 감정들을 느끼며 커와서 정말 실제로 꼭 한 번 뵙고 싶은 선배님이었는데 그런 제가 선배님의 콘서트에 게스트로 서게 될 줄이야. 아직도 믿기지 않아요"라고 소감을 전했다. 사쿠라는 위버스에 "저희가 오늘 아이유 선배님 콘서트에 게스트로 출연했어요. … 정말 정말 영광이었고 너무너무 감사합니다. … 유애나분들이 노래를 너무너무 잘 하시더라고요. 다 같이 부를 때 감동받아서 울컥했어요"라고 소감을 밝혔다.

마리오

래퍼. 1982년생. 본명 정한림. 2008년 「난 너에게」로 데뷔.

「Man Of Steel」 「DAMAGE」 외에 구구단 「Good Boy」, 허각 「사랑했다」, 브라이언 「Pretty Woman」, 비스트 「외쳐라 대한민국」, FT아일랜드 「사랑사랑사랑」, 시크릿 「줄듯 말듯」, 김종국 「행복병」, 초신성 「Super Star」 등의 가사를 썼다.

문대현

작곡가.

성균관대 무역학과 재학 중 노래 동아리 '소리(宵廊)'에서 활동하며 1984년 유명한 민중가요 「광야에서」를 썼다. 그 외에 「그날이 오면」, 「오월의 노래」, 「동지를 위하여」 등 그가 쓴 많은 곡은 노찾사(노래를 찾는 사람들)에 의해 대중적 인기를 얻었다. 이외에 유익종 「그대 그리워질 때」, 권진원 「살다보면」, 「눈 내리는 저녁」 「저문 거리」 「노을이 지면」, 윤도현 「긴 여행」 등 여러 곡을 썼다.

민웅식

작곡가.

최갑원, PJ 등과 호흡을 맞추며 여러 곡을 썼다.

아이유 「미아」 「느리게 하는 일」 「두근두근 데이트」를 비롯해 백지영 「늦잠」 「느낌이 느껴질 때」, 박효신 「러브바리스타(feat. 서인국)」, 유키스 「아바타」, 하동균 「골목길 러브스토리」 「우리 둘」, 더 자두 「젊은이의 양지」 「연탄갈비」 「양치기 소년」 「저축왕」, 일락 「헤픈 여자」 「You and I」, 장우혁 「지지 않는 태양」 「폭풍 속으로」, 간미연 「그 앤 너에게 반하지 않았어」, 제리 「사랑한다」, 장혜진 「괜찮습니다」, 장숙정 「골목길 블루스」 등 여러 곡을 작곡했다.

박광현

가수·작곡가. 서울대 국악작곡과 졸업.

「안녕이라고 말하지마」 「잠도 오지 않는 밤에」 「풍경화 속의 거리」 「사랑하고 싶어」 「달은 해가 꾸는 꿈」 등 이승철의 여러 히트곡 작곡가로 유명하다. 그 외에 김건모 「너의 이유」 「이별 뒤에 그린 그림」, 신승훈 「우연히」, 박준희 「시작」, 데이지 「슬픔이여 안녕」 「거울공주」 「여울목」 「사랑은 안녕」, 신효범 「내 추억의 절반」 「생각해」 등 많은 곡을 작곡했다. 솔로 가수로서 자신이 직접 쓴 여러 곡을 발매하기도 했다.

박건호(1949~2007)

작사가·시인.

중학생 때부터 시를 썼고 1969년에 서정주가 사문을 쓴 시집 「영원의 디딤돌」을 발간했다. 1972년 박인희 「모닥불」로 작사가로 데뷔하며, 시적 감성이 탁월한 1970~1980년대 최고의 작사가 중 하나로 평가받는다.

이용 「잊혀진 계절」, 설운도 「잃어버린 30년」, 민해경 「어느 소녀의 사랑 이야기」 「그대 모습은 장미」 「내 인생은 나의 것」, 방주연 「기다리게 해놓고」, 이수미 「내 곁에 있어주」, 정수라 「아 대한민국」, 박인희 「끝이 없는 길」, 정종숙 「새끼손가락」, 조용필 「모나리자」 「단발머리」 「눈물의 파티」 「마도요」, 최진희 「우리 너무 쉽게 헤어졌어요」, 나미 「빙글빙글」, 패티김 「빛과 그림자」, 소방차 「그녀에게 전해주오」 「어젯밤 이야기」, 김종찬 「토요일은 밤이 좋아」, 조미미 「진부령 아가씨」 「터미널」, 장재남 「빈 의자」, 장은아 「이 거리를 생각하세요」, 심신 「오직 하나뿐인 그대」, 이정희 「바야바」 등 무려 3000곡이 넘는 노래를 썼다.

1982년 KBS 가요대상 작사상, 1985년 한국방송협회 아름다운 노래 대상, 1985년 국무총리 표창. 작사가 활동 외에 『타다가 남은 것들』, 『고독은 하나의 사치였다』, 『추억의 아랫목이 그립다』, 『기다림이야 천년이 간들 어떠랴』, 『그리운 것은 오래 전에 떠났다』 등 시집과 『오선지 밖으로 튀어나온 이야기』 등의 에세이집을 남겼다. 1980년대 후반 이후 뇌졸중으로 중풍을 앓았고 오랜 기간 투병하면서도 작품 활동을 하다가 2007년 12월 9일 타계했다. 2023년 2월 KBS 2TV 〈불후의 명곡〉은 2회에 걸쳐 박건호 특집을 꾸몄다.

박근태

백지영 「사랑 안 해」, 브라운아이드소울 「정말 사랑했을까」, 이선희 「그 중에 그대를 만나」로 유명한 작곡가·프로듀서. 1972년생.

2002~2004년 SBS 가요대전 '올해의 작곡가상', 2002년 서울가요대상 '올해의 프로듀서상', 2003년 서울가요대상 '최고작곡

가상' 수상.

DJ DOC 「나의 성공담」, 젝스키스 「사나이 가는 길」 「기억해줄래」, 샵 「Lying」 「Tell Me Tell Me」, 타샤니 「경고」, 윤미래 「시간이 흐른 뒤」 「Memories…」, 쥬얼리 「Again」 「니가 참 좋아」, 김현정 「단칼」, SG워너비 「Timeless」 「사랑하길 정말 잘했어요」, KCM 「알아요」, 씨야 「슬픈 발걸음」, 조PD&인순이 「친구여」, 성시경 「우린 제법 잘 어울려요」, 신승훈 「그런 날이 오겠죠」, 휘성 「사랑은 맛있다」 「별이 지다」, 박정현 「위태로운 이야기」 「연애중」 「같이」, 신화 「Brand New」 「Once In A Lifetime」, 아이비 「유혹의 소나타」 「이럴거면」 「눈물아 안녕」, 양파 「사랑… 그게 뭔데」, 다비치 「사고 쳤어요」, 에일리 「저녁 하늘」 「If You」, 아이유 「하루 끝」, 가인 「Apple」, 박정아 「결국 사랑」, 서인영 「사랑이라 쓰고 아픔이라 부른다」 「Oh My Gosh」, 레드벨벳 「Good」 「Bad」 「Ugly」, 고유진 「바보라서」 등 많은 히트곡을 썼다. 2023년엔 박혜원 「너에게로 (EUROPA)」 등 왕성하게 곡 쓰기 작업을 계속해오고 있다.

전국의 1073개 방송 프로그램을 모니터해온 '차트코리아'에 의하면 2004년 가장 방송 횟수가 많았던 노래를 창작한 작사가는 조은희, 작곡가는 박근태로 나타났다.

2019년 11월 9일 방송된 KBS 2TV 〈불후의 명곡〉에 전설로 출연했다. 이날 서인영은 "(박근태 오빠와) 여기서 가장 인연이 깊다. 쥬얼리 당시 「니가 참 좋아」부터 시작해서 히트곡 「슈퍼스타」까지 박근태 오빠가

다 만들어줬다"고 말했다. 이어 "발라드 곡 「사랑이라 쓰고 아픔이라 부른다」도 작곡해줬다. 그 곡으로 첫 1위를 하고 발라드로 처음 인정을 받았다"고 설명했다. 이지훈은 "동시대에 활동했었다"며 "그 당시 가수들에겐 신적인 존재였다"고 말했다.

박민서
프로듀서·작곡가.
아이유, 나윤권, 딕펑스, 심현보, 케이(러블리즈), 써니힐, 왁스, 타루, 이브, 시현, 성진환, 알렉스 등 여러 가수와 편곡 작업했다. 레드벨벳 「여시주의」를 작사·작곡했고, 성시경이 2021년 5월 21일 발매한 10년 만의 정규앨범(8집) 〈ㅅ(시옷)〉에도 참여했다.

박용준
싱어송라이터, 피아니스트, 작곡·편곡자, 음악감독. 1969년 서울생. 총신대 음대(작곡) 자퇴.
회사원인 아버지와 전업주부인 어머니 사이에서 1남 2녀 중 둘째로 태어났다. 2021년 12월부터 임영웅 밴드마스터로도 활동 중이다. 처음 시작한 악기는 기타였고 이후 피아노도 병행해 독학으로 배웠다. SM엔터테인먼트가 태동하던 잠실 삼전동 시절부터 이수만과 인연을 맺었다. SM사무실에서 생활하며 콘솔 장비를 만지기 시작했는데, 이때 레코딩 원리/엔지니어링 전반을 습득했다. 당시 SM 1호 아티스트가 한동준이었는데, 한동준 음반 레코딩 작업에 서브 엔지니어로 참여했다. 당시 이수만

대표는 "열심히 하라"며 박용준에게 아타리 ST 컴퓨터를 선물했다.
20대 초반부터 조동익, 장필순, 이승환, 더 클래식 등과 함께하며 한국 음악사에 굵직한 족적을 남겼다. 이승환밴드 멤버(건반)로도 6년간 활동했다. 그리고 이 무렵(1991년) 현재의 아내를 만났다. 당시 아내는 이승환 코러스로 뽑혀 자연스럽게 박용준과 어울릴 기회가 많았던 것. 사는 집도 가까웠다. 박용준은 창동에 살았고 아내 집은 불과 2.7km 거리였다. 이렇게 9년간 교제하다가 2000년 결혼했다.
다수 영화·드라마 OST에도 참여했으며, 한국음악저작권협회에 550곡이 넘게 등록돼 있다.
싱어송라이터로서 〈니가 맞아〉, 〈어디 있었나〉, 〈기억력〉, 〈Sleeping Sheep〉 등 여러 장의 싱글을 발매하기도 했다.
편곡 의뢰를 받으면 가사를 외울 만큼 듣고 또 듣는 습관이 있다. 가사가 어떤 방향인지 고민하고 나름대로 해석해보기 위해서다. 필자와의 인터뷰에서 "조미료 없는 음악을 추구하는 것이 내 음악 스타일"이라고 밝혔다. 또한 조동익을 존경하고 영향도 많이 받았다. "조동익은 철학적인 뮤지션"이라며 "그로부터 세상을 보는 시선을 많이 배웠던 거 같다. 남자답게 살아가는 법? 여기서 '남자답게'란 쩨쩨하게 살지 말자 같은 걸 의미한다"고 말했다.

박우상
작곡가·프로듀서. 1985년생.

RBW 소속 작곡가로 많은 가수의 곡을 썼으며 2021년 '웨이크원'으로 소속사를 옮겼다. 방탄소년단의 현대 아이오닉 광고음악 「I'm on it」을 작곡하기도 했다. 마마무 「딩가딩가」 「너나 해」 「별이 빛나는 밤」 「Diamond」, 케플러 「Happy ending」 「Lvly」, 조유리 「Grassy」 「Express Moon」 「This time」, 다비치 「노을」, 청하 「Snapping」, 세정 「터널」, 아스트로 「북극성」 「장화 신은 고양이」 「Dear my universe」, 문별 「MOON MOVIE」 「부재(Absence)」, 원어스 「Intro: Time」 「Stand By」, AOA 「너나 해(Egotistic)」, 멜로망스 「다시」, 소유 「My Blossom」, 백아연 「연락이 없으면」, 박재범 「Eyes」, BTOB 「내가 니 남자였을 때」 등등 많은 곡을 썼다.

SBS 〈자이언트〉 〈더 킹: 영원의 군주〉, JTBC 〈사랑의 불시착〉 〈뷰티 인사이드〉, tVN 〈도깨비〉 〈미스터 션샤인〉 〈알함브라 궁전의 추억〉 등등 여러 드라마 OST에도 참여했다. 음악저작권협회에 257곡이 등록돼 있다.

박인영

아이유를 비롯해 많은 스타 가수의 곡을 작업한 스트링 전문 편곡자.

여섯 살 때부터 바이올린 시작. 뉴욕대 대학원 석사(영화음악).

숙명여대 음악(작곡) 재학 중 제2회 유재하 음악경연대회 금상. 조동진, 김광성 건반 세션.

여행스케치, 박기영(동물원), 박정현 및 이수

영 「알아가려 해」, 윤종신 「메모리」 「행복한 눈물」 「기다리지 말아요」 「말」, 린 「이별의 온도」, 브라운아이드소울 「Home」, 이승환 「꽃」 「악연」, 김동률 「퍼즐」, 제아 「그대가 잠든 사이」, 슈퍼주니어 「헤어지는 날」, 김연우 「사랑한다면」 「블루 크리스마스」, 임재범 「아름다운 오해」 등 많은 곡을 편곡했고 이은미 「흐려진 기억들」, 박효신 「The Breeze Of Sea」, 윤석화 「나의 노래」, 더보이즈 「시간의 숲」 등 여러 곡을 작곡하기도 했다. 〈풍산개〉, 〈신의 선물〉, 〈관능의 법칙〉, 〈표적〉, 〈형〉, 〈특별시민〉, 〈당신의 부탁〉 등 영화음악도 작업했다. 음악저작권협회에 296곡이 등록돼 있다.

박주원

기타리스트. 1980년 서울생. 서울예대 실용음악과 졸업.

다섯 살 때 어머니의 권유로 클래식 피아노를 배우고 초교 3학년 때 클래식 기타도 함께 연습했다. 고등학교에선 클래식기타 동아리 활동을 했다. 이후 잉베이 맘스틴, 리치 블랙모어(Ritchie Blackmore) 등 여러 유명 기타리스트들을 카피하며 실력을 쌓았다.

1999년 서울예대 실용음악과에 입학했고 2002년 서울예대 졸업과 동시 입대(해군홍보단)했다. 2004년 말년 휴가를 받은 그는 임재범 컴백 공연 기타리스트로 함께하며 임재범밴드 정식 멤버가 됐다. 전역과 동시에 임재범 복귀 공연에 합류하며 직업 연주자로 데뷔했다. 임재범과 함께 부산 공연 및 〈수요예술무대〉 등 여러 무대를 함께 했다. 박주원이 수염을 기르기 시작한 것도 이때부터. 전역한 지 얼마 안 된 관계로 머리도 짧은 박주원에게 임재범은 "수염을 기르면 좀 더 노숙해 보일 것 같다"고 말했고 이때부터 수염을 기르기 시작한 것. 2005년엔 뮤지컬로 제작된 〈맘마미아〉에 합류해 3개월 세션했고, 2006년 도쿄와 오사카에 이르는 조성모 일본 공연에서도 기타를 세션했다. 이외에 2007년 성시경 전국투어, 2008년 신승훈 세션, 그 외 조규찬, 이소라 등등 다수 유명 가수들 세션으로 존재감을 더했다. 2009년 첫 솔로 앨범 〈집시의 시간!〉을 발매했고 마포아트센터에서 솔로 앨범 발매 기념 첫 단독 콘서트를 열었다.

유명 가수들 외에 아우디, 마세라티, 두가티 등등 세계적인 자동차·오토바이 브랜드 론칭 행사장에서도 기타 연주를 선보였다. 2010년 9월엔 말로와 함께 텔아비브, 하이파, 예루살렘 등에 걸친 이스라엘 공연을 진행했다.

박주원의 기타 스타일은 그가 처음 배웠던 클래식 기타의 요소가 집시풍과 조화를 이루는 구조다. 왼손은 클래식 기타 코드웍에 기초해 자연스럽게 전개된다. 또한 장고 라인하트 등 그가 존경하는 전설적 기타리스트의 장점과 매력을 받아들이고 있다. 오른손 핑거 피킹은 클래식 운지는 물론 파코 드 루치아를 비롯한 플라멩코 등등 집시 스타일의 다채로운 기법들과 감성에서 영향받았다.

박진호

아이유가 부른 tvN 〈사랑의 불시착〉 OST 「마음을 드려요」 작사·작곡·편곡.

MBC 〈한번 더 해피엔딩〉, KBS2 〈연애의 발견〉, SBS 〈수상한 파트너〉 〈기름진 멜로〉 〈질투의 화신〉 〈그해 우리는〉, tvN 〈풍선껌〉 〈굿와이프〉 〈도깨비〉 〈반의반〉 〈미스터 션샤인〉 〈환혼〉 〈청춘월담〉 〈눈물의 여왕〉, JTBC 〈아름다운 세상〉, 온스타일 〈처음이라서〉 등 많은 드라마 OST를 작업했다. 주로 남혜승 음악감독과 호흡을 맞춰왔다.

박창학

작사가·프로듀서·번역가. 1968년생. 고려대 국어국문학 학사. 와세다대학 예술학 박사 과정 수료.

1995년부터 10여 년간 와세다대학 문학부에서 영화 이론을 전공했다. 기타노 다케시로 석사 논문을 썼고, 박사 과정에서 마스무라 야스조를 연구했다.

윤상이 작곡한 다수의 곡을 작사한 윤상의 음악적 동반자. 윤상 외에 강수지 「꿈은 어디에」 「필요한 건 시간일 뿐」 「길고 긴 하루」 「잊으라니」, 변진섭 「어떤 이별」, 김민우 「친구에게」, 화요비 「고백」, 채정안 「아니야」, 팀 「고마웠다고」, 보아 「그럴 수 있겠지」, 이수영 「꽃들은 지고」, 성시경 「아니면서」, 김동률 「다시 떠나보내다」 「고별」 「출발」 「뒷모습」 「우리가 세상을 살아가는 법」, 윤종신 「내가 필요할 때까지」 「언제나 그랬던 것처럼」, JK김동욱 「미련한 사랑」, 박효신 「먼 곳에서」 등등 다른 가수의 가사도 많이 썼다. 〈노트르담 드 파리〉 등 여러 뮤지컬 작품 개사 및 오즈 야스지로의 산문집 『꽁치가 먹고 싶습니다』, 이마무라 쇼헤이의 첫 산문집 『우나기 선생』, 일본 영화감독 나루세 미키오의 작품 세계를 다룬 『나루세 미키오』 등 여러 단행본을 번역했다. 2009년엔 남미 음악의 세계를 안내하는 단행본 『라틴 소울: 박창학의 지구 반대편 음악 이야기』를 발간하기도 했다.

벤더스(Vendors)

BTS와 여러 곡을 작업한 '하이브' 프로듀서 겸 작곡가 엘 캐피탄(EL CAPITXN. 장이정)이 2018년 설립한 작곡·프로듀싱팀.

팀명 'Vendors'는 거리의 행상인 또는 어떤 제품의 제조업체라는 뜻으로, 높은 퀄리티의 음악 콘텐츠를 판매하는 팀(업체)이란 의미를 담았다.

엘캐피탄은 하이브에 들어가기 전 벤더스를 설립해 벤더스 작가 트레이닝에 기여했고 현재 벤더스 고문이기도 하다. 벤더스 팀 리더는 보이그룹 '히스토리' 출신의 김재호. 히스토리 외에 '에이잭스(조중희)'와 '핫샷(윤산)' 등 보이그룹 출신 팀원이 여럿 포진돼 있어 누구보다 K팝 전반에 대한 이해도가 높으며 더욱이 오래전부터 알던 친구들끼리 모여 출발해 호흡도 남다르다. 2018년 핫샷(Hotshot)의 「니가 미워」가 벤더스 공식 첫 작품이며 이어 워너원 「불꽃놀이」, 선미X비오 「불이 꺼지고」, 시우민 「민들레」, NCT U 「Round&round」, 갓세븐(GOT7) 「ECLIPSE」, 엑소 「지켜줄게」, 폴

킴 「한강에서(feat. Big Naughty)」, 플레이브 「왜요 왜요 왜?」, 그리고 하성운과 김우석 앨범 등 많은 곡을 프로듀싱했다.

벤더스는 프로듀싱뿐 아니라 NCT 127 「Road Trip」과 몬스타엑스 「Ride with U」 작사, 그리고 That That (prod. & feat. SUGA of BTS), BTS 정국 「Stay Alive(prod. SUGA of BTS)」, 선미 「Noir」과 「6분의 1」 세션에도 참여했다. 벤더스 멤버 중 하나인 Zenur(전재현)는 「에잇」에서 적재와 함께 기타 세션을 했다.

리더 김재호(Nano)는 팀에서 프로듀싱 및 탑 라이너로 활동하며, 김강산(Chiller)은 프로듀싱과 해외 작가·팀 작가와의 커뮤니케이션 및 벤더스 비즈니스 관리를 맡고 있다. 보이그룹 에이잭스(A-Jax) 출신의 조중희(Owl)는 프로듀싱·디렉팅, 보이그룹 '핫샷' 출신 윤산(San Yoon)은 탑라인 프로듀싱을 담당한다. 콜린(COLL!N)과 폴라(polar)는 많은 트랙 탑라인을 프로듀싱하고 있으며, Kyaku(전재민)는 트랙메이킹(어쿠스틱 장르 위주)을 담당하고 있다.

Louis(정국진)는 프로듀싱 및 편곡 믹싱, 기타 연주, NARA(이강호)는 프로듀싱과 기타 세션, Arte(허동경)는 트랙메이킹 담당, Abim은 오스트리아 빈 시립음대(MUK) 클래식 피아노를 전공한 트랙메이커, NASON(조혁준)은 탑라인 프로듀싱, Zenur(전재현)는 트랙메이커로 다수 트랙 프로듀싱 및 악기 실연까지 하고 있다.

용산 하이브 사옥 인근에 작업 스튜디오가 있다.

싸이져

작곡가·가수. 본명 박성운.

인디밴드 로켓스프릿과 나폴레옹 다이나마이트, 그리고 더 라즈(The Lads)에서도 활동했다.

비스트 「Crazy」와 프로미스나인 「달빛바다」 등 작곡가 김태영과 함께 호흡을 맞춰 쓴 곡들이 적지 않다. SBS 〈육룡이 나르샤〉, KBS2 〈미스 몬테크리스토〉 드라마 및 영화 〈기우제〉와 〈주유소 습격사건 2〉 OST 작업에도 참여했다.

샘김(Sam Kim)

한국계 미국인 2세 싱어송라이터·작곡가·프로듀서. 한국명 김건지. 1998년 미국 시애틀생.

SBS 〈K팝스타 시즌3〉에서 준우승하며 주목받았다. 이어 '안테나'와 전속 계약하고 2016년 데뷔 앨범 〈I am SAM〉을 발매했다. 드라마 〈도깨비〉 〈사이코지만 괜찮아〉, 〈마이 데몬〉 등의 OST를 부르며 많은 사랑을 받았다.

자신이 부른 곡 외에도 권진아와의 듀엣 「Honey Moon」 「여기까지」 「I Do」 「Adventure」, 그리고 박보검 「All My Love」, 로꼬 「Alright Summer Time」, 이진아 「Good Night」 「Good Morning」, 황소윤 「Forever Dumb」, 온유 「우중산책」, 적재 「너나 나나」 등 여러 곡을 작곡했다.

2023년 10월 18일(현지시간) 세계 최대 오디오·음원 스트리밍 플랫폼 '스포티파이(Spotify)'가 호주 시드니에서 진행한 사우스 바이 사우스웨스트(South by Southwest, SXSW) 페스티벌 내 '스포티파이 하우스'에 국내 대표 아티스트로 공식 초청돼 무대를 꾸미기도 했다.

2024년 3월 8일 안테나는 공식 SNS를 통해 "지난 10년간 당사와 함께한 샘김의 전속 계약이 2024년 3월로 종료된다"고 밝혔다.

서동환

작곡·편곡자, 프로듀서. 1996년생. 서울실용음악고 졸업. 버클리 음대 휴학 중.

정승환과 작업하며 친구가 된 걸 계기로 2020년 '안테나' 소속 아티스트로 인연을 맺게 됐다. 아이유 유튜브 채널의 고정 코너 '아이유의 팔레트' 하우스밴드 멤버(건반).

규현 「Rainbow」, 정승환 「나는 너야」 「친구, 그 오랜 시간」 「언제라도 어디에서라도」 「별」 「흔한 거짓말」, 정진우 「외할아버지」 「형」 「She's got everything」, 옹성우 「우리가 만난 이야기」, 권진아 「뭔가 잘못됐어」, 샘김 「Toy Soldier」, 곽진언 「바라본다면」, 정인 「값」 등 많은 곡의 작곡과 편곡에 관여했다. 음악저작권협회에 50곡이 등록돼 있다.

서정진

제11회 유재하 음악경연대회 출신의 작곡가.

박효신 「리라」, 에릭남 「괜찮아 괜찮아」, 서인국 「봄 타나봐」, 앤씨아 「헤어질 자신 있니, 「난 좀 달라」, 이븐 「Pretty Thing」「페스타」「Even More」, 프로미스나인 「Fun」, 세븐틴 「빠른 걸음」, 제시카 「그대라는 한 사람」「봄이라서 그래」, 알리 「102가지」, 빅스 「그만 버티고」「카오스」「태어나줘서 고마워」「다이너마이트」「Love, LaLaLa」, 뉴이스트 「빅딜」, B1A4 「그대와 함께」, 이수영 「추억 안녕」, 스윗소로우 「그대가 천국」 등 많은 노래를 작곡했다. 음악저작권협회에 443곡이 등록돼 있다. 송명석 MBC 라디오 PD와 '포이트리' 그룹을 결성해 활동하기도 했다.

선우정아

싱어송라이터 · 작곡가 · 프로듀서 · 음악감독. 1985년생.
동아방송예술대 영상음악 계열 졸업. 2006년 정규 1집 〈Masstige〉로 데뷔. YG 엔터테인먼트 프로듀서로도 활동. 김의석 감독의 〈죄 많은 소녀〉, 정가영 감독의 〈연애 빠진 로맨스〉 음악감독. 데뷔 18년 만에 처음으로 JTBC 오디션 프로그램 〈걸스 온 파이어〉 심사위원을 맡기도 했다.
자신이 부른 곡 외에도 김범수 「각인」, 정세운 「퀴즈」, 아이브 「Either Way」, 백지영 「하늘까지 닿았네」, 박정현 「The End」, 이문세 「우리 사이」, 시아준수 「Is You」, 이승기 「친구」, 서인영 「헤어지자」「편지」「잘 지내줘」, 이선희 「이뻐 이뻐」, 2NE1 「아파(Slow)」, 일레인 「Running Time」, 정은지 「상자」「후(Whoo)」, 실리카겔 「비온다」, 이하이 「내가 이상해」「짝사랑」「Dream」

「Because」 등등 다른 가수의 곡도 많이 썼다. 한국음악저작권협회에 200곡이 등록돼 있다.
오한승 동아방송예술대 교수는 "선우정아는 재학 때부터 남다른 끼가 엿보였다"며 "이미 학생 때부터 노래를 자유분방하게 부르는 자신만의 창법이 있었다"고 말했다. 〈나는 가수다〉, 〈슈퍼스타K〉, 〈미스터트롯〉과 〈미스트롯〉 등 많은 예능 프로그램 음악 감독으로 활약한 임현기 감독은 "선우정아는 어떠한 어려운 코드도 머릿속에 다 있는 음악인이다. 그래서 선우정아에겐 능력치가 워낙 높다 보니까 '하고 싶은 거 하세요'라고만 주문한다"고 말했다.

성시경

2011년 5월 28~29일 서울 올림픽공원 체조경기장에서 열린 성시경 7집 발매 기념 콘서트에 아이유가 스페셜 게스트로 출연했다.
2013년 9월 1일 방송된 KBS 2TV 〈해피선데이-1박 2일〉에서 성시경은 아침 순찰 미션 중 하나로 '연예인에게 잘생겼다는 말 듣기'를 실행해야 했다. 어딘가로 전화를 걸며 "아이유야, 받아라"라고 중얼거렸고 얼마 후 막 잠에서 깬 듯한 아이유가 전화를 받았다. 성시경은 미안하다는 말로 말문을 연 뒤 "나 잘생겼다고 한마디만 해줘. 〈1박 2일〉인데 이거 해야 미션 성공해. 솔직하게 얘기해줘. 오빠 잘생겼니?"라고 물었고 아이유는 "어. 오빠 진짜 잘생겼죠"라고 대답했다. 성시경은 "그래. 코 자"라고 인사하고 아이유와의 통화를 마쳤다. 미션을 수행한 성시경은 예전 자신의 콘서트에 아이유를 초대했다는 사실을 언급하며 "수많은 관객들 앞에서 '오빠가 좋아요, 닉쿤이 좋아요?'라고 물었더니 '당연히 오빠가 좋죠. 전 잘생긴 남자 별로 안 좋아해요'라고 말했다"고 밝히기도 했다.

2015년 9월 4일 방송된 JTBC 〈마녀사냥〉에서 아이유 이름을 판 적이 있다고 고백했다. 이날 성시경은 "참치 썰어주는 실장님이 아이유를 너무 좋아한다고 해서 다음에 아이유를 데려오겠다고 했더니 (참치를) 미친 듯이 썰어줬다"고 했다.

아이유는 2017년 6월 27일 성시경이 「태양계」를 기타 치며 노래하는 영상을 자신의 인스타그램에 올렸다.

2017년 7월 27일 방송된 케이블 채널 OLIVE 〈오늘 뭐 먹지? 딜리버리〉에서 성시경은 "아이유가 헬스장을 그만두자 나도 더 이상 운동에 흥미를 못 느껴 그만뒀다"고 말했다.

손무현

작곡가·기타리스트·프로듀서·음악감독.
1968년 서울생.
단국대 일어일문학 학사 및 한양대 대학원 음악학 석사.
1987년 록그룹 '외인부대' 기타리스트로 데뷔했고 이후 김완선 백밴드에서도 연주했다. 1990년 김완선 5집 수록곡 「삐에로는 우릴 보고 웃지」 작곡에 힘입어 본격 작곡가 및 프로듀서 활동을 병행했다.

김완선의 곡을 가장 많이 작곡했으며 그 외에 이승철 「추억이 같은 이별」, 엄정화 「슬픈 비밀」 「도시 모자이크」, 장혜진 「못다한 사랑」 「사랑이라는 그 이름 하나만으로」 「위기의 여자」, 박상민 「길이 아닌 길」 「니 멋대로 살아봐」 「Don't Go」, 리아 「Dreaming」, 박기영 「약속」 「너에게」, 권진원 「Dreaming Fantasy」, 이승기 「나만의 것」 등 여러 가수의 곡을 썼다.

MBC 〈우리들의 천국〉과 KBS 〈강력반〉 등의 드라마와 영화 〈깡패수업〉 〈신라의 달밤〉 〈광복절 특사〉 〈2424〉 〈재밌는 영화〉 〈주유소 습격사건〉 〈권순분 여사 납치사건〉 〈최강 로맨스〉 〈투혼〉 〈머니백〉 〈킬링디바〉 등 여러 OST를 제작했다. 2004년 한양여대가 실용음악과를 개설한 이래 현재까지 전임교수로 재직 중이며, 2020년 제자들과 함께 '팀손'이란 프로젝트를 론칭해 2024년 〈Shine〉까지 3장의 앨범을 발매했다.

손성제

서울예고 및 연세대 음대 작곡 전공. 보스턴 버클리 음대와 뉴욕 퀸즈 칼리지 대학원 졸업.
클래식 애호가였던 아버지의 권유로 다섯 살부터 피아노를 배웠고 초등학교 때 클라리넷으로 바꾸었다. 버클리 음대 시절 최고의 영예인 '쿰 라우데' 상을 받았고 퀸즈 칼리지 대학원 과정에서 테너 색소폰으로 전공을 바꾸고 빌 피어스(Bill Pierce), 안토니오 하트(Antonio Hart) 등을 사사했다. 퀸즈 칼리지에서 한국인 최초 색소폰 석사학위를 받았다.

2003년 첫 리더작인 프로젝트 앨범 〈Nouveau Son〉을 시작으로, 2006년 첫 솔로 앨범 〈Repertoire & Memoir〉, 2007년 〈I'll Be Seeing You〉, 2008년 〈Em Seu Proprio Tempo〉 발매. 2009년엔 정수욱(기타), 이순용(베이스)과 '니어 이스트 콰르텟(Near East Quartet, NEQ)'을 결성했는데, 이 팀은 세계적인 재즈 레이블 명가 ECM에서 한국인 구성 밴드로는 최초로 앨범을 내 화제를 모으기도 했다.

이외에도 손성제는 2011년 〈비의 비가〉, 2021년 〈변해버린 너에게〉 등 가요 프로젝트 앨범을 발매했고, 자신의 앨범 작업뿐만 아니라 베이시스트 전성식의 〈Vanishing Twin〉과 〈Twilight〉, 소프라노 신영옥의 〈My Song〉, 피아니스트 박종훈의 〈Sentimentalism〉 등 여러 아티스트와도 작업했다. 2016년 정미조 컴백 앨범 〈37년〉의 프로듀서로도 활약했고 호원대 실용음악과 전임교수로 재직 중이다.

윤도현 「귀로」, 하림 「어느 날」, 정미조 「시시한 이야기」 「너의 웃음」 「눈사람」 「바람의 이야기」 「7번 국도」, 전제덕 「돌이킬 수 없는」 등 여러 노래를 작곡했다.

송성경

건반 세션 및 편곡자. 1986년 서울생. 서울예대 실용음악과 졸업.

아이유, 원더걸스, 브라운아이드걸스, god, 이승철, 윤종신, 세븐틴, 정준일, 휘성, 정인, 스윗소로우, 박효신 등 많은 스타 가수 세션 및 KBS2 〈불후의 명곡〉, JTBC 〈슈가맨〉 등 방송 세션까지 전방위적으로 활약하고 있는 시티팝, 레트로 사운드를 대표하는 편곡·작곡가이자 세션 키보디스트. 인피니트 「눈을 감으면」의 편곡자이기도 하다.

기타리스트인 아버지 송만호는 MBC 관현악단에서 일했고 어머니 유청심은 KBS 합창단 단원으로 활동했다. 아버지 송만호는 록과 퓨전재즈를 좋아해 항상 이런 장르의 음악을 틀어놓았다. 따라서 송성경은 이미 두세 살 때부터 리 릿나워(Lee Ritenour), 데이브 그루신(Dave Grusin), 두비 브러더스(Doobie Brothers), 랜디 크로포드(Randy Crwaford) 등 많은 음악을 접했다. 중3 때 들은 딥 퍼플(Deep Purple) 라이브 앨범의 존 로드(Jon Lord) 연주가 그에게 키보디스트를 꿈꾸게 했다. 아연고(실용음악) 재학 중 정원영에게 개인 레슨을 받으며 빌리 프레스턴(Billy Preston)의 음악 세계에 눈을 떴다. 존 로드에겐 키보드의 거친 록의 질감과 톤 구사, 빌리 프레스턴에겐 특유의 블루지함과 섬세한 터치 등을 익혔다.

2005년 서울예대 전체 수석으로 입학했고 같은 해 만 19세의 나이로 김조한 무대에 서며 건반 세션 연주자로 데뷔했다. 2006년 산울림 공연 세션 등으로 이어지며 어린 나이에 건반 세션계에서 주목받는 재원으로 부상했다. 세션 키보디스트로 활동하는 와중에도 뮤지 1집을 작업하며 편곡자로 데뷔했다. 2009년 비 아시아 투어 세션 및 2011년 인피니트 월드투어에 함께 했다.

'월간 윤종신'은 송성경이 더욱 대중적으로 알려지게 된 계기다. 2017년부터 러블리즈 밴드마스터로도 활동했고, 2019년엔 김현철 원곡의 「춘천 가는 기차」를 '월간 윤종신' 프로젝트 일환으로 진행된 소녀시대 태연 버전으로 편곡해 주목을 끌었다. 장재인 「아마추어」는 송성경의 첫 시티팝 작품. 기타-베이스-드럼 모두 혼자 작업하느라 시간이 오래 걸렸다.

30여 종이 넘는 신스·건반 장비를 보유하고 있는 '오타쿠'이기도 하다. 영화 등 각종 영상을 틀어놓고 작업하는 버릇이 있다. 지인의 소개로 2014년에 디자이너인 아내를 만나 5년간의 열애 끝에 2019년 결혼했다. "버트 바카락(Burt Bacharach) 같은 훌륭한 편곡자로 기억되길 원합니다. 그리고 시티 팝을 말할 때 송성경이란 존재가 가장 먼저 떠오르는 이름이면 더욱 좋겠습니다."

송재경

가수·작곡가. 인디밴드 '9와 숫자들' 보컬. 서울대 서양사학과 학사.
BTS 「낙원」 「Home」, 투모로우바이투게더 「Happily Ever After」 「Dreamer」 「Deep Down」 「Thursday Child Has Far To Go」 「Poppin Star」 「Magic Island」 「Anti Romantic」 「디어 스푸트니크」, 이찬혁비디오 「연날리기」, 더보이즈 「연날리기」 작사와 작곡에 참여했다.

슈가

BTS(방탄소년단) 멤버. 1993년생.
2023년 12월 26일 BTS 슈가의 유튜브 채널 '슈취타'에서 아이유는 슈가를 이렇게 평했다. "슈가는 프로듀서로서 기준이 높은 사람입니다. 「에잇」과 「사람 Pt.2」를 작업할 때 굉장히 다르게 느껴졌어요. 본인 거 작업할 땐 기준이 높고 특히 스스로에게 엄격한 사람이란 생각이 들었어요."

또한 '슈취타' EP24에서 슈가와 세 번째 콜라보를 한다면 밝은 음악을 하고 싶다고 밝혔다. 이에 슈가는 "댄스 하면 돼요. 아이유는 춤도 잘 추시잖아요"라고 했고 아이유는 "그래요. 댄스를 합시다. 만약 다음에 더 하게 된다면"이라고 말했다. 슈가는 "저지 댄스, 저지클럽 이런 거 하자"고 말하기도. 'Agust D' 항목에서도 슈가 관련 내용을 접할 수 있다.

슬옹(임슬옹)

2AM 멤버. 1987년 서울생.
아이유 외에 키썸, 윤보미, Kei, 조이, 체리비, 윤현상, 빈지노, 선예 등 여러 가수와 콜라보했다. 2AM의 「Love Skin」 작사·작곡·편곡 및 「I Know」를 작사했고, 「말을 해줘」 등 솔로로 발표한 여러 곡도 썼다. 또한 정승환 「흔한 거짓말」을 작사했으며 tvN 〈호구의 사랑〉, SBS 〈썸남썸녀〉, iHQ 〈연애세포 시즌2〉, SBS 〈미세스캅2〉, KBS 〈함부로 애틋하게〉, KBS2 〈한번 다녀왔습니다〉, 카카오웹툰 〈바니와 오빠들〉, 티빙 예능 〈환승연애3〉 등 여러 OST에도 참여했다.

MBC 〈개인의 취향〉 〈도시락〉 〈호텔킹〉, KBS2 〈천명: 조선판 도망자 이야기〉, SBS 〈미세스 캅〉 〈펜트하우스3〉, tvN 〈호구의 사랑〉 등의 드라마 및 〈어쿠스틱〉, 〈26년〉, 〈봄〉, 〈무서운 이야기3: 화성에선 온 소녀〉, 〈이웃집 스타〉 등의 영화와 뮤지컬 〈마타하리〉 등에도 출연했다.

2012년 3월 24일 KBS2 예능 〈이야기쇼 두드림〉에 출연한 슬옹은 「잔소리」 관련 비하인드스토리를 공개하기도 했다.

신사동호랭이(1983~2024)

경북 포항생. 본명 이호양. 2005년 더 자두 「남과 여」로 작곡가 데뷔.

아이유 「미리 메리 크리스마스」 작곡·편곡을 한 신사동호랭이는 EXID 「위아래」 「아끼지마」 「Fire」, 티아라 「몰라요」, 아이비 「Good」, 헤이즈 「Midnight」, 비스트 「Bad Girl」 「Mystery」 「숨」 「Special」 「Beautiful」, 트라이비 「우주로」 「STAY TOGETHER」 「WE ARE YOUNG」, 모모랜드 「뿜뿜」 「BAAM」 「I'm So Hot」 등 많은 히트곡을 썼다. 그러나 2024년 2월 23일 갑작스럽게 타계해 주위를 안타깝게 했다.

평소 신사동호랭이와 친하게 지내던 작곡·프로듀서이자 '감성사운드' 대표 미친감성은 "'감성사운드'에서 학생들을 가르치는 데에도 깊은 관심을 보였다"며 "타계 며칠 전에도 '월요일에 다시 만나자'라고 할 정도로 죽음의 징후를 전혀 느끼지 못했다"고 말했다. 미친감성은 "신사동호랭이는 AI 보컬 연구가 재밌다며 내게 사용법을 알려주기도 했다. 그는 후배들에게 지식을 나눠주는 걸 좋아했고 단순히 돈을 버는 걸 넘어 진심으로 수업을 했다. 이는 '감성사운드'에서 (신사동호랭이에게) 수업을 받는 학생들 모두 느꼈다. 매번 특강을 준비하면서도 심지어 무료특강에서도 '호랭아 이거 진짜 알려줘도 상관없어?'라고 오히려 내가 되물을 만큼 정말 다 퍼주는 사람이었다"고 고인을 추억했다.

신석철

세션 드러머. 1971년생. 1992년 서울예대 실용음악과 졸업.

신중현의 세 아들 중 막내. 첫째는 신대철, 둘째는 신윤철로 3형제 모두 음악인.

서울전자음악단, 전인권밴드 등에서 활동.

아이유 「비밀」 「별을 찾는 아이」 「잠자는 숲 속의 왕자」 「Everything's Alright」 드럼 세션 외에 김건모, 김현철, 김광진, 권진원, 김연우, 나윤선, 롤러코스터, 박정현, 박화요비, 박효신, 뱅크, 브라운아이드소울, 서영은, 성시경, 소찬휘, 신승훈, 왁스, 양희은, 에즈원, 여행스케치, 유희열, 윤종신, 이기찬, 이소라, 이수영, 이승철, 이승환, 임재범, 장필순, god, 토이, 한영애, 휘성 등 많은 가수 세션.

〈내 여자친구를 소개합니다〉, 〈파송송 계란탁〉, 〈복면달호〉, 〈손님은 왕이다〉, 〈고고70〉 등 여러 영화 OST에도 참여했으며, KBS 〈이소라의 프로포즈〉와 〈윤도현의 러브레터〉 하우스밴드 드러머로도 활동했다.

신승익

악뮤(악동뮤지션), 몽니 등의 편곡자로 잘 알려진 작곡가·음악프로듀서.
이보람 「Attitude」, 크레용팝 「Too Much」, 틴탑 「Liar」 「안녕」 「Mirror」, 몽니 「명동로망스」 「다시」 「Into the Light」 「Firmament」, 에이프릴 「스릴러」, 니엘 「사랑했다 XX」 「아포카토」 「Memory」, 에이젝스 「It Girl」 등 많은 곡을 썼다.
CJ ENM의 신인 창작자 발굴 양성사업 '오펜(O'PEN)' 뮤직 멘토로 활동했고, 2022년 일본의 언더그라운드 아티스트 유이키(yuiki)의 LP 프로젝트 '더스트 펑크(DUST FUNK)'에도 참여했다.

신예찬

루시(Lucy) 리더·바이올리니스트. 1992년 충북 충주생. 삼육대에서 관현악 전공.
2020년 루시 싱글 〈Dear〉로 데뷔. 아이유 「관객이 될게(I stan U)」에서 바이올린 세션.
신예찬은 소속사 미스틱스토리를 통해 "평소 존경하는 아이유 선배님의 작품에 조금이나마 보탬이 될 수 있어 무척 영광"이라며 "선배님에게 흠이 되지 않도록 열심히 작업에 임했으니, 많은 분이 듣고 즐겨주셨으면 좋겠다"라고 소감을 전했다.

신현권

세션 베이시스트. 1952년 전라북도 남원생.

남진 「님과 함께」로 가요에 눈을 떴고 딥 퍼플, 그랜드 펑크 레일로드 등 해외 록음악에 영향 받음.
트롬본을 전공하며 서울예고에 입학했지만 제대 후 베이스기타로 바꾸며 세션 연주자의 길로 들어섬. 1982년 서울스튜디오에서 첫 녹음 세션.
이승철, 아이유, 성시경, 이승환, 브라운아이드걸스, 브라운아이드소울, 나훈아, 남진, 아이유 「별을 찾는 아이」, 김연자 데뷔 50주년 앨범까지 20여 만 곡을 세션했으며, 발표되지 않은 곡까지 합치면 30여 만 곡에 이른다고 필자에게 밝혔다. 25년간 하루 4시간만 자며 녹음 세션을 했고, 작업 의뢰가 가장 많이 오던 시절인 1980년대 후반에서 1990년대 중반까지 삐삐를 5개나 갖고 다닐 정도였다. 그가 세션한 음원 중 현재 시장에서 활발히 스트리밍되고 있는 곡은 무려 6만 곡이 넘을 정도.
절제되고 군더더기 없는 연주. 적은 음으로 많은 걸 보여주는 전형적인 거장 베이스 연주 스타일로 평가받는다. 안정적이며 무게감 확실한, 그리고 전혀 진부하지 않은 감각적인 연주는 임재범 「너를 위해」, 보아 「아틀란티스 소녀」, 윤미래 「Honeymoon」 등 여러 곡에서 들을 수 있다.
74/75년 빈티지 펜더 재즈베이스, 알렘빅, 샤도스키, 아틀렌시아, 포데라 등 많은 베이스기타를 사용했고 현재 메인 기타는 바커스(Bacchus)다. 70이 넘은 고령임에도 여전히 세션 활동을 활발히 하고 있으며, "클럽 무대에서 빅밴드 공연을 하다 삶을 마

감하는 게 꿈"이라고 필자에게 말했다.

숙명여대 불어불문학 전공의 여성과 1977년 결혼해 슬하에 두 딸을 두었다. 음주는 하지 않으며, 50년 넘게 RC비행기 조종이 유일한 취미 생활.

신형

아이유가 부른 MBC 드라마 〈로드 넘버원〉 OST「여자라서」작곡자.

'신형' 외에 '투가이즈1', '홀리데이2', 'Holiday2', '뽕다방2', 'Ghatsoul' 등 여러 예명으로도 작업했다. 오준성, 제이홍과 함께 작곡 크루 'Top Track'에서 활동.

SBS 〈부탁해요 캡틴〉〈다섯손가락〉〈너희들은 포위됐어〉〈꽃선비 열애사〉, KBS2 〈조선총잡이〉〈복면검사〉, MBC 〈로드 넘버원〉〈오만과 편견〉〈가화만사성〉〈쇼핑왕 루이〉, tvN 〈그녀는 거짓말을 너무 사랑해〉, MBC every1 〈연애는 귀찮지만 외로운 건 싫어〉, JTBC 〈시지프스〉 등 많은 드라마 OST를 작업했다.

베이비복스「A.S.A.P.」, 애즈원「바보」「미운 사람」, 박효신「그녀를 알아요」「늘 그대로」, 박화요비「미안하지만 이렇게 해요」, 황보「사랑이 변하니」「부탁해」, 앤원(Ann One) 「솔직해져봐」, 적우「사랑하잖아」「봄이 올 거야」, 강수지「추억은 눈꽃처럼」, 웅산「Miss Mister」, 김형중「좋은 길」, BMK「널 알고」「저 강물 따라서」, NS윤지「샤워」, 하동균「가슴 한쪽」, 김태우「둘이면」, 김조한「크리스탈」, 그리고 정세운이 노래한 SBS 드라마「꽃선비 열애사」OST「Blooming」

까지 많은 곡을 썼다.

심상원

국내 대표 스트링 편곡 및 세션 연주자.
1965년생.

현 '융스트링' 악단장. 한양대학교 음대 관현악과 졸업.

동아방송대, 한양여대 실용음악과 외래교수 역임.

2019 가온차트 뮤직어워즈 '올해의 실연자' 수상.

아이유의「벽지무늬」에서 바이올린 솔로 세션 및 엄정화, 베이비복스, 코요테, 강타, 양파, 에즈원, 플라이투더스카이, 박효신, 이수영, 김완선, 화요비, 백지영, 김형중, 강수지, 변진섭, 이기찬, 이정현, 쥬얼리, 원미현, 김장훈, 윤상, 이승철, 신승훈, 김건모, 카라, 소녀시대 등등 많은 가수와 작업했다.

심은지

JYP엔터테인먼트 소속 작곡가. 연세대 음대(작곡) 학사. JYP퍼블리싱 공동대표.

2009년 에프엑스「You Are My Destiny」로 데뷔. 미쓰에이「멍하니」, 2AM「이젠 없다」, JOO·이특「아이스크림」, 수지「좋을 땐」, 권진아「오늘 뭐 했는지 말해봐」, 샤이니「The Reason」, 이정「사랑이 서럽다」, 아이유「그 애 참 싫다」, 「에필로그」, 백아연「이럴거면 그러지말지」, 트와이스「LOVE FOOLISH」「HELL IN HEAVEN」「LAST WALTZ」, 갓세븐「너 하나만」, 있지

(ITZY) 「Blah Blah Blah」「THAT'S A NO NO」「Sorry Not Sorry」「Sooo LUCKY」, 2PM 「Boyfriend」「오늘 하루만」, 니쥬 「Paradise(Korean Ver.)」, 엑스디너리 히어로즈 「Break the Brake」「Come into my head」「Test Me」, 트와이스 나연 「CANDYFLOSS」 등 JYP 소속 가수 곡을 많이 썼다. 이외에 러블리즈 「미묘미묘해」「Cameo」, 인피니트 「Inception」「엄마」「엔딩을 부탁해」, 카라 「둘 중에 하나」, 플라이투더스카이 「그렇게 됐어」, 벤 「안 괜찮아」, 우주소녀 「Follow Me」, 골든차일드 「나랑해」, 청하 「Call It Love」, 에이핑크 「말 보다 너」, 이효리 「Do The Dance」 등 다른 가수들에게도 많은 곡을 써주었다.

심현보

가수, 작사·작곡가. 경희대 포스트모던음악학 학사.

1992년 유재하 음악경연대회에 출전해 은상을 받았다. 대상은 유희열. SBS 〈남자대탐험〉 주제가 「비워낼 수 없는 슬픔」 작사를 비롯해 「오래된 사랑의 끝」「무너진 사랑 앞에서」「인연」「Forever」「이별 그 후」「가잖아」「이런 나를」「Change」「사랑해도 헤어질 수 있다면」 등 신승훈의 많은 곡 노랫말을 썼다. 엄정화 「선인장」「어쩔 수 없는 일」, 이문세 「우리는 끝난 건데」, 정지형 「그리고 아무 말도 없었죠」「아름다운 시절」, 성시경 「사랑이 변하나요」「우린 제법 잘 어울려요」, K2 「기원」「자유인」, 김조한 「그때로 돌아가는 게」, 박혜경 「설레임」

「그럴 거야」, 박미경 「스캔들」「벌」, 왁스 「잘가」 등 많은 곡을 작사했다. 이외에 이기찬, 이수영, 인순이, 싸이, 박완규, 윤도현, 다비치, 이브, 이루, 조은, 박정현, 휘성, 옥주현, 고유진, 먼데이키즈, 정훈희, 서진영, 서인영, 원준희, 딕펑스, 양희은, 홍경민, 김현철, 헤이즈, 폴킴, 하현상, 백아연 등 많은 가수와 작업했다.

〈기억을 흘리다〉(2004), 〈Documentary〉(2007), 〈Simple Collection〉(2011), 〈따뜻〉(2015) 등 4장의 솔로 정규앨범을 발매했다. 2011년 5월 MBC FM 〈꿈꾸는 라디오〉 DJ를 맡아 약 1개월간 프로그램을 진행했고, 서울종합예술학교(서종예), 경희사이버대 등 몇몇 학교 실용음악과 교수로서도 일했다.

악뮤(AKMU)

이찬혁·이수현으로 구성된 남매 듀오. '악동뮤지션'이란 이름으로 활동하다 '악뮤'로 개명했다.

이수현이 가장 좋아하는 가수로 아이유를 꼽는 등 악뮤는 평소 아이유에 대한 남다른 사랑을 드러낸 바 있다. 2014년 5월 22일부터 6월 1일까지 서강대학교 메리홀 대극장에서 열린 아이유의 소극장 콘서트 〈딱 한발짝... 그 만큼만 더〉에 게스트로 참여했다. 이 공연에서 악뮤와 아이유는 서로 팬이라고 칭하며 화기애애한 분위기를 이어갔다. 〈딱 한발짝... 그 만큼만 더〉 콘서트에서 악뮤는 「200%」와 「인공잔디」 어쿠스틱 버전을 불렀다.

게스트 무대가 끝난 후 이수현은 "완전 좋았고 행복했다. 다시 꼭 만났으면 좋겠다"고 했고 이찬혁은 "첫 게스트 경험이라 걱정이 됐는데 관객분들 모두 밝고 힘차셔서 좋은 기운을 받았다"고 소감을 전했다.

안영민

작곡가·싱어송라이터. 1979년 서울생.
안영민 외에 코난, 머쉬멜로우, 베리 등 여러 예명으로도 활동. 작곡가 조영수와 호흡을 맞춰 여러 곡을 썼다.
박상민 「고마워요」, 고현욱 「사랑하잖아요」, KCM 「악몽」, 성시경 「콩깍지」, 김종국 「연습」, 임창정 「바보」 「그때가 그리워요」, 오렌지카라멜 「어떤가요」, 티아라 「I'm So Bad」 「Goodbye OK」 「낮과 밤」, 다비치 「사랑한다고 말했지」 「모르시나요」, 조성모 「사랑해」, 알리 「여자가 먼저」, 2AM 「너 말곤 다 싫다」 작곡 및 박상민 「친구」 「먼 곳이라도」, 이승기 「착한 거짓말」 「투정」 「미안해 하지 마요」, 쥬얼리 「단장」, SG워너비 「사랑했어요」 「폭풍」 「Untouchable」 「사랑하고 싶어」 「사랑하길 정말 잘했어요」 「요즘 넌」 「한여름날의 꿈(feat. 옥주현)」 「가시리」 「내 사랑 내 곁에」, 빅뱅 「웃어본다」 「눈물뿐인 바보」, 신승훈 「그녀와 마지막 춤을」, KCM 「태양의 눈물」 「클래식」 「My Everything」, 고현욱 「Love Story」 「비 오는 아침을 좋아하세요?」 「누구에게나 웃어주지 말아요」 「세상에서 가장 아름다운 선물」, 이기찬 「미인」, 이효리 「그녀를 사랑하지마」, 지아 「물끄러미」 「바이올린」, 손담비 「반대말」,

마크툽 「눈을 보고 말해요」 등 많은 곡을 작사했다. 저작권협회에 900여 곡이 넘는 곡이 등록돼 있다.

양시온

1984년생. 서울예대 실용음악 전공.
가수 겸 베이시스트·프로듀서로 아이엠낫, 월러스, 브레멘 등에서 활동. 월러스는 서울예대 실용음악과 동기로 구성된 밴드로 김재욱(보컬·기타), 김대현(드럼), 양시온(베이스), 유승범(기타)으로 구성됐다.
이적, 김가은, 포스 플로워 프로듀싱 및 동방신기, 아이유, 존박, 스윗소로우, 이승환, 임영웅, 김가은, 신혜성, 정준일 등 여러 가수 편곡. 2NE1, '신화' 신혜성 「Embrace」 등 여러 가수 베이스 세션으로도 주목받았다.

양희은

2023년 12월 26일 BTS 슈가의 유튜브 채널 '슈취타' EP.24에 출연한 아이유는 양희은에 대한 남다른 소감을 밝혔다.
선배들에게 들은 조언 중 가장 기억에 남는 말이 뭐냐는 슈가의 질문에 아이유는 "(모두) 좋은 말씀을 너무 많이 해주셨지만 그 중에서도 내가 새기고 가야 할 만큼 어떻게 보면 따끔했던 말이 있다"며 양희은을 언급했다.
"양희은 선생님과 작업할 때 '너의 목소리를 너무 믿지 마라'란 말씀을 해주셨어요. 제가 느끼기엔 그 당시 저는 너무 요령(테크닉)으로 노래를 했나라는 생각이 들었어요. 양희은 선생님은 제가 진짜 너무 존경하는 보컬리스트, 말로 표현할 수 없을 만큼 대단한 거장이시죠. 그래서 선생님과의 작업도 매우 고대하던 것이기도 했고요. 너무 잘하려다 보니까 노래에 진심이 덜 담기지 않았나. 목소리로만 승부를 보려고 하지 않았나란 생각이. 선생님은 이걸 다 아시는 분이니까. 그때 정신이 번쩍. 내가 그렇게 노래를 하고 있나 하고 저를 돌아보게 만들었죠. 당시 스물한 살의 제겐 그때 양희은 선생님의 그런 말씀이 지표가 돼주었습니다."

엘 캐피탄(장이정)

작곡가·프로듀서. 1993년생. 동아방송예술대 졸업.
아이돌그룹 '히스토리' 메인보컬로 활동했고 현재 '하이브'에 소속돼 있다. 프로듀싱팀 '벤더스'를 설립해 고문으로도 활동하고 있다. '벤더스'는 높은 퀄리티의 음악 콘텐츠를 판매한다는 의미.
히스토리의 여러 곡 외에도 NCT U 「Kangaroo」, 엔하이픈 「WALK THE LINE」, 선미 「누아르」「Call」, 정용화 「Small Talk」「너의 도시」, 플레이브 「여섯 번째 여름」, 제로베이스원 「Our Season」, BTS 「잠시」「Take Two」「Respect」「Interlude Shadow」, 트리플에스 「Access」「Generation」「Cherry Gene」, 선미·비오 「불이 꺼지고」, 투모로우바이투게더 「Outro Still」「Drama」, RM 「Badbye」, 정국 「Stay Alive」 등 여러 곡을 작곡했다.

엄태화

BTS 뷔가 출연한 〈Love wins all〉 뮤직비디오를 제작한 영화감독.
1981년 서울생. 홍익대 광고디자인학 학사. 배우 엄태구의 형.
2003년 영화 〈선인장〉으로 감독 데뷔. 단편과 장편을 넘나들며 다양한 작품 세계를 보이는 것으로 평가받고 있다. 2023년작 〈콘크리트 유토피아〉로 제44회 청룡영화상 감독상, 제32회 부일영화상 최우수작품상을 수상했다.

오준혁

작곡가 및 편곡자.
작곡가 그룹 '위프리키'에서 활동했고 'JELLYMOLT 1', 'J.O', 'HOMMES2' 등 여러 예명으로도 곡을 썼다. 엑소 「Playboy」, 종현 「Happy Birthday」「Like You」「까만 밤 푸른 밤」, 손담비 「Red Candle」, 씨드 「손을 잡아줘」「Priceless」「You and I」, 손디아 「Hug」(JTBC 〈클리닝업〉 OST) 등 많은 노래를 작곡했다.

웅킴

작곡가·프로듀서. 본명은 김웅. 서울예대 실용음악과 졸업. 프로듀싱팀 '오레오' 멤버.
길구봉구 「어떤 기적」「은하수」, 몬스타엑스 「Ride with U」, 여자친구 「Truly Love」, 고스트나인 「Double Click」「Ruckus」, 크래비티 「Pow」「9 o'clock」「Megaphone」, 업텐션 「What if Love」, 아이즈원 「파노라

마, 「Lesson」, 비비지 「Bop Bop」, 골든차일드 「Milk Way」 「난 알아요」 등 여러 곡을 작곡했다. 가장 최근에 참여한 작품으론 2024년 3월 21일 발매된 가수 서리(백소현)의 미니 2집 〈Fake Happy〉가 있다.

윤상

가수 · 작곡가 · 프로듀서 · 베이시스트. 1968년 서울생. 본명 이윤상.

베이스 연주자로도 활동했고 레전드 가수에서 아이돌에 이르기까지 세대 불문 다양한 곡 쓰기로 정평 높다. 김현식 「여름밤의 꿈」, 김민우 「입영열차 안에서」 「하나가 되기까지」, 변진섭 「로라」 「이별을 받아드리리」 「어떤 이별」, 강수지 「보라빛 향기」 「나를 기억해줘」 「시간 속의 향기」 「꿈은 어디에」, 조정현 「우리 잊지 말아요」 「처음 그리고 마지막 순간에」, 동방신기 「너희들 것이니까」 「이제 막 시작된 이야기」, 천상지희 「이제 막 시작된 이야기」, 심신 「처음 본 그대 미소」 「그대 모습을 찾아서」 「그대 슬픈 눈을 보면」, 박효신 「먼 곳에서」 「편지」, 엄정화 「지금도 널 바라보며」 「Dreamer」, 심수봉 「고마웠다고」, 옥상달빛 「달리기」, 오마이걸 「Destiny」 등 많은 곡을 썼다. 「나만 몰랐던 이야기」, 「잠자는 숲속의 왕자」, 「누구나 비밀은 있다」, 그리고 2012 여수 세계박람회 로고송 「바다가 기억하는 얘기」 작업 등 아이유와의 인연도 남다르다.

윤상은 2010년 4월 19일부터 2013년 4월 30일까지 KBS 2FM 〈윤상의 팝스팝스〉를 진행했다. 라디오 DJ 복귀 1년을 축하하기 위해 성시경과 아이유가 게스트로 출연했다.

2011년 KBS Cool FM 〈유희열의 라디오천국〉에 출연해 "지금은 아이유 아버지로 등극했지만 사실 처음엔 호칭 때문에 곤란해하는 아이유에게 오빠라고 부르라고 얘기했다"며 아이유와의 뒷얘기를 밝혔다. 또한 "아이유는 가수로서 가능성이 출중하며 앞으로 담을 그림이 많은 친구"라고 했다.

2011년 8월 5~6일 세종문화회관에서 열린 윤상 · 김광민 · 이병우 〈플레이 위드 어스〉 콘서트에 아이유가 게스트로 출연했다.

2011년 9월 9일 첫 방송된 MBC 〈위대한 탄생 2〉에서 심사위원으로 합류한 윤상은 아이유로부터 응원 메시지를 받았다. 아이유는 "제게 윤상 선배님은 아빠이자 멘토다. 연습생 시절부터 선배님의 음악을 동경하며 들었고 존경했다. 차가움과 따뜻함을 동시에 음악으로 표현해내시는 것 같고 어떻게 하면 저런 느낌이 날 수 있을까"라고 존경심을 표했다.

2014년 9월 20일 방송된 SBS 파워FM 〈두시탈출 컬투쇼〉에서 윤상은 "그 친구(아이유)를 고1 때, 고2 때 첫 녹음을 했는데 긴장을 안 했다. 누구를 만나도 어쩌면 그렇게 긴장을 안 하는지 내 어렸을 때 생각이 났다. 그 시절 내가 바보 같다는 생각도 들었다"고 아이유의 강한 멘탈을 칭찬했다.

2015년 〈손미나의 팟캐스트〉에 출연한 윤상은 "아이유는 나에게 새로운 자신감을 준 친구"라고 했다. 윤상은 "아이유에게 전혀 상반된 분위기의 곡을 줘서 (아이유) 팬들에게 왜 이렇게 슬픈 곡을 줬냐고 얘기도 들었지만, 개인적으론 그 곡을 통해 아이유가 '이런 가수구나. 이렇게도 불러줄 수 있는 가수구나'라는 걸 깨닫게 됐다. 가수를 악기로 봤을 때, 정말 연주하고 싶은 악기가 또 하나 생긴 셈"이라고 말했다.

아이유는 2024년 2월 25일 SNS에 「관객이 될게(I stan U)」에 맞춰 춤을 추고 있는 SM 보이그룹 라이즈 앤톤의 챌린지 영상을 공유하며 "완전 프로. 라이즈 앤톤"이라고 칭찬했다. 앤톤은 윤상의 아들로 어렸을 때부터 아이유와 알고 지냈다.

윤석철

재즈 피아니스트·작곡가·프로듀서. 1985년 서울생. 인천재능대 재즈음악과 학사.

2005년 제6회 울산 재즈페스티벌 대상 및 2008년 자라섬 국제콩쿠르 종합 3위를 하며 재즈 피아노계에서 주목받기 시작했다. 홍대의 유명 재즈클럽 '에반스'에서도 연주했다.

윤석철 트리오 리더로서 밴드의 전곡을 썼다. 또한 자이언티 「무중력」 「Comedian」 「눈」, 지소울 「Another Day」, 장혜진 「따뜻해」, 권진아 「꿈에서 만나」 등 다른 가수의 노래도 작곡했다. 2020년 프로듀서로서 외연을 확장해 '더 블랭크 숍(The BLANK Shop)'이란 활동명으로 정규 1집 〈Tailor〉를 발매했고, 2023년 12월 22일 국립아시아문화전당에서 가수 심수봉과 콜라보 무대를 선보였다.

2009년 동덕여대 실용음악과 최연소 출강에 이어 인천재능대 실용음악과 특임교수로 재직 중이기도 하다.

윤영민

작곡가 및 편곡자.

일락 「Somebody to Love」, 에이프릴 「Angel Song」, 업텐션 「시작해」, B.A.P 「카니발」, 카라 「Peek a Boo」, 걸스데이 「Easy Go」, 초신성 「My Love Song」, 애즈원 「행복해」 등등 여러 곡을 작곡했다. 또한 마야 「좋은 시절」, 럼블피쉬 「결국 우린」, 환희 「Everyday」, 지아 「이별쟁이」 「그날 이후부터」, 티아라 「Falling U」, 영지 「사랑이 죽어가」, 김형준 「갈팡질팡」, 홍경민 「Day After」, 「진이 「사랑글귀」, 유키스 「Dancing Floor」 「Bang Bang Bang」, 장혜진 「열심히 한 이별」, 바다 「Dance Mission」 등의 편곡자이기도 하다.

윤우석

작곡·프로듀싱팀 '지그재그 노트(Zigzag Note)' 소속 작곡가 및 편곡자.

카라 「My Angel」 「세상 속으로」 「Love Letter」 「따라와」 「Strawberry」, 강타 「For The First Time」, 에이핑크 「Secret Garden」 「신기하죠」, 왁스 「꿈을 꾼다」, 유키스 「다시 내게로 와줘」 「돌아와 줘」, 케이윌 「Thank U」, 임창정 「노래방」, 여자친구 「Wanna Be」, 장재인 「모르나요」, 조이·슬

옹 「이별을 배웠어」, 트와이스 「Ponytail」, 손호영 「그만할래」, 폴킴 「꽃비」, 보이스퍼 「기억」 「날씨가 좋다」, 허각 「Best View」, 빅톤 「Dear Young」, 골든차일드 「Feel Me」 등 많은 곡을 썼다.

MBC 〈맨도롱 또똣〉 〈나를 사랑한 스파이〉, KBS2 〈조선 로코 - 녹두전〉, tvN 〈김 비서가 왜 그럴까〉 등등 여러 드라마 OST 및 MBC 예능 〈위대한 탄생〉, 〈나는 가수다〉 등의 편곡 작업에도 참여했다.

윤종신

가수, 작사·작곡가, 프로듀서. 1969년 서울생. 미스틱스토리 대표 프로듀서.

중견 가수(보컬)이자 탁월한 작사가 및 작곡·편곡은 물론 디렉터(음악감독), 기획자 등 음악의 전 분야를 넘나들며 탁월한 재능을 발휘하고 있다. 10년 넘게 해오고 있는 '월간 윤종신' 프로젝트는 유희열, 린, 태연, 선우정아, 장재인 등등 많은 가수가 함께하며 대중음악계에 또 다른 힌트(방법론·가능성)를 제시한 것으로 평가된다.

작사에 대한 촉수는 사랑과 이별 및 주변 이야기 등 삶의 전반 곳곳에 뻗어 있다. "노래는 이야기다"란 지론에서도 알 수 있듯 윤종신의 노래와 음악은 삶이 다채로운 스토리로 표현되는 인생극과 같다. 그와 작업했던 많은 음악인은 "처음 데모를 접할 땐 별로인 곡도 윤종신이 가사를 붙이면 전혀 다른 분위기가 될 정도"라고 입을 모은다. 자신의 느낌과 생각을 노래라는 형식을 빌려 전달하는 '진짜 이야기꾼'인 것이다.

코러스보컬 겸 보컬트레이너 김미영은 "김연우 「이별택시」 중엔 '와이퍼는 뽀드득 신경질 내는데 / 이별하지 말란 건지~~'라는 가사가 나오는데, 어떻게 이렇게 쓸 수 있나 할 정도로 충격적일 만큼 탁월한 표현이다. 노래에 있어서도 그는 최고 수준의 전달력을 지닌 가창력의 소유자"라고 말했다.

편곡·작곡가이자 음악감독 강화성 또한 "언제나 에너지 넘치고 아이디어도 탁월하며 풍부한 상상력의 좋은 탑라이너(Top Liner)다. 여러 사람과 협업 시에도 빠른 시간 안에 곡을 완성하는 기민함이 돋보인다"고 평했다.

보컬리스트로서 넓은 음역대를 가진 것도 그의 장점 중 하나다. 가수들은 음반과는 달리 공연에선 키를 조금 낮춰 부르는 게 일반적이지만 윤종신은 언제나 흔들림 없는 마인드를 견지하고 있다. 그와 작업을 많이 하고 있는 강화성은 "대단한 가창력의 소유자로 지금까지 한 번도 라이브 때 키를 낮춰서 노래한 적이 없다. 그 자신도 이러한 가창에 대해 자부심을 갖고 있을 정도다. 일반인이 생각하는 것보다 훨씬 높은 고음역도 잘 소화한다. 윤종신의 곡은 듣기엔 편하게 감상할 수 있어도 막상 노래하려면 제대로 하기가 매우 어렵다. 그만큼 그의 곡은 노래의 표현력이 필수이고 음역대 또한 매우 넓기 때문"이라고 말했다.

명 디렉터, 즉 음악감독 및 프로듀서로서의 존재감도 대단하다. 신곡을 작업할 때 함께하는 음악인들에게 포인트만을 잘 살려 주문하는 것으로 유명하다. 예를 들어 "이건 빌리 조엘같이 해주면 좋겠다"고 의뢰하는 등. 무언가 핵심적 접근이 필요할 때 그가 던지는 이러한 한마디는 함께 작업하는 파트너들에겐 결정적인 해결타로 기능한다. 편곡자 강화성은 "디렉터로서 윤종신은 노래에 생명을 부여하는 역할, 특히 감정이입이 대단하다"며 "사랑에 빠진 경험이 있어야 적절히 표현할 수 있는 이별에 관한 노래에서도 그는 마치 연기를 하듯 곡에 빠져들어 노래로 연기를 해야 한다고 후배들에게 강조한다"고 말했다.

융스트링

2009년 초 창단한 국내 유명 스트링(현) 세션팀으로 리더(악장)는 바이올리니스트 심상원과 김미정. 두 악장은 물론 단원 모두 정통 클래식을 전공하고 활약한 재원들로 풍요롭고 섬세하며 아름다운 스트링 사운드 연출로 정평 높다.

심상원 단장은 필자와의 인터뷰에서 '비단결같이 부드럽고 좋은 소리를 지향한다'는 의미로 융스트링이라고 악단명을 지었다고 밝혔다. 이외에도 융은 '기운(氣運)이 크게 일어나다', '기세가 성하다'란 의미도 내포하고 있으며, 독일어 융(Jung)은 '젊음(Young)'이란 뜻이다. 심상원 악단장은 이 세 가지 의미를 '융스트링'이란 이름에 담으려 했고, 자신이 이 이름을 작명했다.

융스트링은 아이유를 비롯해 SG워너비, 백지영, 임창정, 김호중, 김동률, 육성재, 린, 문샤인, 박주희, 10CM(십센치), 왁스, 윤민수, 지아, '부활' 김동명, 백예린, 이찬원, 나윤권, B1A4 등 많은 가수를 세션했다.

이규호

싱어송라이터·작곡가. 1974년 서울생. 한양대 전기공학과 졸업.

1993년 제5회 유재하 음악경연대회 동상을 수상한 이규호는 남다른 깊이와 감성의 곡 쓰기로 정평 높다. 자신이 부른 곡 외에도 이승환 「화양연화」, 「세 가지 소원」, 「넌 아냐」, 「아무 말도」, 「위험한 낙원」, 「태양의 노래」, 「30년」, 「나무꾼의 노래」, 「그늘」, 「꽃」, 이소라 「외톨이」, 「6」, 여행스케치 「와인빛 꿈」, 「술 취한 야옹이」, 윤종신 「팥빙수」, 「몰린」, 「몰린2」, 「나는 너」, 박정현 「늘 푸른」, 「10분 전으로」, 「지금은 아무것도 아냐」, 장필순 「맴맴」, 「빛바랜 시간 거슬러」, 박재정 「러브레터」, 정승환 「자꾸만 반대로 돼」, 정미조 「다음 생앤 그냥 스쳐 가기만 해요」, 린 「그 여름밤」, 비비 「신경 쓰여」 등 많은 노래를 작곡했다.

2017년 9월 세계적인 전자악기 브랜드 롤랜드(Roland) 한국 아티스트로 선정되기도 했다. 이규호는 "평소 너무 좋아하는 브랜드인 롤랜드 아티스트로 선정돼 무척 영광"이라고 소감을 전했고, 롤랜드 한국 공식 수입사 코스모스악기는 이규호에게 롤랜드 디지털 피아노 키욜라와 FP-90 등을 제공했다.

이근호

작곡가 및 편곡자.

윤종신 「나이」 「늦가을」 「겨울 그녀를 만나다」 「처방전」 「섬」, 성시경 「넌 감동이었어」 「거리에서」 「굿모닝」, 브라운아이드걸스 「원더우먼」, 박완규 「소망」 「Fighter」 「It's Impossible」, 옥주현 「나에게 온다」, 박화요비 「문득 그리운 날에」, 김연우 「청소하던 날」, 정훈희 「사랑이 시작된 날」 등 여러 곡을 작곡했다.

이시우

〈선덕여왕〉 OST 「아라로」를 쓴 작곡가.
작곡가 겸 기타리스트 유영선이 이끄는 '유영선과 커넥션' 밴드의 피아노 멤버로 활동했다.
최성수 「슬픈 발렌타인」 「그대를 위해」, 양수경 「이별의 끝은 어디인가요」 「기다림」 「늘 그래왔던 것처럼」 「이젠 너를 느껴」, 진시몬 「교정에서」, 신계행 「우리 인생인 거야」 「사랑해요」 「낯설은 이별」 「우연」, 조관우 「이별의 끝은 어디인가요」, 임형순 「난 그대와」, 정인 「반짝」, 조은 「너의 비밀」 「흑백사진 속처럼」 「믿을 수 없어」, 케이준 「깨비」 등을 작곡했다.
SBS 〈남자 대탐험〉 〈여자〉 〈아내의 유혹〉 〈게임의 여왕〉 〈완벽한 이웃을 만나는 법〉, MBC 〈허준〉 〈상도〉 〈대장금〉 〈결혼합시다〉 〈얼마나 좋길래〉 〈하얀거탑〉 등 많은 드라마 OST에 참여했다.

이영준

〈2009 외인구단〉 OST 「그러는 그대는」 작곡가.

1973년 서울생. 홍익대 전기제어공학 학사 및 상명대 대학원 음악학 석사.
MBC 〈주몽〉 〈웰컴2라이프〉, SBS 〈옥탑방 왕세자〉, tvN 〈노란 복수초〉 〈결혼의 꿈수〉 등 여러 드라마 OST를 작곡했다. KBS FM(89.1)과 CBS 라디오 로고송도 제작. MBC 뮤지컬 〈장발장〉, 세종문화회관 뮤지컬 〈마법에 걸린 일곱 난쟁이〉, 창작뮤지컬 〈터널〉 〈매소성의 꽃송이〉 〈청년 장준하〉 〈보잉보잉〉 〈매직 인 러브〉 〈키스 앤 메이크업〉 〈요덕 스토리〉 〈아리랑 판타지〉 〈이도 한산〉 〈매의 아들〉 〈기억 전달자〉 〈만파식적〉 〈무인 정기룡〉 등 뮤지컬 작업도 활발하게 했다.
2008년 조현주, 정승일 등과 〈세 개의 시선〉이란 앨범 발매. 부산예대와 백석예대 실용음악과, 추계예대, 국민대 등 여러 대학에서 강의했다.

이나일(이주영)

서울예고 작곡과 및 서울대 음대 작곡과 졸업.
아이유 「시간의 바깥」 〈꽃갈피〉 「Modern Times」 「Last Fantasy」 〈Real〉 「잔소리」 등을 비롯해 비 「Rainism」, 태연 「사계」 「My Voice」, 다비치 「너에게 못했던 내 마지막 말은」, 나윤권 「울리고 싶어」, 첸 「사월, 그리고 꽃」, 박진영 「꽉 잡은 이 손」, 아스트로 「All light」, 김나영 「Inner」, 동방신기 「The Truth of Love」, SG워너비 「만나자」, 에이핑크 「기적 같은 이야기」, 조권 「새벽」, 알리 「Expand」, 블랙비 「Montage」,

엑소 「For Life」, 수지 「Yes? No?」, 레드벨벳 「The Velvet」 등 많은 스타와 작업했다.

이미나

작사가. 1974년생. 고려대 대학원 노어노문학 전공.

2000년 8월부터 MBC FM 〈이소라의 음악도시〉 작가로 일했고, 이 프로그램의 꼭지 중 하나였던 '그 남자 그 여자' 원고 500여 편을 모아 『그 남자 그 여자』란 책으로 발간해 베스트셀러가 됐다.

어릴 때부터 즐겨 듣는 라디오 프로그램에 사연을 보내는 걸 좋아했다. 신해철이 진행하는 라디오 프로그램에도 사연을 보낸 적이 있는데 당시 신해철이 이미나의 사연을 읽고 "이 친구는 꼭 라디오 작가가 되면 좋겠네요"라고 칭찬을 한 바 있다. 2004년 8월 《고대신문》과의 인터뷰에서 '라디오 작가'란 직업에 대해 "TV라는 매체는 친절하게 무언가를 보여주지만 공격적이면서 단편적이라고 생각한다. 그에 반해 라디오는 자상하다고 생각한다. 자상하게 사람들의 이야기를 담고 보듬어줄 수 있는 점. 이런 모습을 어떻게 들려줄 수 있나 고민하고, 행복을 줄 수 있도록 만드는 직업이 바로 '라디오 작가'란 직업이 가지는 매력"이라고 말했다. 또한 라디오 작가를 꿈꾸는 사람들을 위해 한마디 해달라는 질문에 "라디오 작가가 되기 위한 이론상의 정확성보다 다양한 사람들과 만나 생각과 마음을 열었으면 한다. 그러나 많이 만나는 것 이상으로 상대방의 말을 잘 들어주는 것도 중요

하다. 항상 귀 기울이는 겸손함을 가졌으면 한다. 그리고 좋은 글을 많이 읽고 다양한 경험을 쌓아나가길 바란다"고 답했다.

박혜경 「사랑은 비를 타고 오네요」, 하림 「여기보다 어딘가에」, 이석훈 「좋으니까」, 에일리 「첫눈처럼 너에게 가겠다」(도깨비 OST) 등 여러 곡의 가사를 썼다. 특히 「바람, 그대」 「네가 불턴 날」 「그대네요」 「너는 나의 봄이다」(〈시크릿 가든〉 OST) 「한번의 사랑」 등 성시경의 여러 곡을 작사한 것으로 특히 유명하다.

tvN이 2015년 10월 26일부터 12월 15일까지 방영한 이동욱 · 정려원 주연의 16부작 드라마 〈풍선껌〉의 극본을 집필하기도 했다. 2021년 7월 5일 온라인으로 진행된 tvN 월화드라마 〈너는 나의 봄〉 제작발표회에서 배우 남규리는 "가장 좋아하는 곡 2개가 바로 이미나 작가님이 작사한 곡"이라고 말했다.

이민수

작곡가. 1976년생. 부경대 사진공학 학사.

컨츄리꼬꼬, 하리수, 브라운아이드걸스, 이정현, 손담비, 애즈원, 쎄니힐, 변진섭, 아이유, 가인, 히스토리, 엄정화, 빌리 등 많은 가수의 곡을 작곡했다.

2010년 12월 15일 오후 7시 서울 경희대 평화의전당에서 열린 '2010 멜론뮤직어워드(MMA)'에서 작사가 김이나와 함께 '송 라이터' 상을 받았다. 이민수는 "부모님께 사랑한다고 인사드리고 싶다"며 "보잘것없는 노래를 멋지게 불러준 브라운아이드걸스,

써니힐, 아이유에게 이 상을 주고 싶다"고 소감을 전했다.

아이유 「분홍신」 「너랑 나」 「A Dreamer」 「좋은 날」 「얼음꽃」 외에 엄정화 「Oh Yeah」, 브라운아이드걸스 「마이 스타일」 「신세계」, 러블리즈 「식스센스」, 가인 「열두 시가 되면」 「카니발」 「캐리」 「진실 혹은 대담」, 조권·가인 「우리 사랑하게 됐어요」, 이 정현 「보그걸」, 손담비 「그만하자」 「Play」, 변진섭 「설레임」, 컨츄리꼬꼬 「내가 좋아하는 화가」 등 음악저작권협회에 202곡이 등록돼 있다.

이병우

기타리스트·작곡가·음악감독. 1965년 서울생.

10대 초반부터 기타를 쳤고 1986년 조동익과 포크 듀오 '어떤날'을 결성해 가요계에 등장. 이후 오스트리아 빈 국립음대(클래식 기타)로 유학해 1990년 수석 졸업. 이어 미국 존스홉킨스대 피바디 음악원 전문기타연주자 과정을 거쳤고 1998년 예일 콩쿠르에 출전해 우승. 1989년 솔로 데뷔앨범 〈내가 그린 기린 그림은〉 발매. 1996년부터 영화 〈그들만의 세상〉 음악감독을 시작으로 〈마리 이야기〉, 〈장화 홍련〉, 〈스캔들 – 조선남녀상열지사〉, 〈왕의 남자〉, 〈괴물〉, 〈호로비츠를 위하여〉, 〈국제시장〉 등등 많은 영화의 음악을 맡았다.

2010년 피바디 음대가 속해 있는 존스홉킨스대학 최고의 동문에게 수상하는 'the Johns Hopkins Knowledge for the World' 수상. 2013 평창 동계 스페셜올림픽 개·폐막식 예술감독 역임. 2023년 11월 18~19일 세종문화회관 S씨어터에서 이병우 기타 콘서트 〈다가오는 심장 소리〉 공연을 연 바 있다.

음악저작권협회에 브라운아이드걸스 「하늘」, 조성모 「그리움(이루어질 수 없는...)」, 조동익 「우리」, 러브홀릭 「출발」, 엄정화·정재형 「나의 피아노」, 한영애 「가을 시선」 「불어오라 바람아」 「상사꽃」, 이광조 「나의 노래가」 등 387곡이 등록돼 있다.

이스란

작사가.

태연, 레드벨벳, 에스파, 아이브, 엑소, 트와이스, 엔믹스, 있지, 오마이걸, 엔하이픈, 제로베이스원, 여자친구, 프로미스나인, 케플러, 투모로우바이투게더, 효린, 청하 등 많은 K팝 가수의 곡을 썼다.

이승호

작사가. 1963년생.

밴드 '주사위' 및 김완선 백밴드 '실루엣' 등에서 활동. 김완선 「삐에로는 우릴 보고 웃지」와 이승철 「소녀시대」 작사를 계기로 본격적인 작사가로 활동했다.

영턱스클럽 「정」 「못난이 콤플렉스」 「질투」, 다비치 「슬픈 다짐」, 김경호 「자유인」 「목숨」 「마지막 기도」 「드라큐라」 「때늦은 후회」 「운명」, DJ DOC 「성수대교」 「다이어트」, 터보 「Love Is..」 「노스트라다무스」 「회상」 「트위스트 킹」 「나 어릴 적 꿈」 「잿빛하루」, 쿨 「해변의 여인」 「있을 때 잘해」, 구피 「Sunny」 「위험한 초대」 「운명」 「많이많이」 「돌아온 탕아」 「겨울잠 자는 아이」 「전봇대」, 김건모 「뻐꾸기 둥지 위로 날아간 새」, 포지션 「Summer Time」, 유승준 「가위」, 이무송·노사연 「결혼합시다」, 철이와 미애 「윙크」 「하늘 따먹기」 「Back 2 The Future」, 박상민 「무기여 잘 있거라」, 잭스키스 「무모한 사랑」 「연정」 「배신감」 「예감」, 조성모 「To Heaven(천국으로 보낸 편지)」 「다짐」 「다시 시작된 사랑」 「너의 곁으로」, 백지영 「Sad Salsa」 「묻지마」 「Dash」 「원망」, 김현정 「고요」, 장혜진 「내 슬픈 이야기」 「키 작은 하늘」, 김범수 「잘못된 이별」 「왜 또」, 조관우 「위로」, 박현빈 「대찬 인생」, 전원석 「조금만」 「아무 말 없이」, 박효신 「괜찮아」 「She's Mine」 등 댄스에서 발라드, 록 등 다양한 장르를 오가며 600여 곡이 넘는 가사를 쓴 대한민국 대표 작사가 중 하나다.

이영훈(1960~2008)

팝음악과 차별화를 꾀한 소위 '한국형 발라드'를 개척한 작곡가 중 하나.
이문세의 「광화문 연가」 「휘파람」 「난 아직 모르잖아요」 「사랑이 지나가면」 등 많은 히트곡을 썼다. 이외에 이광조 「하오의 연정」 「무정」 「사랑이 지나가면」 「세월 가면」, 권인하 「그대의 사진」, 유열 「슬픈 사랑의 노래」 「망망대해」 「겨울 채비」 「애증」 「그대의 사진」 및 2007년 박소연 1집 〈별과 바람의 노래〉, 신촌블루스, JK김동욱, 쥬얼리 등 여러 가수와도 작업했다.

1987년 제2회 골든디스크 대상 작곡가상, 2020년 음악저작권협회 명예의 전당에 위촉됐다. 2008년 대장암으로 타계.

이적

본명 이동준. 1974년 서울생. 서울대 사회학 학사. 1995년 패닉 정규 1집으로 데뷔. 어릴 때부터 주변에서 음악성이 탁월하단 평가를 받은 전형적인 천재형 아티스트.
패닉, 카니발, 긱스 외에 김동률 「우리가 쏜 화살은 어디로 갔을까」 「낙엽」, 정재형 「비록」, 하림 「너를 비워」, 존박 「철부지」, 장나라 「달팽이」, 다이나믹 듀오 「파도」 「시큰둥」, 빅마마 「언니」, 박정현 「내 낡은 서랍 속의 바다」, 소향 「하늘을 달리다」, 바비킴 「사과」, 장필순 「고사리 장마」, 나윤권 「나뭇잎」, 다비치 「우리 둘」, 하현상 「거짓말 거짓말 거짓말」 등 많은 곡을 썼다. 이적과 함께 고교 스쿨밴드에서 활동한 R.ef 이성욱은 이미 학생 때부터 천재성이 돋보였다며 이렇게 말했다.
"저는 명랑 쾌활했던 반면 이적은 내성적이고 수줍음 잘 타는 성격이었죠. 자신을 잘 표현하지 않아 학교에 오는지도 잘 모를 만큼 조용했어요. 스쿨밴드를 결성할 때도 베이스를 찾지 못해 고민 중이었는데, 급우 하나가 이적을 가리키며 '저 애가 베이스를 연주할 줄 알아'라고 해서 함께하자고 했습니다. 이적은 이미 그때부터 천재 끼가 보였죠. 곡도 쓸 줄 알았고 음악도 다양하게 많이 들었어요. 거기에 공부까지 잘했으니, 알면 알수록 놀라게 하는 친구였죠."

이종민

작곡가.

G.고릴라, 요아리 등과 함께 3인조 혼성 밴드 '스프링클러'에서 활동했다.

브라운아이드걸스 「클렌징 크림」, 스프링쿨러 「연인이 친구가 되던 날」, G.고릴라밴드 「Blue」 작곡 및 브라운아이드걸스 「원더우먼」, 김나현 「바보 같은 남자」 「천년후애」 「꽃사랑」 등을 편곡했다.

이종훈

아이유 데뷔 때부터 함께하고 있는 작곡가.

아이유 「미아」 「블루밍」 「Black Out」 「이름에게」 등을 비롯해 거미 「Love Again」 「So Much」 「어떡해」, 보이스원 「눈물 한 방울」, 원티드 「This Song」, 지아 「사랑을 가르쳐 주세요」 등 다수 곡을 작곡했다. 린의 2017년 미니앨범 〈joue avec moi〉 타이틀 곡을 비롯한 앨범 전곡 프로듀싱에도 참여했다.

한 일반인이 2023년 5월 8일 아이유가 저작권법을 위반했다며 서울 강남경찰서에 고발장을 제출한 것에 대해 이종훈은 "저작권(지적재산권)이라 함은 작곡가의 영역인데, 자신이 아닌 아이유를 고발한 상황은 아티스트를 흠집 내려는 의도"라고 표절 의혹을 강하게 부인한 바 있다.

린 「낮이 사라진 밤」 「궁금해」 「Love Liquor You」, 권진아 「야」, 지아 「사랑을 가르쳐 주세요」, 거미 「Love Again」 「So Much」 「사랑은 없다」 「그만 헤어져」 「Trap」, 임정희 「이별 선언」, 알리 「크레이지

나잇」, 하동균 「믿을 수 없는 말」 「지워도 남아 있는」, 원티드 「너에게도 간다」 「This Song」, 백지영 「오랜 버릇처럼」 「집시의 눈물」, 미나 「Oh Oh」 등 음악저작권협회에 138곡이 등록돼 있다.

이찬혁

악뮤(AKMU) 멤버. 1996년 경기도 의정부생.

악뮤와 이찬혁 이름으로 발표한 곡 외에 아이유 「어푸(Ah Puh)」, 이승철 「우린」, 강승윤 「Gulliver」, 위너 「I Love U」, 트레저 「Bona Bona」 「Wonderland」, 베이비몬스터 「Batter Up」, 자이언티 「V(Peace)」 등 다른 가수의 곡도 많이 썼다.

2019년엔 악뮤 정규앨범 〈항해〉와 세계관을 같이하는 첫 번째 소설 『물 만난 물고기』, 2022년엔 악뮤 이수현이 부른 「Alien」을 스푼북 형태인 『에일리언』으로 출간해 화제를 모으기도 했다. 2021년 발매된 악뮤 「낙하」에 아이유가 함께했다.

2024년 2월 21일 이찬혁은 자신의 SNS를 통해 "끌리는 대로 하라 해서 끌려서 챌린지했습니다"라며 아이유 「관객이 될게」 챌린지 영상을 게재했다.

이채규

작곡가 및 편곡자.

아이유 「스물셋」 「Zezé」 「블루밍」 작곡과 편곡 및 「삐삐」 「strawberry moon」 편곡 외에도 린 「Vegas」 「별과 별 사이」, 거미 「Trap」 「사랑은 없다」 「그만 헤어져」, 휘성

「가」, 백지영 「인터루드」 「오랜 버릇처럼」, 쥬얼리 「Don't Know Why」 「모두 다 쉿!」, 아이비 「그날까지」 「Ever」, 권진아 「야」, 비스트 「니가 제일 좋아」 등 여러 곡을 썼다.

이현승

작곡가. 1982년생. 경희대 포스트모던음악학 학사. 1999년 유승준 「Best Day」로 작곡가 데뷔.

씨엔블루 「추워졌네」, 백지영 「잊지 말아요」 「혼잣말이야」, 소유 「길에서(feat. 적재)」, 인순이 「행복」 「긴 편지」, 조수미·비 「수호신」, 레드벨벳 「Somethin Kinda Crazy」 「Mosquito」, 소녀시대 「Check」, 동방신기 「Smile」, 이승기 「나 군대 간다」, 엑소 「Call Me Baby」, 슈퍼주니어 「사랑이 멎지 않게」 「Hit Me Up」 「Mamacita」, 에프엑스 「밀크」 「All Night」, 고유진 「소원」, 길구봉구 「바람이 불었으면 좋겠어」, 김태우 「사랑비」, 아이비 「좋은 사람」 「남자 때문에」, 알리 「아버지」, 서문탁 「사랑비」, 수호 「월화수목금토일」, 김완선 「라스트 키스」 등 많은 곡을 썼다. 한국음악저작권협회에 438곡이 등록돼 있다.

이호준(1950~2012)

피아니스트, 작곡·편곡자.

이장희 '동방의 빛'과 '조용필과 위대한 탄생' 멤버(건반)로 활동했다.

소방차 「어젯밤 이야기」, 한혜진 「변심」, 조항조 「짧은 사랑 긴 이별」 「님의 노래」, 권인하 「너만 남도록」, 인순이 「친구여」, 김정수 「뒤늦은 후회」 「갈등」 등 여러 곡을 작곡했고 해바라기, 김범룡, 유연실, 위일청, 심수봉, 최병걸, 조덕배, 나미, 양수경, 하남석, 윤수일, 최성수, 조정현 등 많은 가수의 노래를 편곡하기도 했다. 2012년 4월 폐암으로 타계.

2014년 김종서·양하영·우연희·위일청·이지민·임수정·조항조 등 여러 가수가 참여한 헌정 음반 〈7일7색+나우〉가 발매됐다.

이희목

작곡가. 1931년생.

KBS TV 합창단장 역임. 동아방송과 KBS 로고송 제작.

한명숙 「푸른 하늘」, 최향숙 「향불」, 이시스터즈 「숲속의 외딴집」 「다정한 목소리」 「조각달」, 정미조 「파도」 「다시 만날 때까지」 등 가요 외에 「향토예비군가」 「맹호부대의 노래」 「전투기의 노래」 등 잘 알려진 군가도 작곡했다.

임금비

싱어송라이터. 뉴욕에서 재즈 보컬 전공. 2021년부터 두루두루아티스트 컴퍼니 소속.

2020년 싱글앨범 〈Sneakin' Into Your Heart〉로 데뷔. 자신의 곡 외에 오존 「Snooze」, 쏘키 「Lazy(feat. Lotionmoney, 임금비)」 등 다른 아티스트의 곡을 작사·작곡하기도 했다.

임수호

작곡가·프로듀서.

'이기'란 예명으로도 활동. 영화 〈가문의 위기〉 OST 「Come On」으로 작곡가 데뷔.

2017년 6월 13일 서울예술실용전문학교 홈페이지 인터뷰에 의하면 임수호는 "고교 때 같은 반 친구를 좋아했는데 그 친구에게 잘 보이려고 기타를 시작했으며 대학 강의 중 작곡 수업을 들으며 작곡을 시작"했다. 또한 이 인터뷰에 의하면 대학에서 만난 후배인 보컬팀 길구봉구의 봉구가 이현승 작곡가를 소개했고 이를 계기로 함께 활동하며 많은 곡을 썼다.

수호 「모닝콜(feat. 유성은)」, 아이즈원 「레슨」, 제로베이스원 「In Bloom」「Always」「Good Night」「Crush(가시)」, 여자친구 「틱틱」「Vacation」「Only 1」「You are not alone」, 길구봉구 「어떤 기적」, 권진아 「평행선」, 스트레이키즈 「My Universe」, 트와이스 「Aftermoon」, 아스트로 「별」「고백」「Lonely」「너의 뒤에서」, 다비치 「행복해서 미안해」, 이달의 소녀 「Stylish」, 미래소년 「걸」, 고스트나인 「Control」, 인피니트 「Moonlight」, 케이윌 「태양」, 인순이 「기회」 등 많은 노래를 작곡했다. 한국음악저작권협회에 299곡이 등록돼 있다.

임현제

'혁오' 기타리스트. 1993년생. 서울예대 실용음악과 졸업. 두루두루아티스트컴퍼니 소속.

아이유가 임현제 결혼식에서 축가로 「너의

의미」를 불러주기도 했다.

전승우

작곡가. 1974년생. 총신대 영어영문학 학사.

1995년 그룹 '컬트' 드러머로 데뷔해 96년 솔로 가수 활동을 시작했다.

폴킴 「내 사랑」, 정용화 「Got Ya」, 플라이투더스카이 「Once Again」, 린 「내 남자」「AB형 여자」「공기 속에 녹았는지」, 태양 「Baby I'm Sorry」, 빅뱅 「눈물뿐인 바보」「Candle(Michitomo Remix)」, 세븐 「오기」「그리움도 안 되겠죠」, 거미 「이별이 아니길」, 신혜성 「메아리」, 브라이언 「닮아가기」, 이루 「다시 태어나도」「돌아와 내게」「떠나가」, 신화 「기회」, JK김동욱 「잠든 니 곁에서」, 슈가 「Temptation」, 빅마마 「Sadness」, 휘성 「후애」「악몽」「전할 수 없는 이야기」, 신효범 「위기의식」, 하동균 「좋은 기억만」, god 「요즘」 등 많은 노래를 작곡했다. 음악저작권협회에 192곡이 등록돼 있다.

전자맨

작곡가·DJ·프로듀서. 본명 노건호.

한국의 전자음악 1세대 아티스트로 일렉트릭 듀오 '로맨틱카우치' 등에서 활동했다. 드라마 〈쇼핑왕 루이〉〈너희들은 포위됐다〉, 영화 〈댄싱퀸〉〈Wedding Palace〉(미국)〈아지녀인심〉(중국) 등의 OST에도 참여했고 중국 안후이 위성TV 음악 예능 프로그램 〈Super Idol 시즌2〉 음악을 맡기도 했다.

2017년 7월 3일 첫 싱글 〈공기가 뜨거워 (Hot Air)〉를 발매했고, 이마트가 2018년 8월 1일부터 10월 31일까지 진행한 '천재 딴따라 발굴 프로젝트'의 심사위원으로도 활약했다.

로맨틱카우치 및 솔로로 발표한 곡들 외에 아이비 「Zoo」, 브라운아이드걸스 「Swing It Shorty」 「주사위 놀이」, 가인 「Catch Me If You Can」, 지소울 「I Believe」, 써니힐 「선수입장」 「연애세포」, 코요테 「새드나잇」 등 여러 곡을 작곡했다.

전정훈

작곡가 및 편곡자.

tvN 〈청춘월담〉 〈청춘기록〉 〈사이코지만 괜찮아〉, SBS 〈배가본드〉, 웹드라마 〈사랑한다고 말해줘〉 〈도시남녀의 사랑법〉 등 많은 드라마 OST에 관여했다. 음악저작권협회에 958곡이 등록돼 있다.

정석원

작곡가·프로듀서. 1968년생. 서울대 컴퓨터공학 학사.

무한궤도 건반연주자로 음악계 데뷔했고 이어 친형 장호일과 함께 015B 결성해 활동. 015B 외에 이승환, 윤종신 등 여러 가수와 작업했고 KBS 드라마 〈연인〉 OST에도 참여했다. 박정현, 가인, 아이유, 김연우, 장재인, 박재정, 퓨어킴 등 여러 가수의 프로듀서로도 명성을 얻었다. 2018년부턴 015B 자체 레이블 'the015B'를 설립해 대

표 프로듀서로 활동했다.

015B의 여러 곡 외에 윤종신 「나의 안부」 「너의 여행」 「탈진」 「대인관계」 「치유본능」, 박정현 「도시전설」 「앤」 「Long Goodbye」 「다시 겨울이야」, 이승환 「새대가리」, 박재정 「악역」 「시력」, 브라운아이드걸스 「Wave」, 가인 「팅커벨」 「Brunch」, 다비치 「맛있어서 눈물이나」, 로이킴 「오래전 그 날」, 김연우 「Move」 「Call Me」, 바비킴 「너의 결혼식」, 옥주현 「그림자 놀이」 「아빠 베개」, 제아 「그대가 잠든 사이」, 빅마마 「서랍 정리」, 지아 「일 년째」, 투모로우 바이 투게더 「이젠 안녕」, 신해철 「인생이란 이름의 꿈」 「P.M. 7:20」 「함께 가요」, 클릭비 「아주 오래된 연인들」, 신혜성 「선물」, 박신양 「연인」 등 많은 곡을 작곡했다. 또한 성지훈 「나를 잊어줘」, 윤종신 「허탈한 기억 속에」 「망고쉐이크」, 박정현 「Song For Me」 등 작사·작곡·편곡까지 한 노래도 많다. 저작권협회에 393곡이 등록돼 있다.

정석훈

1997년생. 아현산업고(실용음악) 및 서울예대 실용음악과 졸업.

JTBC 〈슈퍼밴드2〉를 통해 더웨일즈(The whales)라는 밴드로 주목을 받았다. '아이유의 팔레트' 하우스밴드 멤버로도 활동.

정성하

기타리스트이자 716만 명이 넘는 구독자를 보유한 유명 유튜버. 1996년 충북 청원생.

어릴 때부터 핑거기타 연주로 주목받았고 특히 '캐논록' 연주로 세계적인 주목을 받았다. 국내에서보다 해외에서 더 유명한 기타리스트로, 아이유를 비롯한 여러 가수 커버곡 연주 영상을 올린 게 계기가 돼 아이유의 「가을 아침」 편곡 작업에 참여하게 됐다.

최근 자신의 유튜브 채널에 비비 「밤양갱」, 르세라핌 「Perfect Night」, 마일리 사이러스 「Flowers」, 퀸 「Love Of My Life」 등을 연주한 영상을 올린 바 있다.

정수완

세션 기타리스트. BTS(방탄소년단) 라이브 밴드 '고스트' 멤버. 1984년 서울생.

중학 시절 마이클 잭슨, 영국 록밴드 등에 심취했고 이어 메탈리카, 스키드로 등을 카피하는 홍대 카피밴드를 결성해 활동했다. 퓨전재즈, 블루스 등을 접하기 시작한 건 대학에서 실용음악을 전공하면서부터다. 학창 시절 에릭 클랩튼, 게리 무어, 함춘호, 홍준호 등에게 영향 받았다. 밴드 '세렝게티'에서 활동하며 입지를 다져갔다. 정규 4집과 여러 싱글 발표 및 공연을 하며 뮤지션·아티스트로서 시야를 넓혔다.

아이유의 「푸르던」 「안경」 「이게 아닌데」 외에 BTS 「피 땀 눈물」 「Young Forever」, 임창정 「힘든 건 사랑이 아니다」 「하루도 그대를 사랑하지 않은 적이 없었다」 「내가 저지른 사랑」 「또 다시 사랑」, 엠씨더맥스 「어디에도」 「그 남잔 말야」 「그대가 분다」, 악뮤(AKMU) 「BENCH」 「오랜 날 오랜 밤」 「리얼

리티」, 폴킴 「너를 만나」, SG워너비 「넌 좋은 사람」 「I'm Missing You」 「가슴 뛰도록」, 다비치 「팡파레」 「나의 오랜 연인에게」 「두 사랑」, 에이핑크 「Mr. Chu」 등 많은 곡을 세션했다. 작곡가 조영수의 「보고 싶었어」(나비, 권진아, 쏠, 엄지윤) 세션에도 참여했다.

2007년 미국 선교 집회에 참여하며 크리스천이 됐고 그곳에서 노래하던 아내를 처음 만나 2013년 결혼, 1남 2녀를 두고 있다. 강동대(실용음악) 등 몇몇 대학에도 출강했다.

2016년 가족과 미국으로 이주해 테네시주 내슈빌에 살고 있다. 술·담배를 하지 않으며 가족과 함께 수영장, 캠핑을 즐기는 게 취미생활이다.

펜더 스트라토캐스터, 탐 앤더슨, 아이바네즈, 존 서, 제임스 타일러, 깁슨, 마틴, 테일러, 라미레즈 등 여러 어쿠스틱기타를 소장하고 있다.

정영

시인·작사가.

아이유가 부른 〈선덕여왕〉 OST 「아라로」와 「바람꽃」 외에 임형주 「백지로 온 편지」 「기억의 숲」, 강현민이 부른 영화 〈순애보〉 주제곡 「잘 지내나요」, 이광조 「꽃이라 부르지 마오」, 정재욱 「이젠 나를 붙잡아」 등 여러 곡의 노랫말을 썼다. 〈바람의 나라〉, 〈로미오와 줄리엣〉, 〈심야식당〉, 〈밴디트〉, 〈국경의 남쪽〉, 〈남한산성〉, 〈라디오스타〉, 〈소나기〉, 〈신과 함께 – 저승편〉, 〈용의자 X의 헌신〉 등 뮤지컬 작사가로도 명성을 얻었다.

2009년 제2회 '더 뮤지컬 어워즈' 작사가 상을 받았다.

2000년 「암스테르 DAM」 외 4편이 문학동네 신인상에 당선돼 신인으로 등단해 시집 『평일의 고해』와 『화류』, 산문집 『지구 반대편 당신』 『누구도 아프지 말아라』 등을 발간했다.

정재일

작곡가 · 음악감독 · 프로듀서. 1982년 서울생.

어머니의 영향으로 세 살부터 피아노를 시작했고 열 살 때부터 기타 등 여러 악기를 독학으로 익힘. 어릴 때부터 타고난 음악적 재능을 보여 '천재 소년'으로 불리기도 했다. 1999년 긱스 1집으로 데뷔했으며 이후 많은 음악가와 활동하며 음악적 역량을 유감없이 보여줬다. 〈그녀는 예뻤다〉 〈마린보이〉 〈바람〉 〈해무〉 〈옥자〉 〈기생충〉 〈브로커〉를 비롯해 넷플릭스 〈오징어게임〉에 이르기까지 여러 영화 · 드라마 음악감독으로도 활약했다. 긱스, 윤상, 김진표, 이적, 엄정화, 스윗소로우, 빅마마, 김조한, 패닉, 김동률, 일레인 등 많은 가수 편곡 작업으로도 유명하다.

2019년 1월 31일 방송된 JTBC 〈너의 노래는〉에서 아이유는 정재일에 대해 "그냥 너무 대단한 분, 너무 멋진 음악을 만들어내는 분"이라고 평했다.

정재필

세션 기타리스트. 1981년 6월 경기도 파주생. 여주대 실용음악과(00학번) 졸업.

철도 공무원이던 아버지와 전업주부 어머니 사이에서 2남 1녀 중 막내로 태어남. 네 살 때 서울로 옴.

14세(중2) 때부터 통기타로 기타 독학. 존 페트루치(John Petrucci)에게 영향을 많이 받았고 이외에 폴 길버트(Paul Gilbert), 마티 프리드먼(Marty Friedman) 등 여러 기타리스트를 카피하며 실력 연마. 2004년부터 2006년 7월까지 해군 군악대 복무.

2006년 〈키드갱〉 OST로 세션 기타 데뷔. 첫 메이저 공연 세션은 고려대 화정체육관에서 열린 2AM 공연.

이후 백지영 「총 맞은 것처럼」을 시작으로 BTS의 「DNA」 「ON」 「Dynamite(Retro Remix)」 「Butter(Cooler Remix)」, 여자친구의 「시간을 달려서」와 「오늘부터 우리는」, (여자)아이들, 비투비(BTOB), 마마무, 투모로우바이투게더, 서인국, 정용화, 씨엔블루, 청하, 윤하, 선미, 조유리, 스테이씨, 원어스, 브레이브걸스 「운전만 해」 「치맛바람」, 그리고 아이유, 성시경 「너의 모든 순간」 「And We Go」 「너를 사랑했던 시간」 등 7000여 곡에 이르는 많은 곡 세션. MBC 〈나는 가수다〉, SBS 〈아카이브K〉 하우스 밴드에서도 활동.

개인적으로 좋아하는 장르는 블루스. 특히 로벤 포드, 스캇 헨더슨을 좋아하며 미국 가스펠 흑인 음악가들의 음악도 선호.

플로리스트 출신의 아내와 3년 연애 끝에 2013년 결혼.

마마무 등 여러 가수 밴드마스터에 이어 현

비투비, 정용화, 서인국, 씨엔블루, (여자)아이들 밴드마스터로 활동. 타성에 젖지 않고 새로운 아이템을 찾아 세션 기타에 적극 활용하는 '세션 기타계의 스타일리스트'란 평을 받고 있다.

제휘(김제휘)

작곡가·싱어송라이터. 1996년생.

고등학교 재학중 아이유 〈꽃갈피〉 앨범 타이틀곡 「나의 옛날이야기」를 편곡하며 '어린 천재'로 음악계에 등장했다. 아이유 곡을 비롯해 정승환 「눈사람」, 「십이월 이십오일의 고백」, 「Belief」, 폴킴 「나의 봄의 이유」, 옹성우 「우리가 만난 이야기」, 첸 「꽃」 「그대에게」, 제시카 「투나잇」, 가인 「Pray」, 슬옹·윤현상 「뭔가 될 것 같은 날」, 민서 「Is Who」, 치즈 「긴 꿈에서」 등 여러 곡을 썼다. 이외에 웹드라마 〈6인실〉 음악감독 및 윤현상 〈피아노포르테〉 〈파랑 Wave〉 앨범을 편곡했고, tvN 〈나의 아저씨〉, 티빙 〈유미의 세포들〉, JTBC 〈설강화〉 〈대행사〉 〈나쁜 엄마〉 등 여러 드라마 OST에도 참여했다. 2013년 〈슈퍼스타K5〉에 출전하기도 했다.

조덕배

싱어송라이터. 1959년 서울생.

특유의 감성으로 1980~1990년대 포크·발라드계에서 많은 인기를 얻었다. 아이유 외에 성시경, 조성모, 조PD, 마마무 솔라, 손디아, 이수영, 임상아 등 많은 가수가 그의 곡을 리메이크했다.

「나의 옛날이야기」, 「꿈에」, 「그대 내 맘에 들어오면은」, 「슬픈 노래는 부르지 않을 거야」, 「사랑이 끝나면」, 「슬픔 그 뒤에 오는 고독」, 「물안개꽃」 등 여러 곡을 썼다.

2011년 12월 28일 방송된 JTBC 〈변우민·박지윤의 행복카페〉에 출연해 「꿈에」 등 자신의 히트곡에 얽힌 사연을 공개한 바 있다. 이 방송에서 조덕배는 "나는 있는 그대로를 가사로 쓰는데 그걸 여러분들은 시적이라고들 해주니 민망하다"고 팬들에게 감사함을 표했다.

조영철

음반프로듀서·기업인. 1972년 대구생. 서강대 경제학 학사.

로엔엔터테인먼트(로엔트리) 레이블 대표를 거쳐 현 미스틱스토리 대표. 아내는 유명 작사가 김이나. 내가네트워크·로엔엔터테인먼트 등에서 브라운아이드걸스, 아이유, 써니힐, 히스토리 등의 앨범을 총괄 프로듀싱했다.

조원선

가수. 1972년 서울생. 1999년 롤러코스터 1집 〈Roller Coaster〉로 데뷔.

유희열의 프로젝트밴드 「토이」 객원 보컬로 활동했고 엄정화, 윤상, 마이 앤트 메리 등 여러 가수와도 작업했다. 2009년 솔로앨범 〈Swallow〉 발매. 2012년 '월간 윤종신' 4월호에 보컬로 참여했고 이듬해 KBS2 〈불후의 명곡〉 유재하 특집에 출연하기도 했다. 도끼 피처링, 존 박과의 듀엣 활동도 했다. 2018년 5월 11일 미스틱엔터테인먼트는 "독보적 음색과 음악적 역량을 갖춘 실력파 싱어송라이터 조원선과 전속 계약을 체결했다"며 "아티스트 고유의 색깔을 담은 음악을 보여줄 수 있도록 다양한 활동을 지원할 것"이라고 밝혔다.

영화 〈봄날의 곰을 좋아하세요?〉와 〈내 여자의 남자친구〉 OST 및 MBC 〈위기의 남자〉 OST 「Lst's Do Dat」, tvN 〈아르곤〉 OST Part 1 「달의 정류장」, MBC every1 〈연애는 귀찮지만 외로운 건 싫어!〉, OCN 〈트레인〉의 「I Will Never」 등등 여러 드라마 OST에도 참여했다.

「습관」 「내게로 와」 「일상다반사」 「회전목마」 「어디 있나요」 「내 손을 잡아줘」 등등 롤러코스터의 여러 곡을 썼다. 이외에 윤종신 「불놀이」, 앤씨아 「습관」, 박정현 「2gether」, 수란 「어디 있나요」, 이찬혁비디오 「도레미파솔라시도」, 윤희중 「돌이켜보면」, 「국가」 등 다른 가수의 곡도 많이 썼다. 2024년 3월 6일에 게재된 아이유 공식 유튜브 채널 '이지금'에서 조원선에 대해 "10대 때 정말 많이 듣고 이 선배님의 목소리를 정말 너무 닮고 싶어 한 적도 있다"며 "이 사람 음악 너무 멋진데? 이 사람이 내는 분위기 너무 멋지다. 그런 것들을 계속 연습하고 좋은 점들을 닮기 위해서"라고 말했다.

조정치

싱어송라이터·기타리스트. 1978년 전남 영광생. 서울예대 실용음악과 졸업.

2010년 1집 〈미성년 연애사〉로 데뷔. 강산에, 한영애, 윤종신, 이적, 김범수, 김광민 등 여러 음악인과 활동했다. 2013년 10월 28일부터 2014년 4월 6일까지 KBS FM 〈조정치 & 하림의 2시〉 프로그램을 진행했다.

자신이 노래한 곡 외에도 박재정 「너라는 위로」, 첸 「아름다워(Beautiful)」, 수란 「그놈의 별」, 정인 「고마워」 「치」, 하림 「출발」, 이인관 「Get Your Love」 「Would You Love Me」 등 여러 곡을 작곡했다. 또한 박기영 「사랑이 닿으면」 「회상」, 윤종신 「마음에 산다」 「사는 재미」 「불멍」 「이층집 소녀」 「졸업 눈물」, 정인 「자장가」, 박지윤 「사랑하고 있어」 「우리의 하루」, 장재인 「그댄 너무 알기 쉬운 남자야」 「괜찮다고 말해줘」 「집 지키기」 「All This Lies」 「그거」, 장필순 「결국 봄」 등을 편곡했다. 한국음악저작권협회에 142곡이 등록돼 있다.

조준성

이효리, 애프터스쿨, 거미, 조성모, 소녀시대, 오마이걸, 우주소녀, 박효신, 헤이즈, 폴킴, 휘인 등 많은 스타 가수를 작업한 한국을 대표하는 믹싱엔지니어.

아이유 「너랑 나」 「좋은 날」 「분홍신」 「팔레트」, 손담비 「토요일 밤에」 「미쳤어」 등 여러 곡의 사운드가 그의 손에서 나옴.

2009년 'W사운드' 스튜디오를 설립 운영하고 있다.

어릴 때부터 피아노를 배웠고 제대(군악대) 후 레코딩계로 뛰어들었다. "엔지니어에겐 음악적 감각과 성실, 근면이 가장 좋은 무기"라고 주장하는 조준성 음향감독은 2023년 7월 3일 '기어라운지' 인터뷰에서 기억에 남는 작품으로 「좋은 날」, 「너랑 나」, 「분홍신」 등 아이유의 믹스 작업을 꼽았다. "하루 종일 몇 날 며칠 작업을 했던 기억이 납니다. 수없이 많은 수정과 사운드의 방향에 대해서 계속 고민하고 또 고민했던 시간들이 문득 떠오르네요. 아마도 그렇게 한 곡 한 곡에 정성과 열정을 다했기 때문에 오래도록 사랑받는 곡들이 탄생하지 않았나 싶습니다. … 곡에서 전달하고자 하는 걸 정확히 캐치해서 노래, 비트, 가사가 정확하게 전달되는 것이 좋은 믹스라고 생각합니다"라고 말했다.

조현주

MBC 드라마 〈2009 외인구단〉 OST 「그러는 그대는」 작사가.
MBC 〈주몽〉의 주제곡 「하늘이여 제발」과 「세상이 날 오라 하네」, SBS 〈프라하의 연인〉 중 「단 하나의 사랑」 등으로 유명하다. 박완규 「Fighter」 「Rain」 「Inferno」 「TV&16」 「Naked Desire」 「세상의 중심에서」, 임창정 「I Still Believe」, 인순이 「하늘이여 제발」, 이재훈 「처음 같은 사랑으로」, 영탁 「Crying For The One」, 손호영 「이상해요」, 일락 「구애심」, 박기영 「어느 하늘 아래 있어도」, 브라이언 「백마를 두고 온 왕자」, 김준수 「12월」, 김연우 「그대라서」 등여러 노래 작사. 영어 전문 작사가로도 두각을 보이기도 했다.

최갑원

아이유를 발굴했고 '아이유'란 예명을 작명해준 작사가·프로듀서. 현 '플렉스엠' 엔터테인먼트 대표. 1976년 7월 서울생.
건축업에 종사하던 아버지와 전업주부 어머니 사이에서 1남 2녀 중 막내로 태어났다. 어릴 때부터 영화 매니아로 중학교 때 영화감독이 돼겠다고 결심하기도. 글짓기 대회만 나가면 상을 쓸어올 정도로 작문에 능했다.
수원과학대에서 방송연예과를 전공한 후 장나라 1집으로 작사가 데뷔. 2000년대 초 박경진 대표와 '엠보트' 창립 멤버로 함께 하며 휘성 곡 다수를 작업했다. 최갑원은 엠보트 재직 중에도 YG엔터테인먼트 프로듀서도 겸하며 세븐, 렉시, 원타임 등 여러 앨범을 제작했다. 이어 김도훈 등 몇몇 작곡가와 '뮤직큐브'를 설립해 하동균 1집 「그녀를 사랑해줘요」, 이승기 2집 등을 프로듀싱했다. '워너뮤직코리아' 오원철 대표의 제안으로 워너뮤직코리아 가요팀 총괄 프로듀서로 일하며 하동균 2집, 백지영 6집을 제작했다.
뉴아시안프라이드컴퍼니(N.A.P)에 이어 2019년 11월 '플렉스엠' 엔터테인먼트를 설립했다. 임한별, 지아 등이 소속된 '플렉스엠'은 본격 발라드 음악에 특화된 기획사다.
아이유 데뷔 앨범 전곡 작사 및 「좋은 날」까지 제작했음은 물론 휘성 「불치병」, 드라마 〈아이리스〉 주제곡인 백지영 「잊지 말아요」, 박효신 「사랑한 후에」, 거미 「기억상실」

등 많은 히트곡을 썼다. 한국음악저작권협회에 등록된 노래가 700곡 이상이나 된다. 업계에서 곡을 가장 빨리 쓰는 작사가로도 유명하다. 하동균 「그녀를 사랑해줘요」는 20여 분 만에 썼다. 약속, 신뢰는 그가 가장 중요하게 여기는 인생 철칙. 납부일 전에 신용카드 사용료를 미리 입금할 정도로 연체하는 걸 싫어한다.

뮤지컬 〈썸머스노우〉 감독으로도 활약한 바 있다. J팝 애호가이자 지금도 만화방을 찾을 만큼 열혈 만화 매니아이기도 하다.

최백호

가수·방송인. 1950년 4월 부산생. 1977년 「내 마음 갈 곳을 잃어」로 데뷔.

2008년부터 SBS FM 〈최백호의 낭만시대〉를 진행하고 있다.

할아버지는 지역 최고의 '부농'이었고 아버지 최원봉은 2대 국회의원을 지냈다. 어머니도 시골 초등학교 선생님. 이처럼 여유 있는 가정환경에서 태어났지만 생후 5개월 만에 아버지가 타계하며 급격히 가정형편이 기울었다. 어릴 때부터 글짓기에 두각을 보였고, 초교 4학년 때 이승만 대통령 관련 글짓기 대회에서 동래군(현 기장군) 우승을 차지했다. 그 외에 몇몇 글짓기 대회에서 돋보이는 성적을 거두었는데, 이러한 작문 능력은 어머니 영향 때문이다. 축구도 잘했다. 인터넷에선 최백호가 마라톤 유망주였다고 나오는데, 이에 대해 "마라톤의 '마'자도 한 적이 없다"며 "왜 그런 얘기가 나왔는지 도저히 이해되지 않는다"고 강력하게 부인했다. 글 쓰고 축구하는 것 외에 그림(만화) 그리는 걸 좋아했고 중학교 미술부에서 활동하며 사생대회 우승도 했다. 대학에서 미술을 전공하고 싶었지만, 가정형편이 어려워 진학을 포기하고 생계 전선에 뛰어들었다. 스무 살이 되던 해 어머니마저 췌장암으로 타계하며 한동안 망연자실하게 된다. 당시 어머니에 대한 그리움을 가사로 담은 게 데뷔곡 「내 마음 갈 곳을 잃어」다.

카매니아로 1980년대 초반 《자동차생활》 칼럼니스트로도 활동했다. 열혈 만화 애호가로 지금도 신간이 나올 때마다 서점으로 직행한다. 김산호 『라이파이』, 박기정 『도전자』, 나가노 마모루 『파이브 스타 스토리』, 그리고 이상규 웹툰 『호랑이형님』이 인생 만화. 국내 첫 SF 만화인 김산호의 『라이파이』를 좋아해 어릴 때부터 이 만화를 즐겨 그렸고 지금도 『라이파이』 팬클럽 회원이다.

축구 경기는 빼놓지 않고 본다. EPL(잉글랜드 프로축구 프리미어리그) 시즌엔 경기 보느라 밤을 새우기도 하며 손흥민을 가장 좋아한다. 가수 활동을 하며 본격적으로 축구를 한 건 1979년부터다. 포지션은 센터포워드(CF).

최백호의 '백호'란 이름은 소설가 김동리의 사촌 형인 동양철학자 김범부가 작명했다. 특정 장소에 가면 금세 몸으로 느낄 정도로 풍수에도 민감하다. 좋지 않은 곳에 가면 앉아 있어도 몸이 불편하다고. 1990년대쯤 목동의 아파트를 보러 간 적이 있었다. 약 24~27평 규모의 아파트였는데, 문에 들어서는 순간 느낌이 너무 좋았다. 그래서 현관에서 신발도 벗지 않고 계약하자고 했고 바로 이 집에서 빅히트곡 「낭만에 대하여」가 나왔다. 「낭만에 대하여」를 뛰어넘는 곡을 만들어보고 싶어 쓴게 「동생아」였지만 반응이 별로라서 아쉬움도 컸다고 했다. 최백호는 "나이가 70이 넘으니 이제 매일매일의 시간 순간이 내겐 모두 낭만"이라며 "나이를 먹으니 더 현명해지는 것 같고 더 좋은 글을 쓸 수 있고. 죽음이 현실화되니까 오히려 마음도 편해져요. 따라서 나이가 드는 매 순간이 낭만"이라고 자신만의 낭만을 정의했다. 「내 마음 갈 곳을 잃어」, 「낭만에 대하여」, 「동생아」가 자신의 3대 베스트송이라고 말했다.

지금도 연평균 20~30회 이상 콘서트를 하고 있으며 특히 후배 음악인들과의 콜라보에 남다른 관심을 보이고 있다.

현재까지 거의 매일 곡 작업을 한다. 아침 일찍 일어나 6시부터 작업을 하는 스타일. 다 써놓고 아직 발표하지 않은 게 40~50여 곡이나 되며 그중 일부를 가끔 후배들에게 주기도 한다. "곡을 만들 때 가사부터 먼저 써야 합니다. 그래야 표절이 나오지 않아요. 그러나 현시대는 멜로디를 먼저 쓰고 거기에 가사를 붙이는 식이죠. 음악을 많이 들은 사람이 멜로디부터 곡을 쓰면 자신도 모르게 표절이 나오게 됩니다. 곡 쓰기에 시인들이 많이 참여했으면 좋겠다는 생각도 해봅니다."

2023년 초 산문집 『잃어버린 것에 대하여』를 발간했다. 2024년 자신이 설립한 기획사 '소인뮤직'을 통해 9인조 구성의 최백호 밴드 신작을 발매 예정이다.

최성원

싱어송라이터 · 작곡가 · 프로듀서. 들국화 멤버(베이스)로 활동. 1954년 경기도 부천생.

고려대에서 물리학 전공. 아버지 최영섭은 한양대 음대 교수를 역임한 오르가니스트 · 작곡 · 지휘자, 아들 최지훈은 가수로 3대가 음악가 집안.

들국화 「매일 그대와」, 「그것만이 내 세상」, 「사랑일 뿐이야」 등 히트곡은 물론 이덕진의 재능을 읽고 「내가 아는 한가지」, 「혹시 또 모르잖니」 등을 써주기도 했다. 강은철 「사랑하는 님을 찾으면」, 「내가 찾는 아이」, 박주연 「그댄 왠지 달라요」, 이광조 「오 그대는 아름다운 여인」, 변진섭 「카드 속 하얀 세상」, 그리고 2023년 5월 11일 발매된 김희진 「서귀포 돌고래」 등을 작곡했다.

최훈

세션 베이시스트.

1996년 장혜진 공연으로 세션 데뷔.

음실련(한국음악실연자연합회)과의 인터뷰에서 네이선 이스트(Nathan East), 제임스 제이머슨(James Jamerson), 루이스 존슨(Louis Johnson), 마이크 포카로(Mike Pocaro), 자코 패스토리우스(Jaco Pastorius) 등에 영향 받았다고 함.

아이유의 「비밀」, 「잠자는 숲속의 왕자」, 「벽지무늬」, 「Everything's Alright」 베이스 세션 외에 조용필, 윤종신, 박효신, 브라운 아이드 소울, 인순이, 볼빨간사춘기 등 많은 가수 세션.

탕웨이

2007년 이안 감독의 영화 〈색, 계〉로 스타덤에 오른 중국 배우. 김태용 감독이 남편. 영화 〈헤어질 결심〉으로 2022년 제43회 청룡영화상 여우주연상, 2023년 제59회 백상예술대상 영화 부문 최우수 연기상 수상.

탕웨이가 국내 뮤직비디오에 출연한 것은 아이유 「Shh...」가 처음이다. 탕웨이는 아이유 소속사를 통해 "아티스트 아이유를 좋아하기 때문"에 뮤직비디오에 출연하게 됐다며 "그간 제 연예 활동 중 뮤직비디오 출연은 처음인데, 아이유와 함께해서 행복했고 현장에서 많은 걸 배울 수 있었다"고 소감을 전했다.

토야마 카주히코(Toyama Kazuhiko)

일본의 애니매이션 영화 작곡가. 1956년 일본 도쿄생. 토요마 카즈란 이름으로도 알려져 있다. 〈기억상실이라는 이름의 바람〉, 〈철권〉, 〈뱀파이어 워〉, 〈오우거 슬레이어〉, 〈손오공 미드나잇 아이〉, 〈손오공 II 미드나잇 아이〉 등등 많은 애니매이션 영화 음악을 작업했다.

패티김

2012년 5월 7일 방송된 SBS 〈힐링캠프, 기쁘지 아니한가〉에서 은퇴 공연을 앞두고 있는 패티김이 출연했다. 이날 깜짝 출연한 아이유는 패티김을 위해 「그대 없이는 못살아」를 열창했다. 노래가 끝나고 "콜라를 많이 마시면 다음 날 목이 많이 쉰다"고 고민을 털어놨다. 패티김은 "가수의 성대에 탄산가스는 해롭다. 맵고 짠 음식과 탄산음료는 안 좋다. 김치찌개류를 평생 안 먹을 수는 없지만 공연이 있을 때는 3~4일 전부터 자극성 있는 음식을 먹지 않는다"고 조언을 아끼지 않았다. 이에 대해 아이유는 "무대에서 다소 소홀하기도 했던 나 자신을 반성하게 됐다"고 말했다.

하동균

가수. 1980년 서울생.

2002년 이정, 전상환, 서재호, Y.J 등과 7Dayz로 데뷔. 그룹 해체 후 앰보트(M-Boat)로 소속사 이적. 2004년부터 '원티드'란 이름으로 활동. 2008년 4월부터 2009년 4월까지 1년간 MBC FM 〈라디오데이즈 하동균입니다〉 DJ로 활동했고, 〈불후의 명곡〉 〈나는 가수다〉 〈해피 투게더〉 등 몇몇 프로그램에도 출연했다. 또한 2017년 JTBC 아이돌 서바이벌 〈믹스나인〉 보컬트레이너로도 활약한 바 있다. 「그녀를 사랑해줘요」, 「나비야」 등 여러 히트곡이 있다.

KBS2 〈구미호외전〉 〈강적들〉 〈굿닥터〉 〈공주의 남자〉, SBS 〈사랑에 미치다〉 〈무적의 낙하산 요원〉 〈부탁해요 캡틴〉 〈원티드〉, MBC 〈반짝반짝 빛나는〉 〈배드파파〉, tvN 〈마더〉 〈낮과 밤〉, JTBC 〈라이프〉 〈부부의 세계〉〈인간실격〉 등 여러 OST에도 참여했다. 2023년 10월 4일 오후 6시 각종 음원사이트를 통해 새 싱글 〈이 밤 나의 마음〉을 발매했다.

하동균은 연습생 시절 아이유의 보컬트 레이너였다. 2013년 방송된 MBC 라디오 FM4U 〈두시의 데이트 박경림입니다〉에 출연한 아이유는 "자신을 가장 힘들게 했던 남자가 누구냐"란 질문에 "하동균"이라고 답했다. 박경림은 "그렇게 바로 답할 정도면 어느 정도로 힘들게 했단 말인가?"라고 물었고 아이유는 "지금까지 나를 가장 오래 봐온 사람이고, 하동균 덕분에 힘든 상황을 견디는 법을 알게 됐다"고 말했다. 아이유는 하동균에게 "노래 못한다. 구리다. 목소리도 이상하다. 그냥 의정부로 돌아가라" 등의 독설을 들었다고 밝히기도 했다.

한상원

작곡가. 1980년생.

2003년 '드림팩토리'에 데모를 보낸 것이 채택돼 전속 작곡가로 음악계에 등장했다. 2019년 먼데이 키즈 이진성과 함께 '에버 그로우' 레이블을 설립.

먼데이 키즈의 여러 곡 외에 아이유 「Boo」 「Love Attack」, 카라 「Break It」 「맘에 들면」 「우리 둘」 「AHA」 「Rollin」 「Go! Go! Summer!」, 신화 「예쁘잖아」, SS501 「4chance」 「널 부르는 노래」, 씨야 「가니」, 제국의아이들 「마젤토브」 「Daily Daily」, 바다 「V.I.P」 「Queen」 「MAD」, 티아라 「Falling U」, 박기영 「미안했어요」, 민효

린 「Touch Me」, 마이네임 「Message」, 걸스데이 「Easy Go」, 유키스 「Bang Bang Bang」 「DANCING FLOOR」 등 작곡.

함춘호

기타리스트. 1961년생. 서울신학대 실용음악과 학과장.

1986년 '시인과 촌장'으로 데뷔. 지금까지 10만 곡에 이르는 방대한 양의 세션 작업을 한 독보적 기록 보유.

신승훈 「미소 속에 비친 그대」, 이문세 「깊은 밤을 날아서」, 이승훈 「비오는 거리」 등을 비롯해 강인원, 이광조, 권인하, 김혜림, 황치훈, 문희경, 최성수, 원미연, 박성신, 장혜리, 안치환, 김원준, 백영규, 심수봉, 신형원, 이윤수, 박은옥, 녹색지대, 소리새, 추가열, 박학기, 김범룡 등 거의 대부분의 가수 세션 또는 편곡 작업에 관여했다. 2020년부터 2년간 TBS 라디오 〈함춘호의 포크송〉을 진행하기도 했다.

허승경

김광진의 히트곡 「편지」 작사가.

김광진이 미국 유학을 마치고 이화여대 학생을 소개받아 그녀에게 곡을 선물했다. 그 학생은 이 곡으로 여화여대 가요제에서 1등을 했다. 이 여학생이 후일 김광진의 아내가 되는 허승경이다.

김광진 「편지」 「동경소녀」 「지혜」 「배다리」 「유치원에 간 사나이」 「레테의 연가」 및 더 클래식 「Be Yourself」 「소소한 행복」 「우리에겐」 「졸업」 등의 가사를 썼다. 이외에 박

효신 정규 4집 〈Soul Tree〉에 수록된 「몰랐죠」와 「니가 들려준 말」, 성시경 「어디에도」, 박미경 「Please Stay」, 이소라 「기억해줘」 등 여러 곡의 노랫말을 썼다. 한국음악저작권협회에 48곡이 등록돼 있다.

혜인(이혜인)

뉴진스(Newjeans) 멤버. 2008년 인천생.
뉴진스에 마지막으로 합류했으며 음정이 좋고 정확한 피치감을 가진 것으로 평가받고 있다. 금세 눈에 띌 만큼 춤선이 좋아 〈Attention〉 무대 시작부터 엔딩까지 센터 포지션을 유지하기도 했다.
역대 최연소 '루이비통' 글로벌 앰배서더로 활동 중이며, '해리 포터 시리즈'의 열혈 팬으로 알려져 있다.
2024년 3월호 《보그 코리아》와의 화보 인터뷰에서 "아이유 선배님의 노래에 피처링할 수 있다는 사실이 가장 설렜다"며 "목소리의 개성을 잘 드러낼 수 있는 연습을 많이 했고, 녹음하는 내내 정말 잘하고 싶었다"고 말했다.

혁오

오혁(리드보컬), 임동건(베이스), 임현제(기타), 이인우(드럼) 구성의 4인조 밴드. 두루두루 아티스트컴퍼니 소속. 2014년 EP 〈20〉으로 데뷔.
밴드명 혁오는 리더인 오혁의 이름을 거꾸로 한 것. 홍대 인디밴드로 출발했지만 이젠 메이저급 위상을 자랑한다. 서울재즈페스티벌을 비롯해 지산밸리, 펜타포트 등 대형 음악 페스티벌 무대에도 자주 섰다.
아이유는 2015년 MBC 〈무한도전 가요제〉를 통해 혁오와 인연을 맺었다. 이후 「사랑이 잘」로 호흡을 맞추며 음악적 교류를 맺고 있다. 그룹 혁오에 대해 아이유는 인스타그램을 통해 "앨범 더 잘 만들고 싶게 자극을 주는 친구들"이라고 했다.

홍준호

국내 대표 세션 기타리스트. 1975년 강원도 영월생.
사업을 하던 음악 애호가 아버지를 통해 어릴 때부터 다양한 팝음악을 들으며 자랐다. 기타는 광신중학교 2학년 때 잡기 시작했다. 당시 기술 선생님이 기타를 잘 쳤는데 그로부터 영향을 받았다. 아버지가 사용하던 국산 통기타(어쿠스틱)로 연습했고, 중3 때 야마하 일렉트릭 기타를 샀다. 고3 때인 1992년 '맥 프로덕션'과 계약하며 프로 음악인으로 데뷔. 그해에 5인조 밴드로 SBS 가요제에 출전해 우승.
1995년 입대(헌병)해 복무 마치고 제대할 즈음 IMF가 터졌다. 바로 이때 김현철에게 픽업되며 1999년 김현철 앨범을 세션했고 본격 세션 기타리스트의 길을 갔다. 이승철 「긴 하루」와 「소리쳐」, 김동률 「출발」 「아이처럼」, 나얼 「서로를 위한 것」 「기억의 빈자리」, 이소라 「Amen」 「Sharry」 「제발」, 로이킴 「봄봄봄」 「그때 헤어지면 돼」, 성시경 「두 사람」 「거리에서」, 정준일 「바램」 「그래 아니까」, 폴 킴 「모든 날 모든 순간」 등등 많은 히트곡의 멋진 기타 연주가 모두 홍준호의 손에서 나왔다. 현재까지 2만 5000여 곡이 넘는 레코딩 세션.

"세션맨은 아티스트보단 기술자라는 명칭에 더 가깝습니다. 원래부터 저는 제 자신을 부각시키는 것보단 남을 서포트할 때 기쁨을 느끼고 더 열심히 하게 됩니다."

서울신학대, 한양대, 서경대, 홍익대 등 여러 대학 강의도 하며 후학 양성에도 열심이다.

2007년 무렵 월드투어 중인 가수 비가 귀국해 녹음 세션을 맡았다. 몇 년째 과도한 세션 작업으로 피로가 누적된 상태였던 홍준호는 이 스케줄 직전에도 3일 동안 잠을 못 자고 작업을 했다. 결국, 녹음실에서 기절해 인근 병원 응급실에 실려 가 하루 동안 병원 신세를 졌다. 2011년 3월부터 다음 해 2월까지 방영된 MBC TV 〈나는 가수다 시즌1〉 하우스밴드 멤버로 활동하기도 했다. 세션 기타리스트 활동 외에 오랫동안 CCM을 해오고 있기도 하다. 독실한 기독교인으로 행당동 성서침례교회 집사로 일하고 있다. 술·담배는 하지 않는다.

가수 이승철이 "좋은 사람이 있다"며 2013년 5월 디자인 회사에 근무하던 일곱 살 연하의 여성을 소개했고 홍준호는 6개월 만에 결혼했다.

황민웅

〈꽃갈피〉 수록곡 「꽃」에 참여한 클래식 기타리스트.

1989년 서울예고 재학 중 스페인으로 유학해 명문 마드리드 왕립음악원에 최연소 입학했다. 재학 중 비야레알에서 열린 타레가 기타 콩쿠르에서 1위 없는 2위를 수상해 화제를 모았다. 마드리드 왕립음악원 졸업에 이어 오스트리아 모차르테움 국립음악원 전문연주자과정 및 잘츠부르크 뮤직아카데미 디플롬을 획득했다. 독일 'Heek' 기타 페스티벌, 레겐스버그 기타 페스티벌 등 여러 음악 축제 무대에 서며 현지에서 주목받는 동양의 클래식 기타리스트로 부상했다.

2002년 귀국 후 현재까지 많은 무대에서 멋진 연주를 선보이고 있다. 2006년 박지은(플루트), 송호섭(클라리넷), 이수희(피아노)와 밸런타인데이 콘서트, 2008년 세종문화회관 독주회, 2010년 고양아람누리 아람음악당에서 황민웅·한은·홍상기·자인 기타 4중주단 〈기타협주곡의 밤〉, 2013~2014년 〈황민웅 기타 콘서트〉, 2016년 전국대학생기타합주대회 심사위원 및 트럼피터 성재창과 포항시립미술관 음악회, 2020년 강원도 정선 〈로맨틱 윈터 콘서트〉, 2023년 카운터테너 정민호와 듀오 공연 및 정민호(카운터 테너)·오병철(플루트)과 황민웅 프로젝트 〈심플〉 공연, 스페인 그라나다 기타 페스티벌 초청 연주 등등.

스페인의 세계적인 클래식 기타 제작자 마누엘 콘트레라스(Manuel Contreras) 공방 초청 연주도 한 바 있다.

인천 〈아로마〉 기타 앙상블, 서울 클래식 기타 앙상블, 일산 〈베네스토〉 기타 앙상블 음악감독 역임. 영화 〈인간중독〉, 〈우리들의 행복한 시간〉, 〈화성으로 간 사나이〉 등의

OST에도 참여했다.

황수아

영화·뮤직비디오 감독.

미국 뉴욕대에서 영화 전공. 2009년 〈우리 집에 왜 왔니〉로 장편 영화 데뷔.

2015년 〈너의 손을 잡고 싶어〉, 2023년 〈페르소나: 설리〉 등의 영화를 감독했다. 뮤직비디오 감독으로도 정평 높다. 「좋은 날」, 「나만 몰랐던 이야기」, 「너랑 나」, 「시간의 바깥」, 「소격동」 뮤직비디오 등에 이르기까지 아이유와 여러 차례 호흡을 맞춘 바 있다. 아이유 외에 가인 「돌이킬 수 없는」, 브라운아이드걸스 「Abracadabra」 「Six Sense」, 나르샤 「삐리빠빠」, 인피니트 「내꺼하자」, 히스토리 「Dreamer」, 이승철 「긴 하루」, 조용필 「걷고 싶다」, 김범수 「지나간다」, 아스트로 「숨바꼭질」 「숨가빠」 「고백」 「니가 불어와(Crazy Sexy Cool)」, 빌리 「링바이링(RING X RING)」, 민서 「멋진 꿈」 등 많은 곡의 뮤직비디오를 연출했다.

황현

작곡가·프로듀서.

1983년 대구생. 한양대 음대(작곡) 졸업.

2007년 '빅마마' 신연아의 「나쁜 소식」 편곡자로 가요계에 데뷔했다.

작곡·프로듀싱팀 '모노트리' 대표. 모노트리에서 함께 일하고 있는 작곡가 이주형은 황현에 대해 "클래식적 악상 구성이 탁월한데, 이건 내가 갖지 못한 부분이기도 하다"고 극찬했다. 또한 "치밀하고 꼼꼼해 조

직의 수장으로서 적합하다"고 덧붙였다.

소녀시대 「첫눈에」 「비타민」 「Goodbye」 「Wait A Minute」 「어떤 오후(One Afternoon)」 「Love is Btter」, 동방신기 「아테나」 「항상 곁에 있을게(Always With You)」 「How Are You」, 샤이니 「방백(Aside)」, 카라 「With」 「Idiot」, 빅마마 「소녀를 사랑한 소나무」, 레드벨벳 「Day 1」 「My Dear」 「Aitai Tai」, F(X) 「사실 말이야(쉿)」 「좋아해도 되나요(Is it OK)」, 슈퍼주니어 「빠삐용(Butterfly)」 「환절기」 「Spy」, 태연 「Candy Cane」, 티파니 「Once in a Lifetime」 「I Just Wanan Dance」, 온앤오프 「Difficult」 「On/Off」 「Fly Me To The Moon」 「Complete(널 만난 순간)」 「신세계」 「춤춰」 「여름의 끝」 「Cat's Waltz」 「사랑하게 될 거야(We Must Love)」 「선인장」, 세븐틴 「좋겠다」, 위키미키 「뭐야 뭐야」, 이달의 소녀 「Eclipse」 「Single in the Rain」 「Girl Front」, 박혜원(HYNN) 「남자가 되면」, 아이브 「Not Your Girl」 「Kitsch」 「궁금해」, 오마이걸 「Celebrate」 등 많은 가수의 곡을 썼다. 2024년 3월 현재 한국음악저작권협회에 245곡이 등록돼 있다.

Agust D

BTS(방탄소년단) 슈가가 밴드가 아닌 솔로 활동을 할 때 사용하는 이름. 슈가의 첫 번째 믹스테이프 타이틀이기도 하다. 'Agust D'는 D-Town SUGA를 거꾸로 뒤집은 것으로 'D-Town'은 데뷔 전 대구에서 활동하던 힙합 크루의 이름이다. 한국음악저작

권협회엔 슈가, 민윤기, Agust D라는 이름이 함께 등재돼 있다.

Biznis(하원택)

1982년 서울생. 한국계 미국 래퍼. 본명 해럴드 하(Harold Ha). 한국 이름은 하원택.
힙합 클럽 '마스터플랜'에서 '기계치' 멤버로 활동을 시작. 기계치 해산 후 인피니트 플로우(I.F)로 재조직되기까지 김디지의 백업 래퍼로 활동했다.
인피니트 플로우 해체 후 「Goodbye」를 발표했고, 2008년엔 알렉스(클래지콰이)가 참여한 타이틀곡 「So Sick」 등을 수록한 솔로 EP를 공개했다. 또한 이승기의 히트곡 「결혼해줄래」 랩 피처링에도 참여했다. 이어 브랜뉴뮤직에서 활동하기에 이른다. 2010년 1집 〈Ego〉는 많은 화제를 낳았다. 2012년 8월 정규 2집 〈Anstblute〉, 2013년 미니앨범 〈#evolution〉과 2017년 〈A Lone〉 등을 발매했다. 이외에 〈Suga Luv〉(2009), 〈Local Player〉(2011), 〈tweet tweet〉(2011), 〈너 없는 크리스마스〉(2012), 〈Grand Finale〉(2013), 〈Losing Weight〉(2013), 〈Go Get'em〉(2016), 〈죽은 위인들의 사회〉(2016) 등의 디지털 싱글을 내기도 했다.
2016년에 〈쇼미더머니5(Show Me The Money 5)〉에 참가했고, 2020년 엠넷 〈너희가 힙합을 아느냐〉에 출연했다. 한국음악저작권협회에 174곡이 등록돼 있다.

Celine Svanback

작곡가.
Citybois, Samantha Harvey, Ericka Jane, 오마이걸, 태연, 에스파, 이해인, 비비지 등 여러 가수의 곡을 썼다.

CHAI

가수. 한국계 미국인. 한국 이름 이수정.
〈K팝 스타 시즌5〉 우승자이자 역대 K팝 스타 최초의 300점 만점을 받았다. 2019년 6월 첫 싱글 〈Give and Take〉를 발매했고 KBS2 〈단 하나의 사랑〉, 〈달리와 감자탕〉 등의 OST에도 참여했다.

Chloe Latimer

영국의 가수·작곡가. 1996년 영국 글래스고생.
2014년 12월 첫 싱글 〈Grip〉 발매. 이후 컬럼비아 레코드, Iamsound 등의 음반사와 계약했다. 아이유 「Celebrity」를 비롯해 태민 「Criminal」, 오마이걸 「Dolphin」, 트와이스 「Strawberry」 「SOS」 「Shadow」, 케플러 「Attention」, 청하 「Crazy like You」, 루셈블 「Newtopia」 등 한국 가수의 곡도 적지 않게 썼다.
앨라니스 모리셋(Alanis Morissette), 에이브릴 라빈(Avril Lavigne), 조니 미첼(Joni Mitchell), 핑크(Pink), 스티비 닉스(Stevie Nicks), 테일러 스위프트(Taylor Swift) 등에게 영향을 많이 받았다.

Cinebro—NOTE

작곡가 김형석과 류영민을 중심으로 한 작곡·프로듀싱 팀.

〈극비수사〉를 비롯해 많은 영화 OST를 작업했다.

DPR Ian

한국계 호주의 R&B 음악인이자 뮤직비디오 감독.

본명은 크리스천 유(Christian Yu). 1990년 호주생.

고교 시절 록그룹에서 활동했고 호주 시드니대 언어치료물리학과 졸업. 2012년 6인조 보이그룹 씨클라운에서 'ROME'이란 예명으로 데뷔. 뮤직비디오는 2015년 DPR LIVE의 〈TILL I DIE〉로 연출 데뷔. 그 외바비 〈깔라〉, 송민호 〈몸〉, 태양 〈Wake Me Up〉 등 연출.

2021년 EP 〈Moodswings In This Order〉 발매. 전곡 작사·작곡에 참여. 2022년 정규앨범 〈MIITO(Moodswings In To Order)〉와 2023년 EP 〈Dear Insanity…〉는 빌보드 200 차트에 진입했다.

Dr. Jo

작곡·작사가. 본명 조민형. 1986년생. 고려대 의과대학 졸업.

JYP 퍼블리싱에서 활동하며 많은 JYP 가수 및 타 기획사 소속 가수들과도 작업했고 2021년부터 후암레코즈 싱어송라이터 루이드를 프로듀싱했다.

엔믹스 「Tank」「Party O'Clock」「Dice」, 이븐 「Trouble」, 루이드 「도마뱀」「Karma」「Water」, 퍼플키스 「My My」「Sweet Juice」, 트와이스 「Ding Dong」「Hold Me Tight」「Jelly Jelly」, GOT7 「온몸이 반응해」「Gimme」「손들어」「매일」, 구구단 「나 같은 애」, 있지 「Louder」, 에이핑크 「Overwrite」, AOA 「Ninety Nine」, 아스트로 「Heart Brew Love」, 마마무 「칠해줘」「봄타」, 에이프릴 「Mayday」, 2AM 「실감」, 버나드박 「가수가 돼도」「너 같은 여잘」 등 많은 곡을 썼다.

DANKE

김수빈, 박우현, 이희주로 구성된 K팝 음악 전문 작사팀으로 2018년 결성.

BTS, 엔믹스, 더보이즈, 제로베이스원, 비비지, NCT127, NCT U, 라이즈, 슈퍼M, 아이즈원, 샤이니, 슈퍼주니어, 있지, 프로미스나인, 케플러, 에이핑크, 투모로우바이투게더, 몬스타엑스, 러블리즈, 엔하이픈, 르세라핌, 레드벨벳, 골든차일드 등 많은 K팝 가수의 곡을 썼다.

East4A

작곡가. 본명 김양우.

파슨스 디자인스쿨 커뮤니케이션 디자인학부 학사 및 세종대 융합예술대학원 실용음악예술학 석사.

브라운아이드걸스 「Moody Night」「Hot Shot」「Love Motion」「Mystery Survivor」, 미쓰에이 「Madness」, 위키미키 「Fantastic」, 원더걸스 「Super B」, 2PM

「Coming Down」, 애프터스쿨 「Love Beat」, 나르샤 「삐리빠빠」, 트와이스 「Jelly Jelly」, 선미 「내가 누구」, 가인 「The First Temptation」「Free Will」, 히스토리 「Psycho」「난 너한테 뭐야」, 오렌지캬라멜 「Bubble Bath」, 러블리즈 「비밀여행」 등 많은 곡을 썼다. 소녀시대 제시카 SPC 로고송 작곡과 편곡을 맡기도 했다.

작곡 활동과 함께 세종대 미래교육원 실용음악과 교수로도 재직 중이다.

G.고릴라(고현기)

가수·작곡가. 1973년 서울생. 중앙대 독어독문학 학사.

015B 객원 보컬을 거쳐 1998년 그룹 '이브' 1집 객원 멤버로 데뷔해 이브 2집부터 정식 멤버로 활동. 이브 1~4집까지 작사, 작곡, 프로듀싱, 건반, 서브보컬을 담당했고 4집을 끝으로 탈퇴. 이브에 이어 솔로 및 G.고릴라밴드 활동. 2017년 이브 원년 멤버 김세헌, 박웅, 김건과 재결합한 컴백 앨범 〈Romantic Show〉에서 전곡 작사·작곡·프로듀싱을 맡았다.

아이유 「사랑니」「입술 사이(50cm)」「Obliviate」, 아이유&유승호 「사랑을 믿어요」 등을 작사·작곡했고 아이유 「좋은 날」「너랑 나」를 모던록으로 편곡해 무대에 함께 올라 기타와 코러스로 서포트하고 아이유 콘서트 음악감독을 맡기도 했다.

이외에 츄 「여우비」, 엔플라잉 「러버」, 휘성 「타임머신」「Rain Drop」, 백지영 「우리가」, 엄정화 「She」, 허각 「사월의 눈」「애상」「혼자 한잔」, 가인 「두 여자」, 지아 「무릎담요」「감기 때문에」「헤어진 첫날」, 브라운아이드걸스 「잠에 취해」「Atomic」, 이선희 「여우비」 등 많은 곡을 썼다. 한국음악저작권협회에 180곡이 등록돼 있다.

haihm(하임)

작곡·편곡자, 싱어송라이터. 본명 김하임. 1974년생.

서울예고 졸업 후 오스트리아 잘츠부르크 모차르테움에서 피아노 과정 유학 중 하차하고 대중음악의 길로 들어섰다. 2004년부터 일렉트로니카 음악을 시작해 2008년 1집 〈haihm〉을 발표했고 2009년 제6회 한국대중음악상 '최우수 댄스&일렉트로닉 음반' 부분에 노미네이트됐다. 베를린에서 시작된 'Yellow Lounge' 프로그램의 서울·싱가포르 공연에서 세계적인 첼리스트 미샤 마이스키와 협연하기도 했다. 이후 자신의 레이블 'Miah Records'를 통해 EP 〈Point 9〉를 발매했고, 인터랙티브 퍼포먼스, 미디어 아트, 현대무용과 전자음악 접목 등 다양한 활동을 했다. 2016년 3월 북미 최대 규모의 페스티벌 '사우스바이사우스웨스트(SXSW)'에 초청받아 무대에 섰다. haihm으로 활동하며 노래한 곡들 외에 가인 「Tango The Night」「폭로」, 브라운아이드걸스 「이상한 일」, 써니힐 「모르는 게 많아서」, 김보라 「Vanish」 등 다른 가수의 곡도 많이 작곡했다. 또한 이상순 「산책」, 심은용 「독소」, 아이유 「잠자는 숲속의 왕자」 등을 편곡한 바 있다.

Jacob Chatelain

LA를 중심으로 활동하고 있는 미국의 프로듀서, 음향 엔지니어, 작곡가.

런던 잭슨(London Jackson)과 함께 팝 듀오 'X Lover'에서 활동하며 인기를 얻었다. 아이유 「Flu」 외에 매기 린데만 (Maggie Lindemann), 클로이 모리온도(Chloe Moroiondo) 등 여러 가수의 곡을 작업했다. MTV의 인기 리얼리티 쇼 〈Siesta Key〉에도 출연한 바 있다.

Jeppe London Bilsby

덴마크의 작곡가·프로듀서. E&B와 June 등의 팀에서 활동했다.

아이유 「Celebrity」, 트와이스 「Cruel」, 오마이걸 「Dolphin」 「Dear You」 「Swan」 「Kiss & Fix」 「Eden」 「Quest」, 아이브 「Mine」 「Classic」, 청하 「Killing Me」, 태연 「You Better Not」 「Ending Credits」 「Nightmare」, 비비지 「Love You Like」, 이채연 「Danny」, 예은 「Strange Way To Love」 등 K팝 스타들의 곡을 많이 썼다. 이외에 키스 어반(Keith Urban) 「Say Something」, 덴마크의 팝듀오 시티보이스(Citybois)의 빅히트곡 「Finde Tilbage」를 비롯해 앤야(Anya), 벤자민 리한(Benjamin Rihan), 페이지 포(Page Four), 알렉산더 브라운(Alexander Brown) 등 여러 음악인의 곡을 썼다.

JUNNY(주니)

캐나다 국적의 싱어송라이터·작곡가. 본명

김형준. 1996년생.

카이 「음(Mmmh)」, NCT U 「From Home」 「Sweet Dream」, NCT 드림 「지금처럼만」 「ANL」 「Rewind」, NCT 127 「Pilot」 「불시착」, 수호 「Made In You」, 샤이니 「Gravity」, 보이콜드 「Cold Outside Love」, 빌리 「Various And Precious(Moment Of Inertia)」 등 작곡 활동을 활발히 하고 있는 작가 중 하나다. 특히 SM엔터테인먼트와 협업한 작품이 많다.

KZ

작곡가. 1983년생. 이효리 「Don't Cry」로 작곡가 데뷔.

백지영 「Keep The Faith」, 브라운아이드걸스 「Glam Girl」 「불편한 진실」 「Countdown」 「Vendetta」, 지아 「웃음만」 「웃게 해줄게」, 히스토리 「Tomorrow」 「The Last Time」 「Blue Moon」, 에일리 「열애설」, 에이핑크 「난 니가 필요해」 「천사가 아냐」, 손호영 「머리가 아파서」, 휘성 「모르고 싶다」, 앤씨아 「읽어주세요」 「더더더」, 가인 「비밀」, 김재중 「Secret」, 오마이걸 「기억해」, 우주소녀 「이루리」 「Hola」 「잊지마(나의 우주)」, 케플러 「Wing Wing」 「We Fresh」, 제이미 「Dancing With You In The Rain」, 골든차일드 「Blind Love」 등 360여 곡이 넘는 많은 곡을 작업했다.

Kako

작곡가. 본명 이유진.

(여자)아이들 「말리지마」 「Revenge」

「Allergy」 「Nxde」 작곡 및 프로미스나인 「Weather」, 케플러 「WA DA DA」, 트와이스 「Wow」 등을 작사했다. 또한 김범수 「어느 날 어느 시간에」, 산들 「내 기억 속에 남아 있는 그대 모습은」, 에일리 「Is You」, 로꼬·유성은 「별(Little Prince)」, 범키 「When I Saw You」 등 여러 곡을 작사·작곡했다.

Lauritz Emil Christiansen

덴마크의 가수, 작곡가, 프로듀서. 1998년생.

아이유 「Celebrity」 작곡·편곡에 참여. Jeppe London Bilsby와의 듀오 E&B, 3인조 혼성 팀 June, 영국의 그룹 원 디렉션(One Direction) 스타일을 지향하는 덴마크의 4인조 보이그룹 페이지 포(Page Four) 등에서 활동했다. 페이지 포는 2014년 소니뮤직과 계약한 메이저 그룹이다.

London Jackson

아이유 「Flu」 작곡과 편곡에 참여한 미국의 싱어송라이터, 프로듀서.

제이콥 셰터레인(Jacob Chatelain)과 함께 팝 듀오 'X Lovers'에서 활동하며 인기를 쌓아갔다. LA를 주 활동무대로 한 X 러버스는 2018년 RCA에서 싱글 〈Novocaine〉으로 데뷔했다. 이어 Virgin(2019), Mad World(2020), X Lovers(2022) 등의 앨범을 발표했다. JYP 소속 밴드인 데이식스(DAY6)의 영케이(Young K)가 X러버스의 「Love」에 피처링으로 참여했다.

Madilyn Bailey

미국의 가수·작곡가. 1992년 미국 위스콘신생.

962만 명 넘는 유튜브 구독자를 보유하고 있는 유명 인플루언서.

일곱 살 때부터 작곡을 했으며, 고교 졸업을 앞두고 인기곡을 취재한 콘텐츠를 유튜브에 게시하며 1억이 넘는 조회수를 기록했다. 2013년 미국의 커버밴드 보이스 애비뉴(Boyce Avenue)와 미국·캐나다 투어 콘서트를 하며 많은 경험을 쌓았다. 이후 워너뮤직그룹 산하 레이블인 프랑스의 플레이온(PlayOn)과 녹음 계약을 맺고 2015년 10월 커버앨범 〈Muse Box〉를 발표해 좋은 반응을 얻었다. 2016년 셰어(Cher)의 히트곡 「Believe」를 커버한 네 번째 싱글을 발표했다.

세계적인 스타들의 곡을 커버(리메이크)하는 가수로 명성을 쌓는 와중에도 자신의 오리지널 싱글들을 발표하며 자신이 추구하는 음악 세계를 다져갔다.

2018년 4월 20일 미국 전역에 방송된 NBC 〈투데이 쇼〉에 출연해 자신의 싱글 〈Tetris〉 라이브 무대를 선보였고, 또 다른 싱글 〈Drunk on a Feeling〉은 미국의 액션 드라마 TV 시리즈 〈Station 19〉에 삽입됐다. 2021년엔 NBC TV의 유명 오디션 예능 프로그램 〈아메리카 갓 탤런트(America's Got Talent) 시즌16〉에 출연해 많은 화제를 낳기도 했다.

Martin Coogan

영국의 가수·작곡가·방송인. 1960년 영국 그레이터맨체스터 미들튼생.

1985년 결성된 영국의 인디팝·록 밴드 목터틀스(The Mock Turtles)의 보컬과 기타리스트로 활동하며 작곡과 프로듀싱을 총괄했다. 아이유 외에 잭슨 왕(Jackson Wang), 조 돌란(Joe Dolan) 등의 곡 작업에도 참여했다.

〈레볼루션(The Revolution)〉,〈테임사이드 라디오(Tameside Radio)〉 등 몇몇 라디오 프로그램 진행자로도 활약했다. 코미디언 겸 배우 스티브 쿠거(Stephen John Coogan)가 동생이다.

Melanie Joy Fontana

미국의 작곡가·가수.

1986년 미국 코네티컷주 뉴잉턴생.

저스틴 비버(Justin Bieber), 아론 카터(Aaron Carter) 등의 곡을 썼고 이외에 소녀시대, BTS, 효린, AOA, 에버글로우, 선미, 이달의 소녀, 프로미스나인, 블랙핑크 등 많은 K팝 가수와 작업했다.

Michel 'Lindgren' Schulz

미국 LA에 기반을 둔 프로듀서·작곡가.

BTS를 비롯해 두아 리파(Dua Lipa), TXT, 데스바이로미(Death by Romy), 치트코드(Cheat Codes), 리햅(R3hab) 등과 작업했다.

N!ko

작곡가·프로듀서. 음악저작권협회엔 N!ko 외에 김주영, 김민주, NIKO BLANK 등 여러 이름으로도 등록돼 있다.

아이유「라일락」을 비롯해 제로베이스원「Good Night」「In Bloom」「Crush」「Always」「Take My Hand」「Goodnight」「Kidz Zone」, 박지훈「Gotcha」「Black h₩Hour」, 프로미스나인「Rewind」, 케플러「Tropical Light」, 고스트나인「Control」「Starvoy」「Always, All ways」, 골든차일드「Milky Way」, 미래소년「Girl」, 원디「나를 신경 쓰고 있는 건가」, 드리핀「Firefly」, 보이스플래닛「난 빛나(Here I Am)」 등 많은 곡을 썼다.

PJ

작곡가·프로듀서. 본명 박수종.

이효리「톡!톡!톡!」, 울랄라세션·아이유「애타는 마음」, 효린「안녕」, 가인「Apple(feat. 박재범)」, 거미「눈꽃」, SG워너비「고백합니다」「주르륵」, 케이윌「착해지지 마요」, 하동균「그녀를 사랑해줘요」, 서인국「Beginning」「첫눈에」「애기야」, 알리「Crazy Night」, 원티드「너에게로 간다」, 양파「그녀를 버려요」, 임정희「이별선언」, 거미「누구세요」, 장우혁「지지 않는 태양」, 김동완「남자의 사랑」, 이루「촌스럽고 유치하게」, 김건모「여자들이란」「딸기」「경매」, 하동균「One Fine Day」「기억 한구석」「운명」, 미나「돌아」「때로는」, 더 자두「옐로우카드」「으악새」, 장혜진「불꽃」 등등 많은 곡을 작곡했다. 한국저작권협회에 303곡이 등록돼 있다.

2010년 12월 8일 발매된 AKB48의 19번째 싱글 음반 타이틀곡 「호두와 다이얼로그」 작곡·프로듀서를 맡았다. 이 곡은 오리콘 차트 1위에 올랐고 이로써 PJ는 한국 작곡가 최초로 일본 오리콘 차트 정상에 오른 인물이 됨.

아이유 「마쉬멜로우」 작곡 및 총 4장의 앨범에 프로듀서로 참여한 PJ는 2021년 피제이엔터테인먼트(PJ Entertainment)를 설립하고 제작자로 나서기도 했다.

PENOMECO(페노메코)

작곡·작사가·래퍼. 본명 정동욱. 1992년생. 동아방송예술대 졸업. KAC한국예술원 힙합 전공.

2014년 싱글앨범 〈Right There〉로 데뷔. 밀리언마켓, 피네이션 소속으로 활동했다. 페노메코로 노래한 곡들 외에 크러쉬 「흠칫」 「Satisfied」, 있지 「Icy」 「24HRS」 「TING TING TING with Oliver Heldens」, 아스트로 「Someone Else」, 박지훈 「Serious」 「Dress Code」 「Hit it Off」, NCT U 「Make A Wish(Birthday Song)」, NCT2020 「Resonance」, 제시 「눈누난나」, 다이나믹 듀오 「맵고짜고단거」, GOT7 「Boom X3」, 지코 「Fanxy Child」 「Anothet Level」, 레드벨벳 「Taste」, 엑소 「JIE ZOU(TEMPO)」 「Tempo」, 딘딘 「Alone」 등 많은 곡을 썼다.

Poptime

작곡·편곡자. 본명 박지용.

제10회 가온차트 K팝 어워드 '올해의 작곡가' 수상. 명지대 미래교육원 실용음악과 교수.

(여자)아이들 「Superlady」 「Revenge」 「Wife」 「퀸카(Queencard)」 「Tomboy」 등 화제를 모은 곡 상당수를 작곡했다. 전소연 「Psycho」, 지코 「아무노래」 「사람」 「Summer Hate」 「웬수」 「만화영화(Cartoon)」, 보이넥스트도어 「Serenade」 「돌아버리겠다」 「One and Only」 「뭣 같아」 「Crying」 「Abcd Love」, 더보이즈 「Ego」, 슈퍼주니어 「2ya2yao」, 워너원 「캥거루」, 블락비 「보기 드문 여자」 「Her」 「Shall We Dance」, 있지 「IT'z SUMMER」, 세븐틴 「칠리」, 뉴이스트 「너네 누나 소개시켜줘」 등 125곡이 한국음악저작권협회에 등록돼 있다. 〈슬기로운 감빵생활〉 OST에도 관여했다.

Rod Bowkett

영국 런던을 중심으로 활동하고 있는 작곡가·프로듀서.

1973년 루시 버논(Lucy Vernon)을 시작으로 브리티시 록그룹 스택브릿지(Stackridge), R&B 디스코 싱어 쉐릴 린(Cheryl Lynn), 그리고 클리프 리처드(Cliff Richard)와 퀸시 존스(Quincy Jones), 패티 오스틴(Patti Austin), 다이애나 로스(Diana Ross), 둘리스(The Dooleys) 등 한 시대를 풍미한 스타들과 작업했다. 코린 베일리 래의 2006년 데뷔앨범 〈Corinne Bailey Rae〉에 수록된 「Enchantment」와 「Butterfly」를 함께 쓰

기도 했다.

SUMIN(수민)
싱어송라이터·프로듀서. 본명 박수민. 1991년 서울생. 호원대 실용음악과 보컬 전공.
피아노 교사인 어머니 영향으로 어릴 때부터 많은 음악을 접하며 성장. 2015년 싱글 〈뜨거워질 거야〉로 데뷔. 2018년 첫 정규앨범 〈Your Home〉 발매. 이 음반으로 2019년 한국대중음악상 R&B 소울 최우수 노래상, 2019년 한국힙합어워즈 올해의 R&B 음반상 수상. 선우정아 「Octave(with SUMIN)」, 청하 「짜증 나게 만들어」, 레드벨벳 「봐(Look)」 「눈 맞추고 손 맞대고」, 엑소 「I See You」, 보아 「너와 나(You and I)」, 로꼬 「다시 앞으로」 「4U(feat. SUMIN)」, 황소윤 「Noonwalk」, G소울 「Cant(아직도 난)」, 방탄소년단 「Lie」, 스피카 「너 때문에」 「One Way」 등 다른 가수가 부른 곡도 많이 썼다. 한국음악저작권협회에 207곡이 등록돼 있다.

TEXU
작곡가·음악프로듀서. 본명 김택수. 1973년 서울생.
뉴욕대에서 뮤직테크놀로지를 전공했고 귀국 후 광고음악 제작사에서 일하며 많은 CM곡 작업.
1999년 명음레코드(현 알레스뮤직)에서 EP 〈Milim〉 발표. 김재중 「Don't Walk Away」 「Let The Rhythm Flow」, 브라운아이드

걸스 「Fractical」 「Light」, 써니힐 「Get the x out」, 앤디 「You And Me」, 애프터스쿨 「Flashback」, 제아 「Silent Stalker」 등 여러 곡을 작곡했다.

TOMSSON
래퍼. 본명 박정빈. 1993년 대구생. 2015년 EP 〈Blond〉로 데뷔.
예명 '탐슨(Tomsson)'은 영화 〈대부〉에 나오는 총 이름으로, 세상을 향해 랩을 총처럼 쏘아대고 싶다는 열망을 담았다. 2022년 1월 발표한 싱글 〈역전포차〉는 1966년 발매된 오기택의 트로트 「대구역 밤 11시」를 힙합으로 재해석해 화제를 모으기도 했다.

Wonderkid
작곡가·프로듀서.
백지영 「내 귀에 캔디」를 비롯해 엔하이픈 「Mortal」 「Sweet Venom」 「Sacrifice」 등 여러 곡을 작곡했다. 이외에 세븐틴 「Ready To Love」, 투모로우바이투게더 「하굣길」 「그냥 괴물을 살려두면 안 되는 걸까」, 더보이즈 「Bloom Bloom」 「No Air」 「D.D.D.」, 우주소녀 「Boogie Up」, 그리고 여자친구, 다이아, SF9, 프로미스나인, 엔플라잉, 워너원, AOA, 트리플, KCM, B.A.P, 손호영, BTOB, 전효성, 신혜성, 다비치, 2AM, 지아, 조권, 틴탑, 에이트, 빅마마, 임정희, 조성모, 박진영, 배슬기, 서영, 간미연 등 많은 가수의 곡을 썼다.

WOOGIE(우기)

작곡가 · 음악프로듀서. 본명 박제욱.
1989년 부산생.

엠넷 〈고등래퍼4〉에 프로듀서로 출연한 바
있다. 취미는 복싱. 향수를 좋아해 여러 브
랜드를 소장하고 있기도 하다. 자신이 노
래한 곡 외에 박재범 「헐크호건」 「Soju」
「Love is Ugly(feat. 화사)」, 로꼬 · 화사 「레
몬」, 화사 「가을 속에서」, 로꼬 「Alright,
Summer time」 「남아있어」 「입버릇처럼」
「So Bad」 「나타나 줘」 「잘가」 「How」, 최자
「Jaeho(feat. 개코)」, 이영지 「HATE ME」, 윤
미래 「오늘처럼」, 지소울 「For You」, 식케이
「Too Many」 「XYZ」 「Interlude: 24 7 365」
「Ring Ring」 등 많은 곡을 썼다. 한국음악
저작권협회에 109곡이 등록돼 있다.

Zacchariah Palmer

LA를 기반으로 활동하는 작곡가 · 싱어송
라이터.

미국 뉴욕생. 팝, R&B, 인디 · 얼터너티브 장
르를 전문으로 하며 21세기폭스, 워너, 비아
컴 등 글로벌 기업과 작업했고 아이유, 스트
레이키즈에서 활동한 김우진 등 한국의 가
수들과도 작업했다. 음악 제작 온라인 마켓
플레이스 '사운드베터(Soundbetter)'에 등록
된 작가 소개글에서 그는 이렇게 쓰고 있다.
"보컬리스트로서 저는 샘 스미스(Sam
Smith), 제인(Zayn), 닉 조나스(Nick Jonas)와
비교됩니다. 팝적인 감성을 이해하면서 멜
로디에 더 어두운 느낌을 줄 수 있습니다.
저는 다양한 장르의 노래를 부를 수 있고,

여러분의 프로젝트를 보컬로 돋보이게 만
드는 독특한 방법을 찾을 수 있죠. 거의 모
든 장르의 주요 아티스트에게 소개된 많은
데모에서 노래를 불렀으며 팝, R&B, 록, 컨
트리, 일렉트로닉 등 여러분의 데모를 한
단계 더 발전시켜드릴 수 있습니다."

Zenur

작곡 · 프로듀싱팀 벤더스 소속 프로듀
서 · 작곡가. 본명 전재현. 1997년 부산생.
2019년 하성운 미니앨범 〈My Moment〉
로 작곡가 데뷔.

벤더스에서 트랙 프로듀싱 및 악기 세션 담
당. 아이유 「에잇」에서 적재와 함께 기타 세
션을 했다.

김우석 「Beautiful」 「Do U Like」 「Next」
「Ghostin」 「Sugar」 「Switch」 「Love And
Hate」 「Slip」, 위키미키 「Luminous」, 엑
소 「지켜줄게(Just As Usual)」, 몬스타엑
스 「Addicted」, 우아 「Pay Day」, 하성운
「저기요」 「Bird」 「궁금 S」, 드림캐쳐 「시간
의 틈(New Day)」, 위아이 「안고 싶어(Hug
You)」, 티오원(TO1) 「Sugar Shock」, 플레이
브 「From」, 정용화 「Small Talk」, NCT U
「Kangaroo」, 차민수 「다시 봄(Adorable)」
등 50여 곡 넘는 곡을 썼다.

Category 2

아이유밴드

아이유의 공연 등 각종 활동을 서포트하기 위해 결성된 밴드로 홍소진(건반·밴드 마스터), 김승호(드럼), 최인성(베이스), 김동민(기타), 조재범(퍼커션), 김현(세컨드 건반) 등 각 분야 실력파 연주자 6인으로 구성됐다.

오랫동안 함께 연주 생활을 해온 사람들끼리 뭉친 팀인 만큼 남다른 호흡이 강점이다. 사정이 생겨 공연을 함께하지 못한 최인성 대신 구본암이 2~3차례 객원 베이스 연주를 하기도 했다. 최인성은 아이유 밴드의 특장점을 이렇게 말했다.

"오랫동안 함께 연주해온 멤버끼리 함께하다 보니 호흡이 남다르다는 게 아이유밴드의 가장 큰 장점이다. 또한 멤버별 뮤지션으로서도 월등한 연주력을 갖추고 있어 어떠한 연주도 가능하다. 함께 연주하는 가운데 서로를 고무하고 발전시켜준다. 매너리즘 같은 부분들을 날카롭게 경계하며 특정 영역에 갇혀 있지 않고 항상 새로운 걸 모색하려 한다. 이러한 이유들 때문에 서로 발전하면서 계속 함께할 수 있는 게 아닌가 한다. 만일 누구 하나가 '머물러 있다면' 결코 같이하지 못했을 것이다. 정체, 도취 등을 끊임없이 경계해오고 있으니까."

홍소진

아이유 밴드마스터. 키보디스트·작곡가·프로듀서. 동덕여대 실용음악과 졸업. '홍또치'로도 불리며, 아이유 외에 태연 콘서트 음악감독이기도 하다. 케이윌, 박효신, 김범수, 크러쉬, 알리, 리쌍, 에이핑크 키보드 세션 및 엠넷 〈보이스코리아〉 〈슈퍼스타K〉, SBS 〈K팝스타〉 무대 세션도 했다. 힙합에서 블랙뮤직, 네오소울, 발라드까지 다양한 스타일을 감각적으로 잘 풀어낸다고 평가받고 있다.

홍소진이 작곡 및 편곡한 곡은 크러쉬 「New Day」 「흠칫」 「Rush hour(feat. J Hope of BTS)」 「놓아줘(with 태연)」 「Ohio」, 박정현 「이름을 잃은 별을 이어서」 「나의 봄」 「Constellations」, 스텔라장 「나의 겨울여행」 「Choose You」 「Good Job」 「어떤 말도」, 선미 「꽃같네」, 레드벨벳 「LA ROUGE」, 정승환 「믿어」, 샘킴 「If」 「무기력」 「The One」 「Sun and Moon」, 리쌍 「Hola(feat. 정인)」 등 많이 있으며 음악저작권협회에 137곡이 등록돼 있다.

2022년 10월 22일 GQ와의 인터뷰에서 크러쉬는 홍소진에 대해 "누나를 못 만났으면 지금까지 음악을 하고 있을지도 잘 모르겠어요. 그 정도로 중요한 사람"이라며 "사람 대 사람으로서도 제가 흐트러지지 않게 버팀목이 돼주는 사람"이라고 말했다.

최인성은 "홍소진과는 동갑 친구지만 때론 누나처럼 동료들을 잘 챙겨준다"며 "음악적 스펙트럼이 넓고 어떤 음악을 마주해도 자신감 있게 잘 소화한다. 결코 '쫄지' 않는 스타일. 결과물도 대단히 훌륭하다"고 했다. 이외에도 홍소진에 대한 주변 뮤지션들의 평가는 극찬 일색일 만큼 '뮤지션의 뮤지션'과도 같은 위치에 있다.

동덕여대 실용음악과 김광민 교수는 홍소진에 대해 이렇게 평했다.

"학생 때부터 아주 열심히 했으며, 학교에서 가장 두드러질 만큼 재능도 돋보였다. 4학년 무렵 나한테 레슨을 받고 싶어 했지만 당시 다른 일정과 겹쳐 레슨을 하진 못했다. 이후 소진이를 잊고 있다가 어느 날 보니 무척 많은 음악 활동을 하고 있었다. 학생 때보다 굉장히 (실력이) 많이 늘어 놀랐다. 학생 때도 노력을 많이 하던 학생이었지만 지금 홍소진의 연주를 보면 실력이 정말 어마어마하게 늘었다. 연주가 무척 섬세하고 깨끗하다. 재능도 우선이지만 본인이 얼마나 많은 노력을 했나 알 수 있게 한다."

인터뷰 중 김광민 교수는 홍소진이란 이름보다 '또치'란 호칭을 자주 사용했는데, 이미 대학 시절부터 이 별명으로 불린 게 아닌가 한다.

김승호

드러머. 1985년 경기 송탄생. 서울예대 실용음악과 졸업. 2015년부터 아이유밴드 드러머로 활동.

어릴 때부터 노래하는 걸 좋아했고 고1 때부터 보컬을 공부했다. 고3 때 교회에서 예배를 보던 중 드럼을 치는 사람이 멋있게 보여 드럼을 배우기 시작해 드러머 황정관 사사. 2005년 서울예대에 입학했는데 구본암, 최인성도 같은 학번. 1학년 때 과대표를 맡을 만큼 외향적이고 소탈한 캐릭터. 신입생 시절부터 실용음악과의 베이스기타 '톱'으로 주목받던 구본암과 매일 라면 5~6개에 햄·소시지 등을 넣고 끓인 '아점' 형태로 식사하곤 곧바로 연습에 몰두하는 라이프사이클을 반복했다. 당시 구본암은 다양한 음악이 저장된 외장하드를 갖고 다니며 김승호에게 여러 음악을 추천해주기도 했다. 최인성과는 기숙사 룸메이트였다.

김승호는 20대부터 브라이언 블레이드, 테디 캠벨 등 유명 드러머들의 연주 영상을 많이 접하며 실력을 쌓았다. 육군 3군 사령부 군악대 복무 후 다양한 세션 활동을 했다. 재즈 전문지 《재즈피플》의 2011년 라이징 스타로 선정됐다.

'짐승호'라는 예명은 서울예대 재학 시절, 머리도 깎지 않고 더부룩한 외관으로 밤낮없이 연습실에서 드럼만 쳐대는 헤비급 몸무게인 그가 마치 '짐승' 같다고 해서 붙여진 별명. '짐승호' 관련 해프닝도 있었다. 그는 엑소 수호 「사랑, 하자」에서 드럼을 연주했다. 그런데 관계자는 김승호에 대해 항상 '짐승호'라는 이름으로 듣던 터라 앨범 크레딧에도 김승호가 아닌 '짐승호'로 표기한 것. 이 사실을 알고 뒤늦게 SM엔터테인먼트 관계자가 사과하는 등 해프닝이 있을 만큼 짐승호라는 이름은 많은 사람에게 강하게 각인돼 있다. 이 해프닝 이후 그는 곧바로 음악실연자연합회에 자신을 '짐승호'로 등록했다.

김승호는 아이유밴드 공연 때에도 공연 내내 드럼을 치며 함께 노래 부른다. 그래서 공연이 끝나면 목이 쉬어 있을 정도도. 동료 베이시스트 구본암은 "공연에서 김승호가 없으면 전혀 다른 음악이 될 만큼 그가 있는 것과 없는 것은 하늘과 땅만큼이나 차이가 크다"며 "그만큼 그는 흥이 넘치는 연주자로 팀 전체에 엄청난 활력을 불어넣어 준다"고 말했다.

최인성 또한 "함께 연주를 하면 기분이 너무 좋아지는 드러머"라며 "아이유 공연 내내 드럼을 치며 5~6시간 동안 함께 노래를 부를 만큼 흥이 넘친다. 뛰어난 테크닉과 감각을 함께 겸비한다는 게 쉽지 않은데 김승호가 바로 이 양자를 갖췄다"고 말했다.

김승호는 2019년 2월 크러쉬의 인도네시아 페스티벌 참가차 출국했는데 이때 크러쉬 헤어 메이크업을 담당했던 한주영과 동행하며 친해졌다. 귀국 후 4월부터 연애를 시작해 10개월 만에 결혼으로 이어졌다. 결혼식 축가는 아이유가 불렀다. 2020년 4월엔 '야마하 드럼 아티스트'로 선정됐다.

최인성

1986년(빠른 86) 서울생. 서울예대 실용음악과 졸업.

이종훈 작곡가 · 프로듀서의 추천으로 2015년부터 아이유밴드 베이시스트로 인연을 맺게 됨. 박효신 밴드 및 태연 콘서트 베이스 세션도 병행하고 있다.

김세정, 권진아, 워너원, (여자)아이들, 고스트나인 등 많은 가수를 세션했다. 실연자협회에 등록된 곡이 900여 곡 이상이다. 2023년 디즈니 플러스(+) 드라마 〈최악의 악〉 베이스 세션도 했다.

최인성은 자영업을 하는 아버지의 일 때문에 금호동에서 살다가 인천으로 이사해 그곳 학교에 다녔다. 여섯 살 때부터 10년간 피아노를 배웠고 독실한 기독교인 어머니의 영향으로 어릴 때부터 교회를 다녔다. 고교 2학년인 2002년부터 입시를 목적으로 베이스기타를 배웠다. 남들보다 늦게 시작한 베이스지만 학습 속도가 빨랐고 2005년 서울예대 실용음악과에 입학했다. 2학년 재학 중인 2006년부터 2008년 초까지 비 월드투어 세션 베이스로 참여했다. 서울경찰악대에서 군 복무 후 이소라 세션을 맡았고 현재까지 이어지고 있다. 서경대, 동덕여대, 호원대, 홍익대, 한양대 등 여러 대학에서 강의도 했다.

건반 세션 연주자 겸 편곡자 송성경의 소개로 지금의 아내를 만나 7년 반 연애 끝에 2017년 결혼했다. 3년 아래인 아내 윤영미도 서울예대 실용음악과 출신의 현역 피아니스트.

베이스 연습에 몰두하던 어린 시절엔 마커스 밀러(Marcus Miller), 데이비드 샌본(David Sanborn), 마세오 파커(Maceo Parker), 인코그니토(Incognito)를 많이 들었지만 지금은 빌 에반스와 키스 자렛을 즐겨 듣는다. 베이스기타 롤모델은 피노 팔라디노(Pino Palladino).

"저 사람과 연주하면 내 생각을 잘 반영해주는 것 같다는 평을 듣는 베이시스트가 되고 싶어요. 최인성 하면 (음악인들이) 가장 함께하고 싶었던 베이시스트로 기억되고 싶습니다."

김동민

1993년생. 서울예대 실용음악과 졸업. 해군 홍보단 전역.
적재 후임 기타리스트 김동민은 밴드 원더러스트·크러쉬와 함께하며 인연을 맺었다. 2022년 아이유의 올림픽주경기장 공연 때부터 정식 멤버로 함께했다.
고상지밴드, 정재원, 알리, SG워너비 김진호, 태연, 케이윌, 존박, 에일리, 딘, 크러쉬 등 여러 음악인들과 활동했다.
윤하 「하나의 달」, 크러쉬 「나를 위해」, 스텔라장 「Love is 기적」 「연결」 「Super Secret」 「우르릉 쾅쾅」 「리얼리티 블루」, 아이즈원 「Intro(ONEIRIC THEATER VER.)」 등 여러 곡의 편곡 및 작곡에 참여했다. 2021년 고스트나인(GHOST9) 스페셜 콘서트 〈THE PORTAL〉, 2022년 케플러(Kep1er) 미니 2집 〈DOUBLAST〉 기타 등 아이돌 세션도 활발하게 하고 있다.

김동민에 대해 최인성은 "기타리스트로서 사운드메이킹 면에 있어선 TOP이다. 흠잡을 데 없는 훌륭한 기타리스트"라고 평했다.

조재범

1976년생. 2004년 커먼 그라운드 1집 〈Play.ers〉으로 데뷔.
펑크소울 그룹 커먼그라운드(COMMON GROUND), 라 이슬라 보니따(La Isla Bonita) 등에서 활동. 드럼 심벌 '질지언', '웨스턴 오디오', '딕슨 드럼' 아티스트로도 활약.
군 제대 후 교회에서 만난 형으로부터 퍼커션을 쳐볼 것을 권유받아 24세 때부터 퍼커션을 시작했다. 론 캐놀리(Ron Kenoly)의 「Sing Out」을 듣고 퍼커션에 빠졌고 알렉스 아쿠나(Alex Acuna) 등 몇몇 연주자에 심취. 배철수의 〈콘서트 7080〉 세션을 맡던 정휘영에게 퍼커션을 배웠다. 이후 국내 퍼커션 연주에선 독보적인 위치를 구축하며 많은 음악인의 세션 활동을 하고 있다. 국내 정상의 세션 기타리스트 이성렬의 솔로 싱글 〈Color of Dream〉에도 퍼커션 세션을 한 바 있다.
박효신, 백지영, 박화요비, 빅마마, 이소라, 신승훈, 김범수, 김건모, 다이나믹 듀오, 휘성, 정준일, 성시경, 임정희, 웅산 등 많은 가수 세션. 〈나는 가수다〉, 〈유희열의 스케치북〉, 〈이소라의 프로포즈〉 등 여러 프로그램 하우스밴드에서도 연주했다.
아이유밴드 라인업을 짤 때 제일 늦게 섭외가 된 멤버. 재미있는 일화가 있다. 아이유밴드 라인업이 완성돼 첫 합주를 하는 날이었다. 멤버들이 조금 일찍 와서 합주를 시작하고 있었고 조재범은 중간에 합주실로 왔다. 그러곤 콩가를 연주하기 시작했는데 순간 밴드의 기분이 갑자기 확 살아나기 시작했다. 그만큼 조재범이 있는 것과 없는 것의 차이는 크다. 이젠 퍼커션이 없는 아이유밴드는 상상하기 힘들 정도로. 최인성은 조재범을 "아이유밴드의 밝은 기운을 만들어주는 사람"이라고 말했다.

김현

아이유밴드 세컨드 건반. 동아방송예술대 작곡 전공.

'요코하마 하이스쿨 뮤직페스티벌 2002' 한국대회 본상 수상. 혜천대 실용음악과에서 미디(컴퓨터음악)를 강의한 바 있다.

2014 정성하, 휘성, 이정 콘서트 투어, 2013~2014년 권순관 크리스마스 콘서트, 코리아 드럼페스티벌 드러머 이규형 편곡·건반 참여, B1A4 콘서트, 더원 2013~2014 콘서트 전국투어, 2013년 10월 19~20일 그랜드민트페스티벌 윤하·권순관 세션, SG워너비 김진호 부산 콘서트, 윤하 콘서트, KBS2 〈유희열의 스케치북〉 서인국 편, 소녀시대 태연 2013 SM 크리스마스 콘서트 편곡 및 스트링 어레인지 및 피아노 레코딩, SBS 〈이효리와 정재형의 You and I〉 하우스밴드, 2012 엘 콘서트(김조한·김동규·신보라·에일리·진정훈·이슬기·헤리티지 메스콰이어), 조성모 2012~2013 메모리 1998 전국투어, 울랄라세션 2012 8월~12월 전국투어, 2013 인순이·조장혁, 2012년 6월 6~10일 〈안녕하세요, 김연우입니다〉 콘서트, 김조한 2011 〈웰컴 투 러브랜드〉 전국투어, KBS 〈불후의 명곡 2〉 임정희밴드, 바비킴 2011 콘서트, 2010 조관우 라이브 등 여러 무대 건반 세션.

이외에 TBN 한국교통방송 음악 전곡 편곡 및 정시교통정보 시그널 작·편곡. 인피니트, 이수영, 박정현, 김상희, 임현기 2집 등 여러 앨범 레코딩에 참여했다.

적재(정재원)

기타리스트 겸 싱어송라이터. 1989년 광주생. 서울예대 실용음악과 졸업.

2014년 정규 1집 〈한마디〉로 데뷔.

기타리스트로 명성이 높아 박효신, 이소라, 거미, 김동률, 정재형, 태양, 윤하, 권진아, 정은지 등 많은 가수를 세션했다. 2015년부터 2020년까지 아이유밴드 기타리스트로 활동했고 2020년 9월 18일 방영된 〈유희열의 스케치북〉 509회 가수 아이유 편을 끝으로 아이유밴드와 헤어졌다. 2020년 제12회 멜론뮤직어워드 세션상 '기타 부문' 수상.

자신의 곡은 물론 스타 가수들에게도 곡을 써서 주거나 편곡 작업을 하고 있다. 한국음악저작권협회에 소유(feat. 적재) 「마음」, 르세라핌 「피어나」, 레드벨벳 「풍경화」, 악뮤 「Stupid Love Song(with Crush)」 「Everest(with 샘김)」, 벤 「차라리 잘됐어(feat. 적재)」, 스텔라장 「어떻게 사람이 늘 사랑스러울 수 있어」, 박보검 「별 보러 가자」 등 136곡이 등록돼 있다.

구본암

1983년 5월 부산생. 서울예대 실용음악과 졸업. 1남 1녀 중 막내. 아이유밴드 콘서트 때 사정상 베이스가 참여하지 못할 때 2~3번 세션 베이스로 무대에 섰다.

아버지는 '파이낸셜' 관련 금융 전문가, 어머니는 청도에서 요식업체 운영. 운동신경이 좋아 어릴 때부터 검도를 익혀 공인 유단자(해동검도 2단, 대한검도 1단)가 됐고 이때 배운 검도는 베이스 연주의 피지컬 부분에 적지 않은 도움을 줬다.

고교 밴드부에서 베이스기타를 시작하며 실력을 연마했고 부산예대 실용음악과에 입학해 베이스를 전공, 이어 2004년 서울로 와 서울재즈아카데미(SJA)에서 베이스기타를 배웠다. 2005년 서울예대 실용음악과(베이스)에 입학했는데, 신입생 시절의 연주회 때 실수를 너무 많이 해 자신에게 화가 많이 났고 실망했다. 이때부터 베이스가 자신에게 맞지 않는 악기일 수도 있다고 생각해 1년 정도 베이스를 잡지 않고 다른 걸 했다.

"급한 성격으로 인해 밴드 공연 때 베이스 연주에 (날카롭게) 날이 서 있었고 리듬악기로서 밴드의 사운드를 서포트해야 함에도 내 베이스가 먼저 급하게 치고 나오는 경향도 있었어요."

1년 가까이 휴지기를 갖고 2006년경 다시 베이스를 잡은 그는 그때부터 온종일 베이스 연습만 했는데 이때의 남다른 노력이 지금의 구본암을 만드는 데 초석이 됐다.

베이시스트임에도 유명 베이스 연주자보다는 팻 메스니(Pat Metheny), 존 스코필드(John Scofield) 등과 같은 기타리스트들로부터 기교적 측면의 영향을 많이 받았다.

현란한 개인기 막강한 연주력으로 무장한 솔로 연주자 출신의 구본암은 하모니를 읽고 컨트롤하는 능력도 대단하고 숱한 세션으로 다져진 '서포트'의 역할에 이르기까지 다채롭고 깊이 있는 연주 세계를 보여준다. 걸그룹 에이핑크 밴드마스터 및 아이유, 샘김, 악뮤, 이소라, 박선주 등등 많은 음악인 스튜디오·라이브 세션을 했다.

세션 활동 외에 2010년부터 자신의 이름을 딴 구본암밴드를 이끌고 있기도 하다. 구본암밴드는 초창기엔 임상우(드럼), 김태겸(기타), 김용숙(키보드) 등이 함께하며 홍대 클럽 '에반스'에서 첫 공연을 선보였다. 이후 2014~2015년경부터 이지영(피아노), 적재(기타), 김승호(드럼), 닥스킴 등 현재의 라인업으로 굳어지게 됐다. 2014년 발매한 첫 솔로 앨범 〈Bittersweet〉은 적재(기타), 김승호(드럼) 등 국내 정상급 연주자들이 세션에 참여해 사운드의 완성도를 높인 본격 인스트루멘탈 명작이다.

2011년 동아방송예술대를 시작으로 호원대, 동덕여대, 광운대, 추계예술대, 호서대, 동서울대, 한양대 콘서바토리, 서경대, 백석대에 이어 서울예대 실용음악과 등 여러 학교에서 강의했다. 구본암이 입시 과제로 제시하는 곡들은 시험이 끝나자마자 유튜브를 비롯한 여러 공간에서 화제가 되기도 한다. 서울예대 실용음악과(수시) 수석 입학자 김예인의 'Piu Mosso'가 대표적으로 유튜브를 뜨겁게 달군 바 있다.

취미는 RC카, 모형 자동차 조립, 부동산과 주식 등 시사 경제 전반 관련 글 읽기. 술·담배는 하지 않는다.

〈딱 한발짝... 그 만큼만 더〉

2014년 5월 22일부터 6월 1일까지 서강대 메리홀 대극장에서 진행된 소극장 콘서트. 아이유의 유일한 극장 공연이기도 하다. 예매 시작 10분 만에 매진됐고 「있잖아(Rock Ver.)」 「분홍신」 「너랑 나」 등 여러 히트곡 외에 〈꽃갈피〉 앨범에 수록된 전곡을 노래했다. 악뮤, 김범수, 임슬옹, 조정석, 샤이니 종현, 정용화, 광희, 하동균 등이 게스트로 출연했다. 공연에 앞서 2014년 5월 2일 소속사 로엔트리 측은 트위터를 통해 "이번 소극장 콘서트의 수익금 전액을 세월호 참사 피해 지원을 위해 사용하고자 합니다" 라고 밝혔다.

더 리릭스 프로젝트(The Lyrics Project)

아이유를 발굴한 작사가 겸 프로듀서 최갑원이 그동안 함께 작업한 보컬리스트들과의 여정을 기억하며 다시 한번 그들과의 호흡을 통해 새로운 추억을 선물하기 위해 만든 프로젝트.

2012년 6월 7일 발매된 프로젝트 1탄 휘성·이승우(소울스타) 「감기라도 걸릴까」를 시작으로, 2012년 11월 22일 2탄 영지·이규훈(소울스타) 「행복해라」, 2013년 6월 12일 3탄 빅마마 이지영·팬텀(Phantom) 한해 「불편한 진실」, 2014년 1월 17일 4탄 거미 「내 생각날 거야」, 2014년 6월 30일 5탄 아이유·울랄라세션 「애타는 마음」, 2018년 3월 9일 6탄 먼데이키즈·지아 「추억 한 잔(feat. 하림)」 등이 발매됐다.

〈러블리 피크닉〉

2010년 5월 21~22일 서울 올림픽공원 88 수변무대에서 성진환, V.O.S 최현준과 함께한 엠넷미디어 주최, 좋은콘서트 주관의 콘서트.

'5월의 데이트, 풀패키지 콘서트'란 명칭이 부제로 달렸다. 데뷔 이래 아이유의 첫 콘서트이기도 하다. 아이유는 성진환이 속한 스윗소로우의 '텐텐클럽'에서 게스트로 인연을 맺은 바 있다.

콘셉트가 피크닉이라 관객들에게 도시락을 나눠줬다. 나원주가 공연 음악감독으로 활약하며 봄과 피크닉, 사랑을 주제로 〈러블리 피크닉〉의 기획 의도 및 테마에 충실하려고 했다.

멜로디 포레스트 캠프

가수 윤종신이 SNS를 하다가 가요와 발라

드를 부르는 음악 축제의 필요성을 느껴 기획했다. 2014년에 1회 축제를 개최해 김범수, 박정현, 박지윤, 정엽, 플라이투더스카이, 에디킴, 아이유 등 많은 스타 가수들이 출연했다. 아이유는 2015년에도 페스티벌에 출연해 「싫은 날」, 「나만 몰랐던 이야기」 등 여러 곡을 불렀다. 2018 멜로디 포레스트 캠프는 총 3만 관객을 동원하며 이 페스티벌 역대 최다 관객 기록을 세우기도 했다. 그러나 2019년 제13호 태풍 링링으로 인해 행사가 취소됐다.

명예경찰

2013년 2월 15일 서울 서대문 경찰청사에서 열린 명예경찰 위촉식에서 아이유와 KBS2 〈개그콘서트〉 '용감한 녀석들' 팀이 명예경찰에 위촉됐다. 아이유와 용감한 녀석들은 각각 학교폭력 예방 홍보대사와 경찰청 5대 폭력 척결 홍보대사에 위촉돼 각종 범죄 예방에 힘쓴 바 있어 이러한 공로가 인정돼 명예경찰로 위촉된 것이다.

〈미스틱 홀리데이 2013〉

윤종신을 필두로 조정치, 하림, 김연우, 박지윤, 김예림, 장재인 등이 소속된 '미스틱89'가 겨울을 맞이해 발매한 시즌 앨범명. 정식 음원 공개에 앞서 아이유, 박지윤 등 여러 명이 가사를 쓴 「크리스마스 소원」 티저 영상이 공개됐다.

보령머드축제

1998년 7월 16일부터 4일간 대천해수욕장에서 시작된 이래 매년 열리고 있는 한국의 대표적인 여름 축제. 머드(진흙)를 이용해 마사지 및 각종 놀이를 즐기는 게 특징이다.
아이유는 2017년 7월 28일 대천해수욕장에서 열린 보령머드축제에 참여해 「금요일에 만나요」, 「팔레트」, 「좋은 날」, 「밤편지」 등을 노래했다.

〈순간,〉

2023년 7월 21일부터 8월 20일까지 29일 동안 서울 성동구 갤러리아 포레 더 서울라이티움에서 데뷔 15주년 기념 미디어아트 전시 〈순간,(Moment,)〉을 개최했다.
① '미디어 파사드'를 이용해 소리를 따라 빛을 표현하며 아이유와 유애나가 15년간 함께해온 순간을 표현한 공간 ② 홀로그램 활용으로 아이유가 실제 라이브를 하는 듯한 '순간의 정원' ③ 감정의 순간을 날씨 테마에 적용해 사진 갤러리로 꾸민 '웨더 갤러리(Weather Gallery)' ④ '곳간: 추억의 방' ⑤ 팬들이 즉석에서 쓴 메시지가 밤하늘의 별처럼 보일 수 있게 디지털 테크가 접목된 체험형 전시 공간 등 5개로 꾸민 미디어아트전 〈순간,〉은 첨단 테크놀로지와 다양한 기획력의 결합으로 뜨거운 반응을 얻었다. 아이유는 전시 기간 중 마시멜로 탈을 쓰고 전시장을 깜짝 방문해 화제를 모으기도 했다.

〈스물네 걸음: 하나 둘 셋 넷〉

2016년 12월 3일부터 2017년 1월 7일까

지 진행된 아이유의 서울 및 중화권 투어 콘서트.

2016년 12월 3~4일 서울 SK핸드볼경기장, 12월 16일 홍콩 컨벤션센터, 2017년 1월 7일 타이페이 신장체육관 등에서 개최됐다. 서울 공연엔 악뮤, 혁오 등이 게스트로 출연했다. 공연명 '스물네 걸음'은 당시 아이유 나이가 24세라 그렇게 지은 것이다. 서울 2회 공연은 티켓 예매 오픈과 동시에 매진을 기록했고, 7000여 명의 관객을 동원했다.

미니앨범 〈CHAT-SHIRE〉의 타이틀곡 「스물셋」을 개사한 「스물넷」을 시작으로 여러 히트곡 및 드라마 〈드림하이〉 OST 「Someday」, MBC 〈무한도전 영동고속도로 가요제〉의 「레옹」, 서태지와의 프로젝트곡 「소격동」, 울랄라세션과의 콜라보 「애타는 마음」 등 다양한 곡을 노래했다. 또한 인기 만화 〈슬램덩크〉, 〈두치와 뿌꾸〉, 〈달빛천사〉 주제곡 등을 부르기도 했다.

〈아이유 콘서트: 더 골든 아워〉

2023년 9월 13일 개봉. 국내뿐만 아니라 미국, 일본, 영국 등 38개국에서도 개봉. 2022년 9월에 개최된 아이유의 단독 콘서트 〈The Golden Hour: 오렌지 태양 아래〉 공연 실황을 담은 다큐멘터리 영화로 감독은 안종호. 국내 개봉 콘서트 영화 중 최초로 IMAX 포맷으로 개봉했다.

개봉일부터 10월 17일까지 35일간 영화진흥위원회 영화관입장권통합전산망 기준 국내 누적 관객수 8만 7628명, 누적 매출액 20억 5038만 8000원 기록.

개봉 9일 전인 9월 4일 오후 〈오펜하이머〉를 누르고 20% 예매율로 CGV 예매율 1위 달성 및 개봉 3일 전인 9월 10일 12시 40분 4만 1000 명 예매 관객으로 20.3%의 예매율을 기록하며 전체 예매율 1위 달성.

2022년 9월 17~18일 한국 여자 가수 최초로 올림픽주경기장에 입성한 아이유 단독 콘서트 〈The Golden Hour〉를 극장에서 만난다. 당시 양일간 약 9만 명 관객 동원은 물론 화려한 볼거리와 대중이 사랑하는 아이유의 곡으로 가득 채워진 역대급 무대를 선보였다. 전율을 선사한 무반주 오프닝을 시작으로 많은 아이유 인기곡, 밤하늘을 수놓은 드론 쇼, 초대형 스트로베리문 열기구 등 많은 화제를 낳았다.

아카라카

연세대학교 교화에서 이름을 딴 연세대 응원단 명칭이자 이 응원단이 주최하는 축제명이기도 하다. 매년 5월에 대동제가 마무리된 직후 연세대 신촌캠퍼스 노천극장에서 열린다. 2001년 싸이, 핑클을 필두로 지금까지 박진영, 김건모, 신승훈, 이승환, SG워너비, 소녀시대, 빅뱅, 블랙핑크, 수지, 트와이스, 레드벨벳, 아이브, 뉴진스, 장기하, 에스파, 르세라핌 등 빅스타들이 출연한 바 있다. 아이유는 2014년, 2017, 2019년 세 차례나 아카라카 축제에 참여해 분위기를 더욱 무르익게 했다.

여수 엑스포(여수 세계박람회) 2012

전남 여수시 여수항 일대에서 2012년 5월 12일부터 8월 12일까지 93일간 개최된 엑스포. '살아있는 바다, 숨쉬는 연안'을 주제로 전 세계 105개국과 10개 국제기구가 참가했다. 한국에선 1993 대전 엑스포 이후 19년 만에 열린 BIE 공인박람회(인정박람회)다. 홍보대사로 위촉된 아이유는 대전엑스포가 열렸던 1993년에 태어난 가수라 특별함을 더했다.

2012 여수 엑스포(여수 세계박람회) 조직위원회는 2011년 5월 9일 오후 3시 서울 계동 현대빌딩 대회의실에서 아이유를 홍보대사로 위촉했다. 엑스포 조직위는 "아이유는 인기 절정의 아이돌 스타이기도 하지만, 대전 세계박람회(대전 엑스포)가 개최된 1993년에 태어나 2012 여수 박람회의 로고송을 부르는 가수여서 홍보대사로 위촉했다. 청소년에 대한 홍보 효과가 클 것으로 기대한다"고 선정 이유를 밝혔다. 아이유는 "제가 홍보대사가 된 건 처음이라 긴장도 되지만 큰 행사에 참석하게 돼 너무나 영광이다. 앞으로도 2012 여수 엑스포를 전 세계에 널리 알리기 위해 힘쓰겠다"고 소감을 밝혔다. 이 자리에서 아이유는 윤상이 작곡하고 박창학이 작사한 2012 여수 세계박람회 로고송 「바다가 기억하는 얘기」를 불렀다. 「바다가 기억하는 얘기」는 생명의 근원이자 인류의 희망인 바다의 메시지를 담았다.

윤미래 콘서트

2018년 7월 14일 오후 6시 서울 장충체육관에서 열린 윤미래 단독 콘서트에 래퍼 도끼와 함께 게스트로 출연했다.

아이유는 「금요일에 만나요」, 「밤편지」 등을 불렀다. 아이유는 "오래전 제가 신인 시절에 윤미래 선배가 콘서트 게스트로 와주셨던 적이 있다"며 "윤미래 선배를 안 좋아하는 후배는 아마 없을 것이다. 저 역시 팬으로서 좋아하는 선배다. 오늘 대기실에서 오랜만에 뵈었는데 여전히 멋지고 아름다웠다"고 말했다.

윤미래 남편이자 래퍼 타이거JK는 15일 자신의 인스타그램에 윤미래와 아이유의 투샷을 공개하며 "멋진 게스트 고맙다 아이유 님. 덕분에 콘서트가 빛났다"고 썼다.

〈이 지금 dlwlrma〉 콘서트

2018년 10월 28일부터 2019년 1월 5일까지 진행된 데뷔 10주년 기념 투어 콘서트. 공연명 'dlwlrma'은 '이 지금'을 영어 타자로 친 것.

2018년 10월 28일 부산 사직실내체육관, 11월 10일 광주 광주여대 유니버시아드체육관, 11월 17~18일 서울 KSPO 돔, 2019년 1월 5일 제주 국제컨벤션센터 등 국내 공연 5회와 2018년 12월 8일 홍콩 아시아월드엑스포 스텁허브 홀, 12월 15일 싱가포르 더 스타 씨어터, 12월 16일 태국 방콕 IMPACT Exhibition, 12월 24~25일 대만 난강 전시센터 등 해외 공연 5회 총 10차례 콘서트로 진행됐다. 서울 KSPO

돔 공연은 여성 솔로 가수로선 패티김에 이어 두 번째이며 리모델링 이후 첫 공연을 한 여성 솔로 가수이기도 하다. 부산 공연엔 윤종신, 광주 공연엔 청하, 서울 공연엔 god(토)와 트와이스(일), 제주 공연엔 이효리·이상순 부부가 게스트로 출연했다.

2018년 10월 12일 소속사 카카오M은 "아이유의 데뷔 10주년 기념 아시아 투어 콘서트인 〈이 지금〉이 부산, 광주에 이어 서울까지 전국 3개 도시, 총 4회 공연 모두 매진을 기록했다"고 밝혔다. 티켓 예매가 가장 치열했던 서울 공연은 10월 11일 밤 8시, 일반 예매 개시 단 1분 만에 양일 준비된 좌석 모두가 순식간에 매진을 기록했다. '멜론티켓'을 통해 진행된 공연 예매는 동시접속자만 약 5만 명을 기록했고 예매 개시 직후 1분도 되지 않아 전 좌석이 매진됐다.

이슬 라이브 페스티벌

하이트진로가 2018년부터 개최하고 있는 소주 뮤직 페스티벌.

정상급 아티스트의 공연과 함께 다양한 볼거리, 먹거리로 인기를 얻고 있다. 2022년 얼리버드 티켓은 52초 만에 완판됐으며 매년 1만 5000여 명의 관광객이 방문하고 있다. 2023년 이슬 라이브 페스티벌엔 저스트절크와 이영지, 이무진, 멜로망스, 윤하, 효린, 다이나믹 듀오, 김태우 등 총 8개 팀이 참여했고 참이슬 모델 아이유가 특별 게스트로 무대에 서기도 했다.

정용화

가수 겸 배우. 씨앤블루 리더·메인보컬. 1989년 서울생.

정용화와 아이유는 2010년 9월 3일 오후 5시 서울 여의도 KBS홀에서 열린 '제37회 한국방송대상시상식'에서 첫 번째 시상자 커플로 등장해 호흡을 맞췄다.

2010년 11월 14일 방송된 SBS 창사 20주년 〈사랑나눔 콘서트〉에선 영웅호걸팀(신봉선·이진·나르샤·가희·아이유·지연)과 씨앤블루가 사랑 나눔에 동참했다. 10월 29일 경기도 광주의 한 장애영아원을 방문해 하루 동안 아빠, 엄마가 돼 사랑을 나누는 행사다. 씨앤블루 정용화와 아이유는 일일 아빠, 엄마에 도전했다. 네티즌들은 "정용화는 복도 많다"며 "서현 부인에 아이유 부인까지! 부러울 따름"이란 반응을 보였다.

반면 2011년 4월 7일 SBS 라디오 〈최화정의 파워타임〉에 출연한 씨앤블루는 "아이유가 좋냐, 유이가 좋냐?"는 DJ 최화정의 질문에 멤버 네 명 만장일치로 "유이"라고 답했다.

〈트로트 대축제〉

2011년 12월 29일 방송된 KBS 2TV 〈2011 KBS 트로트 대축제〉에선 트로트 무대 중간에 원더걸스, 보이프렌드, 아이유, 티아라 등이 트로트에 대한 자신의 생각을 말하는 모습이 공개됐다. 이날 아이유는 "트로트는 분위기를 밝게 해준다. 신나는 느낌을 내고 싶을 때 트로트만큼 좋은 게 없는 것 같다. 거의 댄스곡보다 배의 효과를 준다"고 트로트에 대한 생각을 밝혔다.

〈팔레트〉 공연

2017년 11월 3일부터 12월 10일까지 진행된 여섯 번째 단독 콘서트. 2017년 11월 3일 부산 사직실내체육관, 11월 11일 광주 광주여대 유니버시아드체육관, 11월 25일 홍콩 아시아월드엑스포, 12월 3일 청주 석우문화체육관, 12월 9~10일 서울 잠실실내체육관 등에서 개최됐다.

프로야구 준플레이오프 5차전

두산 베어스는 2010년 10월 5일(화) 저녁 잠실에서 펼쳐지는 롯데 자이언츠와의 2010 프로야구 준플레이오프 5차전에 아이유를 시구자로 선정했다.
아이유는 지난 8월 12일 잠실 넥센전에서도 시구를 맡았지만 노게임이 선언된 바 있다. 아이유는 5차전 선발투수인 김선우의 등번호인 32번을 자신의 유니폼 등번호로 요청하기도 했다.

〈플레이 위드 어스(PLAY WITH US)〉 콘서트

윤상, 김광민, 이병우가 2011년 8월 5~6일 세종문화회관 대극장에서 개최한 공연. 아이유가 게스트로 무대에 섰다. 이에 앞서 7월 21일 서울 삼성동 코엑스 야마하 매장에서 김광민, 윤상, 이병우, 하림, 그리고 아이유가 콘서트 기자회견을 가졌다.

〈피크닉 라이브 소풍〉

2013년 〈Modern Times〉와 2017년 〈Palette〉 활동에 맞춰 MBC M 라이브 음악 프로그램 〈피크닉 라이브 소풍〉에 출연했다. 라이브 무대뿐 아니라 음악 제작 비하인드스토리까지 들을 수 있다.

홀가분 페스티벌

삼성카드가 2015년부터 이문세, 신승훈, 이적, god, 볼빨간사춘기 등 다양한 라인업으로 개최한 페스티벌. 2018년 5월 19일 서울 잠실종합운동장 보조경기장에서 열린 4회 페스티벌에선 마마무, 멜로망스, 소란, 김범수, 그리고 아이유 등이 출연했다.

2022 뉴발란스 런온 서울

글로벌 스포츠 브랜드 뉴발란스는 2022년 10월 2일 오전 7시부터 11시까지 서울 여의도공원 일대에서 진행한 '2022 런온 서울' 마라톤 대회에 6000명이 참가해 대성황을 이뤘다고 4일 밝혔다. 여성을 위한 이 대회는 세 가지 콘셉트를 지닌 별도의 그룹으로 나눠 출발하는 게 특징이다. 본인의 10K 최고 기록 경신을 위한 'PB 그룹'부터 기록에 구애받지 않는 펀런을 위한 'FUN 그룹', 내 생애 첫 10K 마라톤 참가 및 완주를 위한 'FIRST 그룹'으로 구성됐다. 노홍철 사회 및 뉴발란스 우먼스 앰배서더 김연아가 참석했고 대회가 끝나고 열린 애프터 콘서트엔 로꼬의 오프닝 무대 및 브랜드 앰배서더 아이유가 피날레를 장식했다.

〈8월의 Someday〉

2014년 8월 23~24일 연세대학교 노천극장에서 바이브와 함께한 합동 콘서트. 〈Someday〉 콘서트는 2014년 3월 휘성&에일리 콘서트로 시작해 매월 열린 라이브 뮤지션들의 합동 공연 브랜드로 무대마다 매진을 기록하며 사랑받았다.

〈CHAT-SHIRE〉 공연

2015년 11월 21일부터 12월 31일까지 진행된 세 번째 전국투어 콘서트.
11월 21~22일 서울 올림픽홀, 29일 부산 벡스코 오디토리움, 12월 6일 대구 엑스코, 12월 13일 광주 김대중컨벤션센터 등에서 열렸다. 총 5회의 공연으로 1만 5000여 명의 관객을 동원했다. 12월 30~31일 서울 잠실학생체육관에서 앵코르 콘서트를 개최했다. 다이나믹 듀오, 10CM, 오혁, 에픽하이, 여자친구 등이 게스트로 출연했다.
"그간 아이유와 함께한 여러 무대 중에서 개인적으론 첫 무대인 2015년 〈CHAT-SHIRE〉 공연이 가장 기억에 남습니다. 또래 친구들끼리 처음으로 같이한 세션이기도 해 너무 즐겁고 호흡도 좋았기 때문이죠." (최인성)

G20 〈희망로드 콘서트〉

G20 서울 정상회의 성공을 기원하기 위해 2010년 11월 6일 여의도 KBS홀에서 열린 특별공연.
KBS 1TV는 당일 오후 6시부터 2시간 동안 특별기획 〈희망로드 콘서트〉를 생방송했다.
아나운서 김병찬과 김경란이 MC를 맡았고 '희망로드 대장정'에 참가했던 고두심, 전광렬, 박신양, 이성재, 한고은, 한은정 출연 및 아이유, 소녀시대, 인순이, SG워너비, 슈프림팀, 아이유, 윤하, 케이윌 등이 축하공연을 했다. 또한 미국의 R&B 팝 보컬그룹 올포원(All 4 One), 뉴에이지 피아니스트 케빈 컨(Kevin Kern), 당시 10세의 영국 출신 싱어 코니 탤벗(Connie Talbot) 등도 함께했다.

〈HEREH 월드투어 콘서트〉

2024년 1월 17일 소속사 EDAM엔터테인먼트는, 아이유가 3월 2~3일과 9~10일 서울 올림픽공원 KSPO 돔에 이어 일본, 대만, 싱가포르, 영국, 독일, 미국 등 12개국 18개 도시를 도는 〈2024 IU HEREH WORLD TOUR CONCERT〉를 연다고 전했다. 지난 2019년 〈Love, poem〉 이후 5년 만에 12개국을 도는 '역대급' 월드투어다.
아이유 월드투어는 3월 2~3일과 9~10일 서울 KSPO 돔을 시작으로 3월 23~24일 일본 요코하마 아레나, 4월 6~7일 타이베이 아레나, 4월 20~21일 싱가포르 실내체육관, 4월 27~28일 자카르타 아이스 BSD 홀, 5월 25~26일 홍콩 아시아월드 아레나, 6월 1일 마닐라 필리핀 아레나, 6월 8~9일 쿠알라룸푸르 아시아타 아레나, 6월 21일 런던 OVO 아레나 웸블리, 6월 23일 베를린 메르세데스 벤츠 아레나, 6월 29~30일 방콕 임팩트 챌린저, 7월 6~7일 오사카 마루젠 인텍 아레나 오사카, 7월 15일 뉴어크 푸르덴셜센터, 7월 19일 애틀랜타 스테이트팜 아레나, 7월 22일 워싱턴 D.C. 캐피털원 아레나, 7월 25일 로즈몬트 올스테이트 아레나, 7월 30일 오클랜드 오클랜드 아레나, 8월 2일 LA 기아포럼 등에 이르는 대장정이다.

'유애나' 6기를 대상으로 한 4회 서울 공연은 예매 첫날 매진을 기록했다. 월드투어의 포문을 연 2일 서울 공연엔 걸그룹 뉴진스가 게스트로 나왔고 멤버 혜인은 자신이 피처링한 아이유 「Shh...」에서 자신이 맡은 파트 일부를 무반주로 선보였다. 3일엔 보이그룹 라이즈가 게스트 공연을 했다. 에스파 윈터, 엑소 디오 및 이종석, 유재석, 박명수, 양세찬, 그리고 탕웨이 등 여러 스타들도 공연을 보러 와 화제가 되기도 했다. 9일엔 르세라핌, 10일엔 박보검이 게스트로 무대에 섰다.

3월 7일(현지시간) 미국 공식 티켓 대행업체 '티켓마스터' 예매 홈페이지에 의하면 미 5개 주 6회 콘서트가 매진됐다. 티켓팅은 7일 새벽부터 진행했고, 예매 대기열이 6만이 넘는 가운데 15분 만에 매진됐다고 전해졌다. 이외에 일본 요코하마, 대만 타이베이, 인도네시아 자카르타 공연도 매진됐다. 소속사 EDAM엔터테인먼트에 의하면 대만 공연 예매는 동시접속 70만, 자카르타는 63만을 기록할 만큼 폭발적인 반응을 보였다.

〈H+UN1VER5E〉

2023년 9월 23~24일까지 KSPO 돔에서 개최된 데뷔 15주년 기념 팬콘서트. 360도 개방 무대로 진행된 팬콘 〈H+UN1VER5E〉는 유애나 6기 대상의 선예매에서 단 10분 만에 2만 8088명 석에 달하는 양일 공연이 매진됐다. 이로써 아이유의 이 팬콘은 국내 여성 가수 최대 규모의 팬미팅이자 팬콘서트란 기록을 세우게 됐다.

JYP엔터테인먼트

2011년 2월 12일 방송된 KBS 2TV 〈연예가중계 – 게릴라데이트〉에서 JYP 수장 박진영은 인터뷰를 진행하던 중 과거 JYP엔터테인먼트 오디션에서 탈락시킨 아이유에 대한 안타까움을 털어놨다. 박진영은 "오디션 담당자라고 사실 어떻게 다 알아보겠느냐. 하지만 아이유를 볼 때마다 가슴 아프다. 아이유와 눈이 마주치기라도 하면 딴데 다른 곳을 본다"고 말했다. 또한 박진영은 "아이유를 탈락시킨 오디션 담당자를 찾아가 중징계를 하겠다"고 엄포(?)성 우스갯소리를 하기도 했다.

〈Love, poem〉 콘서트

2019년 11월 2일부터 12월 29일까지 진행된 국내 및 아시아 투어 콘서트.

2019년 11월 2~3일 광주 광주여대 유니버시아드체육관, 11월 9일 인천 남동체육관, 11월 16일 부산 사직실내체육관, 11월 23~24일 서울 KSPO 돔에 이어 11월 30일~12월 1일 대만 타이베이 NTSU 아레나, 12월 6~7일 싱가포르 더 스타씨어 터, 12월 13일 필리핀 마닐라 아라네타 콜리세움, 12월 21일 말레이시아 쿠알라룸푸르 액시아테 아레나, 12월 24일 태국 방콕 썬더 돔, 12월 28~29일 인도네시아 자카르타 테니스인도어 스나안 등 국내외 10개 도시 총 15회의 공연을 진행해 9만여 명의 관객을 모았다. KSPO 돔에서 이틀간 선보인 서울 콘서트는 360도 개방 무대로 진행했는데, 이건 KSPO 돔 리모델링 이후 첫 360도 공연이다.

2019년 10월 25일 소속사 카카오M 측은 "아이유의 전국투어 단독 콘서트 〈Love, poem〉 서울 공연이 지난 24일 티켓 오픈 1분 만에 양일 약 2만 8000석이 매진을 기록했다"고 밝혔다. 이에 앞서 10월 7일 멜론티켓을 통해 티켓 오픈한 광주 공연은 1분 만에 매진을 기록했다. 팬들의 성원에 힘입어 총 2회 공연으로 회차를 늘렸음에도 모든 티켓이 초고속 매진된 것이다.

〈MBC 대학가요제〉

2010년 11월 26일 오후 9시 덕성여자대학교 하나누리관에서 2010 MBC 대학가요제가 열렸다. 2PM, 2AM, YB, 브라운아이드걸스, 이적, 그리고 아이유가 참석해 축하공연 특별무대를 선보였다. 또한 2012년 11월 8일 일산 MBC드림센터에서 열린 〈2012 MBC 대학가요제〉 2부 오프닝 게스트로 나와 특별공연을 펼치기도 했다.

〈Modern Times〉 콘서트

2013년 11월 23~24일 서울(경희대 평화의 전당), 11월 30일과 12월 1일 부산(KBS홀)에서 열린 두 번째 단독 콘서트로 정규 3집 제목을 콘서트 명으로 사용했다. 공연에 앞서 아이유 소속사 로엔트리 측은 "이번 아이유의 〈Modern Times〉 콘서트는 아이유를 사랑하는 관객들을 위해 이전에는 볼 수 없었던 화려한 무대와 풍성한 레퍼토리로 꾸며질 예정이다. 또 아이유를 지원 사격하기 위해 세대를 아우르는 깜짝 게스트가 등장한다"고 기대를 높였다. 형돈이와 대준이, 리쌍, 허각, 케이윌 등이 게스트로 출연했다.

〈REAL FANTASY〉 콘서트

2012년 6월 2일부터 9월 23일까지 진행된 첫 단독 콘서트(전국투어).

공연명은 미니 3집 〈Real〉과 정규 2집 〈Last Fantasy〉의 이름을 합친 것. 서울(경희대 평화의전당)을 시작으로 울산(KBS홀), 전주(전북대 삼성문화회관), 수원(경기도 문화의전당 행복한대극장), 부산(KBS홀), 대구(영남대 천마아트센터 그랜드홀), 그리고 서울(전쟁기념관 평화의전당)로 이어졌다.

경희대 평화의전당에서 열린 서울 공연에선 리쌍, 2AM, 이승기, 라디(Ra.D) 등이 게스트로 나섰고 탤런트 유인나, 지연(티아라) 등이 전화와 영상으로 아이유를 지원사격했다. 맨체스터 유나이티드에서 활약 중인 축구선수 박지성이 공연을 보러 오기도 했다. 또한 6월 30일 경기도 문화의전당 콘서트에선 유인나가 깜짝 게스트로 무대에 올랐다.

〈The Golden Hour: 오렌지 태양 아래〉
2022년 9월 17〜18일 잠실 서울 올림픽주경기장에서 개최된 아이유의 아홉 번째 단독 콘서트. 이 공연으로 서울 올림픽주경기장에서 공연한 최초의 한국 여자 가수란 기록을 세웠다.

1회 공연 관객 수만 4만 4000여 명, 이틀간 총 8만 8000여 명의 관객이 모였다. '스트로베리 문'을 연상케 하는 대형 열기구와 수백 대의 드론을 띄워 화제가 되기도 했다. 아이유의 콘서트 중 가장 큰 규모의 공연인 만큼 90명의 무대 스태프를 비롯해 총 1300여 명에 이르는 스태프가 동원됐다.

콘서트의 부제 '오렌지 태양 아래'는 「에잇」의 가사에서 따왔다. 공연 둘째 날인 9월 18일은 아이유의 데뷔일(14주년)이며, 해당 콘서트의 첫 티저 역시 2022년 7월 26일 오전 9시 18분에 공개됐다. 이 공연에서

「팔레트」와 「좋은 날」을 부르는 마지막 콘서트라고 언급한 바 있다. BTS 정국, 투모로우바이투게더 수빈·범규, 트와이스, 골든차일드 주찬, 그리고 배우 이준기, 강한나, 김수현, 뮤지컬배우 김호영 등 여러 스타들이 참석해 시선을 끌기도 했다. 이외에 블랙야크, 우리금융, 제이에스티나 등등 아이유가 광고 모델로 활동 중인 여러 기업의 협찬 부스도 설치됐다.

아이유밴드 최인성(베이스)은 이때의 감회를 이렇게 말했다. "올림픽홀 콘서트부터 아이유와 함께 무대에 섰습니다. 절대 서두르지 않고 차근차근 한 단계씩 올라오는 아이유, 그리고 이젠 월드스타가 돼 주경기장까지 올라오는 모습을 보니까 너무 뭉클했고 또 감사했습니다. 같이 성장해가는 느낌이 들었기 때문이죠. 주경기장은 제겐 비 월드투어 이후 두 번째로 서는 거대한 무대이기도 합니다. 그래서 더 감회가 남다를 수밖에 없었어요. 물론 공연장 규모가 너무 크다 보니 현실감각이 좀 없었던 것 같아요 (웃음)."

TV, 라디오 및 방송

개미유

2012년 1월 29일 일본 쇼케이스를 마치고 입국한 써니힐의 SBS 〈인기가요〉「베짱이 찬가」 무대에 깜짝 출연했다. 영상 「베짱이 찬가」 활동 도중 써니힐의 유일한 남성 멤버 장현이 입대를 하면서 그가 맡던 파트에 공백이 생겼고, 당시 장현의 파트는 게스트를 초빙해 메웠다. 이날은 아이유가 함께했는데, 장현의 별명이 개미였다. 당시 아이유의 검은색 머리와 하얀 셔츠 때문에 '개미유'라는 별명을 얻게 된다.

「강남스타일」

2012년 9월 2일 방송된 〈SBS 인기가요〉 싸이 무대 중 아이유가 깜짝 등장해 말춤을 선보였다. 〈SBS 인기가요〉 MC로 올블랙 의상을 입고 미션을 수행하는 방식으로 프로그램을 진행한 아이유는 마지막 무대로 싸이의 「강남스타일」을 소개했고, 싸이가 특유의 표정과 코믹한 몸짓으로 「강남스타일」을 열창하던 중 무대로 나와 깜찍하게 말춤을 추며 화제를 모았다.

〈개그콘서트〉

2011년 12월 4일 방송된 KBS 2TV 〈개그

콘서트 – 감수성〉에 출연했다. 2집 타이틀곡 「너랑 나」를 부르며 등장한 '애교성'에서 온 아이유에게 김준호는 사약을 내렸고 아이유는 사약을 받으며 "사약을 받자 하니 왜 이렇게 하늘은 또 파란 건지"라고 하며 자신의 히트곡인 「좋은 날」을 조합시켰다. "머리를 베어버리라"는 김준호의 말에 아이유는 "나는요, 오빠가 좋은걸"이라고 「좋은 날」 가사의 한 부분을 부르며 애교를 떨었다.

〈곰TV 뮤직차트 쇼〉

곰TV에서 방송하는 〈곰TV 뮤직차트 쇼〉의 VJ를 맡아 2009년 8월 28일 첫 방송에 들어갔다. 곰TV 제작진은 "아이유는 나이는 어리지만, 각종 음악 축제와 방송에서 진행 솜씨가 검증돼 기용했다"고 발탁 이유를 밝혔다. 아이유가 VJ로 활약한 〈곰TV 뮤직차트 쇼〉는 한 주간 집계한 뮤직차트 순위와 실시간 투표로 음악 순위를 선정하는 쌍방향 뮤직차트 쇼다. 걸그룹 '시크릿' 전효성이 2010년 3월 5일 첫 방송으로 아이유의 뒤를 이어 2대 MC로 활약했다.

〈김승우의 승승장구〉

KBS 2TV가 2010년 2월 2일부터 2013년 1월 15일까지 매주 화요일 밤 11시에 방송한 예능 토크쇼.

이수근, 탁재훈, 이기광, 김신영, 최화정, 김성수 및 소녀시대 태연, 2PM 우영 등이 보조 MC로 출연하기도 했다. 김남주, 장혁, 비, 옥주현, 원더걸스, 차승원, 백일섭, 백지연, 김태희, 양동근, 2NE1, 하일성, 박태환, 심형래, 자니 윤, 이경규, 최수종·하희라, 남진, 임하룡, 신동엽, 송해, 유오성 등등 숱한 스타들이 게스트로 출연했으며, 아이유도 2011년 12월 13일 출연해 어린 시절을 처음 소개해 화제를 모았다.

〈김연아의 키스 앤 크라이〉

SBS가 2011년 5월 22일부터 8월 21일까지 방송한 〈김연아의 키스 앤 크라이〉는 10인의 스타가 피겨스케이팅에 도전하는 내용을 다룬 리얼리티 예능 프로그램으로 피겨여왕 김연아가 진행한다고 해 방송 전부터 화제를 모았다. 제목은 피겨스케이팅 경기가 끝난 후 점수가 발표되는 '키스 앤 크라이 존(Kiss & Cry zone)'에서 따온 것이다.

이 프로그램에서 아이유는 파트너와 함께 수없이 연습하며 꼴찌에서 벗어났고 점차 실력이 좋아지는 모습을 보였다. 아이유 외에 유노윤호, 손담비, 크리스탈, 이아현, 이규혁, 김병만 등 여러 스타가 출연했다. 한편 2011년 6월 21일 김연아와 함께 〈김연아의 키스 앤 크라이〉 OST 「얼음꽃(feat. 김

세황)」을 불러 2011년 멜론 연간차트 78위를 기록하기도 했다.

〈런닝맨〉

SBS가 2010년 7월 11일부터 매주 일요일에 방송하고 있는 장수 예능 프로그램. 아이유는 2011년 5월 15일 신봉선과 함께 '스펙터클 횡단 레이스' 특집, 2012년 1월 15일 '여수 특집 2탄', 2012년 5월 27일 박지성과 함께 게스트로 출연했다. 또한 2013년 10월 20일 박명수와 함께 게스트로 출연한 바 있다.

〈레옹〉

뤽 베송 감독의 1995년 영화 〈레옹〉의 주인공 레옹(장 르노 분)과 마틸다(나탈리 포트만 분)를 박명수와 아이유가 음악으로 패러디해 MBC 〈무한도전 가요제〉에서 함께 불렀다. 2015년 8월 22일 MBC 방송 직후에 음원이 공개됐다. 여기에서 아이유밴드의 베이시스트 최인성이 아이유를 처음 만났다. 최인성은 필자에게 "평소 존경하고 꼭 함께 음악을 해보고 싶던 아이유가 녹음실에 와서 내 베이스 연주를 보고 있다는 게 너무 고마웠다"고 당시 소감을 전했다.

〈바퀴 달린 집〉

바퀴 달린 집을 타고 전국을 유랑하며 소중한 이들을 초대해 하루를 살아보는 tvN 예능 프로그램으로 시즌1은 2020년 6월 11일부터 8월 27일까지 방송됐다. 아이유는 7월 23일과 30일에 방송된 7~8화에

여진구와 함께 게스트로 출연했다.

빅뱅 태양

2012년 3월 11일 〈SBS 인기가요〉는 빅뱅 컴백을 이슈로 MC들과 인터뷰를 진행했다. 빅뱅 멤버 중 하나인 태양은 "화이트데이에 사랑을 주고 싶은 분이 누구냐?"는 아이유의 질문에 갑자기 아이유를 안아버렸다. 이날 아이유는 봄맞이 특집으로 머리에 태양만 바라보는 해바라기를 꽂고 나와 더욱 큰 화제가 됐다.

싸이 「어땠을까」

싸이 작사, 싸이·유건형 작곡, 유건형 편곡. 박정현이 피처링에 참여한 노래로 싸이가 2012년 7월 15일 발매한 6집 〈싸이6甲〉에 수록.

2017년 12월 17일 방송된 SBS 〈판타스틱 듀오 2〉에선 '판타스틱 메모리' 특집으로 화제가 됐던 가수들의 콜라보 무대가 전파를 탔다. 이날 싸이는 아이유와 「어땠을까」를 함께 불렀다. 아이유는 "평소 음악 경연 프로그램에 나오는 편이 아닌데 어떻게 나오게 됐냐"는 MC 전현무의 질문에 "이분의 전화 한 통에 나올 수밖에 없었다"고 하며 싸이를 지목했다. 이에 싸이는 "아이유 양이 전화 한 통이라고 했지만, 전화를 한 8통 했다"고 말해 주변을 웃음바다로 만들었다.

〈손석희의 시선집중〉

1. 손석희가 MBC FM에서 2000년 10월

23일부터 2013년 5월 10일까지 진행한 아침 시사 프로그램. 손석희는 JTBC 보도담당 사장으로 부임하게 되며 프로그램에서 하차했다.

아이유는 2011년 12월 24일 방송된 '토요일에 만난 사람' 코너에 게스트로 출연했다. 손석희는 "토요일에 만난 사람'에 출연한 사람 중 아이돌은 처음이다. 최연소"라며 "지은이란 이름도 예쁘다. 뭔들 안 예쁘겠냐"고 애정을 드러내기도 했다. 그러곤 "「잔소리」 이전까지는 아이유를 잘 몰랐는데 그 이후부터 알았다. 그때 참 노래 잘한다고 생각했다. 이후부터는 파죽지세였다"고 말했다.

"아버지 연세가 어떻게 되느냐"는 질문에 아이유가 "68년생"이라고 하자 손석희는 크게 웃으며 "아버님이 나와 띠동갑"이라고 했다. 이 말에 아이유는 "그럼 제가 딸벌도 아니고…"라며 놀라움을 금치 못했다. 손석희는 "아버지께서 일찍 결혼하신 것 같다"고 했고 아이유는 손석희에게 "이런 말씀 드리기엔 뭐하지만… 정말 동안이세요"라고 말했다. 그러자 손석희는 "제가 열아홉 살 된 소녀에게 동안이란 말을 듣고 있다"며 웃었다. 또한 아이유가 열심히 번 돈으로 아버지에게 차를 사줬다고 하자 "정말 장하다. 우리 집 아들놈들은 뭐하나"라고 응수하며 웃음과 따뜻함이 넘치는 대화가 이어졌다.

방송 제작진은 "지난 1년 동안 무겁고 딱딱한 이슈들을 주로 다뤄왔지만 아이유가 출연하는 이날만큼은 밝고 편안한 분위기가 될 것으로, 특히 한 해 동안 여러 가지로 힘든 일들이 많아 지쳤을 청취자분들에게 성탄 전야 선물을 마련한다는 기분으로 아이유를 초대했다"고 출연 배경을 밝혔다.

2. MBC는 2020년 라디오 시사 프로그램 〈시선집중〉 20주년을 기념해 '시선집중 20주년 특별판, 손석희의 시선집중 레전드 인터뷰'를 선보였다. '손석희의 시선집중 레전드 인터뷰'는 아이유를 비롯해 최민식, 박찬욱, 김혜수, 김태호 PD, 이미자, 황석영, 허영만, 이현세, 이세돌, 현정화, 최동원, 개고기 식용 논란으로 이슈가 됐던 프랑스 여배우 브리짓 바르도 등 당시 화제를 모았던 가수, 배우, 영화감독, 스포츠 스타, 문인 등 30명과의 인터뷰를 엄선했다.

스타크래프트

아이유는 2009년 7월 16일부터 2009년 8월 28일까지 MBC GAME의 스타크래프트 프로그램 〈IU의 STAR 4U〉를 진행했다. 2009년 7월 29일 《포모스》와의 인터뷰에서 자신의 진행 스타일을 이렇게 말했다.

"중간에 애드립도 하고 편하게 진행을 하려고 해요. 솔직히 대본대로 가는 경우는 거의 없어요. 마무리 말도 그냥 내 마음대로 해버려요. 작가 오빠들은 귀엽게 하라고 주문하는데 잘 안 되는 것 같아요(웃음). 자연스럽게 하려고 노력하려고요."

또한 이 인터뷰에서 아이유는 "태어나서 컴퓨터로 하는 게임은 한 번도 해본 적이 없다"고 밝혔다.

시간이 지나 아이유가 스타가 된 후 '스타크래프트 2'에 등장하는 광전사의 대사인 "내 목숨을 아이어에!"에 아이유를 대입시켜 "내 목숨을 아이유에!"라는 패러디가 나왔다. 곰TV에서 방송을 진행한 인연으로 '스타크래프트 2' 소니에릭슨 GSL 시즌 2에선 "내 목숨을 아이유에!" 성우로 참가했다. GSL에선 게임 시작 후 성우가 각 선수의 진영을 최초로 보여줄 때 아이디를 외쳐주는데, 개막전 1경기에서 해설자나 성우가 아닌 아이유의 목소리가 나오자 관중이 모두 놀라기도 했다.

〈스토리쇼 부탁해요〉

2010년 9월 20일 방송된 SBS TV 추석특집 〈스토리쇼 부탁해요〉에서 이덕화와 공동 진행을 맡았다. 여기에서 주현미는 아이유와 서로 노래를 바꿔 불렀고, 듀엣으로 「Let Me Be There」를 선보이기도 했다.

2011년 3월 14일 방송된 MBC 〈유재석 김원희의 놀러와〉에서 아이유는 "학창 시절 떠들다가 선생님께 혼나 1시간 동안 벌을 섰다"며 "선생님이 운동장에 있는 학생들 앞에서 노래하라고 시켰다. 그래서 주현미의 「짝사랑」을 신나게 부르니까 선생님이 벌을 서는데 까분다고 더 화를 내셨다. 선생님은 체육실로 불러 또 노래를 시키셨다. 그러면서 너 노래 부르는 거 좋으면 일주일 뒤 체육대회 축하공연에 서보라고 하셨다. 그래서 무대에 섰는데, 너무 떨렸지만 막상 많은 사람 앞에 노래를 부르니까 매우 황홀했다. 거미의 「친구라도 될 걸 그랬어」도 불렀다. 이때를 기점으로 가수의 꿈을 키우게 됐다"고 말했다.

〈아는 형님〉
JTBC가 2015년 12월 5일부터 방송하고 있는 토요 예능 프로그램. 아이유는 2018년 10월 20일과 27일에 방영된 150화와 151화에 배우 이준기와 함께 출연했다. 해당 회차는 동 시간대 방송 프로그램 시청률 1위를 차지해 다시 한번 아이유의 인기를 실감케 했다. 이 프로그램에서 아이유는 신곡 「삐삐」 무대를 최초로 공개했다. 이외에 '가을 노래'란 주제와 함께 「잊혀진 계절」, 「아무리 생각해도 난 너를」 등을 노래하며 시청자를 사로잡았다.

〈영웅호걸〉
2010년 7월 18일부터 12월 26일까지 SBS 〈영웅호걸〉 고정으로 출연했다. 〈영웅호걸〉 고정 출연으로 아이유의 또 다른 끼와 재능이 인정받으며 2010년 SBS 연예대상 '예능 뉴스타상'을 수상했다.
SBS가 2010년 7월 18일부터 2011년 5월 1일까지 방송한 〈영웅호걸〉은 여자 연예인들이 자존심을 걸고 펼치는 예능 프로그램으로 이휘재와 노홍철이 진행을 맡았다.

「옛사랑」
이영훈 작사·작곡. 유영선 편곡. 1991년 9월 17일 공개된 이문세 7집 수록곡. 현재까지도 많은 사랑을 받고 있는 이문세표 발라드 중 하나다.
아이유는 2010년 12월 24일 오전 MBC 라디오 〈오늘 아침 이문세입니다〉에 게스트로 출연해 「옛사랑」을 불렀다. 노래를 들은 이문세는 "다른 가수들이 부른 「옛사랑」을 많이 들어봤지만 이 노래만큼은 내가 부른 버전이 제일 낫다고 생각했는데, 오늘은 아이유에게 내 노래를 뺏긴 기분"이라고 극찬했다. 그러곤 아이유에게 "다른 곳에서 이 노래 자주 부르지 말라"고 덧붙였다.

〈유 퀴즈 온 더 블럭〉
2021년 3월 31일 tvN 〈유 퀴즈 온 더 블럭〉 100회 특집 게스트로 출연했다. 아이유 출연 회차답게 20개가 넘는 아이유 노래가 배경음으로 깔렸다. 이 중엔 당시 미발매곡 「너도」도 있다. 남동생이 군 입대를 했다는 이야기도 전했다.

〈유희열의 스케치북〉
KBS 2TV 〈유희열의 스케치북〉과 인연이 깊다.
2020년 9월 데뷔 12주년 특집 미니 콘서트에 이어 6개월 만인 2021년 3월 30일 녹화를 했다. 이로써 아이유는 이 프로그램에 무려 15회나 출연한 게스트가 됐다. 아이유는 2009년 7월 3일 〈유희열의 스케치북〉에 처음 출연해 빅뱅의 「거짓말」 어쿠스틱 버전을 노래했고, 2010년 1월 1일, 새해 첫날 방송된 신년 특집에서 첫 곡으로 기타를 들고 「Womanizer」를 불렀다. 2010년 11월 6일부터 12월 4일까지 '루시드폴의 사연을 만지다'란 코너에 고정 출연해 다양한 매력을 선보였고, 2011년 3월

11일 출연에 이어 6월 3일 100회 특집에서 기타리스트 함춘호의 반주로 「시시콜콜한 이야기」를 노래했다. 또한 2011년 7월 22일 김광민(피아노)-이병우(기타)-윤상(베이스) 반주로 「Summer Rain」, 「나만 몰랐던 이야기」, 「Almost Lover」를 불렀다. 12월 16일엔 「너랑 나」와 「4AM」 무대를, 그리고 12월 23일엔 크리스마스 특집 방송에 출연해 「Silent Night Holy Night」를 노래했다. 이후에도 아이유는 2012년 5월 25일, 2013년 8월 16일, 그리고 10월 11일엔 정규 3집 〈Modern Times〉 컴백과 동시에 출연했다. 2014년 9월 12일 '제주 어쿠스틱 페스티벌 특집', 2017년 4월 29일 정규 4집 〈Palette〉 컴백 출연, 2018년 6월 2일 400회 특집 'Thank U Awards', 2020년 9월 18일 데뷔 12주년 기념 미니 콘서트, 2021년 4월 2일 정규 5집 〈LILAC〉 컴백 무대를 꾸미기도 했다.

〈음악여행 라라라〉

2010년 1월 27일 방송된 MBC 〈음악여행 라라라〉에 출연해 「기차를 타고」, 나미 「슬픈 인연」, 이은미 「애인 있어요」 등을 불렀다.

〈음악여행 라라라〉는 MBC가 2008년 11월 26일부터 2010년 10월 27일까지 방송한 심야 음악프로그램으로 김창환이 MC를 맡았다. 윤종신(2회), 장기하와 얼굴들·뜨거운 감자(3회), SG워너비(5회), 이소라(7회), 바비킴(8회), 이승철(14회), 이선희(15회), 슈퍼주니어·소녀시대(27회), 김범수

(88회) 등 아이돌에서 중진에 이르는 세대 초월 다양한 장르의 뮤지션들이 출연했다.

〈판타스틱 듀오〉

2017년 5월 SBS 〈판타스틱 듀오 시즌2〉 9~10회에 싸이와 함께 출연했다. 싸이와 듀엣으로 부른 「어땠을까」가 순간 시청률 10.5%나 나올 정도로 화제를 모았다. 〈판타스틱 듀오 2〉는 SBS가 2017년 3월 26일부터 2017년 12월 17일까지 방송한 음악 예능 프로그램으로 전현무가 사회를 맡았다.

할머니

친척의 빚 보증 사건 때문에 부모와 떨어져 단칸방 생활을 할 때 할머니와 함께 살며 남다른 추억을 만들었다. 생계로 부모가 맞벌이를 해 어린 아이유는 혼자 집에 있는 시간이 많았으며, 이때 할머니가 돌봐줬다. 2011년 KBS2 〈김승우의 승승장구〉에서 할머니는 아이유와 전화 통화를 하며 손녀에 대한 칭찬을 아끼지 않기도 했다. 아이유가 KBS1 〈6시 내고향〉을 자주 보는 것도 할머니의 영향 때문이다. 2015년에 발매한 아이유의 「무릎」은 불면증으로 할머니의 무릎에서 잠을 자던 때로 돌아가고 싶은 심정을 노래한 곡이다.

〈해피투게더3〉

KBS2가 2007년 7월 5일부터 2018년 10월 4일까지 방송한 예능 프로그램. 아이유는 2011년 4월 7일 '대세 특집'에 김

갑수, 김준호, 함은정(티아라), 양파, 김미려와 함께 게스트로 출연했다. 이어 2011년 12월 22일 '크리스마스 파티 특집'에 전현무, 붐, 김나영, 마르코와 함께 출연했고 2012년 9월 20일 '의외의 인맥 특집'에선 노사연, 박건형, 이기광과 함께 게스트로 출연했다. 이외에도 아이유는 2013년 5월 2일 '최고다 이순신 특집', 2013년 10월 31일 '인생 한 방 특집', 2017년 6월 1일 '보고 싶다 친구야 특집'에 게스트로 출연했다.

〈효리네 민박〉

이효리·이상순이 제주에서 부부 민박집을 운영하는 JTBC의 예능 프로그램으로 시즌1은 2017년 6월 25일부터 2017년 9월 24일까지 방송됐다. 시즌1에 아이유가 출연.

이 프로그램을 통해 아이유를 연예인이 아닌 스물다섯 살의 평범한 '이지은'으로 다시 보게 됐다는 시청자들이 많을 만큼 아이유의 인간적 매력·진정성 등을 여실히 보여줬다. 밥을 먹을 때 입을 벌리지 않고 먹는 습관, 독서 및 초콜릿을 좋아하고 자주 '멍때리는' 모습 등이 시청자들에게 깊은 인상을 줬고 이를 따라 하는 사람도 많이 생겼다고 한다. 또한 평소 숙면을 취하지 못하는 아이유가 〈효리네 민박〉 촬영지인 제주도에 갔을 때만큼은 잠을 푹 잤다고 한다.

〈히든싱어2〉

진짜 가수와 모창 가수들이 커튼 뒤에서 노래 대결을 해 누가 진짜 가수인지 찾아내는 프로그램으로 많은 인기에 힘입어 시즌7까지 제작됐다. 진행 전현무. 2013년 10월 12일부터 2014년 1월 25일까지 방송된 시즌2에선 '아이유 특집'(2013년 11월 23일)이 화제를 모았다.

전 세계에서 몰린 아이유 모창 능력자들과의 만남으로 구성한 '아이유 편'은 유창한 한국어를 구사하는 영국 아이유 '안나', 뮤지컬 아이유 '샤넌', 중학생 아이유 '전아현' 등 여러 출연자가 등장했다. 아이유는 1라운드에서 「Boo」를 불러 4표, 2라운드에서 「좋은 날」로 9표, 3라운드에서 「너랑 나」로 13표, 그리고 「나만 몰랐던 이야기」로 역대 최다인 88표를 받아 최종 우승했다.

임창정, 신승훈, 조성모, 김범수, 주현미, 윤도현에 이은 7번째 원조 가수로 모창 능력자들과 대결을 펼친 아이유는 〈히든싱어〉 역대 최연소 출연자이기도 하다.

JTBC 〈뉴스룸〉

2018년 1월 17일 JTBC 〈뉴스룸〉에 출연해 손석희와 인터뷰를 진행했다. MBC FM 〈손석희의 시선집중〉 이후 6년 만에 손석희와의 두 번째 인터뷰다. 이 자리에서 개인적인 일상부터 「밤편지」 및 새 앨범 구상에 이르기까지 다양한 내용을 언급했다. 손석희는 방송 엔딩 멘트에서 "아이유가 했던 말 중에 '나는 포켓몬이 아니다. 매년 진화할 순 없다'는 말이 있었다. 그런데 오랜만에 보는 아이유는 많이 성장한 것 같다. 6년 전엔 피곤함을 감추기 위해 의도된 발랄함이 엿보여 안쓰러웠는데 이제는 여유가 생긴 것 같다"고 아이유의 성장을 칭찬했다.

〈MBC 뉴스데스크〉

2011년 1월 15일 〈MBC 뉴스데스크〉에 출연해 인터뷰를 진행했다. 국내 음악계에 새바람을 불어넣고 있다는 내용이었다. 〈뉴스데스크〉는 소녀 아이유가 가요계를 뜨겁게 달구고 있다며 전문가들의 말을 빌려 열풍 비결을 분석했고, 〈뉴스데스크〉에 직접 등장한 아이유는 "좋게 봐주신다는 것에 대해 감사하다"며 "앞에 계신 솔로 가수분들의 계보를 잘 이어가고 싶다"고 소감을 전했다.

〈SBS 나이트라인〉

2011년 1월 18일 〈SBS 나이트라인〉에 출연해 인터뷰를 진행했다. 기계음과 아이돌 음악으로 획일화된 국내 음악계에 아이유가 새로운 바람을 불어넣고 있다는 내용이었다.

〈SBS 인기가요〉

2011년 3월 20일부터 2013년까지 〈SBS 인기가요〉 MC로 활약했다. 조권과 설리, 이기광과 함께 4MC 체제로 진행되다가 2011년 11월 13일 3명이 하차하면서 2011년 11월 20일부터 카라의 니콜, 구하라와 함께 MC를 맡았다. 이는 〈SBS 인기가요〉 사상 첫 여자 MC 조합이다.

아이유는 2013년 7월 28일 방송을 끝으로 〈SBS 인기가요〉 MC에서 물러났다. 2년이 넘는 기간 동안 진행을 맡으며 〈인기가요〉의 안방마님으로 불렸다.

Category 5

광고

아이유는 '2022 소비자가 사랑한 광고 모델'에 선정됐다. 한국방송광고진흥공사는 올해 소비자 설문 조사를 한 결과, 전체 응답자의 9.4%가 가장 좋아하는 광고 모델로 아이유가 1위를 했다고 밝혔다. 김연아(6%), 유재석(5%), 손흥민(4.5%), 전지현(4.3%) 등이 뒤를 이었다. 빅데이터 전문기업 TDI는 자사 분석 플랫폼 데이터드래곤을 통해 1월 1일부터 12월 26일까지 2022 광고 모델 톱5에 오른 아이유, 김연아, 유재석, 손흥민, 전지현 검색량을 분석한 결과, 2022 광고 모델 1위 아이유의 올해 총검색량은 2340만 건으로 집계됐다고 전했다.

2023년에도 '소비자가 사랑한 광고 모델' 1위에 뽑혔다. 한국방송광고진흥공사(코바코)는 소비자 2000명을 대상으로 조사한 결과, 전체 응답자의 8.1%가 가장 좋아하는 광고 모델로 아이유를 꼽았다고 2023년 12월 8일 밝혔다. 2위는 김연아(6.9%), 그리고 공유(6.1%), 손흥민(3.7%), 유재석(3.3%)이 뒤를 이었다. 이번 조사는 전국 20~59세 남녀 2000명을 대상으로 11월 27~30일 온라인으로 실시됐으며, 표본오차는 95% 신뢰수준에 ±2.2%포인트(p)다.

그간 80편이 넘는 광고 모델로 활동했고,

'참이슬' 역대 최장수 모델이자 주류업계 역사상 최장수 모델이기도 하다. 2024년 초 기준 12개 브랜드의 광고 모델과 3개 브랜드의 글로벌 앰배서더로 활동하고 있다. 각 기업의 보도자료 배포일 기준으로 그간 아이유가 했던 광고를 정리하면 다음과 같다.

넥슨 '던전앤파이터'

2009년 넥슨 '던전앤파이터'의 6대 던파걸로 활약했다.

오리온 '투유 밸런타인'

오리온은 아이유를 모델로 내세워 2010년 2월 12~13일 홍대, 잠실, 신천 등에서 아이유의 히트곡 「마쉬멜로우」의 밸런타인 버전을 '빔버타이징'을 통해 상영함으로써 밸런타인데이 붐을 조성하는 홍보 프로젝트를 진행한 바 있다.

크라운제과 '마이쮸'

아이유는 2010년 10월부터 방송되는 크라운제과 '마이쮸' 광고 모델로 발탁됐다. 크라운제과는 "아이유가 음반 활동을 통해 선보인 귀여우면서도 감성적인 이미지와 예능 프로그램에서 보여준 꾸밈없고 순수한 이미지가 조화를 이뤄 대중에게 큰 호감을 어필하고 있다는 점에서 모델로 발탁하게 됐다"고 밝혔다. 아이유는 첫 CF 촬영에도 자연스럽고 다양한 표정 연기로 스태프의 찬사를 받았다.

엔트리브 '말과 나의 이야기, 앨리샤'

2010년 11월 5일 아이유는 엔트리브소프트의 말(馬)을 소재로 한 '말과 나의 이야기, 앨리샤' 전속 모델로 발탁됐다. 엔트리브소프트는 아이유 특유의 꾸밈없고 순수한 이미지가 말과 함께 호흡하며 대자연을 달리는 앨리샤의 콘셉트와 가장 잘 부합되어 모델로 선정했다고 발탁 이유를 밝혔다. 다양한 연령과 성별을 가리지 않고 높은 인기를 구가하는 아이유가 남녀노소 누구나 쉽게 즐길 수 있는 게임의 특성과 매우 잘 맞는다는 점도 전속 모델로 발탁하는 데 한몫했다. 전속 모델로 활동하게 된 아이유는 앨리샤를 직접 플레이해보고 승마를 배울 정도로 애착을 갖고 모델 활동에 임해 화제를 모으기도 했다.

신성통상 '유니온베이'

가수 서인국 소속사 젤리피쉬엔터테인먼트는 2010년 11월 18일 보도자료를 통해 "서인국이 아이유와 함께 신성통상의 캐주얼 브랜드 '유니온베이' 공동 광고 모델로 발탁됐다"고 전했다. 건강하고 친근한 이미지로 전 세대를 아울러 팬층이 두텁기 때문에 모델로 발탁된 것으로 전해졌다. 아이유와 서인국이 함께하는 광고 촬영 스토리는 2011년 1월부터 유니온베이 홈페이지와 전국 매장을 통해 공개됐다.

인디에프 '예스비(ysb)'

국내 여러 일간 매체는 2010년 12월 27일 아이유가 인디에프의 영캐주얼 브랜드 '예스비'의 모델로 활동한다고 전했다. 인디에프 관계자는 "깜찍하면서도 여성스러운 매력을 겸비한 아이유의 이미지가 예스비가 추구하는 러블리한 소녀 감성과 잘 어울려 광고 모델로 발탁했다"고 선정 이유를 밝혔다.

2011년 1월 27일 예스비는 아이유와 찍은 광고 화보를 공개했다. 인디에프 공식 트위터는 아이유의 광고 촬영 모습을 실시간 공개하고 리트윗을 하는 팔로우들에게 선착순으로 아이유의 광고 화보를 선물로 증정하는 이벤트를 진행했다. 이벤트를 주관한 인디에프 관계자는 "이벤트를 공지한 지 몇 분이 채 되지 않아 폭발적인 반응이 와 놀랐다"고 전했다.

데상트코리아 '르꼬끄 스포르티브'

2011년 2월 15일 여러 매체는 아이유가 송중기와 함께 프랑스 스포츠 브랜드 '르꼬끄 스포르티브'의 광고 모델로 화보를 찍는다고 밝혔다. 데상트코리아 '르꼬끄 스포르티브' 관계자는 "송중기가 갖고 있는 건강한 남성 이미지가 아이유의 사랑스러움과 어우러지며 매력적인 커플의 모습을 보여줄 예정"이라고 전했다.

SK텔레콤

SK텔레콤은 가수 조영남과 아이유가 등장하는 'T스토어' 광고를 4월 1일부터 방영한다고 2011년 3월 31일 보도자료를 통해 밝혔다. 'T스토어'를 테마로 한 이 광고는 가수 조영남의 히트곡 「화개장터」를 배경음악과 함께 광고의 주요 테마로 활용했다.

"구경 한번 와보세요~ 손님들 많이 찾는~ 어플장터~ 없을 건 없답니다~ T스토어" 광고에서 아이유는 조영남의 트레이드마크인 커다란 뿔테 안경을 쓰고 「화개장터」를 개사한 「어플장터」를 노래하며 어플시장을 거닌다. 주변엔 다양한 어플시장 상인으로 분한 조영남 아바타들이 아이유의 관심을 사기 위해 손을 흔들고 춤을 춰 웃음을 선사했다.

SK텔레콤의 T스토어가 다양한 어플을 서비스한다는 걸 표현하기 위해 조영남은 DJ, 레게 가수, 중화 요리사, 미모의 여성 등 20여 가지 역할로 변신했으며, 아이유는 조영남의 「화개장터」를 개사해 멋진 가창력으로 노래해 화제를 모았다.

아이유는 'T스토어' 외에도 'SK텔레콤 현실을 넘다', 'SK텔레콤 LTE', 'SK텔레콤 LTE폰 시대' 등 여러 편에서 광고 모델로 활약했다.

삼성테스코 '홈플러스'

여러 일간 매체는 2011년 4월 12일 자를 통해 아이유와 홈플러스가 손잡은 '콩나물송' 관련 기사를 쏟아냈다. 아이유가 함께한 '콩나물송' 동영상은 주요 포털 사이트 인기 검색어에 오르며 누적 조회수 100만 건 이상을 기록할 정도로 네티즌 사이에서 화제를 모았다. 당시 홈플러스는 곡의 출처를 처음부터 공개하지 않고 국민 응원송의 취지로 만들어 네티즌의 궁금증을 유발시켰다. 홈플러스는 창립 12주년을 맞이해 높은 물가에 시름하는 국민을 위해 가장 서민적인 식품이자 전 세계에서 유일하게 한국에서만 먹는 식품인 '콩나물'을 소재로 제작한 국민 응원곡이라고 밝혔다.

'콩나물송'이 공개되자 네티즌들은 여러 패러디 UCC까지 만들며 관심을 보였다. 유튜브엔 다섯 살짜리 꼬마 아이부터 대학생, 삼촌 팬들까지 세대를 초월해 각종 동영상을 올리며 곡에 대한 관심을 고조시켰다.

현대자동차 버스콘서트

아이유는 2011년 7월 후반부터 10월까지 게릴라 콘서트 형식으로 현대자동차의 버스콘서트를 진행했다. 현대자동차가 진행하는 이 캠페인은 아이유와 김범수 등 5명의 가수가 함께하며 버스를 타고 다니는 시민들을 응원하기 위해 기획됐다. 7월 27일 한 포털 사이트에 온라인 커뮤니티 게시판엔 '아이유는 지금 버스에서 콘서트 중'이란 제목의 사진이 올라오기도 했다. 사진 속 아이유는 흰색 블라우스와 하늘색 A라인 치마를 입고 머리를 양갈래로 묶은 모습으로 시선을 사로잡았다. 아이유 뒤쪽으론 카메라를 들고 있는 스태프들의 모습이 보이며 앞에선 휴대폰으로 연신 촬영하는 모습도 볼 수 있다.

S-OIL

에쓰오일(S-Oil)과 광고 모델 계약을 맺고 2011년 상반기부터 6개월 동안 전속 모델로 활동했다. 아이유는 에쓰오일 광고에서 '좋은 기름이니까'라는 CM송을 부르기도 했다. 에쓰오일 관계자는 "그동안 아이유 광고를 통해 젊은 층으로부터 좋은 반응을 얻은 것으로 평가하고 있다"고 전했다.

남양유업 '떠먹는 불가리스'

2011년 7월 21일 남양유업은 보도자료를 통해 "'떠먹는 불가리스'의 CF 모델로 「좋은 날」, 「나만 몰랐던 이야기」 등으로 가요계를 강타한 국민 여동생 가수 아이유와 전속 모델 계약을 체결했다"고 밝혔다. 남양유업은 어린 나이에도 음악성과 연기력 등을 고루 갖추고 단시간에 가장 주목받는 스타로 떠오른 아이유가 제품력을 바탕으로 출시한 지 얼마 되지 않아 빅히트를 치며 업계 선두권으로 뛰어오른 '떠먹는 불가리스'와 닮았다는 판단에서 이 같은 결정을 내렸다고 전했다. 남양유업은 이번 모델 계약과 함께 마케팅에 총력을 펼쳐 떠먹는 발효유 시장에서 30년간 1위를 지켜왔던 빙그레 '요플레'의 아성을 넘겠다는 각오를 보였다.

삼성전자 '애니콜'

삼성전자는 2011년 1월 11일 아이유와 애니콜 전속 모델 계약을 체결했다고 밝혔다. 아이유 모델 선정 이유에 대해 삼성전자 측은 "가창력과 연기력을 고루 겸비한 만능 엔터테이너 아이유가 탁월한 성능과 다채로운 기능의 제품들로 소비자 마음을 사로잡고 있는 애니콜과 닮았다고 판단했기 때문"이라고 설명했다. 애니콜 모델로 발탁된 데 대해 아이유는 "그간 톱스타들이 거쳐 간 국민 브랜드 애니콜의 모델로 활동하게 돼 무척 기쁘다"고 소감을 전했다. 삼성전자 관계자는 "세대와 성별을 아우르는 인기를 얻고 있는 아이유와 함께 애니콜이 온 국민의 꾸준한 사랑을 받는 브랜드로 지속적으로 성장할 수 있기를 기대한다"고 말했다.

패션그룹 형지 '엘리트 학생복'

형지의 학생복 브랜드 '엘리트'는 새 학기를 시작하는 중고등학생을 응원하기 위해 만든 '엘리트송'을 공개했다고 2011년 12월 1일 밝혔다. 엘리트송은 엘리트 학생복 전속 모델인 가수 아이유가 부른 노래다. 엘리트 관계자는 "아이유와 함께 학창 시절 크고 작은 일들로 고민하는 1318세대를 응원하기 위해 엘리트송을 제작하게 됐다"고 말했다.

엘리트는 12월 31일까지 '엘리트송' 오픈 기념으로 엘리트송을 듣고 리뷰를 남기면 추첨을 통해 아이유 싸인 CD를 증정하는 이벤트를 진행하기도 했다.

멕시카나치킨

아이유는 멕시카나치킨 모델로 발탁돼 2011년 1월 12일 지면광고 촬영을 시작으로 전속 모델 활동에 나섰다. 치킨 모델은 소녀시대, 카라, 포미닛, 2AM, 비스트, 샤이니 등이 나서며 스타 인기의 척도로 불리고 있다. 멕시카나는 "국민 여동생이라는 밝은 이미지와 멕시카나가 가지고 있는 국민치킨이라는 이미지가 어울려 아이유를 선정하게 됐다"고 밝혔다.

농심 '후루룩칼국수'
농심은 '후루룩칼국수'의 인터랙티브 무비 CF 모델로 가수 아이유를 발탁했다고 2012년 3월 7일 밝혔다. 농심 홈페이지와 SNS를 통해 공개되는 인터렉티브 무비는 소비자들이 선택하는 내용에 따라 상황이 새롭게 진행되며 실시간으로 소통이 가능한 게 특징이다. '후루룩칼국수' 인터랙티브 무비는 소비자들이 직접 선택한 줄거리대로 달라지는 다양한 스토리를 주인공인 아이유와 함께 전개해나갈 수 있도록 구성됐다.
농심 관계자는 "아이유 특유의 산뜻하고 깔끔한 이미지가 후루룩칼국수의 이미지와 부합될 뿐 아니라 젊은 세대부터 삼촌 팬으로 대표되는 30~40대 남성들에게도 크게 어필하고 있어 모델로 발탁했다"고 전했다.

농심 '신라면 블랙'
2012년 농심 '신라면 블랙' 광고 모델로 활약했고, 아이유에 이어 싸이가 신라면 블랙 새 광고 모델로 활동한 바 있다.

게스홀딩스코리아 '지바이게스'
2012년 1월 17일 아이유가 유승호와 함께 패션 브랜드 '지바이게스(G by GUESS)'의 2012년 S/S 브랜드 화보 촬영을 진행했다. 촬영은 포토그래퍼 김영준이 맡았다. 지바이게스 관계자는 "지바이게스와도 잘 어울리며 소신 있고 긍정적인 이미지를 지닌 아이유와 유승호가 함께 화보 촬영을 진행해 매우 기쁘게 생각한다"고 전했다. 아이유·유승호 지바이게스 화보는 2012년 2월 말부터 지바이게스 전국 매장 및 다양한 매체를 통해 공개됐다.

SK플래닛 '11번가'
11번가는 2012년 7월 16일 "SK플래닛 오픈마켓 11번가 새 얼굴로 아이유를 발탁했다"고 전했다. 아이유는 "쇼핑을 좋아하는 편이지만 시간이 부족해 온라인몰에서 쇼핑몰을 주로 즐겼었는데 앞으로 더욱 애정을 갖고 11번가에서 필요한 것을 구입하겠다"고 소감을 밝혔다. 11번가 관계자는 "아이유를 통해 11번가 높아진 위상을 확고히 하고 떠오르는 신인 글램을 통해서는 10~20대 젊은 고객들을 타깃으로 한 레저와 패션 상품 브랜딩에 집중해나갈 계획"이라고 밝혔다.

한국화장품 '더샘'
한국화장품 '더샘'은 아이유를 새로운 모델로 발탁했다고 2012년 1월 30일 전했다. 더샘 관계자는 "아이유가 국민 여동생으로 불릴 만큼 많은 사랑을 받고 있으며, 맑고 투명한 피부로 많은 여성들의 로망이 되고 있는 만큼 폭넓은 연령층에게 더샘의 브랜드 콘셉트를 알리고 인지도를 높이는 데 큰 역할을 할 것으로 기대한다"고 모델 선정 이유를 밝혔다. 아이유는 "올해 스무 살이 되면서 화장품에 더욱 관심을 많이 갖게 됐는데 이렇게 모델까지 돼 너무 기쁘게 생각한다"며, "앞으로 열심히 활동해 더샘 브랜드를 알리고 팬 여러분들께도 좋은 모습 보여드리겠다"고 소감을 전했다.

엔씨소프트 '아이온: 영원의 탑'

아이유는 2012년 엔씨소프트 게임 '아이온'의 새 모델로 발탁됐다. 엔씨소프트는 2012년 12월 각 매체의 게임 담당자들에게 '아이유, 아이온을 만나다'란 문구를 담은 '아이온 4.0 업데이트' 기자간담회 최종 초청장을 전달했다.

넥슨 '서든어택'

2013년 9월 13일 넥슨은 FPS 게임 '서든어택'에 아이유와 가인 캐릭터를 출시한다고 밝혔다. 이번에 추가된 아이유와 가인 캐릭터엔 연기와 노래, 쇼 버라이어티 등 다양한 활동을 통해 특유의 발랄함과 섹시한 매력을 뽐내고 있는 두 스타의 개성과 이미지를 그대로 담았다. 두 가수의 특색 있는 목소리가 담긴 음성 효과 지원은 물론 매력 포인트를 잘 표현한 고유 모션들도 적용했다. 그 외에도 캐릭터의 특성을 살린 전용 마크를 표시할 수 있는 신규 스프레이 기능과 경험치 10% 증가 효과, 관전자

표시 기능 등 다양한 효과도 추가됐다.

KBS 만들기 캠페인 '안전사회캠페인'

2013년 아이유는 KBS의 공익광고인 '안전사회캠페인' 광고 모델로 출연하기도 했다.

QDSUH

중국의 로컬 코스메틱 브랜드 'QDSUH'는 2014년 6월 자사의 광고 모델인 아이유와의 화보 촬영 컷 일부를 공개했다. 공개된 사진에서 아이유는 연한 핑크 컬러의 드레스를 입고 꽃다발 앞에서 싱그러운 미소를 짓고 있다. 또 다른 사진엔 긴 머리를 휘날리며 자전거를 타고 있는 아이유의 모습이 담겨 있다. 광고 촬영은 경기도 용인 죽전에서 진행됐다.

스베누(SBENU) 운동화

운동화 브랜드 '스베누'는 2014년 12월 2일 보도자료를 통해 "아이유와 배우 송재림을 새 모델로 발탁했다"며 "최근 '스베누' 2015년 F/W 화보 촬영을 마쳤다"고 전했다. 스베누 공식 SNS를 통해 공개된 커플 화보에서 아이유와 송재림은 교복에 스니커즈를 매치한 스쿨룩을 선보였다.

넥슨 '던전앤파이터'

넥슨은 온라인 액션게임 '던전앤파이터'에 신규 캐릭터 '나이트'를 포함한 겨울 업데이트를 실시하고 이를 위한 홍보 모델로 아이유를 발탁했다고 2014년 1월 16일 밝혔다. 제6대 던파걸로 활동해 던전앤파이터와 인

연이 깊은 아이유는 이번 겨울 업데이트 주요 콘텐츠인 '나이트'의 밝고 귀여운 이미지와 부합해 홍보 모델로 발탁됐다. 또한 넥슨은 23일 '던전앤파이터'의 겨울 업데이트 홍보 모델로 아이유에 이어 인기 개그우먼 신봉선을 동반 발탁하고 홍보영상 풀 버전을 공개했다.

하이트진로 참이슬

아이유는 지난 2014년부터 2018년까지 4년간 참이슬 모델로 활동하며 브랜드 성장을 이끌었다. 특히 처음 모델로 발탁될 때 섹시한 콘셉트 일색이던 주류 광고 모델 시장에 깨끗하고 차별화된 이미지로 신선함을 불어넣었다. 아이유가 활동할 2017년 참이슬은 소주 브랜드 최초로 연 매출 1조 원을 돌파하기도 했다.

이어 2020년 3월 4일 하이트진로는 아이유를 참이슬 브랜드 모델로 재발탁했다고 밝혔다. 하이트진로는 "아이유가 다양한 연령층에서 많은 사랑을 받으며 지명도와 대표성을 갖추고 있고, 아이유만의 깨끗한 이미지가 참이슬 역대 모델 중 브랜드와 가장 잘 어울린다는 평가를 받아 재계약을 하게 됐다"고 전했다.

이번 아이유의 모델 재발탁은 참이슬 모델 중 최초 사례다. 하이트진로가 감사의 마음을 담아 아이유에게 헌정 영상과 감사패를 전달하자, 아이유는 개인 SNS에 "의리 있는 참이슬, 평생 참이슬 할 거야"라며 애정을 드러냈다. 하이트진로 관계자는 "그동안 아이유가 보여준 아티스트로서의 성과와 배우로서의 입지, 공인으로서의 사회 환원 등의 행보는 스타성과 인성을 다 갖춘 모델임을 보여줬고, 이는 참이슬 브랜드가 추구해온 깨끗한 이미지와도 잘 어울린다고 판단했다"며 "다시 한번 최고의 모델과 함께하게 돼 기쁘고, 돌아온 아이유와 참이슬을 많이 사랑해달라"고 말했다.

2024년 3월 26일 하이트진로는 10년 차 참이슬 모델 아이유와 계약을 연장한다고 밝혔다. 이로써 아이유는 주류업계 최장수 모델 기록을 이어가게 됐다.

참이슬은 2020년 소주업계 최초로 패션 매거진과 화보를 제작하고, 2021년엔 아이유를 모델로 하는 브랜드와 협업 굿즈를 출시했다. 소주 최초 팝업스토어 '이슬포차'와 소주 최초 뮤직페스티벌 '이슬라이브 페스티벌'에 게스트로 출연하기도 했다.

오성택 하이트진로 상무는 "아이유는 참이슬의 '깨끗함'이란 브랜드 정체성과 가장 잘 부합하는 모델로 이번 재계약은 신뢰와 의리를 기반으로 한 최고의 파트너이자 동반자로서의 의미도 크다"고 전했다.

소니

아이유는 2014년 이후 6년 연속 소니 오디오 브랜드 모델로 발탁됐다. 소니코리아는 아이유를 "올해에도 자사 오디오 브랜드 모델로 선택해 최장기 계약을 이어가게 됐다"고 2019년 4월 23일 밝혔다. 이번 전속 모델 연장 계약을 체결하면서 아이유에게 감사의 뜻을 담아 'WH-1000XM3' TV 광고 속 모습을 담은 세상에서 단 하나뿐인 오르골을 제작해 전달했다. 이에 아이유는 자신을 닮은 피규어로 제작된 오르골을 들고 환하게 웃는 모습의 인증샷을 공개했다. 소니코리아 측은 아이유가 2014년 처음 소니 오디오 브랜드 모델로 발탁된 이후 'h.ear' 시리즈와 '1000X' 시리즈 등 다양한 소니 오디오 제품의 캠페인을 통해 탁월한 기술력과 철학을 많은 소비자들에게 알리는 데 앞장서 왔다고 설명했다.

신성통상 '유니온베이'

아이유는 2011년에, 이현우는 2014년에 신성통상의 '유니온베이' 대표 얼굴로 사랑을 받았다. 그 인연이 이어져 2015년 1월 유니온베이의 모델 계약을 함께하게 됐다. 아이유와 이현우는 〈SBS 인기가요〉의 동반 MC로 활동했으며 이현우는 아이유의 「너랑 나」 뮤직비디오에 출연하면서 친분을 이어왔다.

CJ헬로비전 '헬로tv VOD'

2015년 CJ헬로비전 헬로tv의 '(헬로tv 앱만 깔면 어디서나) 즐길 수 있는 헬로tv VOD'라는 문구의 홍보 모델로 활동했다.

한국케이블TV방송협회

한국케이블TV방송협회가 2015년 6월 8일 아이유를 케이블 광고 전속 모델로 발탁했다. 케이블협회는 "한국 가요계를 대표하는 문화 아이콘으로 전 세대에서 사랑받고 있는 아이유가 케이블TV 서비스의 친근함을 가장 잘 표현할 수 있다는 점에서 선정

위원들의 선호도가 가장 높았다"고 발탁 이유를 밝혔다. 케이블업계는 아이유를 모델로 내세워 UHD방송, 스마트케이블, 기가인터넷, N스크린 등 뉴미디어 서비스를 홍보할 예정이다.

자연인 '아이소이(ISOI)'

화장품 브랜드 아이소이가 아이유를 전속 모델로 발탁했다고 2015년 5월 2일 밝혔다. 아이유는 계약기간인 2년 동안 아이소이 마케팅에 나선다. 아이소이 마케팅 관계자는 "평소 탄탄한 음악 실력과 선행 활동으로 남녀노소 가리지 않고 전 연령층에서 폭넓은 사랑을 받고 있는 아이유의 이미지와 유해의심 화학성분은 철저히 배제하고 피부에 좋은 성분만을 넣어 신뢰를 얻고 있는 화장품 아이소이의 이미지가 잘 맞았다"고 모델 선정 이유를 전했다.

카카오게임즈 '놀러와 마이홈'

카카오는 '놀러와 마이홈 for Kakao'의 공식 홍보 모델로 아이유를 선정했다고 2016년 7월 25일 밝혔다. 카카오는 "아이유는 오랜 시간 동안 대중들로부터 사랑받아 온 최고의 아티스트이며 '놀러와 마이홈 for Kakao'가 선보일 따뜻한 감성과 아기자기한 게임 플레이와 가장 자연스럽게 어우러질 최적의 모델"이라며 "놀러와 마이홈과 아이유가 함께하는 사랑스러운 콘텐츠들을 기대해주시기 바란다"고 전했다.

하이트진로 '이슬톡톡'

하이트진로는 2016년 4월 6일 복숭아 맛 탄산주 '이슬톡톡'의 TV 광고를 공개했다. 광고에는 깜찍한 단발머리의 아이유와 이슬톡톡 캐릭터 '복순이'가 함께 등장한다. 이슬톡톡 광고는 '기분 좋게 발그레'라는 카피 아래, 단발머리에 핑크색 원피스를 입은 아이유가 상큼한 미소와 귀여운 댄스로 이슬톡톡의 특징을 재미있게 표현하는 모습을 담았다. 아이유는 "복숭아 맛이야", "톡톡 터져", "살짝만 취한다" 등 짧지만 임팩트 있는 멘트로 이슬톡톡을 소개했다. 또한 자신과 동갑인 스물네 살의 캐릭터 '복순이'와 함께 멋진 케미를 보여주며 귀여운 커플 댄스를 선보이기도 했다.

카카오게임즈 '카카오톡 게임별'

카카오는 카카오톡의 게임 전문 채널 '카카오톡 게임별'의 사전 예약을 시작하는 동시에 게임 모델로 아이유를 선정했다고 2016년 12월 5일 밝혔다. 11월 17일, '지스타 2016'에서 처음 공개된 '카카오톡 게임별'은 카카오 게임 이용자들을 위해 다양한 혜택과 개인화된 콘텐츠를 제공하는 카카오톡 내 게임 전용 공간이다.

카카오게임즈 '음양사'

카카오는 2017년 6월 13일 잠실 롯데시네마에서 중국, 대만 등 최고의 인기를 끌었던 모바일 RPG '음양사' 국내 출시를 앞두고 미디어 쇼케이스를 개최했다. 음양사는 중국의 넷이즈가 개발한 게임으로 약 2년

간 총 100명의 개발진이 투입됐다. 또한 20여 명의 전문 스토리 작가가 흥미진진한 스토리라인을 연출했고, 〈화양연화〉로 유명한 우메바야시 시게루가 음악감독으로 참여했다. 이어 60여 명 이상의 초호화 성우진이 함께했다.

공식 홍보 모델로 선정된 아이유는 음양사에 대한 기대감을 드러냈다. 아이유는 영상을 통해 "이런 대작 게임에 모델로 참여하게 돼서 즐겁다"며 "아이유를 모델로 한 특별 의상이 만들어진다고 들었는데 많은 기대 바란다"고 소감을 전했다.

현대자동차 'i30 디스커버리즈'

현대자동차가 i30 광고 캠페인 'i30 디스커버리즈'에 아이유와 유인나를 동반 출연시킨 광고 영상을 2017년 4월 20일 공개했다. i30 광고 캠페인의 주제는 'i30 디스커버리즈: 아이유인나와 i30가 찾아가는 도심 속 핫플레이스'다.

i30 디스커버리즈 1편의 테마는 '뮤직으로의 초대: 동교동 미화당 레코드'다. 유인나가 i30를 몰고 아이유가 기다리고 있는 좁은 도로 옆 카페로 들어선다. 좁은 골목길이 많은 도시의 도로 환경 속에서 i30의 날렵함이 발휘하는 장점 등 도시 라이프스타일을 즐기는 데 있어 i30가 발휘하는 성능과 실용성, 스타일을 아이유와 유인나의 도심 주행을 통해 시청자들에게 보여주는 데 초점을 맞추었다. 광고의 전체적인 스토리 구성은 아이유와 유인나가 i30를 운전하며 도심 속 핫플레이스를 찾아 떠나는 여행

이다.

동서식품 '맥심 모카골드 심플라떼'

동서식품은 달지 않은 커피믹스를 마시고자 하는 소비자를 위해 설탕 없이 부드럽고 고소한 맛을 살린 '맥심 모카골드 심플라떼'를 출시하며 아이유를 모델로 선정했다고 2017년 11월 15일 밝혔다.

아이유의 "커피라는 게 신기해, 알면 알수록 심플한 게 끌리니까"라는 내레이션으로 시작하는 광고는 햇살과 잔잔한 음악, 커피를 즐기는 아이유의 모습을 담았다.

LG생활건강 'CNP 차앤박화장품'

LG생활건강은 "피부 전문가의 노하우가 담긴 CNP 차앤박화장품과 탄탄한 음악 실력으로 사랑받는 아이유의 이미지가 부합해 아이유를 브랜드 모델로 선정했다"고 2017년 12월 22일 밝혔다.

아이유는 최근 첫 지면광고 촬영장에서 CNP 차앤박화장품의 브랜드 슬로건인 '바를수록 건강하게'에 딱 맞는 건강하고 깨끗한 분위기와 자연스러운 매력을 선보였다. 공개된 화보 속 아이유는 깔끔한 블랙 퍼프 소매 원피스를 입고, 희고 투명한 피부 톤을 강조해 눈길을 끌었다.

경동제약 '그날엔'

경동제약은 2017년 아이유를 '그날엔' 전속 모델로 발탁했다. 그리고 2년 후인 2019년 2월 "지난 2년간 아이유 씨와 함께 사람들이 아프지 않길 바라는 경동제약의

진심을 성공적으로 전해온 만큼, 2019년에도 '그날엔' 브랜드 인지도를 높이고 더욱 진정성 있는 메시지를 통해 대중들과 소통할 계획"이라며 계약을 2년 연장했다. 이후에도 아이유는 광고 계약을 2년 연장하며 현재에 이르고 있다.

경동제약은 2023년 3월 3일 '그날엔'의 신규 TV 광고를 방송했다. 신규 TV 광고는 아이유가 "아직도 그냥 진통제로 보이세요?"라고 말하며 그날엔을 내미는 장면으로 시작된다. 이어 아이유가 그날엔 패키지 안으로 들어가 "통증 걱정 없이 신나게, 힘차게, 마음껏"이라고 말한 뒤 "난 그날엔을 믿으니까. 오늘 더 힘내봐요"라는 멘트로 마무리한다.

이랜드월드 '뉴발란스 라이프스타일'

스포츠 브랜드 '뉴발란스'는 2018년 1월 26일 아이유를 새 모델로 발탁했다. 뉴발란스는 2018년 봄 시즌 화보 공개를 시작으로 아이유와 함께 본격적인 브랜드 마케팅 활동을 전개했다.

롯데제과 '몽쉘'

롯데제과는 생크림 파이 '몽쉘'의 광고 모델로 아이유를 전격 발탁했다고 2018년 3월 7일 밝혔다. 롯데제과는 "아이유가 음악, 드라마, 예능 프로그램 등 다양한 방면에서 활약하며 '국민 여동생', '힐링의 여왕'이란 호칭을 얻을 정도로 독보적인 이미지를 가진 스타라는 점에서 모델로 발탁했다"고 전했다. 또한 평소 아이유가 초콜릿

류나 부드러운 파이가 먹고 싶을 때면 주로 '몽쉘'을 찾는 것은 물론 주말 여가 시간이나 촬영 시에도 틈틈이 몽쉘을 챙겨 먹을 정도로 제품에 대한 애정이 많다는 것도 모델 선정에 단단히 한몫을 했다.

롯데제과 '가나초콜릿'

롯데제과가 가나초콜릿의 광고 모델로 아이유를 발탁했다고 2018년 11월 19일 전했다. 롯데제과는 아이유가 초콜릿의 주 고객인 10~20대 여성 층에게 큰 영향력을 가지고 있다는 점에서 모델 계약을 제의했고, 아이유 역시 실제로 가나초콜릿의 매니아이기 때문에 이를 흔쾌히 수락했다.

광고에선 아이유가 "내가 사랑하는 가나"라는 카피처럼 일상 속에서 가나초콜릿을 즐겨 먹는 모습이 담겨 있다.

삼성카드

삼성카드는 아이유를 모델로 발탁하고 새로운 광고를 시작한다고 2018년 6월 4일 밝혔다. 삼성카드는 아이유의 상큼하고 발랄한 모습을 빌려 삼성카드 커뮤니티 서비스 및 CSV(Creating Shared Value) 의미와 '모이면 힘이 된다'는 메시지를 전한다.

제주삼다수

제주삼다수는 2019년 아이유와 모델 계약을 체결했다. 제주삼다수는 "아이유가 가진 맑고 생기 넘치는 이미지가 자연의 생명력과 깨끗함이 돋보이는 삼다수와 잘 어울린다고 판단했다. 기부와 선행에 앞장서

는 모습 역시 제주삼다수가 추구하는 가치와 부합한다"고 발탁 이유를 밝혔다. 이어 2020년 4월 1일 첫 번째 광고 캠페인을 공개했다. 광고 속 아이유는 발랄한 배경음악에 맞춰 "화산송이, 너 삼다수랑 무슨 사이야?"라고 물으며 화산송이와 제주삼다수의 관계, 그리고 삼다수의 청정함을 말한다. 제주삼다수 관계자는 "아이유의 매력이 제주의 깨끗한 자연과 어우러지며 생기 넘치는 모습이 광고에 고스란히 담겼다"고 말했다.

제주삼다수는 2023년 4월 6일 "올해도 아이유를 브랜드 모델로 선정하며 오랜 인연을 이어나간다"고 전했다. 제주삼다수가 브랜드 모델로서 4년 연속 같은 모델을 기용한 것은 이번이 처음이다. 제주삼다수는 "아이유의 깨끗하고 맑은 이미지가 브랜드 정체성과 부합해 모델로 재발탁했다"고 밝혔다. 이와 함께 제주삼다수는 6일 아이유와 함께한 광고 캠페인 티저 영상을 공개했다. 공개된 영상은 제주의 푸른 바다를 배경으로 신비로운 분위기를 풍기는 아이유 뒷모습으로 시작한다. 마지막 장면에선 '믿으니까 내 평생의 물로 삼다'라는 자막과 함께 아이유가 정면을 응시한다.

제주삼다수 관계자는 "제주삼다수와 아이유는 남녀노소 누구나 사랑한다는 점부터 깨끗한 이미지까지 닮은 점이 참 많다"며 "아이유와 또 한 번 시너지를 만들 수 있게 돼 기쁘고, 고객분들이 제주삼다수를 믿고 선택해주시는 만큼 깨끗하고 청정한 물맛으로 보답하겠다"고 말했다.

넥슨 '서든어택' 캐릭터 출시

넥슨은 자사 온라인 FPS 게임 '서든어택'에 아이유 캐릭터를 업데이트했다고 2019년 8월 29일 밝혔다. 최근 방영 중인 드라마에서 호텔 사장님 역을 맡은 이지은(아이유)은 극 중 캐릭터를 반영한 감정 표현 모션과 함께 실제 음성 효과를 지원한다.

더스타아시아 '셀럽알람'

아이유의 '셀럽알람'이 2019년 12월 5일 출시됐다. 아이유가 첫 번째로 선보이는 알람은 '저랑 친구 하실래요?' 버전이다. "목요일 점심엔 힘을 내기 위해서 탄수화물을 공급해줘야겠어. 면? 밥? 빵? 뭐든 환영합니다~", "드디어 토요일이다! 토요일이 되면 하고 싶은 게 있어. 바로 아침부터 삼겹살 먹기!" 등 친구와 하고 싶은 이야기가 아이유의 셀럽알람으로 만나볼 수 있다.

아이유의 셀럽알람은 한국은 물론 베트남, 태국, 싱가포르 등 총 11개 국가에서 서비스되며, 갤럭시 스마트폰에서 사용 가능하다.

한편 셀럽알람은 지난 3월부터 시작했다. 뉴이스트, 세븐틴, 여자친구, 에이핑크, 임시완을 비롯한 국내 셀럽들이 참여한 신개념 알람 서비스다. 기존 알람과 다르게 내가 좋아하는 셀럽의 목소리로 알람을 설정할 수 있으며 시간, 요일 등의 상황에 따라 다양한 멘트가 흘러나오는 차별화된 맞춤형 콘텐츠다.

제이에스티나(J.ESTINA)

제이에스티나가 새 모델로 아이유를 선정하고 2019년 12월 5일 첫 화보를 공개했다. 아이유는 "귀걸이를 착용하면 1.5배 예뻐 보인다고들 하잖아요. 시간이 갈수록 그 말에 더 수긍하게 돼요. 저는 평소에 귀걸이를 모으는 취미가 있기도 하고, 최근에 〈호텔 델루나〉에서 장만월을 연기하며 여러 가지 화려한 주얼리들을 착용하다 보니 귀걸이 외 다른 액세서리들에도 많은 관심이 생겼어요. 그러던 와중에 제이에스티나의 모델 제안을 받고 아주 기뻤어요. 촬영에 착용했던 제품들이 다 제 취향이더라고요. 주얼리 모델은 저도 처음이라 많이 설레네요"라고 소감을 밝혔다.

제이에스티나 주얼리 부문은 그간 김희선, 소녀시대, 송혜교, 김연아 등 당대 최고의 빅스타들이 브랜드 모델로 활약했다.

베디베로(VEDI VERO)

아이유는 이탈리아 아이웨어 브랜드 베디베로와 모델 계약을 맺고 2020년 2월 19일 캠페인 화보를 공개했다. 아이유와 함께한 #BeMyColor 캠페인은 스타 앰배서더와 함께한 브랜드 리빌딩의 첫 결과물이다.

베디베로는 "이번 캠페인은 아이유가 가진 매력과 개성을 8가지 컬러로 비주얼라이징했다"고 전했다.

빙그레 '바나나맛 우유'

빙그레 모델로도 활동했다. 2020년 6월

1일 유튜브 채널 '바나나맛 우유 안녕단지'엔 바나나맛 우유의 새 모델을 공개하는 영상이 올라왔다. 그런데 영상엔 새 모델이 누구인지 잘 나오지 않았다. 하지만 실루엣과 얼굴만으로도 아이유라는 걸 예상할 수 있다. 바나나맛 우유의 새 모델을 공개하는 기념으로 영상은 해당 가수의 이름을 댓글에 기입하면 바나나맛 우유를 지급하는 이벤트를 진행했다.

애니팡4

선데이토즈가 '애니팡4' 홍보 모델로 아이유를 선정하고, 온라인을 기반으로 한 다양한 홍보 활동을 시작한다고 2020년 6월 15일 전했다. 선데이토즈는 "아이유가 갖고 있는 대중적 인지도가 '누구나 즐길 수 있다'는 애니팡의 메시지와 이미지에 꼭 맞는다"는 점을 들어 홍보 모델로 발탁하게 됐다고 밝혔다. 또한 애니팡 관계자는 "데뷔 이래 오랜 기간 대중들의 사랑을 받고 있는 아이유가 국민 게임이자 장수 인기 게임으로 자리매김한 애니팡의 브랜딩에도 큰 기여를 할 것으로 전망"하며 "가수와 배우를 넘나들며 다양한 분야에서 팔색조 매력을 뽐내는 아이유가 새로운 콘텐츠와 변화를 선보일 애니팡4의 새로움을 대표할 최적의 모델"이라고 덧붙였다.

'애니팡4' 홍보 모델로 발탁된 아이유는 6월 15일부터 사전 예약 티저 영상을 시작으로 대중들을 만나며, 게임 출시일인 6월 30일부터 다양한 홍보 영상과 콘텐츠로 '애니팡' 붐업을 지원한다.

웨이브

온라인 동영상 서비스 웨이브(wavve)가 아이유를 브랜드 광고 모델로 선정하고 2020년 11월 28일 TV CF 시리즈 첫 편을 공개했다. 이번 캠페인은 언제 어디서든 원하는 콘텐츠를 감상할 수 있는 24시간 콘텐츠 스토어 웨이브를 표현하기 위해 '편의점' 콘셉트로 꾸며졌다. 웨이브 관계자는 "아이유의 젊고 밝은 이미지가 웨이브 서비스에 대한 긍정적 인식 확산에 큰 도움이 될 것으로 기대하고 있다"고 모델 선정 배경을 설명했다.

웨이브는 아이유 모델 선정을 기념해 28일부터 웨이브 내 '아이유관'을 신설하며, 이곳에선 아이유 출연 방송 VOD 〈달의 연인 – 보보경심 려〉, 〈프로듀사〉, 〈최고다 이순신〉 등 드라마를 비롯해 10년 전 아이유의 예능 활약상을 볼 수 있는 〈영웅호걸〉까지 모두 볼 수 있다. 이외에도 아이유 선정 '웨이브 속 아이유의 추천작'도 만날 수 있다.

한두(Handu) 그룹 '한두이서'

2020년 중국 최대의 온라인 쇼핑몰 '한두이서'의 모델로 다양한 광고 화보를 찍기도 했다.

2006년 설립된 한두이서는 중국의 한류 패션 전문 쇼핑몰로 전지현, 박신혜, 지창욱 등이 홍보대사로 활동했다. 일평균 구매고객이 100만 명이 넘고 그중 10대 후반에서 20대 초중반 젊은 층이 50% 이상을 차지한다.

구찌(GUCCI)

2020년부터 이탈리아 럭셔리 브랜드 구찌 앰배서더 활동을 시작해 2022년 상반기경엔 글로벌 앰배서더가 됐다. 구찌는 2022년 5월 30일 공식 인스타그램을 통해 아이유를 '글로벌 앰배서더'로 지칭하며 "제75회 칸 영화제에서 구찌 가운을 입고 등장"한다고 전했다.

카카오엔터테인먼트 '카카오웹툰'

카카오엔터테인먼트가 아이유를 글로벌 웹툰 플랫폼 카카오웹툰 브랜드 모델로 선정했다고 2021년 7월 16일 밝혔다. 카카오엔터테인먼트와 아이유는 7월 27일 TV와 유튜브 등을 통해 공개되는 브랜드 광고를 시작으로 다양한 형태의 콜라보를 선보인다. 카카오엔터테인먼트는 카카오웹툰을 관통하는 키워드인 '진화', '도전', '변화'와 일치하는 브랜드 모델로서 아이유와 협업을 결정했다.

카카오엔터테인먼트 관계자는 "카카오웹툰과 아이유는 낯선 도전을 두려워하지 않는 진취적 아이콘이라는 점에서 크게 닮아 있다"며 "세계 무대에서 사랑받는 카카오웹툰과 아이유의 콜라보로 큰 시너지가 일 것으로 기대한다"고 말했다. 아이유는 "지금까지와는 다른 모습을 보여드릴 수 있는 특별한 콘셉트로 즐겁게 촬영을 마쳤다"며 "국내는 물론 글로벌에서도 많은 기대를 받고 있는 카카오웹툰과의 협업을 기대해달라"고 소감을 전했다.

반올림식품 '반올림피자샵'

반올림피자샵이 아이유를 새로운 전속 모델로 선정하고 새 마케팅 캠페인을 선보인다고 2021년 2월 1일 밝혔다. 반올림피자샵은 신메뉴 '내맘대로 pick' 피자의 출시를 앞두고 아이유와 CF 촬영을 진행했다. 아이유의 새로운 모습이 담긴 반올림피자샵 캠페인은 후반 작업을 거쳐 2월 중순 공개된다.

반올림피자샵 관계자는 "2021년 가수 아이유와 함께 반올림피자샵의 새로운 모습을 보여드리게 돼 기쁘다"며 "노래, 연기, 예능까지 다양한 분야를 섭렵하며 국민들의 절대적인 사랑을 받고 있는 아이유의 이미지와 '내맘대로 pick' 피자의 시너지 효과를 일으킬 것으로 기대된다"고 전했다.

블랙야크

아웃도어 브랜드 '블랙야크'는 아이유를 앰배서더로 발탁했다고 2021년 1월 27일 밝혔다. 블랙야크 관계자는 "묵묵히 자신만의 길을 개척하며 정상의 자리를 지키고 있는 아티스트로서의 행보가 새로운 도전과 그 과정을 응원하는 브랜드 철학과 맞닿는다고 판단했다"며 "아이유의 맑고 생기 넘치는 이미지를 활용해 건강한 산행 라이프 스타일의 확산에 긍정적인 영향을 끼칠 수 있는 다양한 협업 캠페인을 전개할 예정"이라고 말했다.

아이유는 등산 초보자로 '산린이', '등린이'라 스스로를 칭하는 MZ세대를 대표해 휴식과 놀이로 변화한 산행과 제품의 기능성,

스타일을 다양한 콘텐츠를 통해 선보인다.

블랙야크는 2021년 2월 24일 아이유와 함께한 2021년 봄·여름 시즌 화보를 공개했다. 공개된 화보에서 아이유는 생기 넘치는 이미지와 다채로운 산행 스타일링을 선보였다.

2022년 3월 10일엔 아이유와 함께한 2022 봄 시즌 아웃도어 화보를 공개했다. 초보 등산객으로 분해 산행의 다양한 매력을 전하는 메신저로 활약했던 아이유가 2022년엔 자신만의 노하우로 크고 작은 산 정상에 오르는 중급 산행자의 모습으로 등장해 눈길을 끌었다. 산 정상을 배경으로 한 화보에서 아이유는 분홍빛(라이트 코랄) 재킷을 랩스커트, 레깅스, 등산화와 함께 코디했다.

블랙야크는 2021년 아이유를 브랜드 앰배서더로 발탁한 뒤 젊은 여성층 공략에 성공했다. 2021년 상반기 출시한 '야크 343 D GTX'는 일명 '아이유 등산화'로 불리며 블랙야크 신발 중 단일 품목으로 역대 가장 많이 판매됐다. 하반기엔 아이유가 입은 '시트다운플리스' 연보랏빛 색상은 초기 물량이 품절됐고 블랙야크가 운영하는 산행 커뮤니티 플랫폼 '블랙야크 알파인 클럽'은 이용자 수가 2년 새 약 두 배가 늘어나 총 30만 명이 됐다.

블랙야크는 2022년 3월 14일 재킷처럼 착용할 수 있는 등산 가방 '343 베스트팩'을 출시했다. 아이유 추천 시리즈인 '343 베스트팩'은 이름에서도 알 수 있듯이 재킷형 어깨끈으로 디자인된 가방이다. 간단한 당일 산행이나 트레일 러닝에 적합한 등산 가방으로 10·15·20ℓ 3가지 용량으로 구성됐다.

2022년 9월 5일엔 아이유, 카이와 함께한 2022 가을·겨울(F/W) 화보를 공개했다. 또한 10월 7일엔 아이유·손석구 커플 화보를 공개했다.

2023년 5월 18일엔 아이유와 함께한 썸머 컬렉션 화보를 공개했다. 화보에서 아이유는 냉감 티셔츠, 경량 방풍 재킷, 조끼형 배낭 등 블랙야크의 썸머 컬렉션을 중심으로 자연과 함께할 수 있는 여름 아웃도어룩을 보여줬다.

2023년 8월 31일 블랙야크는 12년의 헤리티지를 담은 등산화 '2023 요크셔 시리즈'를 선보였다. 2011년 첫선을 보인 '요크셔'는 '요크셔 II', '요크셔 X' 등으로 이어지며 12년간 꾸준히 인기를 받아온 블랙야크의 스테디셀러 등산화다. 출시와 함께 블랙야크는 아이유의 화보와 '이 등산화의 별명은 아저씨 등산화입니다'라는 메시지의 캠페인을 전개했다.

2023년 9월 21일 블랙야크는 아이유와 함께 아웃도어 라이프를 담은 가을 캠페인 영상을 공개했다. 아이유와 산악인 엄홍길, 블랙야크 DNS 익스트리머인 배우 이시영과 유튜버 오지브로, 그리고 '블랙야크 알파인 클럽(BAC)'에서 활동 중인 회원들이 대거 참여했다.

이브자리

'이브자리'는 새 전속 모델로 아이유를 선

정했다고 2021년 2월 10일 밝혔다. 이브자리는 "아이유의 성실함과 선행에 앞장서는 모습이 회사가 추구하는 가치와 부합한다고 판단. 아이유를 이브자리와 자사 개인 맞춤형 브랜드 '슬립앤슬립'의 새 얼굴로 선정하게 됐다"고 선정 배경을 설명했다. 이브자리는 아이유가 모델로 나서는 첫 신규 TV 광고를 제작해 선보이고 이를 기점으로 다양한 채널에서 아이유와 함께하는 마케팅 활동을 본격화한다.

뉴발란스

글로벌 스포츠 브랜드 뉴발란스가 아이유를 뉴발란스의 글로벌 앰배서더로 발탁했다고 2021년 7월 21일 밝혔다. 아이유는 최근 몇 년간 뉴발란스와 함께 'Fearlessly Independent' 캠페인을 진행해왔다.

뉴발란스 관계자는 "다양한 재능을 가진 아이유는 기존의 틀을 따라 하지 않고, 두려움 없이 스스로 해나가는 모습이 뉴발란스의 브랜드 철학을 잘 보여주는 것 같다"며 "또한 끊임없이 노력하는 모습과 주변의 사람을 챙기고 배려하는 모습은 비슷한 나이대의 사람들에게 리더로서의 모습을 보여준다"고 발탁 이유를 밝혔다.

아이유는 "항상 뉴발란스의 팬이었던 저에게는 뉴발란스가 조금 더 특별하다"며 "그 이유는 뉴발란스가 자신의 스토리를 말하는 사람들에게 메시지나 관심을 항상 보인다고 생각했고 또한 지난 뉴발란스의 모델에 발탁됐을 때, 아티스트로서의 제 이야기에 귀를 기울여줬다"고 소감을 전했다.

뉴발란스는 아이유와 함께 '기다리지 않는 것이 미덕(Impatience Is A Virtue)'이란 메시지를 담은 'We Got Now' 캠페인 영상을 공개했다.

카카오엔터테인먼트 '카카오페이지'

카카오엔터테인먼트의 2022 슈퍼웹툰 프로젝트 세 번째 주자 '도굴왕'의 원정대를 이끄는 가수 겸 배우 아이유의 CF가 2022년 5월 6일 처음 공개됐다. 전 세계를 뒤흔든 유물을 손에 넣기 위한 도굴꾼 여정을 담은 스토리답게 스펙터클한 스케일과 시원하게 터지는 전개 속도가 돋보인다. 여느 선한 영웅이 아닌 '안티 히어로'에 가까운 주인공 캐릭터라는 점 또한 '도굴왕'이 갖는 차별화된 매력이다.

6일 공개된 '도굴왕 원정대' CF는 매력적인 악당 캐릭터로 변한 아이유의 모습을 통해 '도굴왕'이 갖는 서사적 매력을 압축적으로 담아냈다. 아이유는 "같이 일 하나 할까? 거절은 거절할게"라는 당돌한 제안을 던지며, 그동안 베일에 쌓였던 '도굴왕 원정대'를 소환한다. '도굴왕 원정대'에 함께하기 위해 달려가는 사람들 뒤로, "뺏기기 전에 서둘러"라고 말하는 아이유의 경고도 인상적이다.

카카오엔터테인먼트 관계자는 "변화에 다재다능한 팔색조 매력의 아이유답게, 이번엔 안티 히어로로 분해 '도굴왕' 특유의 감수성을 눈앞에 구현해냈다"며 "앞으로 '도굴왕 원정대'가 펼칠 활동에 대한 궁금증을 치솟게 만들며, CF를 보는 수많은 팬들의 심장을 뛰게 할 것으로 기대된다"고 말했다.

카카오엔터테인먼트 '멜론'

카카오엔터테인먼트의 뮤직 플랫폼 '멜론'은 2022년 6월 3일 아이유와 유희열이 함께하는 브랜드 캠페인을 진행한다고 밝혔다. 이번 브랜드 캠페인을 통해 멜론은 2004년부터 쌓아온 빅데이터와 500만 유료 회원들이 누적해온 플레이리스트를 기반으로 다양하고 새로운 TOP100 차트들을 선보인다. 멜론은 카카오엔터테인먼트의 메인 모델 아이유와 이번 멜론 캠페인 모델인 유희열이 출연하는 '세상의 모든 TOP100, 멜론' 브랜드 캠페인 영상을 멜론 공식 계정을 비롯한 디지털 공간에서 선보인다. 해당 영상은 아이유가 '멜론 TOP100' 빌딩의 엘리베이터에 탑승해 안내원으로 분한 유희열과 함께 '아이돌 뮤직 TOP100', '힙스터 TOP100', '역주행 TOP100', '이별 BGM TOP100' 등 다채로운 음악 세계로 이동하며 마주치는 에피소드들을 담았다.

펩시·펩시 제로슈거

롯데칠성음료는 가수 아이유의 이미지를 담은 한정판 '펩시', '펩시 제로슈거'를 출시했다고 2022년 7월 7일 밝혔다. 펩시 아이유 에디션은 펩시 600㎖와 펩시 제로슈거 500㎖ 페트병 제품에 적용돼 8월 말까지 한정 생산된다. 펩시는 상징색인 파란색 라벨 및 뚜껑과 함께 다양한 아이콘 이미지,

아이유의 모습이 담겼고 펩시 제로슈거는 검은색을 대표로 네온사인과 아이유의 이미지가 적용됐다.

펩시는 2023년 2월 24일 '2023 펩시 파트너' 아이유의 광고 촬영 현장 메이킹 영상을 공개했다. 공개된 영상은 '2023 펩시 프로젝트'의 재킷 사진과 TV CF 촬영에 임하는 아이유의 다양한 모습과 인터뷰를 담고 있다. 영상 속 아이유는 "첫 광고를 찍고 시간이 얼마 안 지난 것 같은데, 벌써 이번이 세 번째라는 게 놀랍고 신기하다"며 지난해에 이어 펩시와의 세 번째 광고 촬영에 임하게 된 소감을 밝혔다. 아이유는 "펩시 파트너로서 매번 다양한 모습을 보여드릴 수 있어서 아주 좋다"고 덧붙였다.

우리금융그룹

우리금융그룹은 완전 민영화로 새롭게 출발하는 우리금융그룹의 브랜드 경쟁력을 높이기 위해 MZ세대부터 기성세대까지 아우르는 이미지를 가진 아이유를 신규 광고 모델로 선정했다고 2022년 4월 21일 밝혔다. 우리금융그룹은 선정 배경으로 아이유의 이름 자체가 '우리'와 관련이 있기 때문이라고 설명했다. 아이유(IU)를 한글로 해석하면, I(나)와 YOU(너)를 합한 '우리'라는 브랜드와 자연스럽게 연결되기 때문이다. 우리금융그룹 관계자는 "1등 종합금융그룹 도약을 목표로 하는 우리금융그룹은 MZ세대부터 기성세대를 아우르는 아이유와 함께 '우리'라는 브랜드의 특별한 힘을 만들어나갈 계획"이라며, "앞으로 TV와 라디

오는 물론 SNS 등 다양한 디지털 매체를 통해 다채로운 그룹 홍보 콘텐츠를 선보일 것"이라고 전했다.

우리금융그룹은 그룹 콘텐츠 홍보를 통한 브랜드 이미지 제고를 위해 회현동 본사 외벽에 운영했던 현수막 글판을 디지털 광고판으로 교체했다고 2023년 1월 6일 밝혔다. 우리은행은 지난 2009년부터 본점 외벽에 ESG를 주제로 한 문구나 계절에 맞는 시구를 현수막 글판으로 분기마다 선보여왔다. 디지털 시대에 맞춰 새롭게 제작된 디지털 광고판은 다양한 콘텐츠로 구성됐으며, 우리금융이 가지고 있는 브랜드 자산을 총망라했다. 우리금융은 디지털 광고판에 'I+YOU=우리'와 'WON뱅킹 알길원해 우리원해' 등 우리금융의 홍보 모델인 아이유를 대형 광고판에 게재하고, 아이유의 새해 인사를 디지털 글판으로 재현했다.

우리은행

우리은행이 2022년 4월 아이유를 모델로 발탁한 후 우리은행 모바일뱅킹 애플리케이션 월간이용자수(MAU)가 한 달 새 50만 명 가까이 늘어났다고 2022년 7월 6일 밝혔다. 우리은행에 따르면 지난 6월 '우리원뱅킹' MAU는 632만 명으로 5월(585만 명)보다 47만 명(8.03%)이나 늘었다. 금융 디지털화로 금융사들의 앱 경쟁이 치열한 상황에서 한 달 만에 MAU가 50만 명 가까이 늘어난 것은 매우 이례적이다. 그만큼 아이유 효과를 톡톡히 본 것이다.

우리은행은 2022년 9월 17~18일 잠실종합운동장 올림픽주경기장에서 열린 2022 아이유 콘서트 〈The Golden Hour: 오렌지 태양 아래〉 기간 동안 현장을 방문하는 사람들의 금융 편의를 위해 차량형 이동식 은행 점포(이동 점포)를 운영하기도 했다. 현금자동입출금기(ATM) 등이 탑재된 차량형 이동점포는 현장에서 응원봉 등을 판매하는 MD 부스 일대 근처에 설치돼 현금인출 등을 하기 위한 사람들의 편의를 제공했다.

우리카드

우리카드는 2022년 4월 대표 브랜드 NU(뉴, New&Unique)를 론칭하며 아이유와 광고 계약을 맺었다. 우리카드 측은 〈기생충〉에서 열연한 배우 최우식이 모델로 활동하고 있으나 이와 별도로 지난 4월부터 2년간 아이유와 모델 계약을 맺었다.

우리금융 관계자는 "아이유가 가수와 연기자로 양쪽 모두에서 정상의 위치에 오르며 MZ세대 대표 기수로 떠올라 섭외에 적잖은 애로가 있었다"며, "다만 사내 모델 후보 조사에서 월등한 지지를 받은 데다 우리금융과 모델 간의 캐미와 진정성을 모델 측에서도 긍정적으로 평가해 그룹과 관계사까지 모델로서 활동해주는 것에 흔쾌히 동의했다"고 전했다.

우리카드는 2022년 6월 14일 아이유를 내세워 여름맞이 경품 이벤트를 진행했다. 6월 말까지 'WON멤버스' 회원 대상으로 진행한 이 행사는 휴대폰 바탕화면에 아이유 이미지를 무료 다운로드 받을 수 있게 했고 추첨을 통해 다양한 경품도 지급한다.

하이트진로 '이슬톡톡'

하이트진로는 '이슬톡톡' 신규 TV 광고를 공개한다고 2023년 1월 2일 밝혔다. 해당 광고는 핑크빛 이슬톡톡 테마파크를 콘셉트로, 가수 아이유가 이슬톡톡 캐릭터 복순이와 볼풀에서 던지는 공이 탄산 기포로 변하며 이슬톡톡을 형상화했고 '기분좋게 발그레' 문구와 제품을 보여주며 마무리된다.

하이트진로 측은 "이번 광고는 제품의 특징을 시각적인 요소를 활용해 은유적으로 표현했다"며 "아이유와 복순이의 달콤한 호흡을 통해 다시 한번 이슬톡톡의 대세감을 만들어나갈 것"이라고 말했다.

도미노피자

도미노피자가 아이유와 전속 모델 계약을 체결했다고 2023년 6월 8일 밝혔다. 도미노피자는 "브랜드 경쟁력을 강화하고 고객들에게 친근감을 주기 위해 MZ세대부터 기성세대 모두에게 사랑받는 아이유를 모델로 선정했다"고 말했다. 그간 도미노피자는 소녀시대(2010), 김수현(2011), 수지(2012), 김우빈(2014), 김소현(2015), 송중기·박보검(2016), 박서준(2018), 이민호(2020) 등 당대의 톱스타들이 광고 모델로 활약한 바 있다.

도미노피자는 2023년 9월 23~24일 KSPO 돔에서 열리는 아이유의 팬콘서트 〈I+UN1VER5E〉를 지원했다. 아이유 데뷔 15주년을 기념해 열리는 이 콘서트는 콘서트와 팬미팅을 결합한 형태로 진행됐는데, 도미노피자는 콘서트 입장 시간 동안 도미노피자와 아이유가 함께한 광고 영상과 외벽 광고물 등을 통해 팬들과 만나는 시간을 가졌다. 또한 도미노피자는 2023년 12월 11일 아이유 피자박스 VOL 3을 론칭했다고 밝혔다. 이 피자박스는 연말 느낌을 강조한 새로운 아이유 사진이 게재돼 눈길을 끌었다. 도미노피자 관계자는 "아이유와 함께 진행한 다양한 마케팅 활동이 고객들로부터 긍정적인 반응을 얻어 기쁘다"며 "2024년에도 아이유와 함께 다양한 이벤트를 진행할 예정이니 많은 관심 부탁드린다"고 말했다.

에스티 로더

한국인 최초로 미국의 뷰티 브랜드 '에스티 로더' 글로벌 앰배서더가 됐다. 에스티 로더는 2024년 4월 12일 아이유를 새로운 글로벌 브랜드 홍보대사로 발탁했다고 보도자료를 통해 밝혔다. 이로써 아이유는 비안카 브랜돌리니, 캐롤린 머피, 그레이스 엘리자베스, 칼리 클로스, 마누시 칠러, 양미 등에 이어 에스티 로더 브랜드 글로벌 앰배서더 명단에 합류했다.

저스틴 복스포드 에스티 로더 글로벌 브랜드 사장은 "아이유는 시대를 가리지 않고 가장 영향력 있는 한국 아티스트 중 한 명이다. 자신의 음악과 탁월한 소셜미디어 존재감을 통해 매우 깊고 의미 있는 방식으로 전 세계 팬들과 소통할 수 있었다. 우리는 아시아와 전 세계의 새로운 세대 소비자와 소통할 수 있는 재능 있고 영감을 주는 아티스트와 협력하게 돼 기쁘게 생각한다"고 말했다.

아이유는 "에스티 로더와 함께하게 돼 정말 기쁘다. 특히 여성 리더가 설립한 상징적인 브랜드로 전 세계 수많은 여성에게 사랑받고 있다. 그 일원이 된 것을 영광으로 생각한다"고 소감을 전했다.

인터로조 '클라렌(Clalen)'
콘택트렌즈 회사 '인터로조'는 아이유를 브랜드 '클라렌' 모델로 발탁했다고 2023년 9월 22일 밝혔다. 가수 겸 배우 수지와 걸 그룹 '있지'가 클라렌 모델로 활동한 바 있다. 인터로조 관계자는 "아이유의 깨끗하고 생기 넘치는 이미지, 특유의 맑고 빛나는 눈빛이 클라렌 브랜드 이미지와 맞아 시너지를 낼 것으로 기대한다"고 전했다.

인터로조는 2023년에 창립 23주년을 맞이했다. 2010년 코스닥 시장에 상장했고, 국내 시장 점유율을 높이며 해외시장도 적극적으로 진출해 2022년 5000만 달러 수출의 탑을 수상했다. 2022년 역대 최대 규모인 1269억 원의 매출을 거뒀는데 이 중 77.5%가 수출이다.

Category 6

, 그리고

〈가나다라(GANADARA)〉
2022년 3월 11일 발매된 박재범의 디지털 싱글. 아이유는 피처링뿐만 아니라 뮤직비디오에도 출연했다. 박재범·WOOGIE·김하온 작사, WOOGIE·박재범 작곡.
멜론 TOP100 실시간·일간·주간 1위, 지니 실시간·일간·주간 1위, FLO 차트 1위, 벅스 실시간·일간 1위 기록. 2022년 제24회 마마 어워즈 '베스트 힙합 & 얼반 뮤직' 수상, 2023년 제37회 골든디스크어워즈 '디지털 음원 본상' 수상.

개방성 이관증
2022년 9월 18일 서울 잠실종합운동장 올림픽주경기장에서 열린 아이유 단독 콘서트에서 '개방성 이관증'으로 인해 귀에 문제가 있다고 밝혔다. 이날 아이유는 공연 말미 "사실 오늘 공연은 솔직히 조금 어려웠다"며 "제가 사실 귀에 약간의 문제가 있어서 조마조마한 마음으로 이번 공연을 준비했다. 청력에 문제가 있는 건 아닌데 한 1년 전부터 귀를 제가 잘 컨트롤할 수 없는 상황이 돼서 내 귀만 멀쩡하면 되는데 하고 걱정이 됐다"고 말했다. 또한 "어제 공연 말미부터 귀가 좀 안 좋아졌다. 어젯밤부터

오늘 리허설까지 지옥처럼 보냈다"며 "첫 곡을 하면서도 어떻게 될지 모르겠다고 생각했다. 항상 하는 말이지만 오늘 공연은 여러분이 다 하신 것"이라고 팬들에게 고마움을 전했다.
소속사 EDAM엔터테인먼트는 "전날 공연부터 예상치 못한 습한 날씨와 더위 탓에 많은 땀을 흘린 아이유는 무대를 이어가던 도중 탈수 증상으로 인해 많이 호전됐던 개방성 이관증이 악화되면서 어려움을 겪었다"고 설명했다.
'이관 개방증'으로도 불리는 개방성 이관증은 귀가 먹먹하거나 자신의 목소리가 울리는 등 이상 증상이 나타나는 질환이다. 서울대학교병원 의학 정보에서는 이관 개방증을 다음과 같이 정의하고 있다. "이관(Eustachian tube)은 뼈, 연골, 주위 근육 및 지방조직으로 구성되어 있다. 정상적인 이관은 안정 시에 닫혀 있고 침을 삼키거나 하품을 하는 동작과 발살바 조작(Valsalva maneuver) 등을 통해 열리게 된다. 이관의 연골부가 평상시에도 비정상적으로 계속 열려 있게 되면 비인강과 중이강 사이를 자유롭게 공기와 소리가 들락거리면서 자가 강청(Autophonia), 자신의 호흡음 청취, 이

충만감 등의 증상이 나타나게 되는데 이를 이관 개방증(Patulous Eustachian tube)이라고 한다."

건빵, 별사탕

데뷔 초 여성 팬들이 건빵 속의 별사탕만큼 적다고 해서 남성 팬은 건빵, 여성 팬은 별사탕이라 칭하기도 한다.

2017년 앨범 〈Palette〉 발매에 앞서 자신의 팬카페에 "오늘은 제가 아주 좋아하는 곡 녹음입니다. 아마 많은 '별사탕'들의 최애곡이 될 것 같은 곡"이라는 글을 남겼다.

결혼 축가

아이유의 지인 챙기기는 유명하다. 이민수 작곡가를 비롯해 티아라 지연과 야구선수 황재균, 공연 코러스로 함께한 가수 권소현, 아이유밴드 드러머 김승호, 그리고 절친 매니저는 물론 방송에서 인연을 맺은 출연자 결혼식까지 참석해 축가를 불러줄 정도로 한번 맺은 인연을 소중히 생각한다.

2017년 아이유밴드 베이시스트 최인성의 결혼식엔 사정이 있어 참석하지 못했다. 당시 최인성은 결혼 후 바로 투어에 돌입해야 할 상황이었는데, 아이유는 결혼 축가를 불러주지 못한 대신 특별한 화환을 보내왔다. 축하한다는 내용의 문구를 사용하는 일반적인 화환과는 달리 '잠시 최인성 님을 빌려가려고 하니 양해주시기 바란다'란 내용이었다. 아이유만의 재치가 엿보이는 예다.

「고양이」

선우정아가 2017년 12월 28일 발매한 곡. 아이유 피처링.

사람을 좋아하는 길가의 고양이 '개냥이'와 집 안에서 창밖을 내다보기만 하는 도도한 고양이 두 캐릭터를 설정해 가사에 담았다. 2018년 1월 17일 방송된 SBS 파워FM 〈아름다운 이 아침 김창완입니다〉에 출연한 선우정아는 아이유에 대해 "그동안 아이유에게 곡을 주거나 코러스를 해준 적은 있지만 제 곡에 아이유가 목소리를 빌려준 것은 이번이 처음"이라며 "너무 잘한다. 케미도 좋았다"고 말했다.

국민 여동생

아이유를 가리켜 '국민 여동생'이라고도 한다. 2023년 12월 26일 BTS 슈가의 유튜브 채널 '슈취타' EP.24에 출연해 귀여운 여동생 콘셉트의 데뷔 시절을 이렇게 회상했다. "「Boo」, 「마쉬멜로우」 이런 게 그냥 귀여운 수준이 아니라 초 단위로 귀여워야 되는 곡이었어요. 일단 윙크를 한 곡에 만 번 정도는 해야 끝나는. 의상도 화려하고 알록달록에 머리엔 큰 핀 꽂고. 우리가 보기엔 중3, 고1이 너무 귀여운 나이지만 그때 당시엔 가장 어두울 나이란 말이죠. 제일 어른인 줄 아는 나이가 그때잖아요. (이런 게) 나랑 너무 안 어울리고 그랬었지만 지금 와서 다시 보니 귀엽더라고요. … 물론 그래서 제게 아주 많은 기회가 오기도 했지만."

이 말을 들은 슈가가 "그때 감성, 약간 우울하고 뭔가 침울한 감성이 끝까지 가는 것 같다"고 하자, "맞다. 그때 자아가 많이 형성됐다"고 답했다.

광운대학교 김현경의 논문 「아이돌을 둘러싼 젠더화된 샤덴프로이데(Schadenfreude)의 문화정치학: 〈아이유 사태〉를 중심으로」는 아이유 4집 앨범 발매 이후 벌어진 일련의 상황을 예로 들어 '국민 여동생'에 대한 흥미로운 분석을 시도했다.

「그대 없이는 못살아」

길옥윤 작사·작곡. 패티김이 1967년에 발표한 곡.

남편 길옥윤이 패티김에게 잘못을 하고 사과하며 쓴 노래다. 아이유는 2012년 5월 7일 방송된 SBS 〈힐링캠프, 기쁘지 아니한가〉에서 패티김을 위해 이 곡을 불렀다.

「그대네요(with 성시경)」

이미나 작사, 김형석 작곡, 김형석·윤우석 편곡.

2010년 9월 28일 발매된 성시경과의 듀엣. 사랑과 이별의 아픔을 잘 표현했으며, 성시경이 선배로서 보컬디렉팅에 도움을 준 것으로 알려져 있다. 비교적 쉬운 코드 진행의 전형적인 대중가요 발라드 어법이라 더 친근하게 다가오는 듀엣이다.

「그러는 그대는」

MBC가 2009년 5월 2일부터 6월 21일까지 방영한 윤태영·김민정 주연의 토일 드라마 〈2009 외인구단〉 OST로 2009년 6월 2일 발매. 조현주 작사, 이영준 작곡.

「그대는 예뻐요」

안영민 작사·작곡.

런(RUN·송원근)이 2009년 10월 16일 발매한 두 번째 EP 〈Face-Off〉에 수록. 앨범 발매 전인 12일 티저 영상이 먼저 공개됐다.

당시 같은 기획사 소속 가수인 아이유가 피처링에 참여했다.

기부 활동

데뷔 이후 꾸준히 기부 활동을 하고 있다. 2018년 조손가정 및 저소득층 청소년 대상으로 1억 원, 2019년 청각장애인 지원 단체 사랑의 달팽이와 한국소아암재단에 각각 5000만 원, 2020년 사단법인 한국미혼가족협회와 사랑의 달팽이에 각각 5000만 원씩 기부했다. 2021년 5월 자신의 생일을 맞이해선 장애인 재활 푸르메재단(1억 원), 희귀질환 아동 청소년 여울돌 재단(1억 원), 한국소아암재단(1억 원), 아동복지시설 보호 종료 아동(1억 원), 한국미혼모가족협회(5000만 원), 한국취약노인지원재단(5000만 원), 가정의 달 양평군(1000만 원) 등에 기부했다. 2022년엔 아산사회복지재단과 서울시아동자립지원사업단에 각각 1억 원씩 총 2억 원을 기부했고 2023년 5월 어린이날엔 초록우산어린이재단 기부, 5월 16일 자신의 생일엔 의료 및 복지 취약계층에 써달라며 2억 5000만 원을 기부하는 등 나열하기 힘들 만큼 많은 기부 활동을 해오고 있다.

사랑의 열매 고액 기부자 모임인 '아너 소

사이어티' 회원이기도 한 아이유는 데뷔 이후 2023년 12월까지 기준 누적 기부액이 50억 원에 이르는 걸로 알려졌다. 2019년엔 미국 《포브스》의 '아시아 기부 영웅 30인'에 최연소 아시아 기부 영웅으로 선정되기도 했다.

소속사 EDAM엔터테인먼트는 2024년 1월 1일 "아이유가 지난 31일 '아이유애나'(아이유와 팬클럽 유애나를 합친 의미) 이름으로, 매서운 한파가 몰아치는 겨울철 난방 및 복지 취약계층이 조금이나마 더 따뜻한 겨울을 보낼 수 있도록 한국노인종합복지관협회, 한국아동복지협회, 한국미혼모협회, 한국장애인복지시설협회까지 총 4곳에 난방비 2억 원을 기부했다"고 밝혔다.

긴장

2023년 12월 26일 BTS 슈가가 진행하는 유튜브 채널 '슈취타' EP.24에 출연해 콘서트에 서면 여전히 긴장을 한다고 말했다. "오히려 데뷔했을 때 아예 긴장을 안 했던 것 같다"며 "데뷔 이후 20대 때부터 긴장이 되기 시작했다. 어릴 때는 겁이 없고 (점점 나이가 들며) 겁이 많아지는 게 아닌가란 생각이 든다"고 했다.

김보아

걸그룹 '스피카' 리더·메인보컬. 1987년생. 여주대 실용음악과 졸업.

2012년 2월 9일 엠넷 〈엠카운트다운〉에서 〈러시안룰렛〉으로 데뷔. 로엔엔터테인먼트 시절 아이유와 함께 연습생 시절을 보냈다.

2013년 10월 16일 방송된 MBC FM4U 〈두시의 데이트 박경림입니다〉에서 아이유는 걸그룹 스피카 김보아를 언급하며 "김보아 언니와 연습생 시절을 같이 보냈다. 노래를 정말 잘했다. 김보아 언니를 보면 '난 어떻하지?'라는 생각을 하게 됐다"고 칭찬해 눈길을 끌었다.

〈나의 아저씨〉

tvN이 2018년 3월 21일부터 5월 17일까지 방영한 16부작 수목 드라마로 삶의 무게를 버티며 살아가는 아저씨 3형제와 거칠게 살아온 한 여성이 서로를 통해 삶을 치유하게 되는 이야기를 그렸다. 김원석 연출, 박해영 극본. 이선균(박동훈 역), 이지은(이지안 역), 박호산(박상훈 역), 송새벽(박기훈 역) 출연.

제55회 백상예술대상 TV 부문 드라마 작품상과 극본상을 수상하며 국내외를 막론하고 웰메이드 명작 드라마로 평가받았다. 정승환, 고우림, 오왠, 곽진언, 지선, 이희문, 제휘, 빈센트블루, Sondia 등 여러 가수가 OST에 참여했다.

나이

아이유의 음악 세계와 나이는 빼놓을 수 없을 만큼 연관성이 깊다.

2015년 「스물셋」이란 곡으로 '나이 시리즈'를 시작했다. 2023년 12월 26일 BTS 슈가의 유튜브 채널 '슈취타' EP.24에 출연한 아이유에게 슈가는 "다음에도 계속 나이 시리즈가 나올 텐데 그럼 '만 나이'로 할 것인지, 아니면 '실제 나이'로 할 것인지" 물었다. 그러자 "원래 살던 나이로 하겠다. 이번에(2024년) 나오는 앨범은 30대에 처음으로 나오는 앨범이라 약간의 고민도 있었지만"이라고 답했다.

또한 이 방송에서 아이유는 10대, 20대, 그리고 지금 30대가 된 자신에 대해서도 언급했다. "10대 땐 아무래도 몸을 갈아 열심히 했던 것 같다"는 말에 슈가는 "나 역시 아이유 하면 10대 때 고생한 거만 생각난다. 행사 다니고 등등"이라고 말했고 아이유는 "맞다. 행사 진짜 많이 다녔고 라디오도 많이 했었다. 근데 그 낭만이 있었다. 10대가 나를 만들었다고 생각한다. 그때 열심히 했던 게 지금의 나로 많이 키웠다"고 했다.

20대의 아이유에 대해선 "(내적으로도 외적으로도) 변화무쌍했다"고 말했고, 30대로 접어든 자신에 대해선 "일단 출발은 20대 때보단 좋다. 온화해진 부분도 있고 반대로 이걸 참아야 되나란 것도 있다"고 말했다. 그간 30대를 기다려왔던 이유에 대해서도 밝혔다.

"데뷔를 열여섯 살에 했다. 그래서 10년이 지나 10년 차가 됐음에도 나이가 스물다섯 살이라 어린 취급을 받게 된 것이다. 그래서 나를 무시하나란 생각이 많이 들기도 했다. 이런 건 어린 나이에 데뷔를 한 사람들의 공통된 사항일 수도 있겠지만. 그래서 20대 후반은 내겐 너무 길었다. 도대체 언제 끝나지 할 정도로. 체감상 (나는) 이미 열여섯 살 때부터 20대였던 기분이다. 30대가 되니까 이젠 내 경력과 나이가 어느 정도 맞는 것 같은 느낌이다. 30대란 나이는 어디를 가도 어리게 볼 수 없는 나이이기 때문이다. 일할 때도 희한하게 목소리가 좀 더 낮아진 것 같다(웃음)."

"20대 땐 거의 매일매일을 계획했던 것 같다. 이제 (30대엔) 이런 걸 안 하는 게 계획이다. 〈LILAC〉이란 앨범을 스물아홉 살에 냈는데, 이게 이러한 생각의 출사표이기도 하다. '내가 이렇게 게임 중독자처럼 일을 하는 건 이번이 마지막이다'란 내용을 담은 앨범이다. 30대엔 '저 애 되게 편안해 보인다', '모든 게 적당하게 밸런스가 좋구나. 정신 상태와 체력 모든 게'였으면 좋겠다."

〈낙원-파라다이스〉「대니 보이(Danny Boy)」

2009년 SBS와 일본 아사히 합작 텔레시네마 〈낙원-파라다이스〉(김하늘·지진희 주연)의 OST 「대니 보이」를 가창했다. 2009년 12월 발매.

아일랜드 포크송으로 잘 알려진 곡으로 전 세계의 많은 음악인이 리메이크한 바 있다.

「낙하」

이찬혁 작사, 이찬혁·MILLENNIUM 작곡. 2021년 7월 26일 발매된 악뮤 앨범 〈Next Episode〉 타이틀곡으로 아이유 피처링. 발매에 앞서 24일 「낙하」 오피셜 비디오 티저가 공개됐다. 30초가량의 영상엔 「낙하」의 신비롭고 긴장감 어린 배경음과 후렴구 일부가 담겼다. 티저 영상 속 고층 빌딩에 비친 7개 공간은 앨범 수록곡 오피셜 비디오 모두가 연결돼 있음을 암시했다. 이들 중 「낙하」는 사이키 조명 아래 춤추고 있는 사람들을 중심으로 클로즈업돼 앞으로 펼쳐질 이야기에 대한 궁금증을 더했다.

「낭만에 대하여」

1. 「영일만 친구」, 「내 마음 갈 곳을 잃어」 등과 함께 가수 최백호를 대표하는 곡으로 1994년 발매.

걸을 걷던 어느 날 갑자기 비가 쏟아져 부산 동래시장 수안파출소 부근의 어느 다방에 들어간 최백호가 에이스 캐논(Ace Cannon)의 색소폰 연주곡 「Laura」를 들으며, 비를 피했다. 당시 기억을 토대로 쓴 곡.

2. 1995년 11월 18부터 96년 9월 1일까지 방송된 KBS2 주말드라마 〈목욕탕집 남자들〉 OST로 삽입되며 많은 인기를 얻었다. 평균 시청률 50%를 유지한 인기 드라마 〈목욕탕집 남자들〉 70화에서 장용(김봉수 역)의 애창곡으로 소개됐다. 1996 'KBS 가요대상' 작사상을 수상했다. 최백호는 이 음악을 드라마에 삽입한 작가 김수현에 대한 고마움이 커 지금도 "김수현 작가는 내 생명의 은인"이라며 "전성기 만들어준 장본인이죠. 그분이 아니었다면 지금의 저도 없었으니까요"라고 말한다.

3. 아이유는 콘서트에서 이 곡을 자주 불렀다. 아이유 아버지의 '노래방 18번'으로도 유명하다. 아이유가 부른 「낭만에 대하여」 리메이크에 대해 최백호는 필자에게 "여러 가수가 불렀는데, 그중 아이유도 맛을 잘 냈다"며 "여기에서 '맛'이란 내가 부른 것과 는 전혀 다른 또 다른 맛을 의미한다. 신선한 해석"이라고 말했다.

「너의 의미」

김창완은 2014년 5월 16일 SBS 파워FM 〈아름다운 이 아침 김창완입니다〉에서 "예전에 부른 산울림의 「너의 의미」가 어느 날 내게 다가온 사랑을 하늘의 선물이라고 느끼는 것이라면, 아이유와 부른 「너의 의미」는 그런 설레는 사랑을 믿기지 않는 눈으로 바라보는 거"라며, "어떻게 보면 더 강렬한 고백일 수도 있다"고 말했다.

2014년 7월 7일 방송된 SBS 〈힐링캠프, 기쁘지 아니한가〉에 출연한 김창완은 「너의 의미」를 작업할 당시를 회상하며 "아이유와 노래할 때 이상하게 배알이 뒤틀렸다. 그 감정을 글로 적어 내레이션을 했다. 노래에서 많이 편집됐지만 당시 그 내레이션으로 녹음을 했다"고 말했다. 진행자가 "질투했냐"고 묻자 김창완은 "어떻게 할 수 없는, 마치 수족을 묶인 듯한 질투였다"고 답했다.

네온 옐로(형광 노랑)

1. 아이유 공식 팬클럽 '유애나' 색상. 관련 내용은 '유애나' 참조.

2. 도로보수원 유니폼 색. 국토교통부는 도로시설물을 관리하는 도로보수원의 안전사고 예방을 위해 전국적으로 통일된 디자인의 근무복을 지급한다고 2019년 2월 14일 밝혔다. 새 근무복은 운전자가 시속 60㎞ 이상 주행 시에도 작업자를 인식할

수 있도록 네온 옐로 바탕에 고성능 반사 테이프가 부착된다.

3. 조 새트리아니, 미시 엘리엇(Missy Elliott), 임윤찬, 몬스타X 등 여러 음악인이 블루, 옐로, 네온 옐로 등 다양한 색상의 한정판 기념 LP를 발매했다.

「누구나 아는 비밀」

이석원 작사, 이석원·이능룡 작곡.

2017년 6월 1일 발매된 언니네 이발관의 마지막 앨범인 6집 〈홀로 있는 사람들〉 수록곡. 아이유가 피처링에 참여했다.

아이유는 2017년 6월 1일 자신의 인스타그램에 "제가 어릴 때부터 좋아해왔던 언니네 이발관 선배님들의 마지막 앨범에 수록곡으로 참여하게 됐습니다. 이석원 선배님께 처음 메일을 받은 후로부터 벌써 1년이 넘게 지났어"란 글을 올렸다. 아이유는 "그 시간 동안 멀리서나마 이 마지막 앨범을 한 겹 한 겹 신중하게 만드시는 모습을 지켜보면서 팬으로서, 후배로서 많이 배웠습니다! 마지막 앨범이라니 참 많이 아쉽고 또 그런 중요한 앨범에 한 부분 참여할 수 있게 되어 영광입니다! 작업 내내 한참 어리고 한참 후배인 저에게 보여주셨던 존중과 배려 잊지 않겠습니다"라고 썼다.

누오보 템포(Nuovo Tempo)

아이유가 광고 모델로 활동하고 있는 국내 주얼리 브랜드 '제이에스티나'의 클래식 워치 컬렉션.

아이유가 착용해 일명 '아이유 시계'로 많

은 관심을 모았다. 주로 20대 여성을 타깃으로 한 이 시계는 6각형 케이스에 로만 인덱스로 세련미를 더했다. 무브먼트(시계 동력장치)는 일본 쿼츠 엡슨 VX01와 스위스 론다 H753 등 모델에 따라 다르게 탑재됐다. 방수력은 30m. 이탈리아 천연 소가죽 스트랩과 메탈 브레이슬릿 두 종류로 출시됐다.

「니가 참 좋아」

박근태 작사, 심현보 작곡.

쥬얼리가 2003년 7월 5일 발매한 정규 3집 〈Beloved〉의 타이틀곡. 쥬얼리 하면 떠오르는 대표 히트곡으로 자리했다.

2023년 12월 26일 BTS 슈가의 유튜브 채널 '슈취타' EP.24에 출연해, 어릴 때 장기자랑에 나가서 춤을 추며 노래해 처음으로 1등을 한 곡이 「니가 참 좋아」라고 밝혔다.

「다섯째 손가락」

아이유 노래, 최갑원 작사, PJ 작곡·편곡.

빅뱅 승리, 탑(T.O.P), 허이재 주연의 영화 〈19(Nineteen)〉 테마곡으로 삽입됐고 음원은 2010년 2월 24일 텔레시네마 프로젝트 Vol.6로 발매됐다.

〈달의 연인 – 보보경심 려〉

SBS가 2016년 8월 29일부터 11월 1일까지 방영한 20부작 월화 사극·판타지·로맨스 드라마로 중국 소설가 퉁화(桐華)가 2005년에 쓴 로맨스 소설 『보보경심』을 극화했다. 김규태 연출, 조윤영 극본.

드라마의 극 배경이 고려 초 태조부터 광종 시대라서 보보경심에 고려의 려(麗)가 붙어 〈달의 연인 – 보보경심 려〉가 됐다. 한국 드라마 최초로 미국 할리우드 메이저 투자배급사 'NBC유니버설'이 제작을 맡았고, YG엔터테인먼트가 공동 제작, 투자를 맡았다. 일본 등 전 세계 40여 개국에서 동시 방영했다.

이지은(해수 역), 이준기(왕소 역), 강하늘(왕욱 역), 남주혁(백아 역), 조민기(왕건 역), 우희진(오상궁 역), 서현(우희 역) 출연.

국내 시청률은 첫 방 7.4%로 출발해 마지막회인 20회는 11.3%까지 찍었다. 다비치, SG워너비, 엑소, 로꼬, 아이오아이, 태연, 악뮤, 에픽하이 등 빅스타들이 참여한 OST도 화제를 모았다.

「달빛바다」

김이나 작사, 김태영·싸이져 작곡. 2012년 7월 26일 발매.

당시 아이유 소속사 '로엔트리'의 썸머 프로젝트 앨범의 타이틀곡으로 아이유와 피에스타가 함께 불렀다.

대학 가지 않은 이유

2011년 11월 24일 방송된 MBC FM 〈손석희의 시선집중〉 '토요일에 만난 사람'에 출연한 아이유는 수능시험을 치르지 않은 이유를 밝혔다. 당시 고등학교 졸업반이던 아이유는 "학교를 제대로 못 나갔으니까 수업을 못 들었는데 수능을 쳐도 얼마나 잘 풀겠느냐"며 "대학을 열심히 못 다닐 것 같

기도 했다. 대학을 가기 위해 데뷔한 게 아닌 만큼, 대학은 부가적으로 얻는 특혜 같은 거라 고마운 줄도 몰랐을 것이다. 하고 싶은 공부가 생겼을 때 수능을 쳐서 대학에 가고 싶다. 뭔가를 배울 때도 비싼 걸 사놓으면 포기하기가 아까운 것처럼, 대학을 갈 때도 어렵게 들어가면 열심히 하지 않을까 싶다"고 말했다.

동덕여자고등학교

아이유 모교. 서울시 서초구의 강남 8학군 사립 여자고등학교로 1910년 개교했다. 아이유는 100회 졸업식 때 영상도 보내줄 만큼 애정을 보였다. 또한 기부금 명단에 1억 이상 기부자로 이름이 올라 있기도 하다. 100년이 넘는 역사인 만큼 팝페라 가수 키메라를 비롯해 코미디언 배연정, 배우 김정은, 김효진, 가수 서인영, 뮤지컬 배우 김려원, 국회의원 제윤경(더불어민주당) 등등 각계 유명 동문도 많다.

「동화」

김동률 작사·작곡. 김동률이 아이유와 협업한 신곡으로 2018년 12월 7일 발매.

2018년 1월 발표한 〈답장〉 앨범의 연장선상에서 세 번째로 공개되는 싱글앨범으로, 이미 공개한 45초 분량의 티저를 통해서도 알 수 있듯이 따뜻하고 아름다운, 어른을 위한 '동화'다. 김동률은 신곡 「동화」를 발표하고 2시간 뒤에 콘서트 〈2018 김동률 콘서트 – 답장〉의 막을 올렸다. 신곡 「동화」 발매 직후 개최되는 콘서트라는 색다

른 기획이라 팬들의 기대감을 더욱 높인 바 있다. 3년 2개월 만에 열린 이 공연 티켓은 1분 만에 매진됐다.

드라마 출연

KBS2 〈드림하이〉(2011), KBS2 〈최고다 이순신〉(2013), KBS2 〈예쁜 남자〉(2013), KBS2 〈프로듀사〉(2015), SBS 〈달의 연인 – 보보경심 려〉(2016), tvN 〈나의 아저씨〉(2018), tvN 〈호텔 델루나〉(2019), 넷플릭스 〈폭싹 속았수다〉(2024) 등 여러 드라마에 출연했다. 자세한 내용은 각 드라마 참조.

〈드림〉

2023년 4월 26일 개봉한 영화(감독 이병헌)로, 2010년 대한민국이 첫 출전한 홈리스 월드컵 실화를 모티브로 했다. 박서준·아이유 주연.

박서준은 기자 폭행으로 징계 중인 축구선수 윤홍대 역할을 맡았다. 급조된 축구대표팀의 감독을 반강제로 맡게 되는데, 시간이 갈수록 진심으로 팀원들을 믿고 지도하면서 성장한다. 아이유는 급조된 축구대표팀의 다큐멘터리를 제작하면서 성공을 꿈꾸는 방송국 PD 이소민 역을 맡았다. 인생 반전에 대한 열망을 숨기지 않으면서 솔직하고 대담한 매력까지 지닌 인물로, 누구보다 선수단의 꿈을 응원하는 마음 따뜻한 모습도 보여준다. 이외에 김종수(김환동 역), 고창석(전효봉 역), 이현우(김인선 역), 홍석천 등 여러 배우가 출연했다. 그뿐만 아니라 강하늘, 조향기, 이유비, 박명훈, 김일중 등등 여러 배우가 우정 출연했다.

〈드림하이〉

KBS 2TV가 2011년 1월 3일부터 2월 28일까지 방영한 16부작 월화 드라마. 이응복·김성윤 연출, 박혜련 극본. 예술고에 재학 중인 학생들의 사건과 갈등 속에 성장해가는 이야기를 다뤘다. 아이유(기필숙 역), 수지(고혜미 역), 김수현(송삼동 역), 옥택연(진국 역), 함은정(윤백희 역), 우영(제이슨 역), 박진영(양진만 역), 엄기준(강오혁 역) 등 여러 스타가 출연했다. 첫 회 시청률 10.3%로 순조롭게 출발해 1월 11일 경쟁 드라마들을 제치고 시청률 1위를 달성했다. 마지막회는 시청률 17.2%를 찍었다.

〈드림하이〉는 택연·우영·수지·김수현·JOO의 타이틀곡을 비롯해 아이유 「Someday」, 수지 「겨울아이」, 선예 「Maybe」, 박진영 「못 잊은 거죠(If)」, 창민·진운 「사랑하면 안될까」, JUN. K·임정희 「가지마」 등 '별들의 전쟁'이라 해도 좋을 만큼 스타들의 OST도 화제를 모았다. 아이유가 부른 「Someday」는 박진영 작사·작곡으로 2011년 1월 3일 발매됐다.

음악 전문 사이트 '몽키3'가 2011년 1월 6일부터 12일까지 회원 총 713명을 대상으로 〈드림하이〉 출연자 중 연기 합격점 1위를 투표한 결과 아이유가 선정됐다. 아이유는 45%(318명)의 높은 지지율을 보였다.

들국화

2013년 12월 6일 들국화 공식 페이스북을 통해 공개된 컴백 기념 영상 '응답하라 들국화'를 통해 아이유는 응원 메시지를 전했다. 여기에서 아이유는 "신나는 곡, 처절하도록 슬픈 곡, 밝은 곡 등 여러 가지 장르를 소화하면서도 들국화 선배님들은 자신들만의 느낌을 가지고 계시다"며 닮고 싶은 선배 뮤지션이라고 밝혔다. 또한 연습생 시절 처음 접했던 들국화의 음악에 무한 감동을 받았다며 「내가 찾는 아이」와 「사랑한 후에」를 가장 좋아하는 들국화의 곡이라고 했다. 그러곤 "기회가 된다면 「내가 찾는 아이」를 콘서트에서 기타를 치면서 부르고 싶다"고도 말했다.

이후 아이유는 2017년에 발매한 리메이크 앨범 〈꽃갈피 둘〉에서 들국화의 「매일 그대와」를 노래했다.

〈로드 넘버원〉 「여자라서」

G.고릴라 작사, 김희원·신형 작곡.

2010년 6월 23일부터 8월 26일까지 방송된 소지섭·김하늘 주연의 MBC 수목드라마 〈로드 넘버원〉의 OST 「여자라서」를 불렀다. 6·25 전쟁을 배경으로 그 속에서 피어난 세 남녀의 애절한 사랑과 뜨거운 우정을 그렸다. 2010년 7월 14일 발매.

「여자라서」는 드라마의 세 주인공 소지섭, 김하늘, 윤계상의 삼각 러브라인을 한층 살려줄 러브 테마곡.

2010년 7월 14일 아이유 소속사는 "이번 〈로드 넘버원〉 OST를 통해 선보이는 「여자라서」는 아이유가 처음 시도하는 정통 발라드 곡으로 그동안 만나보지 못했던 아이유의 새로운 매력을 접할 수 있을 것"이라고 전했다.

로엔엔터테인먼트

구 서울음반. 1978년 '시사영어사' 자회사로 설립돼 1982년 '서울음반'으로 법인 전환하며 음반 제작 사업을 시작했다.

부활 등 국내 아티스트들의 음반 제작은 물론 해외의 팝·록 라이선스 음반도 병행 제작하며 사세를 확장해갔다. 2000년 회사명을 YBM서울음반으로 변경하고 코스닥에 상장했다. 그리고 경기도 의왕에 있던 서울음반 본사의 일부 부서(A&R 파트 등등)도 SK 사옥이 있는 종로구로 옮겨 업무를 시작했다. 2005년 M&A를 통해 SK그룹 계열사가 됐고, 2008년 사명을 서울음반에서 로엔엔터테인먼트로 개명했다. 이후 2012년 연예 매니지먼트 사업에도 진출했고 2014년엔 K팝 브랜드 '원더케이(1theK)'를 론칭했다.

2016년 1월 카카오가 기존 대주주인 스타인베스트먼트와 SK플래닛이 지닌 지분 76.4%를 1조 8743억 원에 인수함으로써 카카오의 자회사로 편입됐다. 이어 2018년 3월 사명을 카카오M으로 변경했고 동년 9월 ㈜카카오에 흡수합병됐으며, 2021년 3월 카카오페이지와 함께 카카오엔터테인먼트로 흡수 합병됐다.

〈올드보이〉, 〈헤어질 결심〉 등 여러 유명 영화음악에 관여한 조영욱 감독은 경기도 의

왕 시절의 1990년대 서울음반에서 A&R로 근무한 바 있다.

롤모델

2024년 3월 6일 공식 유튜브 채널 '이지금'에서 "태어나서 제일 먼저 만난 세상이기도 한 부모님이 롤모델"이라고 했다. "「Shh...」의 벌스에서 다룬 상대가 바로 우리 엄마"라며 "첫 세상이자 첫사랑, 첫 선생님"이라고 했다.

롱런

2023년 12월 26일 BTS 슈가의 유튜브 채널 '슈취타' EP.24에 출연해 인간 이지은이 이루고 싶은 꿈은 '롱런하는 사람'이라고 했다. "저도 그런 바람을 갖고 있다"며 "지팡이 집고 「마쉬멜로우」를 부를 수 있을까요?"란 슈가의 질문에 "그때 지팡이가 필요 없게끔 해야죠"라고 답했다. 또한 "열여섯 살에 데뷔했을 때의 꿈이 지금도 변함없이 펼쳐지고 있나?"라는 질문에 "그때 꿈꿨던 것들은 진작에 다 이루었다"며 "지금은 커다란 꿈은 없어요. 그냥 오래오래 하고 싶은 정도(롱런)"라고 답했다.

루게릭

에이핑크 멤버 정은지의 지목을 받아 국내 최초 루게릭 요양병원 건립을 위한 캠페인 2018 아이스버킷챌린지에 참여했다. 아이유는 2018년 6월 3일 오후 인스타그램에 아이스버킷챌린지 영상을 올리며 "루게릭병 환우분들과 가족분들, 루게릭 요양병원 건립을 위해 애쓰는 분들에게 조금이라도 도움이 됐으면 좋겠다"며 "이 영상을 보는 분들도 루게릭 요양병원에 많은 관심 가져주길 바란다"고 했다. 아이유는 다음 주자로 배우 강한나, 작사가 김이나, 가수 선우정아를 지목했다.

루시(Lucy)

신예찬(바이올린)·최상엽(보컬)·조원상(베이스)·신광일(드럼) 구성의 4인조 밴드. 미스틱스토리 소속. 2019년 JTBC 〈슈퍼밴드〉에서 결성돼 준우승했다. 〈슈퍼밴드〉 시절 작업실에서 키우던 강아지 이름에서 팀명을 따왔다. 2020년 5월 데뷔 앨범 〈DEAR.〉 발매. 한터뮤직어워즈 2023에서 '페이보릿 밴드 퍼포먼스' 부문 수상.

박보검

2024년 3월 10일 오후 서울 송파구 KSPO 돔에서 열린 〈2024 IU HEREH WORLD TOUR CONCERT IN SEOUL〉에서 아이유는 2부를 마치며 "든든하고 멋진 친구를 모셔 왔는데 가수는 아니다. 그런데 가수만큼 노래를 잘한다. 화면에서 봐도 믿기지 않게 잘생겼지만, 실물로 보면 눈을 비빌 거다. 멋진 고마운 내 친구"라며 박보검을 소개했다.
박보검은 "아이유 씨와는 지난 한 해 드라마 〈폭싹 속았수다〉를 열심히 촬영했다. 드라마 촬영을 하며 월드투어를 준비하는 것까지 옆에서 지켜보면서 참 대단하고 멋지

고 부지런한 친구라는 생각이 들었다"고
말했다.

박보검은 2012년 아이유와 함께 농심 후
루룩칼국수 CF를 찍으며 인연을 맺었고
이후 넷플릭스 드라마 〈폭싹 속았수다〉를
촬영했다.

박형식

가수 겸 배우. 1991년 경기도 용인생.
2010년 1월 15일 스타제국 소속 보이그룹
'제국의아이들'로 데뷔. 영화 〈배심원들〉 및
SBS 〈상류사회〉, KBS2 〈화랑〉, JTBC 〈힘
쎈여자 도봉순〉, tvN 〈청춘월담〉 등등 많은
드라마에 출연했다. 2024년 3월 5일 워너
뮤직코리아는 박형식과 일본 매니지먼트
계약을 체결했다고 밝혔다.

2013년 7월 23일 방송된 SBS 〈화신, 마
음을 지배하는 자〉에 출연한 박형식은 "드
라마 촬영을 앞두고 감정을 잡아야 했는
데 아이유의 「나만 몰랐던 이야기」가 큰 도
움이 됐다. 조용히 듣는데 눈물이 나더라"
라고 말하며 아이유에 대한 애정을 드러냈
다. 또한 서로의 인연을 이야기하던 중 "아
이유와 예전에 비행기에서 만난 적이 있다.
정말 우연히 만났는데 옆자리였다"고 회상
했다. 함께 출연한 황광희는 "그때 아이유
는 신경도 안 쓰고 자던데 박형식은 잠도
못 자고 있었다. 아이유가 박형식에게 사탕
을 하나 줬는데 그걸 녹을까 봐 가지고 있
더라"라고 말했다. 이에 박형식은 "내가 세
상에서 먹어본 사탕 중에 제일 맛있었다"고
말해 출연진을 웃게 만들었다.

반지

1. 아이유는 2018년 〈삐삐〉 앨범 커버와 무
대, 공항 입출국 때마다 은색 반지 하나를
끼고 등장했다. 이 반지는 아이유가 10주
년 팬미팅에서 팬들에게 선물한 '커플링'
으로, 2018년 9월 팬미팅 〈아이유 플러스
(IU+)〉에 온 팬들을 위해 선물을 준비했던
것. 은으로 제작된 이 반지는 아이유와 어
머니가 직접 제작 의뢰한 특별 선물이다.
아이유는 "유애나와 저의 커플링"이라고
반지를 소개했다.

2. 제이에스티나가 참이슬과 협업으로
2023년 '이슬반지'를 선보였다. 제이에스티
나의 컬러인 핑크 스톤과 물방울 모양의 화
이트 스톤이 포인트 세팅된 오픈링으로 누
구나 쉽게 착용할 수 있다. 패션업계(제이에
스티나)와 주류업계(참이슬)의 콜라보라는 점
에서도 화제를 모았다. 2023년 8월 25일
양사의 모델인 아이유가 포즈를 취하고 있
는 티저 영상과 컷이 공개됐다. 제이에스티
나 관계자는 "아이유로 이어진 핑크빛 세
계관으로 또 한 번 기존에 없던 콜라보레이
션을 기획했다"며 "각 브랜드의 아이덴티티
를 트렌디하게 조합한 '핑크이슬' 굿즈와 함
께 다가온 가을 피크닉, 캠핑 시즌에 포토
제닉하고 감성 있는 시간을 즐기기를 바란
다"고 전했다.

「봄 사랑 벚꽃 말고」

아이유 작사, 이종훈·이채규 작곡·편곡.
2014년 4월 8일 발매한 보이그룹 하이포
(High4)와의 듀엣곡.

아이유의 지원사격으로 국내 9개 음악 사이트 실시간 차트 1위 및 〈SBS 인기가요〉 등 지상파 음악 프로그램 정상을 차지했다. 하이포 멤버 김성구와 연습생 시절을 같이 보낸 아이유는 아무런 대가 없이 「봄 사랑 벚꽃 말고」를 함께 불렀을 뿐만 아니라 뮤직비디오에도 출연했다.

〈브로커〉

2022년 6월 8일 개봉한 영화로 일본의 유명 감독 고레에다 히로카즈가 처음으로 한국에서 촬영·연출했다. 음악은 정재일.

늘 빚에 시달리는 세탁소 업자 상현(송강호 분)과 베이비박스 시설에서 일하는 보육원 출신의 동수(강동원 분). 비가 많이 내리는 어느 날 밤, 이들은 베이비박스에 놓인 한 아기를 몰래 데려가지만 이튿날 엄마 소영(이지은 분)이 아기를 찾으러 온다. 아기를 잘 키울 적임자를 찾아주기 위해 아이를 버렸다는 변명이 기가 막히지만 소영은 아이의 새 부모를 찾는 여정에 상현, 동수와 함께하기로 한다. 이 모든 과정을 지켜본 형사 수진(배두나 분)과 후배 이 형사(이주영 분)는 반년째 이어온 수사를 마무리할 수 있는 결정적 증거를 포착하기 위해 이들을 조용히 쫓기 시작한다.

〈브로커〉는 2022년 제75회 칸 영화제의 경쟁 부문에 초청됐고 송강호는 이 작품으로 그해 남우주연상을 수상했다. 한국인 최초, 동양인으로선 세 번째 칸 영화제 남우주연상 수상이다. 송강호 외에 강동원, 배두나, 이지은, 이주영 등이 출연했다.

「Black Out」

「Black Out」은 블랙아웃, 즉 '필름 끊김'을 뜻하는 제목에서 알 수 있듯이 필름이 끊기기 직전 온갖 주정을 부리는 취객의 이야기를 담았다. 그간 아이유가 발표한 많은 노래 중에서 20초 넘게 일렉트릭 기타 솔로(2:26~2:47)를 들을 수 있는 몇 안 되는 곡이기도 하다.

2017년 4월 21일 합정동 신한카드 판스퀘어 홀에서 열린 4집 발표 음감회에서 아이유는 이 곡을 이렇게 소개했다.

"이번 앨범에서 가장 재미있는 곡으로, 술 취한 상태에서 부르는 느낌의 노래다. 술에 취하면 사람이 횡설수설하게 된다. 아예 말도 안 되는 어순으로 말을 한다든지. 일부러 술을 많이 마셔보고 그런 걸 표현하려 했다. 리듬이나 베이스 소스 등 다 독특하다. 그 와중에 기타 솔로는 정말 진지하고 정직하게 독주하는데 그 언밸런스가 재미있다. 다른 곡들과 다르게 더 '생목'으로 노래 같지 않게 부르려고 했다."

「사람 Pt.2」

Agust D·엘 캐피탄 작사·작곡. Agust D·아이유 편곡.

2023년 4월 21일 발매한 BTS(방탄소년단) 슈가의 솔로 앨범 〈D-DAY〉의 선공개 곡. 지나고 나면 부질없어 보이면서도 끊임없이 반복되는 사람 사이의 관계와 감정을 노래했다. 한국 솔로 가수 최초 세계 최대 음원 스트리밍 플랫폼 '스포티파이'에서 1억 스트리밍을 돌파한 곡이기도 하다.

슈가는 2023년 4월 10일 공개된 유튜브 '아이유의 팔레트'에 게스트로 출연해 "「사람 Pt.2」는 원래 내 앨범 수록곡으로 들어가는 거였는데 아이유가 피처링을 하게 돼서 선공개를 하게 됐고 뭘 나가야 할까 하다가 '아이유의 팔레트'를 선택했다. 조회수가 잘 나왔고 다 봤다. 제이홉이 나온 것도 봤다"라고 말했다. 슈가는 아이유와의 작업에 대해 "언택트로만 했다. 녹음도 따로 하지 않았다. 「에잇」도 함께 부르지 않았다. (아이유와) 같이 촬영했던 영상을 보니 내가 어색하게 작업하고 있었다. 이럴 거였으면 따로 녹음할 걸 그랬다"고 말했다.

「사랑을 믿어요」

아이유 · 유승호 · G.고릴라 작사, G.고릴라 작곡 · 편곡. 2010년 8월 2일 발매.
아이유와 유승호의 듀엣곡으로 KBS 1TV 〈사랑의 리퀘스트〉 600회 특집 '희망로드 대장정' 유승호 편에서 처음 공개됐다. 디지털 싱글로 발매된 음원 수익금은 모두 스리랑카의 어려운 아이들을 위해 사용된다고 했다.

〈사랑의 불시착〉

2019년 12월 14일부터 2020년 2월 16일까지 방영한 현빈 · 손예진 주연의 tvN 토일 드라마.
아이유는 11번째로 삽입된 OST 「마음을 불러요」를 가창했다. 2020년 2월 15일 발매.
13회에서 리정혁(현빈 분)이 윤세리(손예진

분)에게 반지를 건네며 사랑을 약속하는 장면에서 처음 흘러나왔다. 4분의 3박자, 템포 84BPM, A♭ 메이저 조성으로 메이저 다이아토닉 스케일 중심으로 진행되는 감동적인 발라드다.
「사랑의 불시착」 남혜승 음악감독은 "가장 설레고 아름다운 순간에 눈물 나는 뭉클함을 느낄 수 있는 노래를 만들기 위해 고심했다"고 곡 탄생 배경을 설명했다.

「사랑한 후에」

2013년 12월 6일 들국화 페이스북을 통해 공개된 컴백 기념 영상 '응답하라 들국화'에서 아이유는 "들국화의 「사랑한 후에」를 가장 좋아한다"며 "이 곡은 너무 슬프고, 처음 듣자마자 너무 좋았다"며 들국화 음악 예찬과 응원 메시지를 전했다.

샤넌

샤넌 아름 윌리엄스 리즈(Shannon Arrum Williams Lees). 1998년 영국 런던생.
2010년 SBS 〈스타킹〉에 출연해 화제를 모았고, 코아콘텐츠미디어 소속 걸그룹 '파이브돌스' 멤버로도 활동했다.
2013년 11월 23일 방송된 JTBC 〈히든싱어2〉 아이유 편에 출연해 준우승을 차지했다. 샤넌은 2라운드 곡으로 선정된 「좋은 날」의 3단 고음을 완벽히 재현해 많은 박수갈채를 받았다. 이날 방송에서 아이유를 만난 샤넌은 "가수가 되고 싶다"며 "(특히) 아이유처럼 되고 싶다"고 말했다. 이에 아이유는 "자신을 모창하느라 원래 실력을 숨기고 있다"며 샤넌의 노래 실력을 칭찬했다. 녹화 당시 샤넌은 아이유에게 바라는 점이 뭐냐는 질문에 "콘서트에 가고 싶다"고 했고 아이유는 이후 자신의 콘서트에 샤넌을 초대해 약속을 지켰다.

2015년 첫 미니앨범 〈Eighteen〉을 발매했고 음악 활동 외에 KBS 2TV 월화 드라마 〈무림학교〉를 비롯해 뮤지컬, CF, 잡지 화보 촬영 등 다방면에서 활약하며 인기를 이어갔다.

〈새미의 어드벤처 2〉

2012년 개봉한 벨기에 애니메이션 영화(감독 벤 스테이센)로 아이유는 깜찍 발랄 사랑스러운 개구쟁이 꼬마 바다거북이 '엘라' 역의 목소리를 맡았다.

샘김 「When You Fall」

아이유·샘김 작사, 샘김·CHAI 작곡, 샘김·홍소진·적재 편곡.

2018년 12월 3일 발매한 샘김의 윈터 스페셜 싱글. 샘김과 아이유가 아름답던 지난날을 회상하는 남녀 파트를 나눠 노랫말을 썼다.

서현

소녀시대 서현은 아이유와 함께 SBS 드라마 〈달의 연인 – 보보경심 려〉에 출연했다. 이후 서현은 2020년 4월 8일 소속사 '나무 엑터스 공식 유튜브 채널'을 통해 아이유의 「블루밍」을 커버한 영상을 올려 화제를 모았다. 서현은 반려견 뽀뽀를 안고 「블루밍」

을 노래했는데, 영상을 본 팬들은 "음색이 너무 좋다"는 반응을 보였다.

〈선덕여왕〉 「아라로」, 「바람꽃」

2009년 5월 25일부터 12월 22일까지 방영한 MBC 창사 48주년 특별 기획 드라마 〈선덕여왕〉의 OST 「아라로」(정영 작사, 이시우 작곡)와 「바람꽃」(정영 작사, 김형준 작곡)을 노래했다. 「아라로」는 '바다로'라는 고어로 천년을 이어온 신라의 염원이 이루어지길 바라는 애타는 마음을 표현한 곡. 2009년 9월 14일 발매.

2009년 12월 5일 경주 실내체육관에서 열린 〈선덕여왕〉 OST 콘서트에 드라마 출연진인 이요원, 전노민을 비롯해 OST를 부른 아이유도 참석해 자리를 빛냈다.

손편지

아이유는 손편지 쓰는 걸 좋아한다. 고마움을 나타낼 때나 그 외 자신의 느낌이나 생각을 직접 손으로 쓴 편지를 보내는 걸 선호한다. 콜라보를 원할 때 상대 스타에게 정중하게 진심을 담은 손편지를 보내는 것으로도 유명하다. 탕웨이에게 「Shh..」 뮤직비디오 출연 요청을 할 때에도 손편지를 사용했다.

아이유는 또한 밴드 멤버들과 댄서 등 동료들에게도 손편지 쓰길 좋아한다. 2018년 10주년 콘서트 때엔 자신이 직접 만든 책자를 밴드 멤버들과 댄서들에게 선물했다. 수백 페이지로 구성된 이 책자는 밴드 페이지와 댄스 페이지로 나눠 그간의 공연 장면들을 꼼꼼하게 사진에 담은 진귀한 기록이었다. 여기에 멤버들 각자에게 자필 편지를 담아서 일일이 고마움을 표시했다. 아이유밴드 드러머 김승호에겐 "승호 오빠, 항상 신나게 연주해주셔서 감사해요"라는 문구를 손편지에 담았다.

송승헌

2014년 5월 9일 방송된 JTBC 〈마녀사냥〉에 출연한 배우 송승헌은 "요즘 내가 푹 빠진 노래가 있다. 여가수 노래인데 운동할 때 틀어놓으면 한 시간 동안 그 노래만 듣고 있는 거다. 나중엔 그 노래만 너무 들어서 그 노래에 대답을 하고 있었다. 「금요일에 만나요」라는 곡이었다. 나중에 노래를 누가 불렀는지 찾아봤는데 아이유였다. 아이유 씨가 이렇게 노래를 잘하는구나 싶었다. 난 이제서야 아이유 씨에 대해 관심이 생겼다"고 말했다.

슈취타

BTS 슈가가 진행하는 유튜브 토크쇼. '슈가+대취타'의 합성어이자 '슈가와 취하는 타임'의 줄임말. 게스트가 준비해온 술을 함께 나눠 마시며 이야기하는 형태로 꾸며진다.

2022년 12월 5일 전통주인 '문배주'와 싱글몰트 위스키 '카발란 솔리스트'를 갖고 온 RM과의 첫 방송을 시작으로 럭셔리 화이트 와인 '르로이 브루고뉴블랑'을 갖고 온 신동엽, 그리고 태양, 호시, 타블로, 이성민, 지민, 연준·태현, 어거스트 D, 우지, 이

나영, 진, 조세호, 제이홉, 정국, 황민현, 이강인, 뷔, 김종완, 태민, 정국, 엄정화, 김남길, 그리고 아이유 등이 출연했다. 술과 함께하는 원래 토크의 취지와는 달리 당시 태양은 술을 마시지 않는다고 하며 수정과와 식혜를 갖고 왔고 아이유는 미숫가루와 복숭아청으로 대신하기도.

아이유가 출연한 2023년 12월 26일 EP.24에서 슈가는 방송 시작과 함께 "음악 얘기 하는 걸 좋아하는 사람으로서 음악으로 교류하고 같이 작업할 수 있는 사람과 시간을 보내면 굉장히 기분이 좋은데, 오늘 제가 좋아하는 무드가 나올 것 같습니다"라고 운을 뗀 뒤 "게스트 이름 아이유. 직업 베스트셀러이자 스테디셀러. 진작 나오려고 했는데 천만 안 됐다고 진짜 안 불러주는 건가 싶어 예약 남겨봅니다"라고 소개했다.

〈아무도 없는 곳〉

2021년 3월 31일 개봉한 독립영화로 감독은 김종관이다. 연우진(창석 역), 김상호(성하 역), 이지은(미영 역), 문숙(창석 모), 이주영(주은 역), 윤혜리(유진 역) 출연.

아이유가 〈페르소나〉에 이어 김종관 감독과 두 번째로 호흡을 맞춘 작품으로 2019년 제20회 전주국제영화제에 출품됐다.

〈아이랜드〉 시그널송 「Into the I-LAND」

Wonderkid·Melanie Joy Fontana·Michel 'Lindgren' Schulz·방

시혁 · danke(lalala studio) · 이스란 · 탐쏜
(TOMSSON) · 송재경 작사 · 작곡.

CJ ENM과 하이브가 합작하고 엠넷에서
방송한 오디션 프로그램 시그널송.
아이유가 부른 〈아이랜드(I-LAND)〉의 첫 번
째 시그널송 「Into the I-LAND」는 2020년
6월 19일 오후 6시 모든 음원 사이트를 통
해 발매됐다. 「Into the I-LAND」는 빅히트
엔터테인먼트 의장이자 〈아이랜드〉의 총괄
프로듀서 방시혁과 아이유의 협업으로 화
제를 모았다. 지원자들이 〈아이랜드〉를 처
음 접하며 느낀 설렘과 긴장, 경쟁보단 서
로 연대하며 함께 성장하자는 '아이랜드'의
메시지를 담았다.
〈아이랜드〉는 6월 26일 오후 11시 엠넷과
tvN 동시 편성으로 첫 방송해 9월 18일
종방했다. 이어 2024년 4월 18일(목) 오후
8시 50분 〈아이랜드2〉가 론칭했다.

아이유

1. 이지은의 예명 '아이유'는 '너와 내가 음
악으로 하나가 된다'라는 뜻. 유명 작사가
이자 현 '플렉스엠' 엔터테인먼트 대표인
최갑원이 작명했다. 당시 로엔 제작사업
부 그룹장이던 최갑원은 이지은이란 본명
이 흔한 이름이라 예명이 필요하다고 느꼈
다. 가수, 탤런트, 기업인 등 인물 검색에만
100명이 넘을 정도로 동명이인이 많은 게
사실이다. "발음하기 편한 이름을 찾던 중
아이유라고 짓게 됐죠. 'ㅇ'만 들어가고 받
침이 없는 이름이 좋을 것 같아 고민하다가
아이유로 작명했습니다. 지은이의 데뷔앨

범을 제작하는 과정에서 그렇게 지었어요.
아이유란 이름은 전 세계 유일무이할 뿐
아니라 처음 들어도 깊은 인상을 줄 수 있
는 이름입니다"라고 필자와의 인터뷰에서
밝혔다.
2. 프랑스 출신의 세계적인 축구선수 조던
피에르 아유(Jordan Pierre Ayew)를 일부에
선 '아이유'라고 표기하기도 하는데, 이건
정확한 발음이 아니다. 그의 이름 'Ayew'는
아이유보다 '아유' 또는 '아예우'로 발음하
는 게 맞다. 프랑스에선 '아유우'에 가깝게
발음하고 있다.

아이유 3대 베스트 송

2023년 12월 26일 BTS 슈가가 진행하는
유튜브 채널 '슈취타' EP.24에 출연해 그간
자신이 쓴 곡 중에서도 특별히 애정이 가
는 베스트로 3곡을 꼽았다.
"내가 죽었을 때, 즉 자연사했을 때, 무병
장수해서 잘살다 죽었을 때 후일 아이유
의 대표곡으로 나왔으면 좋을 곡은 「마음」,
「무릎」, 「밤편지」 세 곡입니다."

아이유 갤러리

2009년 5월 4일에 개설된 디시인사이드의
아이유 팬 커뮤니티로 '봉갤'이라고도 불린
다. KBS2 드라마 〈최고다 이순신〉이 방영
될 때엔 갤러리 게시판이 뜨거울 만큼 높
은 관심을 끌기도 했다. 초기 아이유의 팬
덤을 견인하는 데 중요한 역할을 했고 영향
력은 현재까지 이어지고 있다. 「Love wins
all」을 비롯해 아이유 관련 소위 각종 '개념

글'도 가장 발 빠르게 올리고 있다. 2024년 3월 1일 현재 734만 6842건이나 되는 게시글이 올라와 있는데 이것은 아이돌그룹이 아닌 솔로 가수로선 그 어떤 팬 커뮤니티보다 회원 참여도가 활발하다는 걸 보여주는 수치이기도 하다.

아이유 달력

1. 아이유가 광고 모델로 활동하고 있는 우리은행에서 무료로 배포한 2023 아이유 달력은 품귀 현상을 일으킬 만큼 폭발적 인기를 얻었다. 아이유 사진이 들어간 이 달력은 '당근마켓'이나 '중고나라' 등 온라인 중고거래 플랫폼에선 5000만 원에서 1만 원 또는 그 이상의 중고 시세가 형성되기도 했다. '아이유 탁상 달력 1만 원에 팔아요' '미개봉 아이유 달력, 1개에 만 원, 2개 묶음 1만 8000원에 팔아요' 등 다양한 판매글이 올라왔다. 《서울경제》는 2023년 1월 12일 자 기사에서 이렇게 썼다.

"우리은행은 아이유 달력에 대한 수요가 높을 것으로 예상돼 지난해보다 제작 수량을 40%가량 늘렸지만 재고가 없어서 못 줄 정도라는 분위기라고 한다. 우리은행 관계자는 '지난해 약 44만 개의 탁상형 달력을 제작했다가 올해는 63만 개로 늘렸다'면서 '그럼에도 일부 거래처에서 아이유 달력을 추가로 더 받을 수 있냐는 문의가 올 정도라고 말했다."

도미노피자가 브랜드 전속 모델 아이유 달력을 증정하는 행사를 연다.

2. 아이유가 광고 모델로 활동 중인 도미노피자는 2023년 12월 17일부터 2024년 1월 15일까지 모든 피자(라지 사이즈) 메뉴를 2회 이상 구매한 온라인 회원을 대상으로 선착순 1만 명에게 아이유 탁상용 달력과 브로마이드형 달력 총 2개를 지급하는 이벤트를 진행했다.

아이유 인생곡

2021년 4월 9일 방송된 JTBC 〈유명가수전〉에서 아이유는 자신의 인생곡으로 「좋은 날」, 「밤편지」, 「무릎」, 「미아」, 「Love poem」을 꼽았다.

아이유의 팔레트

아이유는 2020년 9월부터 유튜브 채널 '이지금 [IU Official]'의 코너 중 하나인 '아이유의 팔레트' 토크쇼를 진행하고 있다. 게스트로 출연하는 선후배 가수·배우들은 아이유의 추천으로 출연하는 게 대부분이다. 하지만 워낙 많은 사람이 보는 코너인 만큼 출연하고 싶어 하는 연예인들도 많다고 한다.

아이크

응원봉 이름으로 '아이크'란 명칭은 아이유가 직접 지었다. 일반적인 응원봉은 흰색이지만 공식 팬클럽 플러스 회원은 은색이다. 2017년 콘서트 〈팔레트〉에서 「이름에게」 이벤트에 당첨된 이들에겐 아이유의 커스텀 마이크와 색깔이 같은 한정판 보라색 응원봉을 줬다.

아티스트 우선주의

아이유는 함께 활동하는 멤버들을 먼저 배려하는, 철저한 '아티스트 퍼스트' 마인드의 소유자다. 대표적인 일화가 있다.

아이유밴드 드러머 김승호는 2015년 후반부터 아이유와 함께하고 있지만 지코, 크러쉬 공연 드러머로도 활동하다 보니 각 아티스트 스케줄로 인한 해프닝이 벌어지기도 했다. 2018년 체조경기장에서 아이유와 크러쉬 공연이 같은 날 잡혀버린 것이다. 해당 아티스트의 드러머로 활동 중인 김승호로선 몸을 두 개로 쪼개지 않으면 안 될 상황이었다. 각 소속사 관계자끼리 일정 조율을 위해 고심했고, 이때 아이유는 "김승호가 빠진 채 아이유밴드 공연을 하는 건 의미가 없다"며 크러쉬 측에 양보하고 자신의 공연 스케줄을 바꾸었다.

국내에서 가장 핫한 최정상 중의 '최정상' 아티스트 아이유가 자신의 밴드 드러머 스케줄에 공연을 맞추면서까지 그와 함께하려 했다는 건 그만큼 자신과 함께하는 멤버에 대한 신뢰와 존경, 애정을 보여주는 비하인드스토리로 세계 대중음악사에서 쉽게 유례를 찾기 힘든 사례다.

「애타는 마음」

최갑원 작사, 김도훈·PJ 작곡·편곡.
아이유와 울랄라세션이 호흡을 맞춘 곡. 최갑원 프로듀서의 '더 리릭스 프로젝트' 일환으로 2014년 6월 30일 발매됐다.
원래 2012년 겨울에 녹음이 끝나고 2013년에 발표할 예정이었으나 울랄라세션의 리더 임윤택이 사망하면서 잠정 연기됐다. 발매 후 여러 음원차트 1위에 오를 만큼 뜨거운 반응을 얻었다.

에이티즈

1. KQ엔터테인먼트 소속의 8인조 보이그룹 에이티즈(ATEEZ)는 아이유와 관계가 깊다. 최근 결성된 에이티즈 투어 밴드 라인업은 구본암(베이스), 권한얼(기타), 김승호(드럼), 윤준현(피아노) 4인 구성으로, 밴드마스터 구본암은 최인성을 대신해 아이유밴드 공연에서 몇 차례 세션 베이스를 맡았다. 드러머 김승호는 현 아이유밴드 멤버이며, 윤준현은 적재(전 아이유밴드 기타리스트로)와 함께 연주했다. 구본암–김승호–윤준현 세 명은 네이버 NOW '적재의 야간작업실'에서 호흡을 맞추며 남다른 우애를 과시한 바 있다. 권한얼은 남매 듀오 '악뮤' 투어 밴드 멤버 및 다양한 세션 활동을 하고 있는 기타리스트다. 이 밴드 라인업으로 에이티즈의 2024년 4월 '코첼라' 페스티벌과 6월 모로코 '마와진' 페스티벌 무대를 꾸몄다. 일정상 김승호는 함께하지 못해 '코첼라'는 임채광, '마와진'은 이승주가 드럼 세션을 맡았다.

2. 에이티즈의 메인보컬 종호는 2021년 9월 13일 온라인으로 생중계된 미니 7집 〈ZERO : FEVER Part.3〉 발매 기념 공연에서 함께 작업해보고 싶은 가수로 아이유와 브루노 마스를 꼽았다. 메인 댄서 겸 리드보컬 산은 종호와 함께 2024년 4월 18일 밴드 공식 유튜브 채널을 통해 아이

유의 「이름에게」 커버 영상을 공개했다.

에테르(ETER) 컬렉션

아이유가 모델로 활동하고 있는 '제이에스티나'의 주얼리 컬렉션.
무한대를 상징하는 인피니티 모티브에 제이에스티나의 J를 포인트로 했다. 아이유가 선택한 '에테르 하트(ETER HEART)' 주얼리는 에테르 모티브와 사랑의 상징 하트를 조합해 '영원한 사랑'이라는 로맨틱한 의미를 담았다.

언주중학교

아이유 모교. 서울시 강남구 삼성2동에 위치한 강남 8학군 공립중학교로 1981년 개교했다. 배우 고 김주혁을 비롯해 전지현, 임성민, 옥주현, NCT 마크, 최현석(트레저) 등 꽤 많은 연예인을 배출한 곳이다.

「연애소설」

타블로·미쓰라진 작사, 타블로·DJ 투컷 작곡.
에픽하이가 2017년 10월 23일 발매한 정규 9집 〈We've done something wonderful〉의 더블 타이틀곡.
이별 후 지우고 싶은 기억들과 추억들로 인해 힘들어하는 이들을 위한 곡이다. 아이유 피처링. 「연애소설」은 발매 4일째 음원차트를 올킬했다. 26일 오전 9시 기준 음원 사이트 멜론, 벅스, 지니, 소리바다, 네이버뮤직, 엠넷뮤직, 올레뮤직, 몽키3 등 8곳 실시간 차트 1위를 유지했다.

영화 출연

〈초대받지 못한 손님〉(2011), 〈새미의 어드벤쳐 2〉(2012), 〈페르소나〉(2019), 〈아무도 없는 곳〉(2021), 〈브로커〉(2022), 〈드림〉(2023) 등의 영화에 출연했다.

〈예쁜 남자〉

KBS 2TV가 2013년 11월 20일부터 2014년 1월 9일까지 방영한 16부작 수목 드라마.
국보급 비주얼과 마성의 '예쁜 남자' 독고마테가 대한민국 상위 1% 성공녀 10인방의 여심을 훔치면서 얻은 노하우를 통해 진정한 '예쁜 남자'로 성장해가는 이야기다. 천계영의 만화 『예쁜 남자』가 원작으로 이재상·정정화 연출, 극본은 유영아가 맡았다. 장근석(독고마테 역), 아이유(김보통 역), 이장우(최다비드 역), 한채영(홍유라 역) 주연.
시청률(닐슨코리아 기준)은 1회 6.3%로 출발해 7회 땐 2.9% 최저치, 마지막회인 16회는 3.8%를 기록했다.

왈가닥

2023년 12월 26일 BTS 슈가가 진행하는 유튜브 채널 '슈취타' EP.24에 출연해 "초등학교땐 왈가닥"이었다고 밝혔다. 이어서 "중학교 때부터 성격이 바뀌었다. 초교 후반에 가세가 기울며 거의 매년 전학을 다녀야 했다. 중학교도 세 군데나 다녔다. 광진중, 신곡중, 언주중"이라고 시간이 지나며 성격이 변하던 모습을 떠올렸다.

〈외인구단〉「그러는 그대는」

조현주 작사, 이영준 작곡.

2009년 6월 2일 발매. MBC가 2009년 5월 2일부터 6월 21일까지 방영한 윤태영·김민정 주연 토일 드라마 〈2009 외인구단〉 OST 「그러는 그대는」을 불렀다.

보도자료를 통해 아이유는 "평소 OST 장르에 매력을 느껴 꼭 한번 참여해보고 싶었는데 이렇게 좋은 드라마의 OST에 참여하게 돼 정말 기쁘다"며 "〈외인구단〉의 애틋한 러브스토리에 곡이 힘을 실어줬으면 좋겠다"고 소감을 전했다.

「월화수목 금토일(feat. 아이유)」

수호·김태우 작사, 이현승 작곡·편곡.

수호(배수호)가 2009년 7월 16일 발매한 미니 2집 〈DayZ〉의 타이틀곡. 수호는 앨범 판매수익금 전액을 기부한다고 밝혀 화제를 모으기도 했다.

유애나(UAENA)

아이유 공식 팬클럽. 공식 색상은 네온 옐로. 로고는 하트와 음표가 합쳐진 모양으로 아이유가 직접 제작했다. 2009년 6월에 개설된 다음 팬카페 명칭이었다가 2017년 공식 팬클럽이 개설됨과 동시에 팬클럽명을 '유애나'로 정했다. 초등학생부터 중장년층에 이르는 다양한 연령층이 특징. 초기엔 남자 팬이 많았으나 시간이 가며 여성 팬도 늘어났고 현재엔 남녀 모두 50:50 고른 비중을 보이고 있다.

2023년 2월 13일부터 26일까지 아이유 공식 팬클럽 유애나 6기를 모집했다. 5월 15일 아이유는 생일 기념 보이스 라이브를 통해 유애나(아이유 팬덤) 6기 가입자 수가 7만 4600여 명이라고 밝혔는데, 이는 팬클럽 창단 이래 가장 많은 회원 수 모집 기록이다. 2017년부터 공식 팬클럽을 모집하기 시작했는데, 2017년 모집된 유애나 1기는 약 1만 명 규모였다. 이후 2018년 유애나 2기는 1만 8600명, 2019년 모집한 3기는 3만 명을 넘어섰다. 2020년 4기는 5만 명, 2022년 모집한 5기는 약 4만 5400명이었다.

유인나

아이유 절친. 2010년 SBS 〈영웅호걸〉에 함께 출연하면서 친해졌다.

두 사람은 성격이나 취미 등이 딱 맞아서 유인나가 자신의 소울메이트라고 했으며, 아이유에게 '산신령', '애늙은이'란 별명을 지어주기도 했다. 둘이 너무 친해 '아이유인나'란 별명까지 생겼다. 본격적으로 둘의 친분이 알려지게 된 건 유인나가 KBS Cool FM 〈볼륨을 높여요〉 라디오 DJ를 할 때부터다. 아이유가 여러 차례 출연하며 화제성 높은 에피소드를 만들었다. 현대자동차 i30 광고도 함께 촬영했다.

〈REAL FANTASY〉 전국투어 콘서트 중이던 2012년 6월 30일 경기도 문화의전당 공연에선 "제 공연엔 원래 여자 게스트가 없는데 오늘은 정말 예쁜 여자분이 와 계시네요"라며 유인나를 소개했다. 그리고 유인나를 무대 위로 올려 깜짝쇼를 연출하기도 했다.

이담(EDAM)엔터테인먼트

데뷔 때부터 아이유와 함께한 배종한 대표와 카카오엔터테인먼트가 2019년 12월 10일 공동 설립한 연예기획사.

아이유는 2020년 1월 6일 보도자료를 통해 "2008년 데뷔 때부터 함께해온 배종한 대표가 새로 설립한 이담엔터테인먼트와 전속 계약을 맺었다"고 밝혔다.

이담엔터 설립 전 아이유는 로엔엔터테인먼트와 카카오M의 직속 가수로, 카카오의 내부 조직 정리가 시작되면서 아이유의 모든 것을 전담하기 위해 물적 분할과 함께 만들어진 소속사다. 카카오엔터테인먼트는 재무적 측면에서만 관리·감독을 하고, 아이유에 대한 매니지먼트는 이담엔터테인먼트에서 전담하는 방식으로 운영된다. 사명인 'EDAM'은 'MADE' 알파벳을 뒤집은 것으로, 통념을 뒤집고 시대를 뛰어넘는 '다음(이담)'을 만들자(MADE)는 의미가 내포됐다. 설립 초기엔 아이유 전속 매니지먼트를 위한 1인 기획사였지만 2021년 7월 5일 배우 신세경이 합류했고 이어 2022년 10월 25일엔 가수 WOODZ가 이담엔터테인먼트로 이적하며 소속 연예인은 3명으로 늘었다. 이후 2024년 7월 4일 신세경과의 전속 계약이 종료되며 현재 소속 아티스트는 2명이다.

이지금

2017년 2월 13일 개설된 아이유의 공식 유튜브 채널로 아이유 소속사 EDAM엔터테인먼트가 관리하고 있다. 2024년 3월 31일 기준 구독자 953만 명, 누적 조회수 26억 9800회를 기록 중이다.

채널명 '이지금'은 아이유의 별명 중 하나로, 유튜버 아이유를 지칭하는 일종의 부캐이기도 하다. 실제로 IU TV에서 아이유는 자신을 '이지금'이라고 지칭하기도 한다. 개설 초기인 2018년 11월 5일경엔 50만 명이었지만 2019년 5월 26일 100만을 돌파해 2019년 12월 5일 200만, 2020년 5월 6일 300만에 이어 8월 9일 400만, 2021년 1월 3일 500만 및 5월 4일 600만, 10월 30일 700만에 이어 2022년 8월 5일 800만을 돌파했다. 불과 몇 개월마다 100만 명대 구독자가 폭발적으로 증가하고 있는 것이다.

「작은 방(feat. 아이유)」

김영우 작사·작곡. 코로나로 힘겹게 살아가고 있는 많은 사람에게 위로를 전하는 곡으로 스윗소로우가 2020년 10월 29일 발매했다.

스윗소로우는 2022년 3월 3일 방송된 SBS 파워FM 〈김영철의 파워FM〉에 출연해 '스윗소로우의 텐텐클럽'을 진행하던 시절 아이유가 게스트로 나왔던 때를 언급하며 "아이유 씨가 저희를 굉장히 좋아해 줬다. 왁자지껄한 분위기도 좋아했고, 김영우 군이 피아노도 잘 치니까 노래 코너에서 뭘 하든 좋아했다"고 말했다. 김영우는 "그때(방송 나왔을 당시) 제가 다음 달에 결혼을 했는데, 아이유 씨가 결혼식에 못 오는데 축하해준다고 깜짝 등장한 적이 있다"고 했다.

스윗소로우는 아이유와의 콜라보 음원 「작은 방」에 대해 "아이유 씨가 꼭 같이했으면 생각을 하고 곡을 썼고, 아이유 씨에게 부탁을 했는데 시원하게 오케이를 했다"고 밝혔다.

「잔소리(with 2AM 슬옹)」

김이나 작사, 이민수 작곡·편곡.

2010년 6월 3일 발매. 연인에게 보내는 사랑스러운 잔소리를 노래했다. 아이유의 남자친구가 되어줄 주인공을 찾던 중 스태프들의 강력 추천으로 2AM의 슬옹이 선택됐다고 한다. 2021년 4월 9일 방송된 JTBC 〈유명가수전〉에서 아이유는 "아버지가 선구안이 있으시다. 「잔소리」의 경우 데모 버전을 듣자마자 히트 예감을 하셨다"고 밝혔다.

세븐(7) 코드 계열이 세련되고 상큼하게 진행되고 있는 곡으로, 10대 시절 아이유의 발랄함이 잘 묻어나 있다.

장필순

싱어송라이터. 1963년 서울생. 서울예대 졸업.

평소 장필순에 대한 존경심을 드러낸 바 있다. 2017년 7월 16일 방송된 JTBC 〈효리네 민박〉에서 아이유는 이효리의 소개로 장필순을 만났다. 아이유는 "제주도 내려오기 전에 선배님 음악 계속 들었다. 우리

집 거실에 선배님 LP가 있다. 정말 팬이다"라고 말했다. 앞서 이효리는 설거지를 하고 있는 아이유에게 "필순 언니네 놀러 왔다가 이상순과 눈 맞아서 결혼했다. (장필순) 언니와 이웃사촌"이라며 "5분 거리에 있는데 놀러 가자"며 아이유를 데리고 갔다. 장필순을 본 아이유는 "가장 존경하는 선배님이다. '한번 봤으면 좋겠다'라고 생각했다"고 속내를 밝히기도 했다.

2014년 제주 어쿠스틱 페스티벌로 꾸며진 KBS 2TV 〈유희열의 스케치북〉에서 장필순과 함께 무대에 오르기도 했다. 이 무대에서 장필순은 "아이유의 곡 중에서 「이런 엔딩」을 가장 좋아한다"고 말했다.

전소현

2014년부터 아이유 공연팀 코러스로 함께하고 있는 가수.

아이유는 2024년 2월 3일 전소현 결혼식에 참석해 축가로 「너의 의미」를 부르며 10년 우정을 더욱 빛내주기도 했다.

정승환 「눈사람」

아이유 작사, 제휘 작곡·편곡.

정승환이 2018년 2월 19일 발매한 첫 정규앨범 〈그리고 봄〉의 수록곡으로 2월 6일 선공개됐다. 떠나가는 연인을 바라보는 이의 모습을 눈사람에 비유한 아이유의 가사가 감동을 더했으며, 아이유는 「눈사람」 발매 직후 자신의 인스타그램에 정승환과 이 곡을 응원하는 글을 올렸다.

정승환 「십이월 이십오일의 고백」

아이유 작사, 제휘 작곡, 제휘·서동환 편곡.

2019년 12월 5일 발매된 정승환의 디지털 싱글. 발매 다음 날인 6일 오전 9시 기준 멜론, 지니, 벅스, 바이브(네이버뮤직), 올레뮤직, 소리바다 등 각종 주요 음원 사이트 실시간 차트 1위에 올랐다.

정승환 「러브레터」

아이유 작사·작곡, 서동환·곽진언·아이유 편곡.

2021년 5월 26일 발매된 정승환의 미니 3집 〈다섯 마디〉 수록곡.

아이유가 작사와 작곡까지 한 곡을 다른 가수에게 준 것은 이게 처음이다. 동년 12월에 발매된 아이유의 스페셜 미니앨범 〈조각집〉에 아이유 버전 음원이 실려 있기도 하다.

제아 「Greedyy」

아이유·문별 작사, Ra.D·이선민·유웅렬·박상민·박태원 작곡, Ra.D 편곡.

2020년 6월 12일 발매된 브라운아이드걸스 제아의 디지털 싱글. 타인의 시선을 의식하지 않고, 당당한 모습을 드러내길 바라는 마음을 담았다.

2020년 6월 12일 방송된 MBC FM4U 〈정오의 희망곡 김신영입니다〉에 출연한 제아는 "'그리디(Greedyy)'가 '탐욕스런'이란 뜻인데, 욕심을 내보자는 뜻을 담았다. 작사를 아이유가 해줬고, 문별이 피처링해줬다. 회식 때 이런 곡을 하겠다고 콘셉트를 흘

렸는데 아이유가 다음 날 바로 가사를 써서 주더라"라며 고마움을 표했다.

제휘 「Dear Moon」

아이유 작사, 제휘 작곡·편곡.

2018년 4월 12일 발매된 tvN 드라마 〈나의 아저씨〉에 삽입. 17세에 작곡가로 데뷔한 제휘가 처음으로 직접 노래했다.

가수 최성수와의 인터뷰에서 그의 최애곡 중 하나가 이 곡이란 걸 알았다. 최성수는 필자에게 이렇게 말했다.

"아이유의 곡 중에서 내가 가장 좋아하는 노래 중 하나다. 〈나의 아저씨〉 OST는 아이유의 연기도 진심을 다했음은 물론 삽입곡도 드라마에 잘 맞게 부르고 있어 개인적으로 너무 인상 깊게 들었다."

조엘 페를리나(JOELLE PERLINA)

아이유(IU)의 알파벳 U를 모티브로 한 디자인을 기반으로 맑고 순수한 진주와 러블리한 핑크 스톤이 어우러져 그녀만의 사랑스러운 분위기를 표현한 제이에스티나의 주얼리 컬렉션. 아이유가 공식석상에서 착용하기 시작하며 화제를 모았다.

조여정

영화배우. 2011년 4월 7일 자신의 트위터에 "개인적으로 아이유의 빅팬으로서 「좋은 날」 한번 부르고 싶었다...ㅋㅋ"이란 글과 함께 패션에서 휴대폰까지 모두 분홍색으로 맞춘 한 장의 사진을 게재했다. 며칠 후 이 바람은 현실화됐다.

2011년 4월 15일 방송된 KBS 2FM 〈옥주현의 가요광장〉에 게스트로 출연한 조여정은 옥주현의 제안으로 즉석에서 자신이 좋아하는 아이유의 「좋은 날」을 노래했다. 방송 측은 조여정 몰래 아이유와 전화 연결을 해놓고 있다가 노래가 끝나자마자 아이유에게 평을 해달라고 주문했다. 아이유는 "제 점수는요. 10점 만점에 10점"이라며 조여정의 노래 솜씨를 극찬했다.

「첫사랑이죠」

심현보·김윤희 작사, 심현보 작곡, 박민서 편곡. 2010년 1월 12일 발매한 나윤권과의 듀엣.
SBS 파워FM 〈정지영의 스위트 뮤직박스〉가 2009년 여름부터 청취자들과 '작사가 되기' 프로젝트를 시도해 곡을 응모받아 500여 건의 청취자 가사 중 김윤희의 「첫사랑이죠」를 가사로 채택해 완성했다. 나윤권X아이유 듀엣 「첫사랑이죠」는 음원 수익 전액을 기부해 참여한 작곡가와 가수 모두 특별한 프로젝트에 의미를 더한 바 있다. 〈스위트 뮤직박스〉는 1999년 9월 13일부터 현재까지 매일 밤 자정부터 새벽 2시까지 방송되는 심야 프로그램으로 현재 박은경 아나운서가 진행하고 있다.

체리비(Cherry B) 「그의 그대」

아이유 작사, 이종훈·체리비 작곡.
17세 고등학생 신인가수 체리비의 데뷔곡으로 2017년 11월 29일 발매. 아이유가 처음으로 다른 가수의 곡을 작사해 화제를 모았다.

〈초대받지 못한 손님〉

초대장을 받고 찾아간 저택에서 벌어지는 기묘한 이야기를 그린 공포·스릴러 단편영화로 나르샤가 감독을 맡았다. 아이유·유인나 외에 나르샤, 노사연, 신봉선, 니콜, 이휘재 등이 출연했다. 2011년 olleh 국제 스마트폰영화제에 출품돼 스페셜 스마트상을 수상했다.

〈최고다 이순신〉

KBS 2TV가 2013년 3월 9일부터 8월 25일까지 방영한 50부작 토일 드라마.
아버지의 죽음을 계기로 뜻하지 않은 운명의 소용돌이에 휩쓸리게 된 엄마와 막내딸의 행복 찾기와 그녀의 사랑 이야기를 그렸으며 윤성식 연출, 극본은 정유경이 맡았다. 아이유(이순신 역), 조정석(신준호 역), 고주원(박찬우 역), 고두심(김정애 역), 김갑수(신동혁 역), 이미숙(송미령 역), 이응경(윤수정 역), 손태영(이혜신 역), 유인나(이유신 역), 정동환(이창훈 역) 출연. 평균 시청률(AGB 닐슨 기준) 25.7%, 최고 30.8%, 최종회는 30.1%를 찍었다.

〈최고의 사랑〉

2011년 5월 4일부터 6월 23일까지 방영된 차승원·공효진·윤계상·유인나 주연의 MBC 수목 드라마.
아이유는 「내 손을 잡아」 OST를 노래했다. 2011년 5월 25일 발매. 아이유 작사·작곡.

G.고릴라 편곡. 멜론 주간차트 1위 및 가온 주간 디지털 차트 2위에 올랐다.

아이유의 첫 자작곡으로, 2023년 12월 26일 BTS 슈가가 진행하는 '슈취타' EP.24에 출연해 "절친 유인나가 이 드라마에 출연 중이었는데, 이런 인연으로 제안을 받아 쓰게 된 것"이라고 밝혔다.

「크리스마스 소원」

윤종신·하림·정지찬·브라이언·나윤권·윤하·아이유·박지윤·림킴(김예림)·장재인(JEIN)·퓨어킴(Puer Kim) 작사, 윤종신 작곡, ZUNO 편곡.

'미스틱89' 아티스트가 총출동한 〈Mystic Holiday 2013〉 수록곡. 박지윤·림킴·퓨어킴·장재인이 노래했으며 2013년 12월 12일 발매됐다. 발매 후 벅스, 올레, 지니 등 음악 사이트 음원차트 1위를 기록했고 엠넷, 벅스, 소리바다, 네이버 뮤직 등에서도 10위권 이내에 랭크됐다.

탐탐(김소연)

연세대 음대(작곡) 학사. 가이드보컬 및 코러스 활동을 했고 초기 아이유의 보컬트레이닝을 맡았다.

2010년 6월 16일 「탑 걸」과 라이오넬 리치의 「헬로」 리메이크 곡 등을 수록한 데뷔 앨범 〈슈퍼 보컬〉 발매. 「헬로」는 원곡 가수 라이오넬 리치가 직접 탐탐의 음원을 듣고 허락해 화제를 모으기도 했다. 데뷔 앨범 발매에 이어 본격 활동을 시작하려던 6월 19일 교통사고(전치 8주)를 당해 주변을 안타깝게 했다.

턴테이블

LP와 빈티지 턴테이블을 좋아한다. 2017년 이상순은 JTBC 예능 프로그램 〈효리네 민박〉을 찍은 후 아이유에게 턴테이블을 깜짝 선물로 주기도 했다. 당시 제작 관계자들에 의하면 아이유는 〈효리네 민박〉을 찍고 숙소로 가면 주로 옛날 노래를 많이 들으며 휴식을 취했다고 한다.

'티아라' 지연

티아라 멤버 지연(박지연)과 야구선수 황재균의 2022년 결혼식에서 축가를 불렀다. 아이유는 지연과 동갑내기 친구다. 축가를 불러주기 위해 아이유는 결혼식 날짜를 맞추기 위해 1년 후 스케줄을 미리 빼둔 것으로 알려져 더욱 큰 화제가 되기도 했다.

티아라 지연과 아이유는 2010년부터 2011년까지 SBS TV 예능 〈영웅호걸〉에 출연하며 인연을 맺었다. 지연은 2022년 9월에 있은 아이유의 올림픽주경기장 공연장에 참석하기도 했다.

〈페르소나〉

2019년 4월 11일 공개된 넷플릭스 오리지널 영화 시리즈.

페르소나인 이지은과 그녀에게서 영감을 받은 4명의 영화감독(이경미, 임필성, 전고운, 김종관)이 전혀 다른 4편의 단편영화를 모은 옴니버스식 구성의 작품이다.

2019년 3월 27일 서울 여의도 콘래드 호

텔에서 열린 〈페르소나〉 제작보고회엔 이지은(아이유), 윤종신, 이경미 감독, 임필성 감독, 전고운 감독, 김종관 감독 등이 참석했다. 이 자리에서 〈페르소나〉 기획자 겸 제작자인 가수 윤종신은 "노래는 이야기라는 게 제 철학"이라며 "네 감독님의 단편영화들을 봤는데 너무 좋았다. 감독님들이 단편영화를 만들 때 창의력이 더 빛나는 것 같아 이 프로젝트를 제안했고, 이지은 씨까지 캐스팅하게 됐다"고 말했다. 윤종신은 "맨 처음 저희의 물망에 이지은은 없었다. 언감생심 '설마 하겠어?'라는 생각이었는데 '말이나 한번 해보자'는 생각으로 제안을 해봤다. … 예전 가수 아이유에게 곡을 줬을 때를 떠올려보니 새로운 걸 받아들일 때의 똘망똘망했던 눈빛이 생각났다. 아이유는 새로운 걸 제안해볼 만한 시대의 아이콘이라는 생각이 들었다"고 아이유 캐스팅 과정을 설명했다.

페이브엔터테인먼트
로엔엔터테인먼트(현 카카오M)의 사내 레이블 '로엔트리'가 전신으로, '크래커엔터'와 함께 2016년 5월 카카오M 자회사로 분사됐다. 2019년 4월 1일 카카오M 자회사인 플랜에이엔터테인먼트와 합병하며 플레이엠엔터테인먼트로 새로이 출발했다.

〈폭싹 속았수다〉
아이유(애순 역), 박보검(관식 역) 주연의 넷플릭스 16부작 로맨스 시대극. 김원석 연출, 임상춘 극본.

1950년대 제주에서 태어난 '요망진 반항아' 애순이와 '팔불출 무쇠' 관식이의 모험 가득한 일생을 사계절로 풀어낸 작품으로, 〈폭싹 속았수다〉는 '수고 많으셨습니다'란 뜻의 제주 방언. 아이유는 tvN 드라마 〈호텔 델루나〉 이후 4년 만, 박보검은 tvN 드라마 〈청춘기록〉 이후 3년 만의 드라마 작품. 아이유와 김원석 감독은 tvN 드라마 〈나의 아저씨〉에 이은 두 번째 협업이다.

2023년 12월 20일부터 온라인 커뮤니티에선 아이유에게 선물을 받은 스태프들의 인증샷이 화제가 됐다. 사진엔 고가의 에어팟맥스와 뉴발란스 신발, 책갈피 등 다양한 품목들이 담겼다. 선물을 받은 스태프들은 저마다 "산타. 충격. 진짜 계심", "안녕하세요. 유애나(아이유 팬클럽)입니다", "맥스를 돌리시는 킹갓제너럴 아이유" 등 여러 멘트로 감사 인사를 표했다. 함께 들어 있던 편지 겸 책갈피엔 "폭싹 팀에만 일주일 먼저 온 크리스마스. 사계절을 꼬박 함께 보낸 우리는 인연은 인연인가 보다. 고마웠다. 메리 크리스마스"라고 적혀 있고 편지 하단엔 아이유의 본명과 드라마상 이름 '애순'이 함께 적혀 있었다.

〈프로듀사〉
KBS 2TV가 2015년 5월 15일부터 6월 20일까지 방영한 12부작 금토 드라마. 〈프로듀사〉는 프로듀서와 선비 사(士)를 합성한 용어. 표민수·서수민 연출, 박지은 극본. 아이유(신디 역), 차태현(라준모 역), 공효진(탁예진 역), 김수현(백승찬 역) 주연.

야근과 밤샘, 눈치와 체력으로 무장한 KBS 예능국 사람들의 이야기를 그렸고, KBS 예능국과의 협업을 통해, KBS의 1박 2일, 뮤직뱅크 등 예능 프로그램들이 드라마 내에 주요 소재로 등장했다. 또한 윤여정, 금보라, 태연, 티파니, 서현, 이영자, 유희열, 신동엽, 윤종신, 이승기, 홍경민, 로이킴, 설인아, 송해, 박보검 등 많은 연예인이 카메오로 출연해 화제를 모으기도 했다.

시청률은 1회 10.1%로 출발해 회를 거듭할수록 상승하고 9회에선 〈정글의 법칙〉 시청률을 누르고 지상파 1위로 올랐다. 12회는 17.7%로 최고를 기록했다.

김범수 「사랑의 시작은 고백에서부터」, 백지영 「And...그리고」, 김연우 「To Be With You」, 이승철 「달링(OST Ver.)」, 알리 「우리 둘」, 벤 「두근두근」, 기현 「소울메이트」, 솔지 「러브스윗」, 루시드폴 「봄눈」, 장지원 「지그재그 스텝」 등 OST도 화제를 모았다.

피켓팅(picketing)

1. 노동쟁의 때에 조합원들이 공장이나 사업장의 출입구에 늘어서거나 스크럼을 짜서 파업의 방해자를 막고 동료 가운데 변절자를 감시하는 일.

2. 피를 튀길 정도로 치열한 티켓팅(ticketing), 즉 공연 티켓 구하기가 하늘의 별 따기만큼 어렵다는 걸 강조하기 위해 사용하는 용어. 아이유 공연 예매가 대표적인 예다.

공연 때마다 매진을 기록하는 아이유 콘서트는 2024년 3월 〈2024 IU HEREH WORLD TOUR CONCERT IN SEOUL〉도 예외는 아니었다. 소속사 EDAM엔터테인먼트는 "25일 공식 팬클럽 '유애나' 6기를 대상으로 한 〈2024 IU HEREH WORLD TOUR CONCERT IN SEOUL〉 선예매 4회차 좌석이 매진됐다"고 1월 26일 밝혔다. 아이유의 월드투어 콘서트 티켓 오픈은 온라인 예매처인 멜론티켓을 통해 25일 밤 8시부터 밤 11시 59분까지 선예매가 진행됐다. 이날 온라인 커뮤니티엔 콘서트 대기번호 11만 번대 인증 사진까지 등장할 만큼 티켓팅이 치열했다.

하이브(HIVE)

1. 2023년 12월 26일 슈가가 진행하는 '슈취타' EP.24에 출연한 아이유는 '하이브'에 대해 이렇게 말했다.

"피곤한 상태로 여길 왔는데, 이 건물에 들어오자마자 정신이 번쩍 들었어요. 하이브는 처음 와봤거든요. 진짜 다르구나"라고 말하자 슈가는 웃으며 "자본의 맛이 좀 느껴져요?"라고 응수했다. 아이유는 "이것이 바로 대자본"이라며 "엘리베이터를 탔는데 엘리베이터가 왜 이렇게 넓고 반짝반짝하고 들어올 때 신분증 확인도 대단히 철저하게 한다"고 감탄을 연발했다. "오늘 신분증을 안 갖고 와서 (대신) 여권으로 확인을 하고" 하는 아이유에게 슈가가 "'저 아이유인데요'라고 말하면 패스될 텐데"라고 하자 아이유는 "혹시 모르니까, 혹시 쫓겨날 수 있으니까, 상대는 하이브잖아"라고 말했다. 아이유는 "아무튼 너무 좋더라고요. 하이브가"라며 "여기만큼 좋은 회사가 있나?"
라고 반문하기도.

2. 하이브는 BTS·뉴진스·르세라핌·TXT·
세븐틴 등이 소속된 세계적인 엔터테인먼
트 기업으로 용산구 한강대로 42(한강로3가
65-9)에 위치한 지하 7층, 지상 19층, 전체
면적 약 6만㎡ 규모의 건물 한 채를 단독
사용하고 있다. 각 층은 로비(1층) 외에 소
속 아티스트의 연습·창작 작업 공간인 엔
터테인먼트 특수 시설(2~6층), 일반 사무용
공간(7~16층), 임직원 복지 공간(17~19층)
등 크게 3개로 나뉘어 있다.

행복

유튜브 채널 '이지금' 중 '훈이가 보는 지은
이' 편에서 아이유는 행복의 기준을 이렇게
정의했다. "무슨 일이 없으면 행복해요. 슬
픈 일이 없고 나를 화나게 하는 일이 없으
면 그 상태가 행복이라고 봐요."

형돈이와 대준이 「결정」

데프콘(유대준)과 개그맨 정형돈이 2012년
5월 결성한 2인조 힙합 유닛 '형돈이와 대
준이'가 2016년 9월 22일 발매한 곡으로
아이유 피처링으로 화제를 모았다.

〈호텔 델루나〉

tvN이 2019년 7월 13일부터 9월 1일까지
방영한 16부작 다크 판타지·공포·로맨스·
코미디 토일 드라마.

엘리트 호텔리어가 운명적인 사건으로 호
텔 델루나의 지배인을 맡게 되면서 달처

럼 고고하고 아름답지만 괴팍한 사장과 함
께 델루나를 운영하며 생기는 이야기를 그
렸다. 오충환·김정현 연출, 홍정은·홍미
란 극본. 이지은(장만월 역), 여진구(구찬성 역)
주연.

시청률(닐슨코리아 기준)은 1회 7.327%로 시
작해 16회 12.001%를 찍었다. tvN 드라마
1회 시청률 역대 4위, tvN 드라마 최고 시
청률 역대 6위, tvN 드라마 평균 시청률 역
대 5위를 기록했다. 10CM, 태연, 양다일,
헤이즈, 청하, 거미, 레드벨벳, 벤, 폴킴, 송
하예, 펀치 등이 참여한 OST는 폭발적인
인기를 얻었다.

아이유의 연기력은 〈호텔 델루나〉 1화 초
반부터 접할 수 있다. 무사로 변한 아이유
가 칼을 휘두르지만 왜소한 체구로 칼이 무
거워 보인다. 강력한 무사의 이미지엔 살짝
못 미치는 장면일 수 있지만 아이유의 눈빛
이 살아 있다. 이것만으로도 숱한 피를 본
무사의 이미지를 잘 구현하고 있다. 회를
거듭하며 장만월이라는 '특이한' 캐릭터에
몰입하며 아이유가 곧 장만월 같은 열연을
보여줬다.

「희망사항(feat. 아이유)」

이현도·이상철·소준섭 작사, 이현도 작곡,
이현도·doNNIe Jang 편곡.

마이티 마우스가 2009년 8월 6일 발매한
미니앨범 〈Love Class〉에 수록.

2017년 7월 16일 방송된 Sky Drama 〈주
크버스〉에 출연해 "아이유가 2008년 저희
정규 1집 앨범 수록곡 「희망사항」이란 곡을

부른 뒤 빵 떴다"고 말했다.

3단 고음

1. 「좋은 날」의 3:26부터 나오는 "I'm in my dream"에서 'dream~'의 끝음을 길게 지속하며 3:27-3:33-3:35로 고음을 3단계로 이어가는 방식을 말한다. 11초 동안 한 호흡으로 오로지 진성으로만 밀어붙이며 3옥타브 파#까지 쭉쭉 뻗어나가게 해 화제를 모은 바 있다. 특정 호흡 하나만을 사용하며 오랜 시간 동안 진성 고음을 내야 하므로 그만큼 성대에 데미지를 많이 줄수 있다. 아이유는 처음부터 3단 고음을 하려고 했던 게 아니다. 작곡가와 연습 중에 장난스럽게 고음을 지르고 특정 부분에서 더 올렸는데, 결국 그게 3단 고음으로 된 것이다. 「좋은 날」에 삽입된 3단 고음은 이후 2010년대 초반을 들썩이며 많은 가수 및 전공생들이 한 번쯤 도전할 만큼 폭발적인 화제를 모았다.

2. 「좋은 날」의 3단 고음 패러디가 디시인사이드 '아이유 갤러리'에서 나왔고 3단 부스터라는 단어도 이곳에서 처음으로 썼다. 이후 각종 커뮤니티에서 유명해지면서 더 많은 패러디를 양산했다.

3. "3단 고음은 모든 사람의 귀를 찌르고 들어오지만 사실 비교적 얇기도 하고 여전히 예쁜 편이다. 이런 얇은 소리는 목청이 좋은 가수들의 특징은 아니다. 이런 3단 고음을 일반인 실력자들도 비슷하게 흉내 내는 경우도 있지만 아이유만큼 '펀치(punchy)'하게, 즉 간결하고 강력하게 내기가 쉽지 않다. 이런 '펀치'한 고음이 대중들에게 가장 잘 알려진 또 다른 곡은 아이유의 첫 자작곡으로 알려진 드라마 OST 곡 「내 손을 잡아」 후렴부의 지르는 구절이다. 첫 자작곡에서 이런 후렴부 멜로디와 가사를 직접 썼다는 것은 그녀가 자신의 목소리를 매우 잘 알고 있고 이를 표현하는 데 거침이 없다는 것을 말한다." (오한승)

「Mother Nature(H2O)」

강승원 작사·작곡, 서동환 편곡.

2022년 1월 27일 오후 6시 각종 음원 사이트를 통해 공개된 강승원 2집 프로젝트 수록곡.

대자연의 일부인 우리의 삶 속에서 변하지 않을 오늘의 사랑을 테마로 했으며, 아이유 참여로 화제가 됐다. 편곡을 맡은 서동환은 강승원과 KBS 2TV 〈유희열의 스케치북〉으로 호흡을 맞춘 바 있다. 뮤직비디오는 손선경 작가의 애니메이션으로 제작됐는데, 산소와 수소가 만나 폭발을 하듯 벅차오르는 사랑에 대한 가사를 감각적으로 표현하려 했다.

「Rain Drop」

2010년 6월 3일 발매된 디지털 싱글. G.고릴라 작사·작곡.

소녀가 느끼는 첫사랑의 그리움을 노래한 것으로, 휘성 곡을 커버했다. JTBC 예능 〈효리네 민박〉 2회에서 이효리와 이상순이 집에 도착했을 때 소나기가 내리며 이 곡이 흘러나왔다.

「SoulMate」

지코가 2018년 7월 30일 오후 6시 발매한 곡. 아이유 피처링. 세상에 하나뿐인 영혼의 파트너 '소울메이트'를 테마로 다룬 곡으로 지코 작사, 지코·Pop Time 작곡.

IU

나와 너는 음악으로 하나가 된다
아이유를 읽는 시간

1판 1쇄 인쇄 2024년 7월 22일
1판 1쇄 발행 2024년 7월 30일

지은이 조성진
펴낸이 김기옥

경제경영팀장 모민원
기획 편집 변호이, 박지선
마케팅 박진모
경영지원 고광현
제작 김형식

디자인 푸른나무디자인
인쇄 · 제본 민언프린테

펴낸곳 한스미디어(한즈미디어(주))
주소 04037 서울특별시 마포구 양화로 11길 13(서교동, 강원빌딩 5층)
전화 02-707-0337 | 팩스 02-707-0198 | 홈페이지 www.hansmedia.com
출판신고번호 제 313-2003-227호 | 신고일자 2003년 6월 25일

ISBN 979-11-93712-41-2 (03670)